创新型经管专业精品教材

互联网金融

主编　陈涛

内容提要

《互联网金融》讲述了互联网金融在全球范围内的突破性发展，引入了国内的阿里巴巴、腾讯、百度的生态系统及国外的LendingClub、PayPal等互联网金融实践，从第三方支付、网络借贷、众筹、互联网基金、互联网保险、互联网消费金融、大数据金融等诸多方面进行了全方位分析与探讨。

本书可作为高等院校金融类专业和经济管理类专业的教材，也可作为互联网金融研究或从业者的参考书。

图书在版编目（CIP）数据

互联网金融 / 陈涔主编. -- 上海 : 上海交通大学出版社，2017（2024重印）
ISBN 978-7-313-17837-4

Ⅰ. ①互… Ⅱ. ①陈… Ⅲ. ①互联网络－应用－金融 Ⅳ. ①F830.49

中国版本图书馆CIP数据核字(2017)第190006号

互联网金融
HULIANWANG JINRONG

主　　编：陈　涔
出版发行：上海交通大学出版社　　地　　址：上海市番禺路951号
邮政编码：200030　　电　　话：021-64071208
印　　制：北京鑫益晖印刷有限公司　　经　　销：全国新华书店
开　　本：787 mm×1092 mm　1/16　　印　　张：19
字　　数：433千字
版　　次：2017年8月第1版　　印　　次：2024年9月第11次印刷
书　　号：ISBN　978-7-313-17837-4
定　　价：58.00元

前言

人类历史上的三次技术革命中，信息技术革命对社会与经济的发展影响最为深刻，互联网技术在改变零售业、传媒业的同时，也在向金融业发起冲击。2013 年，随着余额宝的崛起，互联网金融成为大众关注的焦点，移动支付、P2P 借贷、众筹融资、互联网保险、互联网消费金融、电子货币等各种互联网金融产品的出现让人耳目一新。

互联网金融是“开放、平等、分享、协作”的互联网精神与金融服务实体经济功能的结合。从各国的发展状况来看，互联网金融已经度过了酝酿和缓慢发展的阶段，进入了多业态爆炸式发展的新阶段。未来互联网金融将会成为一个国家和地区经济增长中最具创新和活力的战略型产业，进而成为推动国家和地区经济飞速发展的重要力量。

本书的编写以 2015 年 7 月 18 日央行等 10 部委颁布的《关于促进互联网金融健康发展的指导意见》为依托，针对当前中国互联网金融的六种主要业态，即第三方支付、网络借贷、众筹、互联网基金、互联网保险、互联网消费金融，从基本定义、主要模式、现状及趋势、风险及监管等方面深入地梳理了互联网金融的有关基本理论与实务问题。

本书共分为十章，第一章为绪论，主要介绍了传统金融业面临的问题和挑战、互联网金融的现状及发展趋势；第二章为第三方支付，主要介绍了第三方支付的运营模式和具体实践；第三章为网络借贷，重点介绍了网络借贷中的 P2P 网贷和互联网小额贷款；第四章为众筹，主要介绍了众筹运作流程、运营模式、现状及发展趋势；第五章为互联网基金，主要介绍了互联网基金的主要模式、现状及发展趋势、风险及监管；第六章为互联网保险，主要介绍了互联网保险的主要模式、现状及发展趋势、风险及监管；第七章为互联网消费金融，主要介绍了消费金融的服务模式、现状及发展趋势、风险及监管；第八章为大数据金融与互联网征信，主要介绍了大数据金融的本质、运营模式和面临的挑战，还有互联网征信的发展及其存在的问题；第九章为互联网金融监管，介绍了国外互联网金融监管模式，提出了构建适合中国国情的互联网金融监管体系的整体思路；第十章以互联网金融的前景结束本书。

总的来说，本书具有以下几方面特色：

（1）内容先进，层层深入：本书借鉴了国际上最前沿的互联网金融理论、实践经验和典型案例，介绍了最新的互联网金融技术和理论模型，并细致地、一步步地进行展开，帮助学生理解。

（2）全球视野，贯穿始终：全书自始至终都渗透着全球一体化的国际视野，将书中知识与最新、最有趣的时事资料紧密结合，通过“案例导入”“经典案例”“拓展学习”等版块来引导学生关注互联网金融新闻动态，帮助学生理论联系实际，切实提高自身分析问题和解决问题的能力。

（3）数字资源，平台辅助：本书配备了丰富的数字资源（如微课视频等），为广大师生提供了一站式教学资源。读者可以登录文旌综合教育平台“文旌课堂”（www.wenjingketang.com）体验平台式教学及下载相关教学资源包。

此外，本书还提供了在线题库，支持“教学作业，一键发布”，教师只需通过微信或“文旌课堂”App扫描扉页二维码，即可迅速选题、一键发布、智能批改，并查看学生的作业分析报告，提高教学效率、提升教学体验。学生可在线完成作业，巩固所学知识，提高学习效率。

为学习贯彻党的二十大精神，提升课程铸魂育人效果，本书专门在扉页“教•学资源”二维码中设计了相应栏目，以引导学生践行社会主义核心价值观，涵养学生奋斗精神、敬业精神、奉献精神、创新精神、工匠精神、法治精神、绿色环保意识等。

本书由湖南外贸职业学院教研室主任陈涔老师担任主编。在编写过程中，我们参考了大量的文献资料并引用了艾瑞咨询、易观智库等咨询机构的一些统计数据，在此，我们向参考过的中外文献的作者和咨询机构表示诚挚的谢意。

本书涉及的是一个蓬勃发展、日益更新的领域，所有学术理论都和实践同步发展，由于编者的研究深度和广度都存在局限性，书中疏漏与不当之处仍在所难免，敬请广大读者批评指正。

目　录

第一章 绪论

学习目标

通过本章学习，了解传统金融面临的问题和互联网金融的创新思维方式；了解互联网金融的概念、产生背景、不同业态形式和特点；了解国内外互联网金融的现状和我国互联网金融的发展趋势。

案例导入

金融行业需要搅局者

《金融行业需要搅局者》一文中写道：未来的金融有两大机会，一个是金融互联网，即金融行业走向互联网化；第二个是互联网金融，即纯粹由互联网行业领导的金融。其实很多行业的创新都是外行进来才引发的，金融行业也需要搅局者，更需要那些外行的人进来进行变革。

金融生态系统的主要特点应该是开放。中国不缺银行，但是缺乏一个对 10 年以后经济成长承担责任的金融机构。今天的金融，确实做得不错，没有今天的金融机构，中国的经济不可能发展到今天。但是靠今天这样的机制，我不相信能够支撑 30 年后中国所需要的金融体系。

很多问题不是今天才造成的，而是历史造成的。我们很难改变历史，但我们可以改变未来。今天做准备，10 年以后才有机会。今天我们引进开放，可能会有问题，但是今天的问题就会变成 10 年以后的成绩。中国的金融行业特别是银行业服务了 20%的客户，我看到的是 80%没有被服务的企业。把他们服务好，中国经济巨大的潜力就会被激发出来。我们必须用新的思想、新的技术去服务他们。这可能是中国未来金融行业发展的巨大前景所在。

其作者说，“我作为一个外行者，一个不懂金融的人，对金融好奇，不是因为它能挣多少钱，而是因为它可以让很多人挣钱，可以让很多人发生变化。我希望外行人能够参与这个领域，不仅仅是来搅局，而是共同创造一个未来。金融是为外行人服务的，不是自己圈里自娱自乐、自己赚钱的。”

资料来源：节选人民日报 2013-06-21

第一节 传统金融业面临的问题和挑战

一、金融的内涵

金融，简单的定义就是货币资金的融通，即资金从资金富余者手中转移到资金需求者手中；广义的定义是指与货币流通和银行信用有关的一切活动，主要表现为银行、证券公司等金融中介的各种业务活动。经济学家弗雷德里克·米什金指出，金融中介存在的原因，一是由于规模经济，能降低资金融通的成本；二是通过专业技术对信息的处理，能降低资金富余者和资金需求者之间由于信息不对称而引发的逆向选择和道德风险问题。

1995 年，诺贝尔经济学奖得主罗伯特·莫顿提出了著名的“金融功能理论”，其核心观点是，金融体系拥有六大基本功能：一是为商品、服务和资产交易提供支付和结算系统；二是分割股份和筹集大规模资金；三是在时间和空间上转移配置经济资源；四是管理不确定性和控制风险；五是提供价格信息和促进不同部门的分散决策；六是处理信息不对称和激励问题。相对于金融机构和金融结构，金融功能更加稳定。

在金融的六项基本功能中，一般认为，资源配置和支付结算是最基础的两大功能，通常主要由商业银行来承担，这一点在中国尤为明显。后四种功能在不同金融模式中，不同程度上分别由商业银行和资本市场来承担，其中风险管理是现代金融最核心的功能。

二、传统金融业面临的问题

传统金融业面临的问题包括：金融服务门槛高、覆盖面窄；金融结构不合理，直接融资比重有待提高；服务需求多元化，金融产品和业务亟待创新；利率市场化改革逐步深化，盈利模式面临挑战。

（一）金融服务门槛高、覆盖面窄

长期以来，传统金融行业奉行“二八定律”（由经济学家帕累托提出，因此又叫帕累托法则）。该定律认为，在任何事物中，最重要的、起决定性作用的只占一小部分，约 20%；其余的 80%尽管是多数，却是次要的，非决定性的。传统金融机构服务 20%的关键客户便能带来 80%的利润，因此，他们重视大客户而轻视小客户的现象普遍存在。

在传统金融业务中，许多金融服务都存在门槛高、覆盖面窄的问题。大多数资金信托

产品的认购起点为 100 万元，如此高的门槛让绝大多数普通老百姓望而却步。股票、债券等融资方式对发行主体的资产规模、经营状况、财务制度都有较为严格的要求，而这些都是小微企业难以达到或满足的。中小微企业融资难、融资贵已成为社会中长期的难解困局。与传统金融机构奉行“二八定律”相反，互联网金融奉行“长尾定理”，该理论认为只要渠道足够，这部分被传统金融机构舍弃的 80%的用户积少成多，可以积累到足够大。“长尾理论”被认为是对传统的“二八定律”的彻底叛逆。

生活中的“二八定律”的例子有哪些？

（二）金融结构不合理，直接融资比重有待提高

直接融资，是指资金供需双方通过股票、债券等市场行为来发行和认购债券从而进行融资交易。在这种交易中，因为资金是直接从投资者手中转到融资者手中，两者形成了直接的所有权关系或债权债务关系。而间接融资，是资金的供给方将资金出借给银行，再由银行分配给不同的需求者。其中，银行充当的是信用中介的角色，资金供需双方并不形成直接的债权债务关系。

一般而言，直接融资是通过资本市场来实现的，市场是配置金融资源的中心。间接融资是通过以商业银行为代表的金融机构来实现的，银行是配置资源的中心。直接融资和间接融资的比例关系，既反映一国的金融结构，也反映了一国两种金融方式对实体经济的支持和贡献程度。

间接融资的金融结构存在的弊端，主要表现在以下方面：

一是加大了系统性金融风险。在直接融资中，融资者和投资者直接发生债权债务关系，风险只会在相关投资者中扩散。而间接融资使风险集中于银行，一旦银行破产将造成巨大的信用危机，甚至整个金融体系都会瘫痪，对实体经济的影响更是无法估量。日本经济曾长期依赖间接融资，20 世纪 90 年代“泡沫经济”破灭后，银行大量破产，金融体系遭到重创，企业融资的主渠道阻塞，实体经济元气大伤，这也是日本经济从 20 世纪 80 年代末萧条至今的重要原因之一。

二是不利于充分发挥市场在资源配置中的作用。在直接融资中，市场主体充分博弈直接进行交易，交易反映了市场主体的价值判断，有利于发挥市场的筛选作用，合理引导资源配置。但我国直接融资发展缓慢，投资渠道狭窄，企业和居民被动地将资金主要投向银行存款，而银行信贷资源高度集中于地方政府融资平台、国有企业、房地产企业，资源配置不合理，不利于经济的协调和可持续发展。

（三）服务需求多元化，金融产品和业务亟待创新

随着我国经济的持续增长，全社会对金融产品及服务的需求日趋多元化，迫切需要金融机构加快业务产品和业务模式的创新，以满足各类金融服务的需求。但我国传统金融企业长期以来都面临着有效金融创新能力不足的问题。这突出表现为金融产品和服务单一，金融衍生工具匮乏，不能满足经济发展的多元化需求。这种金融发展与经济发展不适配的状况，实际上已经成为制约我国金融乃至经济发展的瓶颈，因此亟待厘清我国金融创新的主要制约因素，加大金融创新的力度。

（四）利率市场化逐渐深入，盈利模式面临挑战

利率作为资金的价格，在金融市场的所有价格中具有基础性的地位。宏观来讲，利率是中央银行实行宏观调控的重要政策工具，是货币政策传导的重要渠道；微观上来看，利率是企业、个人等经济主体组织资金来源、安排资金投向时所要考虑的最主要的成本因素。

利率市场化有利于市场资源的合理配置。在利率管制的情况下，利率往往被人为地压低，价格机制严重扭曲，信贷资源往往低价配置给垄断的企业和政府机关，而需要资金的中小投资者往往会因为风险过高被拒之门外。在利率市场化的情况下，利率可以充分反映市场供应状况和资源稀缺的程度，市场实体按照自身实际融资需求来竞争信贷资源。在市场充分竞争的条件下，资金能更有效率地被配置，从而能促进整个社会的经济发展。

虽然从长期来看，利率市场化意义重大，但从短期来看，金融机构不得不承受改革的阵痛，这突出表现为利率市场化将使我国商业银行传统的盈利模式受到挑战。2013 年，商业银行的利润中，63.6%为利息收入，中间业务收入仅占 15.87%。而利率市场化将从两个方面压缩银行存贷利差：一是存款市场的竞争将使存款利率上升，资金成本增加；二是贷款市场的竞争会使优质客户贷款利率下降，贷款收益减少。随着利率市场化的不断推进，商业银行过度依赖利差和信贷增长的传统盈利模式将越来越难以为继。

三、互联网金融的创新思维模式

互联网金融抓住了传统金融忽视和无法有效满足的客户群体，并将思维理念从产品和供给中心真正转向客户和需求中心。互联网金融不仅从业务和产品角度理解金融，还从平台甚至上升到生态的高度理解金融，这是一个理念的突破、格局上的提高。

人类在信息记录、传输和处理方面的技术进步一直是金融业创新的推动力。造纸和印刷术的出现是货币从实物商品形态进化到纸币信用形态的技术基础；电报技术的发明是美国纽约股票交易所早期成长壮大的重要契机；电话、复印机、传真机和计算机的先后问世

则激发了20世纪后期金融业层出不穷的创新。进入21世纪，以互联网、云计算、大数据和智能手机为代表的电子信息技术的软硬件结合，则引发了一场新的金融变革。对于这场变革，中文出现了“互联网金融”，英语则创造了金融科技“Fintech”（Finance Technology）一词进行描述。

互联网金融或者科技金融，其创新的焦点在于以全新的方式向终端的金融消费者，尤其是向注重规模经济性、侧重于大客户的传统金融所忽视的零售用户和小微企业提供快捷和便利的服务，这种创新思维模式主要体现在下述几个方面。

（一）金融服务模式的开放性

互联网金融服务模式的开放性特征，可以从3个方面进行分析：金融机构内部的合作与开放、金融网络在时空上对消费者的开放、金融网络与实体经济网络的相互嵌合。

首先，传统的金融机构致力于独立产品和服务流程的设计，通过设置转换成本产生的锁定效应留住消费者，最终获取利润。但互联网金融服务是以金融机构间的网关开放、合作共赢为前提的。在互联网支付领域，商业银行与支付平台的合作、银联与苹果和三星等手机制造商的合作就充分地反映了这一点。

其次，传统金融为了保证服务环境的安全性，在交易时空、场景、流程的设计上都是封闭的，而互联网金融则是开放的。实体的物理网点、柜台和固定的营业时间是传统金融机构的服务方式，而互联网金融则开启了3A（Anytime、Anywhere、Anyhow）服务模式。随着电子信息技术的发展，虽然金融机构也有ATM、自助机器、金融机构网站等无人服务方式出现，但这些系统是金融体系设立的封闭的网络系统，或者即使依托了开放的互联网，也只是单向的信息展示，消费者并不能通过这个界面进行交互操作。

最后，传统金融的封闭性还体现在金融服务过程，如支付、融资等流程，与服务主体的交易场景是分离的，金融网络与交易网络是相互隔离、不兼容的。当前者需要实体经济运行网络的支撑时，如企业的财务数据、个人的信用评级、抵押和担保等，金融机构需要专门的机构和人员进行外部采集。但互联网金融的许多产品设计则植根于交易场景，镶嵌在交易网络中，可以动态地追踪交易过程，捕捉交易主体的行为信息，甚至金融交易过程与实际场景交易过程是互为前提的。这个特征非常明显地体现在网上第三方担保支付和电商平台的供应链金融的服务中。

从整体上来说，对于金融网络，无论是金融机构网络，还是金融市场提供的电子交易网络，在前互联网金融时代，都是一个中心化的、对外部封闭的网络，只有经过了授权或者满足较高的门槛才有权参与。而在互联网金融环境下，去中心化的P2P业务、比特币支付体系开始大规模出现，尾部市场的出现大大降低了金融消费者的进入门槛，因此互联网金融的普惠、包容等特点体现了其对各类交易场景和金融消费者的开放性，这不仅大大改善了消费者的服务体验，同时也是互联网金融深入发展的未来方向。

普惠金融与格莱珉银行

普惠金融（inclusive finance）的理念产生于20世纪70年代，发展于21世纪初。2003年，联合国前秘书长安南指出，世界上大多数贫困人群缺乏可承受的金融服务，我们必须建立起普惠金融体系来帮助他们提高生活水平。普惠金融就是为社会中低收入以及弱势群体提供可支付得起的金融服务体系。其核心思想是所有人群都应该享有无偏见的可以获得全方位的金融服务，包括信用、保险、存储和支付。

2006年诺贝尔和平奖得主、孟加拉乡村银行总裁尤努斯教授说：信贷权是人权。1983年，穆罕默德·尤努斯创立了格莱珉银行，专注于向最穷苦的孟加拉人提供小额贷款。他的目标是：帮助低收入群体实现个体创业，从而使他们永远地摆脱经济困难的生活。这个理想诞生于1976年，那天，他自己拿出27美元借给村子里42个制作竹凳子的农妇。只需要这一点点钱，她们就能够买原材料，从而做起生意。尤努斯的小额贷款帮助她们提高了收入。尤怒斯坚信，借贷是一项基本的人权，他提出了简单而充满智慧的解决经济困难的方案：为低收入群体提供适合他们的贷款，教给他们几个有效的财务原则，然后，他们就可以自己帮助自己。

尤努斯的理论被实践证实了，格莱珉银行已经向240万个孟加拉农村家庭提供了38亿美元的贷款。今天，有250多个机构在将近100个国家里基于格莱珉模式运作着，而格莱珉银行领导着这个以小额贷款解决经济困难的席卷全球的运动。

资料来源：节选人民日报 2013-06-21

（二）以用户为中心的服务理念

在金融领域，“用户至上”理念下的产品和服务流程设计往往与成本和风险控制是相互矛盾的，传统金融机构即使有以用户为中心之“心”，也往往无以顾客为上帝之“力”。因此就出现了网点排队等候、贷款手续烦琐、财务管理复杂等不可避免的现象。但与互联网相关的各种技术的进步，为金融体系突破上述局限提供了极大的空间。

金融机构从产品设计、组织架构搭建开始，就可以围绕用户的需求和体验而展开。克里斯·斯金纳在《互联网银行：数字化新金融时代》中不断强调：银行只把互联网当作在传统实体分行系统之上建立的又一层业务，就像电话服务中心。银行从而完全受制于垂直整合的流程，围绕产品建立业务结构……银行无法利用数据，因为数据与产品库“锁”在

一起；银行无法满足客户需求，因为他们根据不同的产品分层建立各自渠道……出路在于彻底拆除旧系统，然后用新的核心银行系统取而代之，真正的数字化银行要围绕客户数据建立银行业务构架，提供个性化、互动式和定制化服务。

互联网金融中所渗透的以用户为中心的服务理念，从目前的发展状况看，有这样一些具体体现。

第一，综合性。传统金融体系是分业经营、分业监管的，因此消费者的金融需求只能通过不同的企业来满足，存款通过银行、股票投资通过证券公司、购买保险要通过保险公司等，消费者资产在这些不同投资方式间的转换是比较困难或者成本高昂的。但互联网金融发展的一个重要趋势是提供综合性金融服务平台、一站式服务模式。

第二，操作简洁。互联网金融的服务媒介是屏幕，是人机交互，所以这要求相应软件的设计要简洁易学、搜寻快捷和层次清晰，适合于各个层次消费者的操作。

第三，标准化金融服务与个性化需求的有机结合，满足差异化需求。标准化的产品和服务可以让消费者容易理解和接受产品，个性化组合空间的设计提供柔性供给的可能。大量新型的互联网企业都是通过这个思维进行创新，寻找生存空间的。

第四，向消费者让利。传统金融体系具有一定的垄断性，政府的管制相对严格，这形成了市场上垄断利润和套利空间的存在，但这部分收益往往留在了金融机构内部。互联网金融的创新则大大推动了这些利益向金融消费者的扩散。美国证券市场上交易佣金的大幅减低，中国的“宝宝”类理财产品的低起点、高收益，是金融机构垄断性收益让利消费者的典型例证。

在以用户为中心提供金融服务方面，非传统金融背景的大型互联网企业平台或新创金融企业往往先胜一筹，传统金融机构则由于受到原有体制的局限，以及现有产品和服务的收益冲突等，需要经历一个较长的过程。

（三）去媒介化的服务方式

互联网交换经济的一个表现形式是共享经济的出现。人们以个体对个体（Peer to Peer）的方式通过互联网搭建的平台，进行相互间闲置资源的交换利用，比较成熟的模式有二手物品交易平台、在线房屋租赁、移动叫车平台、图书漂流计划和时间货币社区服务体系等。这些共享经济平台充分调动了社会的闲置资源，同时加强了人们在金钱之外的情感交流和价值认同。

在金融领域，共享经济的代表是 P2P 网络借贷和众筹融资。P2P 网络借贷是一种个体对个体的共享资金使用权的借贷模式，虽然有平台企业的存在，但这个平台的主要作用是信息中介，并不像银行那样深度介入储蓄者和借贷者的债权债务关系。与传统金融机构和金融市场提供的融资方式相比，该平台具有脱媒化、去中心化的特点。至于众筹融资，无论是产品众筹还是股权众筹，投资者都对融资者有更多更深入的了解，在货币投入的同时往往也有很多情感的投入。众筹平台虽然承担着信息披露、项目筛选和交易匹配等多个功能，但整体上融资是否成功、回报如何都是平台不能左右同时也无权干预的，这也与传统的资本市场有很大的差异。

在互联网金融概念所包含的众多业态形式中，P2P 网络借贷和众筹被视为最具互联网交换经济的本质特点及最具创造力的新型融资方式。虽然与传统金融中介一样，P2P 网络借贷和众筹平台连接了投资者和融资者，但在这个平台上，投资者主体需要更强的甄别力和具有更大选择空间，融资者需要多样化地向对方发出信息来吸引对方，融资金额和回报的决定权也更多地在这二者之间的博弈中决定。在一定意义上，传统金融中介对于投融资双方的强势话语权，以及承担的重要媒介功能，在这两种融资方式下都被大大削弱了。

四、互联网金融模式与传统金融模式的对比

互联网金融模式与传统金融模式的不同表现在参与者、操作平台、征信体系、信息处理、支付方式、信贷产品、信贷风险运行成本等方面。

（一）参与者方面

在传统金融模式中，商业银行作为金融中介，除了股票等直接投资方式以外的所有投融资活动都以商业银行为中心进行展开。所以在传统金融模式中，其参与者可分为三大类：投资者、银行、融资方。而互联网金融的发展带动了金融脱媒的步伐。资本市场上，直接融资取代了间接融资，经济发展也从银行主导的经济格局转变为以市场为主导的格局。所以，在互联网金融模式中，银行丧失了其霸主地位，参与者投融资方直接实现了资金对接。金融脱媒降低了投融资的成本，提高了投融资效率，迫使银行向中间业务转型。

（二）操作平台方面

显而易见，传统金融模式的大部分的业务来自于消费者到金融机构网点的实体操作。客户必须亲自到银行或券商的营业网点办理有关的存取、买卖业务。而在互联网金融时代，互联网平台给每一位用户都提供了自助化的财富管理通道。各家互联网金融商把金融超市开到了互联网大平台，跨越了时间和空间的限制，实现了足不出户的财富管理目标，大大降低了理财成本，方便了群众的投资理财。

（三）征信体系方面

人民银行的征信系统在经济和社会中发挥了重要作用，其统计的指标均是商业银行信贷业务审核的重要信息，所以商业银行信贷业务的开展对人民银行的征信体系有着较强的

依赖性。而互联网金融机构作为法律规定的非金融机构无法加入人民银行的征信体系，更不准许使用征信系统的信息，这就大大增加了网贷企业的风险，无法实现线上线下信用信息的交换与更新。整个互联网金融行业缺乏一个覆盖面广泛、受众更宽的征信系统以解决整个行业的信用信息缺失问题。

（四）信息处理方面

传统融资模式下，金融机构获得有融资需求的企业、特别是小微企业的信息成本较高，需要花费较高的人力和时间成本，收益与成本不匹配。同时，在获得信息后，金融机构处理信用信息也需要花费较多的时间和精力，通常还要受到人为主观因素的影响，增加信贷风险。

大数据和云计算技术的发展极大地降低了互联网金融机构的信息不对称。随着人们与互联网关系的日益密切，客户在互联网上留下众多交易信息痕迹，在社交网络和电商中就生成了大数据。在信息搜集的过程中，强大的搜索引擎对数据进行有效筛选和组织，有针对性地满足信息需求。互联网金融企业在进行信贷审查的过程中就能够通过搜索引擎迅速寻找到目标信息，节省决策时间。在信息处理的过程中，云计算和云存储技术的利用有效地提高了大数据的分析处理效率和存储稳定性。

（五）支付方式方面

与现金、票据和信用卡等传统的支付方式相对比，在互联网金融模式中，支付方式以移动支付为基础。个人和机构都可在中央银行的支付中心（超级网银）开通账户（存款和证券登记）。证券、现金等金融资产的支付和转移通过移动互联网络进行，支付清算电子化，替代现钞流通。在互联网金融模式中，第三方支付业务异军突起。互联网第三方支付业务具有方便快捷、费用低廉及交易安全等优势，一方面解决了小额支付下产生的货款转账不便的问题；另一方面也大大降低了由于信息不对称所导致的互联网交易的欺诈风险，充分保障了消费者的合法权益，促进了支付行业的健康发展。

（六）信贷产品方面

各家商业银行的传统信贷产品，由于受到其运营模式的限制，所有的信贷产品大多同质化，期限不等但相对较长，缺乏灵活性，不能完全满足投资者的理财需要。在互联网金融模式下，由于资金的供需双方能够直接对接，信息高度对称。这就有利于为客户量身打造完全符合其需求的信贷产品。在这种资源配置方式下，双方或多方交易可以同时进行，信息充分透明，定价完全竞争，因此最有效率。

（七）信贷风险方面

无论是传统金融还是互联网金融模式，信贷风险的来源都是信息不对称。在传统金融模式中，信贷的信息的搜集与审核易受到人为的影响和控制，由于在实际生活中能取得的数据信息有限以及缺乏处理数据的有力工具，传统金融在信贷风险的评估方面受到较大的限制。互联网金融在大数据和云计算的支撑下，很大程度上解决了信息不对称的问题，大大降低了互联网金融企业的信贷风险。但是，在网络的虚拟世界仍然无法完全实现信息的对称，所以互联网金融也仍面临着信贷风险的有效防范问题。

（八）运行成本方面

与传统金融相比，互联网金融企业的运营成本如九牛一毛。互联网金融企业的成本主要集中在大数据的开发与维护，平台的研发与创新以及融资产品的创新上，省去了设置营业网点的费用、日常服务的职工工资以及网点的系统和设备维护费用，更节约了在信贷审核过程中的人力、时间成本，提高了企业的竞争力。

拓展阅读

科技赋能助力国家普惠金融政策及经济增长

如今，数字化转型已经成为提升企业发展速度的关键动力。在互联网、大数据、人工智能等现代信息技术不断取得突破的今天，传统企业纷纷采用数字化创新的方式来开展业务。对于传统金融机构来说，抢占数字化转型中的先机，决定了业务模式的调整速度和方向，只有用数字化思维重塑金融业务流程，将科技优势转化为业务优势，不断以数字化转型推进场景金融建设，才能适应新时代下的市场需求。

技术实力作为数字化转型中的关键，是传统机构的弱势所在，恰恰是钒岳科技集团的优势之处。

钒岳科技集团专注于金融行业，赋能传统金融机构，持续深挖数据价值，依托人工智能、大数据、机器学习等前沿科技，自主研发了全流程、多场景、智能化的线上数字科技体系，整合贷前获客风控、贷中运营和贷后监控催收，制订一体化解决方案，打造集成整合、高效复用、即时赋能的数据服务，用科技来促进业务流程、产品和服务体验的优化，通过智能数字化管理工具为传统金融机构发展加速，让企业在技术与业务同步快速迭代的过程中实现高质量发展。

钒岳科技集团自研了智能营销系统、风控系统、CRM 系统、大数据系统、支付系统及内部运营系统等。利用场景获客及大数据驱动营销为金融机构提升用户的留存及业务

流程转化率，通过庞大的多维度数据测试及分析，借助机器学习形成强大的决策引擎，建立完善的风控体系；利用大数据、人工智能、云计算等驱动贷后业务，智能催收机器人以及全量语音质检建立闭环的资产保全系统，实现绿色贷后一体化解决方案。

瓴岳科技集团已与数十家金融机构达成了合作，将自身科技实力进行输出，建立全流程线上系统赋能合作机构，提升人工智能等前沿科技在业务发展中的应用范围，让智能数字化的管理工具助力合作机构发展加速。

资料来源：网易，https://www.163.com/dy/article/GOUDU0UG0536ATJH.html

第二节 互联网金融概述

一、互联网金融的概念

互联网金融（Internet Finance），通常被认为是依托于互联网新技术如移动支付、社交网络、搜索引擎和云计算的发展，是既不同于商业银行间接融资、也不同于资本市场直接融资的第三种金融融资模式。2015 年 9 月，央行等十部委联合颁布了《关于促进互联网金融健康发展指导意见》，其中互联网金融被定义为“是传统金融机构与互联网企业利用互联网技术和信息通信技术实现资金融通、支付、投资和信息中介服务的新型金融业务模式”，其主体既包括互联网企业也包括传统金融机构。

二、互联网金融产生的背景

随着大数据、云计算、物联网的发展，大众消费观念的转变和现代金融理念的革新，互联网金融呈现爆发式增长，互联网金融产生的背景可以归结为以下几个方面。

（一）经济发展驱动传统金融的变革

从 20 世纪 90 年代开始，中国经济就一直处于高速发展状态，年均 GDP 增长速度达到 10%以上。经济的高速发展使得居民收入持续稳定增长，城镇居民可支配收入从 2000 年的 2 689 元快速增长到 2013 年的 26 955 元，人均可支配收入增长了 10 倍有余。可支配收入的增加表明中国居民的生活水平有了实质性的提高，消费领域扩大，并开始由量向质的转变。

消费水平的提高并没有降低中国居民的储蓄率，2000 年中国居民储蓄率为 63%，虽然这一比例逐年下降，但由于投资渠道狭窄及居民保守的消费、投资习惯，居民储蓄率依然处于高水平。然而随着物价持续上涨，较低的银行存款利率与较高的通货膨胀率之间的冲突使财富保值增值成为人民大众关心的首要问题。

同时，随着经济的发展，中小企业数量快速增长，达到全国企业总数量的98%以上，中小企业在国民经济发展中起着越来越重要的作用。加之企业间交易的愈加频繁，中小企业对资金融通的便捷性有着更急切的需求。经济的发展促进了商品交易的繁荣，财产性与非财产性收入增长提高了人民收入水平，也为中小企业数量的不断扩大提供了基础，传统金融已无法满足居民及中小企业对高效、便捷金融服务的潜在需求。

（二）互联网技术普及奠定用户基础

根据中国互联网络信息中心发布的《第 40 次中国互联网发展状况统计报告》显示，截至 2017 年 6 月底，中国网民规模已经达到 7.51 亿，互联网普及率达到 54.3%，较 2016 年年底提升了 1.1%。

同时，中国 7.24 亿的手机网民规模说明了随着移动网络的大范围覆盖及智能手机的价格持续下降，手机的使用极大地促进了互联网的普及，成为目前互联网用户增长的主要来源。截至 2016 年 12 月，全国开展在线销售的企业比例为 45.3%，全国开展在线采购的企业比例为 45.6%，利用互联网开展营销推广活动的企业比例为 38.7%，说明越来越多的企业在通过互联网进行商业活动。互联网网民数量快速增长和互联网在企业商务活动中的广泛运用为互联网金融发展奠定了用户基础。

得益于互联网及移动设备的普及，中国网民数量快速增加，这为电子商务的发展奠定了基础。中国的电子商务从 20 世纪 90 年代初兴起，经过 20 年的迅速发展，2016 年电子商务交易规模达到 20.2 万亿元。2016 年 GDP 总量为 74.4 万亿元，电子商务交易规模占到 GDP 总量的 27%，电子商务在国民经济发展中发挥着越来越重要的作用，这也为互联网金融的发展带来了契机。

在电子商务体系中，互联网金融是必不可少的一环。传统的电子商务包括商务信息流，资金流和物流 3 个方面，其中资金流关系到企业的生存和发展，对企业至关重要。新型电子商务所涉及的交易摆脱了时间和空间上的限制，对资金流的控制则需要第三方支付和传统渠道外的资金支持。新型电子商务使得商品交易的时间大大缩短，这也对更加快捷的支付和资金融通提出了新的要求。因此，电子商务的快速发展使得更多的企业对快捷的资金服务需求进一步加大。

（三）网络渠道的拓展降低成本、增加用户数量

自从进入网络经济时代以来，以互联网为主的现代信息和通信技术快速发展。互联网改变了企业与客户传统的供求方式，扩大了品牌的影响力。越来越多的企业认识到互联网渠道的拓展对企业发展的重要性。

对于企业而言，互联网营销渠道构建的优势主要体现在成本的节约与用户数量的增长上，这两点也是企业长期发展的立足点。首先是时间成本的节约。通过互联网信息的传播，产品信息可以瞬间到达另一个互联网终端，时间成本趋近于零；其次是营销成本的节约。在网络推广下，销售信息以低廉的成本在互联网用户之间传播，相对于其他媒介的营销推广，互联网低廉的成本显而易见。互联网的应用在一定程度上弱化了渠道中间商的作用，极大地降低了其通路成本。

在用户拓展上，互联网金融突破了地域的限制，所有使用互联网的人群均为互联网金融企业潜在的用户。企业通过对用户的地域分布、年龄、性别、收入、职业、婚姻状况和爱好等基本资料分析处理，有针对性的投放广告，并根据用户特点做定点投放和跟踪分析，对广告效果做出客观准确的评价。网络营销的精准定位，将部分潜在客户变为企业实际用户，在一定程度上帮助企业拓展了用户群体。

（四）小微企业的融资需求刺激互联网金融的发展

中小客户对金融服务的强烈需求。按照克里斯•安德逊2004年所提出的“长尾理论”（见本章拓展阅读），传统银行由于追求规模经济性，总是将有限的资源集中在对利润贡献最大的客户群体和业务领域，即大企业、大客户和中高端零售客户，也就是销量品类平面图当中销售曲线的头部。而对于向小微企业贷款、小额理财、P2P、个人借贷担保等“尾部”业务，银行或者无暇顾及，或者由于成本、风险与收益不匹配而不愿涉足。

互联网金融依托计算机网络、大数据处理，大幅拓宽金融生态领域的边界。而免于实体网点建设、24小时营业、准入门槛低的特点使互联网金融平台提高了金融服务的覆盖面。与电子商务紧密合作降低了互联网金融平台获取小微企业信息的成本，促进了交易的达成。利用计算机系统，任何互联网金融平台都能对订单进行批量处理，从而提高了效率。这些特点均为小微企业融资提供了便利条件，逐步解决了小微企业融资难的问题。

央行在《2013年第二季度中国货币政策执行报告》中显示，截至2013年6月末，阿里小贷投入贷款总额已超过1 000亿元。根据阿里巴巴平台调研数据，融资需求在50万以下的企业约占55.3%，200万以下的约占87.3%。由此可见，互联网金融为小微企业的融资提供了高效、便捷的途径，不断增长的小微企业融资需求促成了互联网金融的发展。

（五）大数据和云计算的技术革命改变传统融资模式

金融的核心是跨时间、跨空间的价值交换。贷款的回收一般依靠银行对企业财务信息的分析和预测，并且一般要求抵押品或质押品来保证贷款本息的安全性。而对于财务信息不完整、企业规模小、抵押品不足的小微企业则无法从银行获得贷款。大数据与云计算技术的出现改变了这一传统模式。

大数据又称巨量资料，指的是所涉及的资料量规模巨大到无法通过目前主流软件工具在合理时间内达到撷取、管理、处理并整理成为帮助企业经营决策的资讯。而云计算是大数据的技术基础，大数据与云计算的关系就像一枚硬币的正反面一样密不可分。大数据必然无法用单台的计算机进行处理，必须采用分布式计算架构。它的特色在于对海量数据的挖掘，但它必须依托于云计算的分布式处理、分布式数据库、云存储和虚拟化技术。

例如，阿里小微金融集团基于阿里巴巴 B2B 网站、淘宝、天猫等电子商务平台上累积的客户交易等数据为小微企业、个人创业者提供小额信贷等融资业务（阿里小贷）。阿里小贷在 2013 年 5 月 18 日当天，2 个小时内向 1.8 万家淘宝商户放出 3 亿元信用贷款，平均每个商户获得 1.6 万元人民币。阿里小贷对小微企业大量数据的运算即是依赖互联网的云计算技术。阿里小贷的微贷技术包含了大量数据模型，需要使用大规模集成计算，微贷过程中通过大量数据运算，确定买家和卖家之间的关联度、是否炒作信用、风险概率的大小、交易集中度等。正是应用了大规模的云计算技术，使得阿里小贷有能力调用如此庞大的数据，以此来判断小微企业的信用。不仅保证其安全、高效，也降低阿里小贷的运营成本。

（六）利率管制为互联网金融企业提供套利空间

中国人民银行划定的存款基准利率活期存款利率为 0.35%，一年定期存款利率为 3.00%，银行存款利率最高上浮 10%。而余额宝—增利宝基金把所募集的客户资金投向银行协议存款，2013 年末 7 天年化收益率一度高达 6.76%。协议存款的利率浮动比例可与银行协商，而一般银行存款利率则有上限的规定。

由于此前规定基金公司协议存款提前取款不罚息，在 2013 年市场资金面偏紧（7 天期上海银行间同业拆放利率一度超过 10%）的情况下，协议存款利率也水涨船高，互联网金融企业可以通过吸收客户大量一般存款而转存银行协议存款来提高资金收益，并且保持较高的流动性，这极大地促进了余额宝等互联网金融产品的快速发展。

三、互联网金融的不同业态形式

央行等十部委联合下发《关于促进互联网金融健康发展的指导意见》将互联网金融划分为七大业态，包括互联网支付、网络借贷、股权众筹融资、互联网基金销售、互联网保险、互联网信托和互联网消费。

（一）互联网支付

互联网支付是指通过计算机、手机等设备，依托互联网发起支付指令、转移货币资金的服务。互联网支付应始终坚持服务电子商务发展和为社会提供小额、快捷、便民小微支付服务的宗旨。银行业金融机构和第三方支付机构从事互联网支付，应遵守现行法

律法规和监管规定。第三方支付机构与其他机构开展合作的，应清晰界定各方的权利义务关系，建立有效的风险隔离机制和客户权益保障机制。要向客户充分披露服务信息，清晰地提示业务风险，不得夸大支付服务中介的性质和职能。互联网支付业务由人民银行负责监管。

（二）网络借贷

网络借贷包括个体网络借贷（即 P2P 网络借贷）和网络小额贷款。个体网络借贷是指个体和个体之间通过互联网平台实现的直接借贷。在个体网络借贷平台上发生的直接借贷行为属于民间借贷范畴，受合同法、民法通则等法律法规以及最高人民法院相关司法解释规范。个体网络借贷要坚持平台功能，为投资方和融资方提供信息交互、撮合、资信评估等中介服务。个体网络借贷机构要明确信息中介性质，主要为借贷双方的直接借贷提供信息服务，不得提供增信服务，不得非法集资。

网络小额贷款是指互联网企业通过其控制的小额贷款公司，利用互联网向客户提供的小额贷款。网络小额贷款应遵守现有小额贷款公司监管规定，发挥网络贷款优势，努力降低客户融资成本。网络借贷业务由银保监会负责监管。

（三）股权众筹融资

股权众筹融资主要是指通过互联网形式进行公开小额股权融资的活动。股权众筹融资必须通过股权众筹融资中介机构平台（互联网网站或其他类似的电子媒介）进行。股权众筹融资中介机构可以在符合法律法规规定前提下，对业务模式进行创新探索，发挥股权众筹融资作为多层次资本市场有机组成部分的作用，更好地服务创新创业企业。股权众筹融资方应为小微企业，应通过股权众筹融资中介机构向投资人如实披露企业的商业模式、经营管理、财务、资金使用等关键信息，不得误导或欺诈投资者。投资者应当充分了解股权众筹融资活动风险，具备相应风险承受能力，进行小额投资。股权众筹融资业务由证监会负责监管。

（四）互联网基金

基金销售机构与其他机构通过互联网合作销售基金等理财产品的，要切实履行风险披露义务，不得通过违规承诺收益方式吸引客户；基金管理人应当采取有效措施防范资产配置中的期限错配和流动性风险；基金销售机构及其合作机构通过其他活动为投资人提供收益的，应当对收益构成、先决条件、适用情形等进行全面、真实、准确表述和列示，不得与基金产品收益混同。

第三方支付机构在开展基金互联网销售支付服务过程中，应当遵守人民银行、证监会关于客户备付金及基金销售结算资金的相关监管要求。第三方支付机构的客户备付金只能用于办理客户委托的支付业务，不得用于垫付基金和其他理财产品的资金赎回。互联网基金销售业务由证监会负责监管。

（五）互联网保险

保险公司开展互联网保险业务，应遵循安全性、保密性和稳定性原则，加强风险管理，完善内控系统，确保交易安全、信息安全和资金安全。专业互联网保险公司应当坚持服务互联网经济活动的基本定位，提供有针对性的保险服务。保险公司应建立对所属电子商务公司等非保险类子公司的管理制度，建立必要的防火墙。保险公司通过互联网销售保险产品，不得进行不实陈述、片面或夸大宣传过往业绩、违规承诺收益或者承担损失等误导性描述。互联网保险业务由银保监会负责监管。

（六）互联网信托和互联网消费金融

信托公司、消费金融公司通过互联网开展业务的，要严格遵循监管规定，加强风险管理，确保交易合法合规，并保守客户信息。信托公司通过互联网进行产品销售及开展其他信托业务的，要遵守合格投资者等监管规定，审慎甄别客户身份和评估客户风险承受能力，不能将产品销售给风险承受能力不相匹配的客户。信托公司与消费金融公司要制定完善产品文件签署制度，保证交易过程合法合规，安全规范。互联网信托业务、互联网消费金融业务由银保监会负责监管。

四、互联网金融的特点

（一）伴生于商务平台

互联网时代的商务平台，是一种轻资产形式的虚拟营业场地。传统的经济活动和金融交易行为往往高度依附于重资产形式的物理场所。然而在互联网时代，强大的网络通信技术把独立的个体和分散的经济活动通过网络串联在一起，形成了一个无形却真实、虚拟却有效的交易场所。

平台大如连接了超过 800 万商户和近 3 亿用户的淘宝，小如连接超过 1.5 万商户和 700 多万用户的苏宁易购。相比于传统的物理交易场所，互联网平台虚拟营业场所高度集中，大大降低原始投入，从而使交易成本更低、交易规模更大、撮合效率更高，经济活动的规模通过互联网的技术杠杆实现了倍增。

互联网商务平台作为虚拟的营业场地，其价值通过其广泛连接的商务机构网络得以充分体现。平台在与各类外部机构建立连接的同时，平台与所连接机构双方的资源也实现了有效的互补。一方面，平台为外部机构提供了用户、账户、支付工具等一系列的基础资源；另一方面，外部机构为平台增添了各类业务、产品资源。双方通过彼此连接快速实现了资

源的共享，彼此的经营能力都得以快速提升。广泛连接下的资源聚合，成为互联网平台的核心价值体现。

（二）积极跨界

在互联网平台上，没有了物理阻隔的电子商务与金融之间，通过网站的简单连接，特别是同一个入口下简单的页面跳转就能迅速切换交易主题的可能性，使得虚拟经济的产业界限开始模糊，不同经济类型、经济活动间的樊篱也被悄然推倒。

与互联网金融相关的跨界活动演绎出两股潮流。一方面，电商平台基于商品贸易活动出发，向搭建闭环生态补充各类金融禀赋。于是我们看到了支付宝、财付通等支付工具作为电商网站配套设施的蓬勃兴起；看到京东白条、蚂蚁花呗这些消费金融产品的积极涌现；看到电商网站在用户信用评级、水电煤缴费、信用卡还款等个人综合金融服务方面持续耕作。每一个电商平台，自诞生之日起，就会在服务种类和产品种类上不断衍生扩展。

另一方面，金融机构也在向商业反向跨界，并在银行、证券、保险等机构之间相互跨界。自中国建设银行首推电子商城以来，大量的商业银行开始自建商务网站，纷纷推出商品和金融产品销售。此外，证券机构、基金公司也在跨界开展支付、网贷和财富管理服务，提供一站式的综合服务。像汇添富公司近年来推出的互联网现金理财产品“现金宝”，就引领了集投资、支付、还款等功能于一体的综合财富管理热潮，受到很多年轻朋友的热捧。

互联网金融大发展引发的跨界效应是积极正面的。其一，无论是纯商业机构向金融跨界，还是金融机构内部的互相跨界，跨界最终扩展了金融范围，从外延上丰富了金融产品、金融服务乃至电商机构和金融机构的多样性；其二，跨界促进了竞争，打破了垄断，提升了效率，改善了公共服务；最后，跨界有效推动了综合金融服务和金融混业经营的进程。

（三）精耕账户

互联网金融创新无一不是通过账户革新而实现的。在互联网金融平台广泛连接的基础上，无论是传统的银行存款账户，还是为支付便利开立的支付账户、优惠积分账户、电子钱包账户，或是迅速成长的个人理财账户、高端财富管理账户等，都可以成为个人金融资产或货币财富集聚的大本营。作为消费、投资行为的出发点和归宿点，所有个人财富的商业价值派生于账户。

在一个账户之内，货币资产据以集聚，金融业务、金融产品和投资的分类、分级账户可以集成管理和相互转化。同时，客户的“内心世界”——他的风险偏好、消费能力、行为特征、品牌倾向等均能通过账户这一经营单元的原始交易数据进行归集，并基于这些数据进行定制化推广和精准营销。

就互联网金融平台而言，通过账户，用户可以更好地获取综合金融服务，而平台经营者则可以更好地向用户提供丰富的金融产品和综合金融服务。所以，完全可以说，谁拥有了规模化的账户体系，谁就拥有了丰富的金融资源；谁能够有效开发并经营好账户体系，谁就能在互联网金融大潮中抢得先机并占有市场竞争的制高点。

由此可以解释，商业银行之所以取得过去一段时期发展的黄金十年，在于拥有这样的账户体系；而证券公司一度徘徊不前，正是缺少可以多功能应用的账户体系。

（四）自我进化的生态演绎

平台的广泛连接和账户的持续创新，带动了互联网金融向生态化演绎。一方面，互联网商务的延伸效应，使得各种金融产品和增值服务可以在平台上自然生长，用户基于一个平台、一个入口可以选择多种产品和配套服务；另一方面，支付、电商、网贷、众筹、理财这些基础的金融要素，在一个平台上繁衍成互为依存的生态环境，彼此带动，相互提携，交叉发展，形成了一站式自我进化的综合服务的生态形式。

事实上，互联网商务生态化演绎，既是互联网加快发展的必然结果，也是使分散的产品与服务得以集聚融合、不同的专业分工得以协调互补的推动力量。我们看到“BAT”（百度、阿里巴巴、腾讯）三巨头互联网生态体系的构建，无一不是从某项服务出发，到支付工具、搜索引擎、电子商务等平台的搭建，再到积极构建囊括餐饮、娱乐、打车等具体应用场景在内的生活生态圈。这种生态圈不是简单的服务拼装或者功能组合，也不是纯粹追求低成本的物理迁移，它是对人们衣食住行方式的重大提升和根本性革新。

（五）便利普惠

互联网打破了时空隔阂。方便快捷成为网络商务的最基本特征，也同样成为互联网金融的基本属性。例如，曾经费时费力的水电煤等各种公共事业缴费以及各类名目的汇款、还款，如今通过广泛连接和方便快捷的第三方支付网络，可以随时随地轻松完成。

再如，有些网贷平台推出“极速模式”，可以在 1 分钟内告知用户预估信用额度，在 10 分钟内向用户核准授信结果，最快 1 天内就能实现资金到账。借助互联网手段，金融服务的场所迁移到了电脑和手机上，金融活动的响应时间降低到秒级，全社会的整体金融福利效用大大提升。

互联网金融平台对传统商业长尾客户的服务改善则表现为一种金融普惠性。过往由于各种原因无法得到有效金融服务的群体，借助互联网方式享受到了福利。这一点在小微企业金融服务领域表现鲜明。一方面，由于互联网技术边际成本极低，大大降低了金融服务的沟通成本和交易成本，小微企业这些过去未得到银行充分服务的客户越来越成为银行的重点对象；另一方面，大数据、云计算等技术使银行能够及时掌握客户的交易数据和行为信息，提升了风险控制水平，融资难的瓶颈正在逐步突破。互联网超越了实体经济的发达

程度和边远地区乃至山区的物理交通阻隔，将无差别的普惠金融服务传播到不同的空间和所有的人群。

（六）赢家通吃

相比传统产业，互联网产业存在较强的路径依赖等特点，市场资源往往集中于某几个具有先发优势的大型平台，排名前两位的机构将占据 80%的市场份额，“二八”格局较为明显。互联网金融作为一种新兴的互联网业务形态，本质上同样具有互联网产业的共性特点，如作为市场先发机构支付宝、财付通长期占据超过 80%的互联网支付交易规模，在移动支付领域的优势更为明显。

先发优势往往会转化为入口优势，成为用户获取服务的第一选择，进而带动网络连接、流量规模、业务收入等多方面资源的快速形成，建立起较强的市场竞争壁垒。例如，先发优势企业可以凭借既有优势辅以基础服务免费或低价形式开展竞争，有效打击立足未稳者，不断做实先发优势，夯实领先地位。

更进一步来看，入口优势、路径依赖所带来的广泛连接效应不断充实、丰富互联网金融平台的资源体系，形成产品资源、用户资源、流量资源的集聚，带动互联网金融平台在实现与外部机构资源共享的同时，迅速形成产品全面、支撑有序、体验良好、共生共荣、自我进化的生态体系，并基于用户实际需求和风险偏好，为其提供多产品、全价值链的一站式投资理财服务。

第三节 我国互联网金融的现状及发展趋势

一、我国互联网金融的发展历程

我国互联网金融的发展历程大致分为 3 个阶段。

（一）互联网金融萌芽时期

第 1 个阶段从 2003 年到 2011 年，被视为中国互联网金融的初步萌芽期。这一时期互联网金融的发展主要表现为传统金融机构和电商企业的平台构建。一方面，各大银行建立自己的网站，借助网络平台，实现了部分银行业务信息化；另外一方面，以支付宝为代表的第三方支付平台借助着电子商务的兴起，开始分羹原属于银行的核心业务。

2007 年 8 月，中国第一家 P2P 信贷公司——拍拍贷成立，随后 P2P 公司如雨后春笋般涌现，红岭创投、人人贷、陆金所等相继成立。

2011 年 5 月，支付宝、财付通、快钱等成为首批获得第三方支付牌照的单位。之后，国内出现了点名时间和天使汇等众筹平台。这一时期互联网金融的发展看似较为平淡，但在客户基础和“入口为王”的时代，支付宝十年的积累与酝酿，潜移默化地改变了多数中国人的支付习惯，累积了数以亿计的具有高黏性的客户，为后来余额宝“倒逼银行改革”夯实了基础。

（二）互联网金融发展时期

第 2 个阶段从 2012 年至 2014 年，互联网金融产品创新层出不穷，是中国互联网金融的井喷发展时期。2012 年，苏宁电器成立苏宁小贷公司，迅速打入供应链金融领域；其后，京东、国美也相继发布了旗下的金融服务类产品——供应链金融服务系统和小微企业信贷；多家保险公司获得了首批保险网络销售资格；中国平安、阿里巴巴、腾讯科技 3 家公司对外宣布联合成立众安保险，主打虚拟货币失盗险、网络支付安全保障责任险，开创了在线虚拟财产保险的先河，催生出新的金融业务品种及业务模式；P2P 融资及众筹融资渐成规模，呈飞速发展之势。

2013 年 6 月，打着“傻瓜式互联网金融产品”和“碎片化理财”口号的余额宝正式上线，不到半年时间，便成为国内首只托管资金超过千亿元的基金。面对活期储蓄骤减的压力，中国银行、工商银行、平安银行、民生银行也相继推出了活期宝、现金宝、平安盈、如意宝等类余额宝产品，掀起了一场银行活期存款保卫战。2013 年因此也被称为中国互联网金融元年。

此后，互联网金融和传统金融的无烟战火烧得如火如荼。一方面，互联网巨头凭借着商业模式和技术的创新持续发力，开疆扩土的打造属于自己的互联网金融帝国。2014 年 2 月，京东金融推出“京东白条”，成为第一款面向个人用户的网络信用支付产品。

目前，京东金融完成了对供应链金融、消费金融、众筹、财富管理、支付、保险及证券等七大板块的金融领域布局。同年 10 月，阿里小微金融服务更名为蚂蚁金融服务（简称蚂蚁金服），打造了一条完整的金融产业链——通过阿里小贷提供贷款业务，通过支付宝提供支付结算业务，通过资产证券化实现融资，此外还涉及担保、保险、基金等业务。

与此同时，百度推出了 91 金融超市、百度百发；腾讯推出了 QQ 钱包和微信支付；新浪推出“微银行”服务。截止到 2014 年底，市场上 P2P 网贷平台已超过了 1 500 家，众筹平台达到 160 余家，互联网金融的规模已经突破了 10 万亿元。

另一方面，传统金融机构在金融中介角色被边缘化的压力下被迫转型，奋力守住已有版图。北京银行、民生银行、兴业银行、平安银行、浦发银行等十几家相继推出了直销银行、手机银行、微信银行及电商平台。这种互联网金融与传统金融核心业务的相互渗透和融合，有力地推动了我国金融改革的深化。

我国互联网金融发展历程如图 1-1 所示。

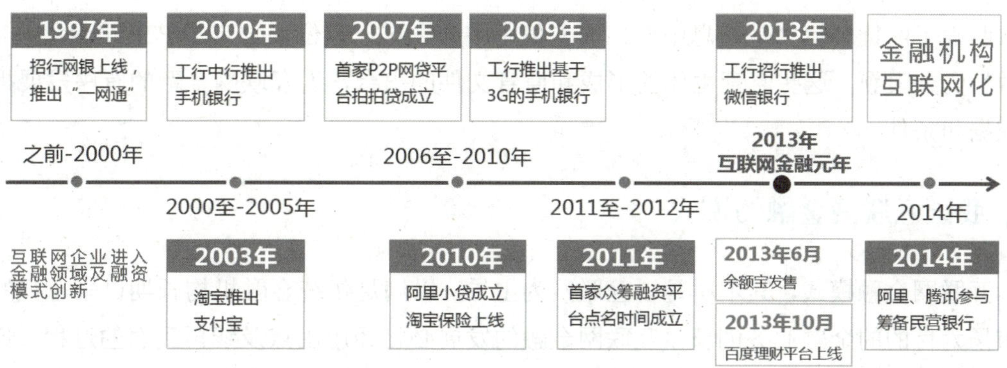

图 1-1　我国互联网金融发展历程

（三）互联网金融创新时期

第 3 个阶段从 2015 年至今，是中国互联网金融规范化发展和鼓励创新的时期。一方面，监管部门支持真正致力于从事普惠金融、民间金融的电商及互联网金融机构的创新发展。2015 年年初，前海微众银行和网商银行等 5 家互联网银行的先后设立，互联网金融从虚走向实，实现了互联网金融与传统金融的融合一大跨步。

之后，央行发布《关于做好个人征信业务准备工作的通知》，要求芝麻信用管理有限公司（蚂蚁金服）、腾讯征信有限公司等 8 家机构做好个人征信业务的准备工作。互联网征信无疑将大大完善我国的征信体系，更重要的是它将成为互联网金融安全的有效保障。

2015 年 4 月，借助芝麻信用分和蚂蚁金服，蚂蚁小贷旗下个人信贷产品——花呗宣布正式上线。截至 2015 年底，蚂蚁金服完成 A 轮融资，估值超过 450 亿美元；陆金所完成 12.16 亿美元的 B 轮融资，估值 185 亿美元；京东金融完成 10 亿美元的 A 轮融资，估值 460 亿元。

另外一方面，面对互联网金融行业频发的平台倒闭和跑路危机，监管部门制订了一系列法规条例，保护投资人的合法权益。2015 年 7 月，央行颁布了《关于促进互联网金融健康发展的指导意见》，明确了互联网金融的定位和不同形式的互联网金融的监管主体。1 个月内，《互联网保险业务监管暂行办法》《非银行支付机构网络支付业务管理办法（征求意见稿）》《最高人民法院关于审理民间借贷案件适用法律若干问题的规定》《中国人民银行金融市场司关于私募投资基金进入银行间债券市场有关事项的通知》等与互联网金融相关的文件密集出台，填补了互联网金融监管的空白。

2015 年 11 月，人民银行将互联网金融统计纳入金融业综合统计体系，为规范互联网金融稳健持续发展提供了有力保障。12 月 28 日，《网络借贷信息中介机构业务活动管理暂行办法》和《非银行支付机构网络支付业务管理办法》两份重量级的监管文件出台，再一次明确了网贷平台“是信息中介，而非信用中介”这一定位，划定了 P2P 平台“小额、分散”资金限额。这些监管主体的形成和监管文件的出台，为互联网金融的有序发展提供了依据和条件。

二、我国互联网金融的模式

互联网金融模式，其本质是以互联网为主导，以满足传统金融机构长期以来忽视的长尾市场为目的的金融业务创新。互联网金融的发展必将经历由点及线再到面的过程。最初的互联网金融发展模式主要表现为利用互联网技术对传统金融业务进行优化升级，如第三方支付、P2P 网贷、众筹、大数据金融等模式，这可以概括为“点上的互联网金融模式发展”。这些创新固然有其进步性，例如 P2P 网贷满足了信用等级较低人群的借款需求、众筹满足了部分创业者的筹资需求。但是未来一段时间互联网金融发展的中坚力量仍是以金融机构和互联网巨头为主导的互联网金融创新。

因此，尽管目前人们谈论互联网金融时想到的更多是 P2P 网贷、众筹这些概念。但是未来互联网对传统金融业务进行优化升级的同时也会对传统的金融机构进行变革创新，互联网与传统金融机构的融合，例如互联网+证券、互联网+保险、互联网+信托、互联网+期货等模式将会兴起，这可以概括为 4 种“线上的互联网金融模式”：互联网巨头获得金融牌照，建立金融机构；金融机构搭建互联网平台，从事互联网金融；互联网巨头与金融机构合作，互联网巨头控股；金融机构与互联网巨头合作，金融机构控股。

下面，我们就以上 4 种分类提供具体的案例阐述。

（一）互联网巨头获得金融牌照，建立金融机构——以微众银行为例

过去一年里，由互联网巨头发起的互联网银行成为众人的关注焦点。以微众银行的首个贷款产品“微粒贷”为例，该产品最大的亮点在于完全线上审核信用，这使得一笔贷款业务可以在多则十几分钟，少则十几秒的时间内快速完成。之所以微众银行的贷款审核可以比传统商业银行快得多，是因为其背后的腾讯集团在数十年的经营过程中积累了大量关于用户的行为数据。信息优势是互联网银行可以对抗传统商业银行的重要原因。

对传统商业银行来说，人们在互联网上经年累月积攒下的信息是难以获得的，在此基础上进行信用评级便有一定难度。而对于经营历史较长的互联网巨头来说，这些信息已经储存在数据库中，只要掌握分析的方法，就能变为巨大的财富。

但是，相比于传统商业银行，互联网银行还是一个年轻的竞争者。微众银行在 2015 年 8 月 15 日正式上线。上线后，微众银行对外宣称不做存款业务，未来其资金来源主要

是来自其他商业银行的同业拆借，其生存和发展将很大程度依赖于其他商业银行。然而，就在不到一个月后的 9 月 10 日，原本与微众银行合作的招商银行宣布停止对微众银行提供身份验证接口。有关专家表示，此举是由于招商银行担心微众银行提供的理财业务有可能分流其自身存款所致。由此可见，互联网银行一方面需要来自传统商业银行的帮助与合作，另一方面商业银行出于自身利益的考量可能并不希望互联网银行做大做强。新生的互联网银行是否能适应商业银行的游戏规则，在与传统商业银行的竞争中开辟新市场、赢得一席之地，还需要时间来验证。

（二）金融机构搭建互联网平台，从事互联网金融——以工商银行为例

2015 年 3 月，工商银行推出了 e—ICBC 战略，提出建立包含“融 e 购”“融 e 联”与“融 e 行”的“三大平台、三条产品线”战略。融 e 购是一个类似于天猫商城的电子商务平台。在融 e 购上，消费者可以购买来自各个品牌旗舰店授权的产品，这一点和其他电子商务平台类似。但是，商业银行的牌照优势，使得工商银行不受国家对第三方支付机构监管的约束，可以开展第三方支付业务规定的每天 5 000 元人民币限额外的业务，例如，消费者可以通过融 e 购购买房屋、汽车等大额资产，而这是淘宝、天猫等电子商务平台难以涉足的。此外，工商银行还可以通过融 e 购销售金融产品，如理财计划、贵金属、保险等。

融 e 联是向工商银行个人客户提供的电子通讯平台。通过融 e 联，客户可以在移动端获得存贷款与理财产品的实时报价，了解信用卡业务的最新信息，与客户经理交流。而客户以前往往需要通过现场网点查询或是电话咨询才能了解这些信息。融 e 联不仅提供了一个低成本的信息获取通道，为客户省去了很多交易成本，而且也为工商银行获取了流量优势，吸引了更多客户。

工商银行在 2015 年 11 月 18 日将原“融 e 行”更名为“直销银行”。它整合了工商银行原有的手机银行与网上银行业务，不仅可以向客户提供账户查询、转账汇款、生活缴费、投资理财等金融服务，还可以提供出行购票、酒店预订、预约挂号等生活服务。与原有的网上银行不同，“工行直销银行”是开放式的平台，非工商银行的客户也可以使用，进一步扩大了潜在的使用人群。

在以前，商业银行办理的业务多发生在银行柜台，这一空间条件的限制使得商业银行不可能为客户提供诸多生活服务，如购物、订酒店、买机票等等。而在商业银行业务转向线上、转向移动端的当下，商业银行为客户提供额外服务的边际成本大大降低，服务的范围也大大提高。

（三）互联网巨头与金融机构合作，互联网巨头控股——以阿里巴巴、蚂蚁金服为例

2015年11月4日，蚂蚁金服宣布将入股德邦证券，进军证券业。在2015年3月，证券公司被禁止向第三方运营的客户端提供网上证券服务端与证券交易相关的接口。这一禁令发布以后，股民只有通过证券公司自身提供的客户端才可以买卖股票。而蚂蚁金服又有在支付宝开通买卖证券功能的计划，因此，通过合并证券公司获取牌照成为几乎唯一可行的方案。

事实上，这并不是蚂蚁金服与金融机构的唯一一次合作。早在2013年，阿里巴巴、腾讯、中国平安就已经合作成立了众安保险，该保险公司也是我国首家互联网保险公司。

在众安保险官网上，投保人完全可以做到网上投保，较小额度的保险定损与索赔也可以发生在线上，如退运险、碎屏险等等；但涉及金额较大的保险，如车险，则不能完全做到线上索赔。因为较大额度保险的线上定损可能会导致投保人的道德风险，夸大损失程度甚至骗保，而线上定损相比线下定损相对难度较大，如果进行线上定损与索赔，保险公司可能会遭受较大的损失。

面对车险线上定损困难，众安保险的车险产品与平安车险合作进行联合定损，既获得了销售渠道的优势，又解决了完全线上运营的困难。

（四）金融机构与互联网巨头合作，金融机构控股——以百信银行为例

2015年11月，中信银行与百度宣布合作成立直销银行——“中信百信银行股份有限公司”。中信银行和百度公司作为发起人，分别认购百信银行14亿股、6亿股普通股股份，入股比例分别为70%、30%。这是国内首家采用独立法人运作模式的直销银行。

作为直销银行，百信银行和微众银行有相同点，但传统商业银行的控股赋予百信银行独特的优势。和微众银行一样，百信银行的交易场景集中在线上，对互联网技术和数据提出了更高要求，百度的入股则恰好满足了这一条件。

而与微众银行不同的是，中信银行成为控股股东。这意味着百信银行先天具有可以和传统商业银行开展高层次合作的优势，比如中信银行方可以提供央行接口、同业拆借等优势资源，而这些资源正是限制互联网巨头自建金融平台发展的重要因素。

三、我国互联网金融的发展趋势

（一）货币虚拟化

近几年来，比特币的发展迅速，掀起了投资虚拟货币的热潮。比特币的发展可以看作

未来虚拟货币的一个发展趋势，即虚拟货币逐渐向双向流通阶段过渡，并逐渐在现实和虚拟网络环境中替代纸币的作用。

互联网金融不断演化发展是必然趋势，虚拟货币也将会成为在网络环境中的货币。就中国的各类虚拟货币而言，种类过于繁多，使得虚拟货币只能在某个特定的环境中使用。例如，Q 币只能在腾讯公司体系内流通、百度的百度币也只可以在本公司使用。因此，中国虚拟货币在流通上存在着局限性，不方便用户在整个互联网环境内使用。

在未来，现实社会中的金融体系有可能会出现在互联网金融行业内。不同种类的虚拟货币之间可以进行兑换，虚拟货币在整个互联网金融行业内实现通兑。当通兑出现后，虚拟货币的流通性会大大加强，互联网金融行业的运行效率同样会增强。

在发行量上，央行等政府监管部门也会逐渐介入其中，虚拟货币同样会出现类似央行一样的监管部门。不同国家之间的虚拟货币兑换与汇率挂钩，虚拟货币也会像现在的比特币一样在全球范围内流通。

（二）“支付金融”泛化为消费金融

所谓“支付金融”，就是依靠最初的网购支付带动的金融活动，主要以电商平台，如支付宝、京东支付等为首；而后来的百度钱包、微信支付也可以算作是支付金融范畴。随着互联网的快速发展，其所涵盖的范围与日俱增，出行、餐饮、住宿、旅游等行业纷纷互联网化，这也让“支付金融”开始泛化为消费金融。

正因为消费金融涉及生活的方方面面，所以其具备更强的用户黏性，并且能够依靠金融服务拓展更多的业务，就像支付宝在 2013 年推出的余额宝业务一样，最终依靠 8%年化收益率的示范效应，成功逆袭银行。

阿里巴巴集团以支付宝为核心整合余额宝、芝麻信用、蚂蚁花呗、招财宝等业务板块，从覆盖类似保险、理财这样的金融消费，淘宝网购这样的消费品消费，以及蚂蚁花呗这种信用消费等等。

以“支付”为核心的消费金融在互联网金融行业中占据了最大的一块蛋糕。目前，将消费金融作为主营业务的蚂蚁金服高达 600 亿美元的估值，即便是体量相对很小的京东金融估值也有 610 亿人民币的估值。

（三）互联网金融垂直化

垂直化经营是互联网行业迈入精耕细作阶段的标志，相比较传统金融行业所强调的逐利性，互联网赋予了金融更多的可能性，例如产业链金融。虽然前有光大银行、民生银行等传统金融机构也推出过一些针对某一特定产业的链式金融，但是并不具备普遍性。而互联网金融垂直化所承担的正是产业链金融的全面普及重任。

金融是服务于实业的，垂直化的互联网金融具备更多的行业化思考，能够进行针对性的扶持产业发展，形成互惠互利，从而避免陷入传统金融行业的“唯利是图、嫌贫爱富”的困境。例如像“农业互联网金融”，从农业生产到农业加工，以及农产品销售一条龙的金融服务；而“文化金融”，万达影视、阿里影业等巨头，将院线建设、IP 投资、影视制作发行等集一体的投资模式便是很好的例证。

（四）农村金融和互联网保险的崛起

《中国农村金融发展报告（2015）》《中国“三农”互联网金融发展报告（2016）》中显示，自 2014 年起，我国“三农”金融缺口超过 3 万亿元，只有 27%的农户能从正规渠道获得贷款，40%以上有金融需求的农户难以获得贷款，农村市场有着巨大的想象空间。

一份公开资料显示，去年以来，宣布以“‘三农’领域”为业务重心的互联网金融平台不少于 20 家，其中不少已经完成 B 轮融资。从新金融巨头蚂蚁金服、京东金融到基于垂直领域的创业公司在农村金融的布局都已经初见雏形。一方面，这些企业通过线下渠道获客，场景深入到农资农机购买、农产品销售等多个环节；另一方面，利用互联网技术，通过线上数据审批，提高效率、扩大服务范围。

除了农村金融，近两年迅速崛起的另外一个市场是互联网保险。在 2013 年，国内互联网保险规模只有 300 亿元，开通互联网业务的保险公司只有 59 家。到了 2016 年，互联网保险保费规模已经达到 2 234 亿元，开通互联网业务的保险公司数量超过 100 家，涨势惊人。

当然，互联网保险市场规模的迅速扩张与资本的助力也不无关系，从 2014 年到 2016 年 7 月，互联网保险行业共发生 55 起融资事件。其中 2015 年增长明显，共有 29 起互联网保险投资事件，相比 2014 年增长 262%。

（五）金融+科技的爆发

在 2016 年，在定位和认知上，新金融行业完成了从“互联网金融”到“金融科技”的过渡。相比“互联网金融”，“金融科技”这个词更聚焦于以大数据、云计算、移动互联等代表的新一轮信息技术的应用与普及，并强调它们对于提升金融效率和优化金融服务的重要作用。

2015 年，全球投入“金融科技”领域的资金高达 191 亿美元，是 2011 年的近 8 倍。过去 5 年，超过 400 亿美元的资金流入这个领域。在强势资本的支持下，全球已有超过 2 000 家的金融科技公司。

虽然此前行业内对于金融科技的使用程度，包括大数据真正发挥效用的能力一直有所质疑，资本与创业公司的迅速涌入也有“泡沫”嫌疑，但这些并不能掩盖金融与科技正在深度融合的趋势。尤其是，随着这些金融科技企业已经完成了前期的数据积累以及金融与科技的初步磨合，下一步就是拓展应用的深度和广度。科技的应用也逐渐渗透到资产的获取、风控、贷后管理等全流程，金融科技能力将成为新金融企业最核心的竞争力。2017 年，

平台之间的“流量之争”或许仍在，但是“金融科技”之战才是决定公司未来命运的关键。

拓展阅读

长尾理论

长尾（The Long Tail）这一概念是由《连线》杂志主编在 2004 年 10 月的“长尾”一文中最早提出，用来描述诸如亚马逊和 Netflix 之类网站的商业和经济模式。“长尾”实际上是统计学中幂律（Power Laws）和帕累托分布（Pareto）特征的一个口语化表达，如图 1-2 所示。

图 1-2　长尾理论头部和尾部图

过去人们只能关注重要的人或重要的事，如果用正态分布曲线来描绘这些人或事，人们只能关注曲线的“头部”，而将处于曲线“尾部”、需要更多的精力和成本才能关注到的大多数人或事忽略。例如，在销售产品时，厂商关注的是少数几个所谓“VIP”客户，“无暇”顾及在人数上居于大多数的普通消费者。而在网络时代，由于关注的成本大大降低，人们有可能以很低的成本关注正态分布曲线的“尾部”，关注“尾部”产生的总体效益甚至会超过“头部”。例如，某著名网站是世界上最大的网络广告商，它没有一个大客户，收入完全来自被其他广告商忽略的中小企业。网络时代是关注“长尾”、发挥“长尾”效益的时代。

举例来说，我们常用的汉字实际上不多，但因出现频次高，所以这些为数不多的汉字占据了图 1-2 中坐标系左侧的区域；绝大部分的汉字难得一用，它们就属于那长长的“尾巴”。长尾概念提出者认为，只要存储和流通的渠道足够大，需求不旺或销量不佳的产品共同占据的市场份额就可以和那些数量不多的热卖品所占据的市场份额相匹敌甚至更大。表 1-1 为在市场环境下长尾理论与二八原理的比较。

表 1-1　长尾理论与二八原理比较

比较项目	长尾理论	二八定律
经济假设	丰饶经济	资源稀缺
市场导向	需求方规模经济	供给方规模经济
战略手段	差异化战略（个性化服务）	低成本战略（标准化服务）
市场目标	不放弃尾部 20%的利基市场	关注头部 80%的热门市场
客户服务	提供个性化需求	提供大众化需求
企业愿景	小市场与大市场相匹配	成为主流市场的领航人

关键术语

互联网金融　直接融资　间接融资　普惠金融　金融科技　大数据　长尾理论

本章小结

与传统金融业相比，互联网金融在资金配置效率、渠道、数据信息、交易成本、系统技术等方面具有优势，因而可以克服传统金融业信息不对称、贷款结构不合理、直接融资和间接融资比例不协调等问题，形成与传统金融业竞争的格局。总体来说，广义的互联网金融涵盖了传统金融业务网络化，包括互联网银行、互联网证券、互联网保险、互联网基金、互联网信托、互联网企业的金融业务包括电子支付、P2P 网络借贷、众筹、互联网消费金融、供应链金融和互联网货币。

《关于促进互联网金融健康发展的指导意见》规范了我国的互联网金融发展的条件，明确了我国互联网金融的监管主体。未来互联网金融会出现更多层级的金融服务体系。

拓展学习

拓展学习视频：互联网金融这一年（上、下）

任务训练

一、能力训练

1．什么是长尾理论？

2．与传统金融相比，互联网金融有哪些优势与劣势？

3．为什么说互联网金融是普惠金融？它是如何体现的？

4．从不同行业和个体的需求角度，分析互联网金融兴起的必然性。

5．哪些关键的互联网技术促进了互联网金融的发展。

二、案例分析

随着互联网金融的兴起，很多老年人开始将自己的养老钱投入到各种各样的互联网理财产品中。但专业理财知识的匮乏，让老年人很容易在各种产品之间困惑。身为子女总希望能让父母有个幸福的晚年，帮父母选一种安全可靠的互联网理财方式，让父母的晚年过得更加幸福，也是子女的责任。那么身为子女的我们该如何为父母守好养老钱呢？如何选择真正适合父母需求的互联网理财产品呢？

如果你家里正好有一笔20万元的闲置资金，预计近半年都不需要使用。

1．时下有哪些互联网理财产品？这些产品各自有什么特点？

2．在各种互联网金融理财产品中，如何选择最适合的产品推荐给父母？

第二章 第三方支付

学习目标

通过本章学习，了解第三方支付的内涵、分类及相关概念；熟悉第三方支付平台；理解第三方支付的运营模式和盈利模式；了解第三方支付的现状及发展趋势；了解我国第三方支付存在的风险及相应的监管措施。

案例导入

第三方支付让世界充满商机

为什么越来越多的商户采用了第三方支付？为什么越来越多的网民热衷于第三方支付？第三方支付正在深刻地改变每个人的生活，正在颠覆绝大多数的传统行业，谁也无法置身事外。

2014 年伊始，两个互联网公司的互掐，让很多网民尝到了第三方支付的甜头。2014 年 1 月，微信支付和滴滴打车联合宣布，自 1 月 10 日到 2 月 10 日期间，滴滴打车与微信支付活动上线，乘客只要使用微信支付车费，每单可以减免 10 元车费，同时，司机可以获得 10 元奖金。此外，还有一万个免单机会。1 月 10 日起，短短的 3 天里，滴滴打车订单超过 10 万单。

几乎是同时，支付宝钱包和快的打车联合宣布，将投 5 亿元“请”全国人民打车。2014 年 1 月 22 日起，用户只要使用快的打车内置的支付宝付款，或者用支付宝钱包扫描快的司机的收款二维码，每位乘客每单可以获得 10 元的奖金，司机可以获得 15 元的奖金。

在接下来的两个月里，打车软件“烧钱大战”仍在继续升级，而两大打车软件之争的背后，实际上是支付宝和微信支付两大第三方支付平台在移动支付市场上的“暗战”。

第一节 第三方支付概述

互联网金融在最近几年迅速成为最热门和最具潜力的发展行业，举世瞩目的发展成就主要依赖于第三方支付的开创和支持。不论是国人耳熟能详的类似余额宝的各种“宝”类货币理财产品，还是被争论不休的P2P，抑或是让人们疑虑的众筹、让微小电商受益的电商小贷类模式的出现，都是基于传统的支付结算方式不能满足电子商务发展的需求，而在第三支付平台上创新发展起来的。我国第三方支付平台的快速发展，给传统银行业带来了巨大的影响，同时也深刻地改变着人们的生活和工作方式。

一、第三方支付的内涵

按支付程序分类，结算方式可分为一步支付方式和分步支付方式，前者包括现金结算、票据结算（如支票、本票、银行汇票、承兑汇票）、汇转结算（如电汇、网上支付），后者包括信用证结算、保函结算、第三方支付结算。

在社会经济活动中，结算归属于贸易范畴。贸易的核心是交换。交换是交付标的与支付货币两大对立流程的统一。在实际操作中，对于现货标的的面对面交易，同步交换容易实现；但许多情况下由于交易标的的流转验收（如商品货物的流动、服务劳务的转化）需要过程，货物流和资金流的异步和分离的矛盾不可避免，同步交换往往难以实现。而异步交换，先收受对价的一方容易违背道德和协议，破坏等价交换原则，故先支付对价的一方往往会受制于人，自陷被动、弱势的境地，承担风险。因此异步交换必须附加信用保障或法律支持才能顺利完成。

为迎合异步交换的市场需求，第三方支付应运而生。第三方是买卖双方在缺乏信用保障或法律支持的情况下的资金支付“中间平台”，买方将货款付给买卖双方之外的第三方，第三方提供安全交易服务，其运作实质是在收付款人之间设立中间过渡账户，使汇转款项实现可控性停顿，只有双方意见达成一致才能决定资金去向。第三方担当中介保管及监督的职能，并不承担什么风险，所以确切地说，这是一种支付托管行为，通过支付托管实现支付保证。

从广义上讲，第三方支付是指非金融机构作为收、付款人的支付中介所提供的网络支付、预付卡、银行卡收单以及中国人民银行确定的其他支付服务。第三方支付平台并不涉及资金的所有权，而只是起到资金中转作用。

二、第三方支付的分类

中国人民银行在 2010 年 6 月颁布的《非金融机构支付服务管理办法》第二条中，对第三方支付机构的业务范围有明确定性。

“本办法所称非金融机构支付服务，是指非金融机构在收付款人之间作为中介机构提供下列部分或全部货币资金转移服务（见图 2-1）：

（1）网络支付；

（2）预付卡的发行与受理；

（3）银行卡收单；

（4）中国人民银行确定的其他支付服务。

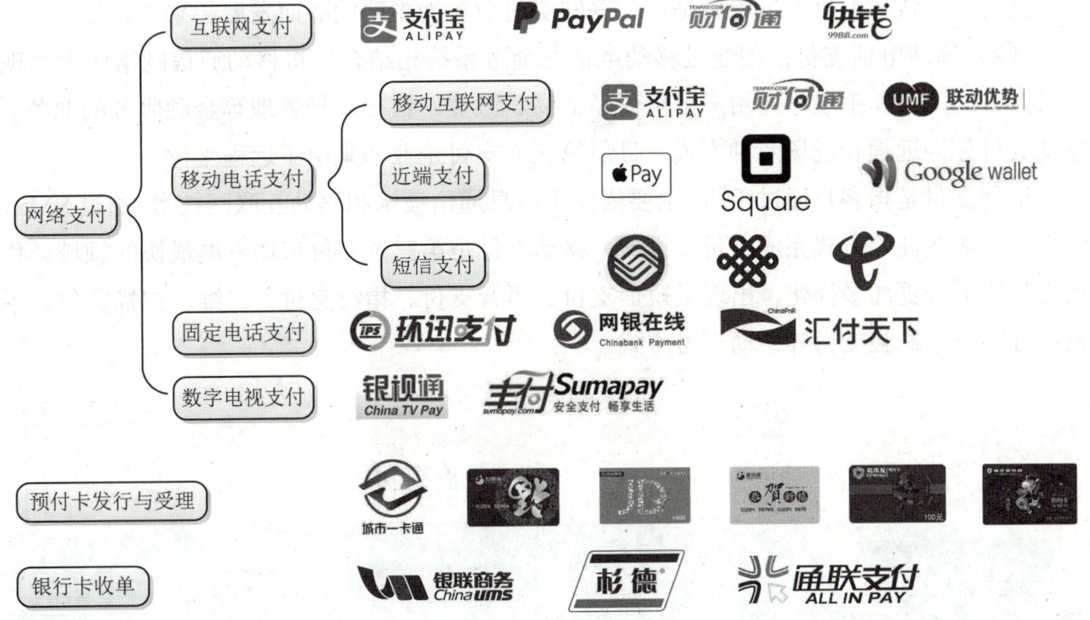

图 2-1 第三方支付的主要类型

本办法所称网络支付，是指依托公共网络或专用网络在收付款人之间转移货币资金的行为，包括货币汇兑、互联网支付、移动电话支付、固定电话支付、数字电视支付等。

本办法所称预付卡，是指以营利为目的发行的、在发行机构之外购买商品或服务的预付价值，包括采取磁条、芯片等技术以卡片、密码等形式发行的预付卡。

本办法所称银行卡收单，是指通过销售点（POS）终端等为银行卡特约商户代收货币资金的行为。”

三、第三方支付的相关概念

（一）网络支付

网络支付业务，是指收款人或付款人通过计算机、移动终端等电子设备，依托公共网络信息系统远程发起支付指令，且付款人电子设备不与收款人特定专属设备交互，由支付机构为收、付款人提供货币资金转移服务的活动。

根据《非金融机构支付服务管理办法》的规定，网络支付可进一步细分为：互联网支付、移动支付、固定电话支付、数字电视支付和货币汇兑。

（1）互联网支付：指通过互联网线上支付渠道，于PC端完成的从用户到商户的在线货币支付、资金清算等行为。第三方支付市场上的知名品牌，例如支付宝、财付通、银联在线支付、快钱、汇付天下等就是以互联网支付业务为主营业务而发展起来的。

（2）移动电话支付：指通过移动电话与金融系统相结合，将移动通信网络作为实现手机支付的工具和手段，为用户提供商品交易、缴费、银行账号管理等金融服务的业务。移动支付分为远程和近场两种方式，目前第三方支付企业多集中于远程支付。

远程支付是指客户通过手机，主要依托于信息通信技术和移动互联网技术，通过SMS、手机客户端软件等方式完成支付。目前，移动支付是第三方支付市场发展最快的领域。移动支付的形式更加多样化，出现了短信支付、语音支付、指纹支付、二维码扫描支付、手机银行支付、刷脸支付等移动支付方式。

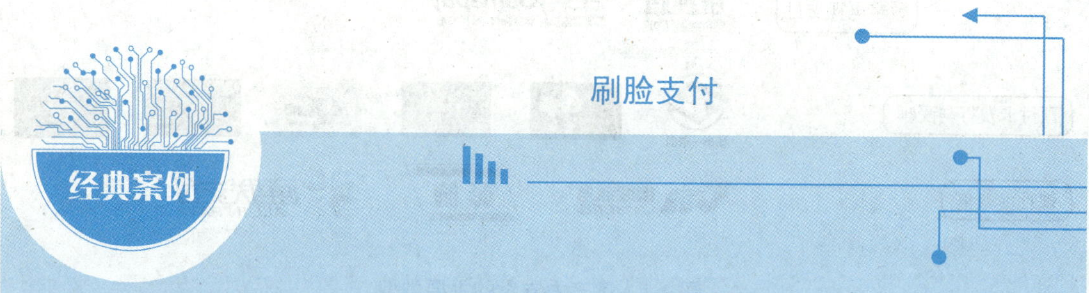

刷脸支付

吃完饭，“刷”一下脸就能结账，这一“靠脸吃饭”的应用场景已成为现实。汉诺威消费电子、信息及通信博览会在德国拉开帷幕，蚂蚁金服集团高管向与会代表演示了其与Face++Financial合作研发的“Smile to Pay扫脸技术”。根据设想，未来大部分消费者只要“刷脸”就能取代传统密码完成支付（见图2-2）。外界对扫脸支付有很多疑问，最主要的就是识别准确率到底高不高？香港中文大学教授给出一组数据：计算机识别人脸的准确率可达到99.15%，而肉眼识别的准确率大约在97.52%。

图 2-2 刷脸支付

作为扫脸技术联合开发方，蚂蚁金服和 Face++Financia 都对准确率充满自信。一个名为“柒车间”的专职研究生物识别技术的团队负责蚂蚁金服扫脸技术的研发和推广，该团队高级技术专家介绍说，人脸识别技术是基于神经网络让计算机学习人的大脑，并通过“深度学习算法”的大量训练，让它变得极为“聪明”，能够“认人”。之所以识别准确率高于肉眼，在于计算机可以关注更多的关键细节，并能剔除干扰因素。

同时，Face++Financial 开发的“交互式指令+连续性判定+3D 判定”除了对人脸进行静态识别，也可要求使用者用“笑一笑”“眨一眨眼”等方式进一步提高识别的准确性。该技术不仅为其在国际公开测试中取得 99.5%的人脸识别准确率，而且也让人脸识别的防伪攻击能力达到世界领先水平。

资料来源：新华网 2015-03-17

近场支付是指消费者在购买商品或服务时，即时通过手机向商家进行支付，支付的处理在现场进行，使用手机射频（NFC）、红外、蓝牙等通道，实现与自动售货机以及 POS 机的本地通讯。

NFC 支付是指消费者在购买商品或服务时，即时采用 NFC 技术（Near Field Communication）通过手机等手持设备完成支付，是新兴的一种移动支付方式。支付的处理在现场进行，并且在线下进行，不需要使用移动网络，而是使用 NFC 射频通道实现与 POS 收款机或自动售货机等设备的本地通讯。

NFC 近距离无线通信是近场支付的主流技术，该技术由非接触式射频识别（RFID）演变而来，在单一芯片上结合感应式读卡器、感应式卡片和点对点的功能，能在短距离内与兼容设备进行识别和数据交换。手机用户凭借配置了支付功能的手机就可以行遍全国：他们的手机可以用做机场登机验证、大厦的门禁钥匙、交通一卡通、信用卡、支付卡等等。

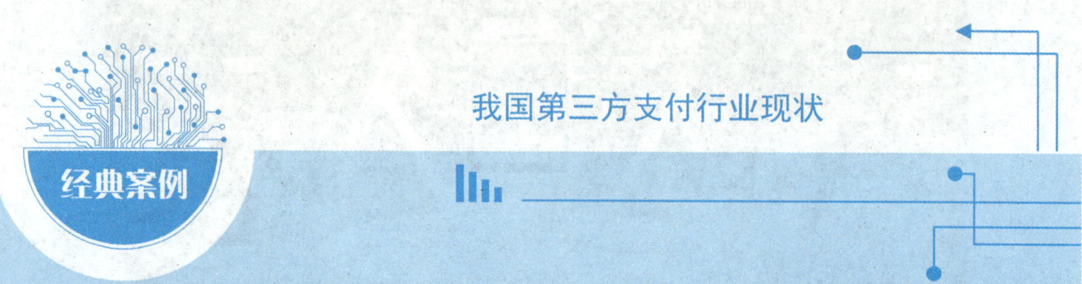

2000 年左右，我国掀起了电子商务的探索热潮，电子商务的起步刺激了商家线上收款的需求，从而为第三方支付平台的发展创造了契机。2017 年，线下扫码支付规模呈全面爆发式增长，线下场景支付的增速远远超过线上场景支付的增速，引领移动支付经历了由线上驱动阶段到线下驱动阶段的转变。经过多年的发展，我国第三方支付行业用户规模快速增长，交易规模持续扩大。

1. 用户规模超 8 亿

自 2016 年以来，我国对第三方支付行业的监管政策趋严，第三方支付交易规模扩大的态势有所放缓，但用户规模依旧保持扩张状态。

根据 CNNIC（中国互联网络信息中心）于 2020 年 9 月 29 日发布的第 46 次《中国互联网络发展状况统计报告》，截至 2020 年 6 月，我国网络支付用户规模达 8.05 亿人，占整体网民的 85.7%；我国移动支付用户规模达 8.02 亿人，占手机网民的 86.0%。

2. 交易规模增速放缓

2013—2019 年，我国第三方支付市场交易规模逐年扩大，2019 年达到 250 万亿元，与 2018 年相比增长 20.2%。不过从整体来看，交易规模增速在逐渐放缓，主要是因为近年来监管政策趋严，第三方支付平台无法进行大额交易，从而影响了第三方支付行业的发展。

2020 年第一季度，线下消费类交易规模大幅缩减，第三方支付市场交易规模仅为 64 万亿元，同比下降 3.7%。

图 2-3　第三方支付

3. B 端支付成为新的增长点

在移动互联网时代，用户更注重体验，消费升级将继续成为第三方支付行业发展的推动力。此外，虽然当前 C 端支付占据了第三方支付市场份额的绝大部分，但行业新增用户量已经趋于饱和。而随着互联网赋能传统产业的改革，B 端支付有望成为第三方支付的一大增长点。

总体来看，未来我国第三方支付市场规模将持续、稳定扩大，预计 2025 年突破 500 万亿元。

资料来源：搜狐网，https://www.sohu.com/a/432346464_473133

（3）固定电话支付：是通过增加安全加密和刷卡功能，使普通电话机变成金融终端。用户只需要具备一部智能终端刷卡电话，这部电话与 POS 终端设备相连接，相当于一个安放在家中的终端 POS 机。通过“刷卡电话机+银联卡”，办理各种银行支付业务。其支付链条主要由固定电话支付终端、电子支付平台、电信应用平台、银联清算平台等几部分组成。第三方支付机构主要参与固定电话支付终端的布局。

（4）数字电视支付：是将电视和银行支付业务有机地结合起来，用户可以通过“电视+遥控器”的方式进行银行卡支付，方便、快捷地完成缴费、查询欠费、订购节目包等业务。目前，包括数码视讯、银视通等在内的 6 家第三方支付企业已获得该项业务许可。

（5）货币汇兑：第三方支付机构从事的货币汇兑业务指的是支付机构通过银行为小额电子商务（货物贸易或服务贸易）交易双方提供跨境互联网支付所涉的外汇资金集中收付及相关结售汇服务。

（二）预付卡发行与受理

预付卡，全称预付费卡，是指以营利为目的发行的、在发行机构指定范围内购买商品或服务的预付价值。按字面意思理解，就是先付费，后消费的支付卡片。预付卡按发卡人不同可划分为两类：单用途预付卡和多用途预付卡。单用途预付卡是由商业企业发行，只能在本企业或同一品牌连锁商业使用的种类，没有第三方支付机构的参与，例如苏宁卡、沃尔玛卡、家乐福卡等；多用途预付卡是由第三方发卡机构发行，可以在发行机构之外的企业或商户购买商品或服务用的一种预付卡，可跨地区、跨行业、跨法人使用，例如商通卡、福卡等。

多用途预付卡具体使用流程是：由第三方发卡机构发行，客户购买，通过网上交易平台或者线下商户的 POS 机进行消费，由发卡机构对卡内金额进行扣除后向第三方存管银行发送付款指令，存管银行向商户交付结算款，商户在收到结算款项之后向发卡机构进行佣金的返还。

（三）银行卡收单

银行卡收单业务，是指收单机构与特约商户签订银行卡受理协议，在特约商户按约定受理银行卡并与持卡人达成交易后，为特约商户提供交易资金结算服务的行为。

银行卡收单业务是采用 POS 机为介质，实现签约银行向商户提供的本外币资金结算服务。最终持卡人在银行签约商户处刷卡消费，银行结算。收单银行结算的过程就是银行从商户得到交易单据和交易数据，扣除按费率计算出的费用后付款给商户。

银行卡收单业务中的主要参与方是：发卡行，收单机构，以及银行卡组织。拥有银行卡收单牌照的第三方支付机构，通过线下布放 POS 机，帮助商户完成收单。第三方支付机构通常与收单银行合作，对于持该行银行卡的交易，收单银行自行处理；其他持卡行的交易，由合作收单银行转接到银联，再由银联转接到其他发卡行进行处理。

四、第三方支付平台的优劣势

（一）第三方支付平台的优势

第三方支付是第三方支付平台通过与银行的商业合作，以银行的支付结算功能为基础，向政府、企业、事业单位提供中立的、公正的面向其用户的个性化支付结算与增值服务。其优势具体表现在：

（1）第三方支付平台采用了与众多银行合作的方式，同时提供多种银行卡的网关接口，从而大大地方便了网上交易的进行。对于商家来说，不用分别安装各银行的认证软件，从一定程度上简化了费用和操作。

（2）第三方支付平台作为中介方，可以促成商家和银行的合作。对于商家而言，第三方支付平台可以降低企业运营成本；对于银行而言，可以直接利用第三方的服务系统提

供服务，帮助银行节省网关开发成本。

（3）第三方支付平台能够提供增值服务，帮助商家解决实时交易查询和交易系统分析，此外，还提供方便及时的退款和停止支付服务。

（4）第三方支付平台可以对交易双方的交易进行详细的记录，从而防止交易双方对交易行为产生抵赖以及为在后续交易中可能出现的纠纷问题提供相应的证据，即使没有使用较先进的 SET 协议却可以起到同样的效果。

总之，第三方支付平台是当前所有可能的突破支付安全和交易信用双重问题中较理想的解决方案。

（二）第三方支付平台的劣势

当前第三方支付存在诸多问题，大致可以归纳为以下几个方面：

1. 存在着安全隐患

现在银行数据系统具备严密的安控措施，一般用户的支付信息在银行环节是相对安全的，并且电子交易在传输用户账号信息时都是加密的，即使被截获也很难破译。但第三方支付却存在安全隐患，如第三方支付平台会保存大量的用户支付信息，若第三方支付服务器数据库被攻击，将导致用户账号信息泄露。

2003 年由于第三方处理器泄露了数据，美国多达 500 万 Visa 和万事达（MasterCard）信用卡信息被盗。2014 年 6 月，由于一家第三方支付数据处理公司的安全缺陷，我国约 4 000 万张各种品牌信用卡的资料被泄露，甚至有人在网上公开出售信用卡信息。由此看来，第三方支付平台的安全性问题不容忽视。

2. 不适宜在 B2B 中大范围推广

如今第三方支付在 B2C、C2C 中已经得到了广泛且成功的运用，这也是第三方支付得以快速发展的主要原因，但在 B2B 中，第三方支付的推广却遇到了阻力。目前的第三方支付平台不仅作为一个支付缓冲，而且还介入到具体的交易纠纷中，通过第三方支付平台处理商业纠纷。

在第三方平台下，网上交易大量的资金沉淀下来，随着大量的资金流入和流出，这种沉淀资金是没有利息的。若在 B2B 模式下采用第三方支付方式，供应商将会有大量的资金沉淀在第三方支付服务商处，等到采购商获得商品并确认后，资金才可流入企业。

一般企业在 B2B 中不会使用第三方支付方式，因为企业财务人员更重视资金占用的时间成本，调节资金的流动和资金的收益。正是第三方支付资金的这种时滞性，阻碍了其在 B2B 中的发展。

3. 缺乏独立性

我国的第三方支付平台大多与网络经销商或网络商务平台进行捆绑，用户在一个网络商务平台进行购物结算时，必须要注册、登录该网络商务平台提供的第三方支付平台，而在另一个网络经销商或网络商务平台处购买商品时，又必须重新注册、登录与该网络商务平台绑定的第三方支付平台。

对于用户而言，只有在众多的第三方支付平台上频繁注册，才能顺利实现支付，这是对资源的极大浪费。解决这一问题的方法有两种：一是统一标准，实现第三方支付平台真正的互联互通；二是建立一个独立的第三方支付平台。

目前，随着无现金社会的到来，第三方支付对于互联网金融的重要性已不容忽视。今后，全面引用第三方支付以及对第三方支付的业务拓展，将成为引导网络消费走入健康发展的轨道，促进中国网上支付完善和发展的主要途径和必然趋势。

五、第三方支付对金融业的影响

第三方支付是互联网金融领域中关键的环节，它既是新金融服务产品诞生的催化剂，也抢占着传统银行业的市场份额，倒逼传统银行业革新谋求长足发展。第三方支付对金融业发展态势的影响可通过对挤占效应对传统银行行业中间业务的影响、鲶鱼效应对金融产品创新的影响、长尾效应对开拓市场的影响和蓝海效应对增强竞争力影响进行分析体现。

（一）挤占效应对传统银行业中间业务的影响

第三方支付业务在我国迅速发展，第三方支付凭借提供快捷方便的免费服务，迅速占领市场，挤占着银行的结算、代理等中间业务的市场，给银行的中间业务产生了巨大的冲击。具体影响如下。

（1）第三方支付业务迅速发展，其操作简单，服务免费的特点迅速挤占银行支付结算业务的部分市场。国内商业银行无论是跨行转账还是同行异地转账，无论是柜面操作还是 ATM 机自主操作，又或者是在网上银行进行操作，都会收取较高的手续费。

而第三方支付平台，以支付宝为例，转账免收手续费和服务费，且即时到账。很多用户在进行小额转账时，会选择在第三方支付平台进行划转，然后再进行提现（提现时会产生费用）。第三方支付平台充当了免费的资金中转站，操作便捷，因此客户在进行小额转账结算业务时，通常都会考虑选择第三方支付平台。

（2）第三方支付业务不仅挤占银行传统的支付结算业务市场，还在线下和银行形成竞争关系，将传统的线下市场格局进行重新划分。例如，阿里巴巴集团的支付宝扫码支付在代理教育缴费、生活缴费等代理收费方面正逐步蚕食着曾经传统银行开辟的业务市场。第三方支付平台的手机充值、城市一卡通充值等现金充值业务也和银行业务形成竞争。

2014 年，我国互联网支付中客户使用最频繁的支付工具是第三方网上支付，其次是网上银行支付平台，两者占比分别为 39.7%、34.4%。第三方支付业务中线下收单和代理收

付占据其规模的 60%，挤占着银行的线下业务市场份额。

综上所述，第三方支付业务从客户群体、市场资源挤压着银行的中间业务，并与传统银行的业务形成鲜明而强有力的竞争关系。第三方支付的发展，给传统金融行业部分业务带来挑战，同时也激励着传统银行的思辨。

（二）鲶鱼效应对金融产品创新的影响

鲶鱼效应是指在某一行业领域内通过外部竞争者的进入，促进行业的发展，使得行业更具发展活力。第三方支付的发展与不断创新，业务开拓进入金融领域，对传统的金融领域产生了巨大影响，促进了金融产品的创新，为互联网金融的发展带来动力。

第三方支付在市场上拥有庞大的客户群，为满足更多市场需求，创新的金融产品不断被推出，促进了传统银行盈利模式和服务理念的转变。鲶鱼效应对金融产品创新的影响主要包括以下几个方面。

（1）第三方支付用户群不断扩大，为互联网金融的发展奠定了坚实的群众基础，占据了有利的市场份额，为金融产品的创新奠定了市场基础。

虽然商业银行在众人心中规模已经很庞大，各大城镇都拥有大小不一的网点，全国各地都拥有相对数量的客户群。但是第三方支付平台的出现，打破了地域和空间的限制，任何时候、任何地点、任何人都可以通过手机或者电脑进行网上交易、转账、支付等，让广大的网民都成为其客户。

互联网金融的基础——第三方支付改变着人们的生活方式，同时也不断挑战着商业银行的权威。例如，阿里巴巴集团的支付宝在 2009 年用户数就达到 2 亿，用户数量超过美国 PayPal 的用户数量，跃身为全球最大的第三方支付平台。经过十多年的磨砺和累积，支付宝实名注册用户在 2016 年突破 4.5 亿。支付宝还借助用户在淘宝购买交易诚信的记录，对客户信用信息进行管理，为其开拓金融客户群奠定了基础，此举将在争夺金融市场份额中起到举足轻重的作用。

（2）随着第三方支付市场不断扩大，第三方支付平台凭借巨大的客户基础，挖掘市场潜力，为金融产品的创新提供了动力。例如，随着市场上拥有的客户群不断地扩大，依托强大的第三方支付平台用户，支付宝成功推出余额宝。其他各大互联网公司纷纷效仿，也陆续推出各具特色的“宝”类理财产品，并不断挤压着有限的市场，抢夺着互联网金融市场的先机和顾客群，迫使各大银行也纷纷效仿，推出各自的互联网金融战略，进军电商等互联网金融服务领域。

（3）现行市场环境下，传统金融企业的金融产品和服务已不能满足客户需求和市场发展要求，第三方支付平台成为金融产品创新的主要场所。

随着我国市场利率化进程的不断推进，存贷款间的利息差将不断缩小，使得传统银行依靠信贷规模的扩大和较高的存款贷款利率之间的差额获取总利润的盈利模式受到威胁。互联网金融的发展倒逼传统金融行业“金融脱媒”。

居民资金由之前存入传统银行转变为投放到可交易的证券化资产或者各类第三方支付平台的理财资产，而资金需求者也绕开传统银行，通过互联网金融企业提供的平台直接在货币市场、资本市场上完成融资，导致资产端依赖传统贷款融资比重下降，从而降低了对传统银行的依赖性，削弱了银行中介性的作用，适应了客户的需求。

为满足市场需求，P2P、众筹等金融模式和产品在第三方支付发展的基础上不断创新。例如，第三方支付与众多的微小企业进行合作，中国微小企业一直面临的融资难问题在互联网金融企业提供的服务中得到解决，导致相应银行业务市场份额的减少，这一现实迫使银行开始寻求稳固市场地位的出路，转变思维方式，不断开拓新的金融产品，改善服务质量。

综上所述，“鲇鱼效应”会不断促使传统银行开辟新路径，克服创新不足、反应滞后等自身顽疾，促进金融产品和服务的创新，推动传统金融和互联网金融的更好发展。

（三）长尾效应对开拓市场的影响

长尾效应是指聚集别人忽视的零散差异化市场，形成比主流市场更大的力量。第三方支付市场的发展，就是聚集了广大微小的客户群力量，形成了巨大的市场需求，为市场开发和产品创新提供了基础。

第三方支付是在传统银行服务未能及时跟上电子商务发展的需要应运而生的一种支付手段，并在互联网金融的发展中不断推进新金融产品和服务的创新。在有限的市场中，如何满足广大客户群体的需求，获取市场份额，是所有企业关注的重点。而传统的银行业只重视大型企业类的客户，而这种类型的客户在市场上只占20%，剩余80%的小客户和散客户的需求是没有得到满足的，这也是传统银行业不曾重视的领域。

如今，现实生活中越来越多的领域都被互联网金融的触角所渗入，互联网金融普惠、开放、公平的精神让第三方支付平台提供的金融服务更贴近大众的需求，为其开拓市场打下了坚实的基础。长尾效应对开拓市场的影响主要表现在以下几个方面。

（1）第三方支付的快速发展，打破了传统银行对客户资源的垄断，积累了广大的客户群。通过用户使用第三方支付平台进行的账号注册获取客户信息，根据产业优势，优化客户资源管理，为开拓市场奠定基础。根据中央银行发布《2016 年支付体系运行总体情况》的报告显示，2016 年全国办理非现金支付业务 1 251.11 亿笔，金额 3 687.24 万亿元，其中电子支付业务 1 395.61 亿笔，金额 2 494.45 万亿元。

（2）化零为整，整合分散资源，优化资源。第三方支付平台将零散碎片化的、被传统银行所忽视的中小客户的力量集结在一起，长尾效应使得互联网金融胜在数量的积累所

导致的质变上，从而形成巨大无比的市场力量。

随着第三方支付体系中突破了时间和空间限制的网络支付和移动支付的快速发展，其方便快捷的操作和人性化的服务，使得能满足个性化需求的互联网金融产品将更具有吸引力，客户黏性更强，有利于市场的开拓。

综上所述，长尾效应对开拓市场的影响，主要是表现在集聚分散的客户资源，获得市场整合力量，优化资源，让资源得到更好地利用，为开拓市场奠定客户群基础和资源基础。

（四）蓝海效应对增强竞争力的影响

蓝海效应是指通过突破现有格局，创新产品和服务，开辟并占据新市场空间，以此得到价值增长的效应。第三方支付平台将互联网开放、自由、平等、合作的精神汇入金融领域，形成了互联网金融区别于传统金融行业的显著特点，其在传统金融的红海战略之外，找到了增强竞争力的新方法。蓝海效应对增强竞争力的影响主要体现在以下几个方面。

（1）通过审视其他产业，将现实中的困境转变为发展契机，发展不同于传统银行业的产品和业务。

第三方支付平台就是阿里巴巴集团在发展电子商务的困境中创新出来的新支付工具。初期，阿里巴巴集团在开拓电子商务领域时，面对买卖双方因不能当面交易而无法使用POS机刷卡的难题，就此开发了新的支付工具——支付宝，一款无须见面即可完成交易的在线支付方式。这种第三方支付方式只需通过实名注册即可使用，方便快捷，操作简单，资金安全也可以得到保障。它不仅能有效管理信用风险，还可以自行对客户信息和账户信息进行独立管控，加强了第三方支付企业的独立性和自主性。

（2）着重产品和服务的互补性和一体化。通过分析潜在的问题和客户需求，发扬互联网开放、自主和创新的精神，通过“平台”增强产品的互补性，增强交易双方对平台的依赖性和用户黏性。

阿里巴巴集团的支付宝就是连接C2C和B2C的桥梁，也是余额宝诞生的基础，第三方支付平台是价值链中的关键一环，是产品和服务创新的沃土和根基。以一个平台为基础，根据客户需求向多面相关的方向辐射扩散，该种发展模式改变了传统银行金融产品相互独立的特点，使得互联网金融更具有一体化和整合化的特质。

（3）重新界定产业的客户群体，重视客户诉求。第三方支付的用户规模不断刷新纪录，是因为其重视创新，以此满足客户群体新的需求。2012年12月5日，支付宝宣布推出自定义二维码收款在经过两年的发展以后深入到生活的各个方面。而传统银行业务如何跟进这种市场敏锐的需求，如何进行产品创新，切实提高服务广大客户的质量，都是考验银行的难题。

（4）重设客户的功能性。通过产品的功能取胜，重点关注产品能给客户带来的效用和效果，以此发现新市场。余额宝的出现打破了传统银行个人理财5万起购的规定，1元也可以进行理财的余额宝由此在很短的时间内迅速成为大众热捧的理财产品。

阿里巴巴于2013年6月率先推出“余额宝”投资理财账户产品，该产品上市仅10余天便吸收约60亿元资金。余额宝是由第三方支付平台支付宝推出的投资账户，不仅具有货币基金投资收益的功能，还能随时转入转出，也可用于购物支付，高收益和灵活转存无手续费的特点，受到市场热捧，强有力地推动了互联网金融的发展。各大互联网公司、金融企业纷纷效仿，相继推出互联网金融理财产品，积极占领市场份额，例如易付宝、盈利宝、零钱宝等。

（5）跨越群体寻求新战略方向。传统银行业在存贷利差上的市场份额已经做到很难动摇其地位的程度，但是传统银行业都具有嫌贫爱富的特质，面向贷款的客户也是大型有资质的企业，而中小微型企业融资难的问题则一直没能解决。

首先是银行对其审查严格，程序烦琐，对于急需现金周转的中小企业而言，时间上的等待会使其走向周转不善、濒临危机的局面。第三方支付的出现，基于第三方支付平台推出的各种金融创新产品，都将普惠金融带给广大的需求者，满足了人们的不时之需。打破了传统银行的垄断市场的格局，也迫使传统银行寻求新的战略方向。

综上所述，蓝海效应主要通过对市场边界、产品和服务、客户群体及客户功能的重新定义，区别于红海战略的发展，为互联网金融的发展另辟蹊径，满足客户的个性需求，增强市场竞争力，推动了互联网金融的发展。

第二节　第三方支付的主要模式

一、第三方支付的运营模式

第三方支付的核心目的是运用互联网和信息技术，分别与银行和用户对接，将复杂的资金转移过程简单化，提高客户在资金使用过程中的效率和安全性。第三方支付虽然仅仅是交易环节的支付服务，但却涉及应用场景、资金划转结算、信息技术支持等方方面面的内容，并且随着应用场景和支付手段的丰富，其运作方式呈现出多样化和复杂化特征。

从第三方支付机构的运营模式而言，可以将其分为两大类：一是独立的第三方支付模式，以银联支付、快钱支付为代表；二是有交易平台担保的第三方支付模式，以支付宝、财付通为代表，依托B2B、B2C、C2C电子商务交易网站提供支付服务。

（一）独立第三方支付模式

独立第三方支付模式是指第三方支付平台完全独立于电子商务网站，不负有担保功能，仅仅为用户提供支付服务和支付系统解决方案，平台前端联系着各种支付办法供网上和消费者选择，平台后端连着众多银行，平台主要负责与各银行之间的账务清算。

独立的第三方支付平台实质上充当了支付网关的角色，一方面，支付平台作为银行网络系统与 Internet 网络之间的接口，为需要支付服务的商家提供网上支付通道；另一方面，通过虚拟账户设置收集商家的交易信息，为增值服务奠定基础。国内这类模式以中国银联、易宝支付、拉卡拉为代表，以下将对其进行介绍和分析。

1. 中国银联

中国银联成立于 2002 年 3 月，总部设于上海，是经国务院同意，中国人民银行批准设立的银行卡联合组织，处于我国银行卡产业的核心和枢纽地位。各商业银行通过银联跨行交易清算系统实现互联互通和资源共享，进而使银行卡可以跨行、跨地区和跨境使用。

截至 2016 年 3 月 25 日，中国银联已经在国内形成网格式布局，银联网络遍布城乡各地，并已延伸至亚洲、欧洲、美洲、大洋洲、非洲等境外 157 个国家和地区，为客户提供方便快捷的线上、线下支付服务。

（1）银联线下支付模式。中国银联与各商业银行和 POS 机收单机构一起组成结算组织，为用户提供方便快捷的线下刷卡服务。

（2）银联在线支付模式。为了满足用户网上支付需求，中国银行联合各商业银行共同打造银行卡网上交易转接清算平台，提供银联在线支付服务。

银联在线支付作为集成化、综合性的第三方支付工具，涵盖了认证支付、快捷支付、储蓄卡支付、网银支付、小额支付等多种支付方式，可用于网上购物（支持境内、境外网上商城购物，团购、秒杀等购物网站）、网上缴费（支持国内大多数城市水、电、燃气、通信费、有线电视费等公共事业缴费）、商旅服务（支持全国大部分地区的酒店预订、机票预订等商旅服务）、信用卡还款（可实现跨行还款业务）、网上转账、微支付（支持 APP Store 等电子商店虚拟小额产品购买）、企业代收代付业务、基金申购、理财产品销售、慈善捐赠等业务。

2. 易宝支付

2003 年 8 月，易宝在北京成立，并于 2005 年创推出了行业支付模式，之后陆续推出网上在线支付、非银行卡支付、信用卡无卡支付、POS 支付、一键支付等创新产品，成为垂直行业综合支付解决方案供应商，先后为数字娱乐、航空旅游、电信移动、行政教育、保险、基金、快速消费连锁店、电商物流等行业制订支付解决方案。

2011 年 5 月，易宝获得中国人民银行首批颁发的支付牌照；2013 年 3 月，获得证监会颁发的基金销售支付结算许可证；2013 年 10 月获得国家外汇管理局批准的跨境支付业务许可证。

与中国银联提供的跨行业通用支付解决方案不同，易宝支付从产业链各环节出发，针对不同行业、不同领域的业务及支付特征制订完整的支付解决方案，在细分领域深耕细作、提高效率。

3．拉卡拉

拉卡拉成立于 2005 年，是联想投资旗下最大的线下电子支付企业。作为便民刷卡支付的倡导者，拉卡拉关注的是客户不方便享受电子化渠道服务的场合，依托遍布城市的便利店、社区超市，依靠传统的刷卡终端为用户提供信用卡还款、充值、付款、缴费服务。

用户可以在各社区分布的拉卡拉终端设备上为各类支付刷卡，这些刷卡信息由拉卡拉的 IT 账单平台系统整理后发给银联系统，由银联完成最终的结算和资金划转，因此，从业务运作模式来看，拉卡拉更希望成为众多第三方支付机构和银行的合作者，而非竞争者。

拉卡拉的盈利模式比较简单，它一般不向用户收取使用费，其收益主要来自两个部分：一是面向商户收取刷卡交易收款方的手续费；二是利用拉卡拉渠道为商户提供广告等增值服务，并收取相应费用。

（二）有交易平台担保的支付模式

有交易平台担保的支付模式是指第三方支付平台依托大型电子商务网站，与各大商业银行建立合作关系，凭借公司实力和信誉充当电子商务交易方的支付和信用中介，在商家与客户之间搭建安全、便捷、高效、低成本的资金划拨和结算通道。

有交易平台担保的第三方支付模式实质上充当了买卖双方的信用中介，一方面，支付结算作为电子商务交易中的关键环节对于网络交易顺利进行起着至关重要的作用，第三方支付机构在买家收到商家发出的货物之前，暂时代为保管货款，防止交易过程中出现的欺诈和拒付行为；另一方面，第三方支付机构在提供支付结算服务过程中，可以很方便地收集详细的交易信息，积累庞大的用户资源，并在此基础上，提供营销、小额贷款等增值服务。国内这类模式以支付宝、财付通为代表，以下将对其业务运作模式进行介绍和分析。

1．支付宝

浙江支付宝网络科技有限公司（简称支付宝）成立于 2004 年 12 月 8 日，是国内最大的第三方支付平台，致力于提供“简单、安全、快速”的支付解决方案，已经与国内外 180 多家银行、VISA、MasterCard 国际组织等机构建立战略合作关系，为国内外客户提供网购担保交易、网络支付、转账、信用卡还款、手机充值、缴纳水电费、移动支付和个人理财等服务，截止至 2016 年底，支付宝实名认证用户超过 4.5 亿人。

支付宝的兴起源于网络交易过程中的信任文化和交易双方的顾虑。支付宝出现之前，我国网络购物的支付模式与 Paypal 类似，交易达成后，买方向第三方支付平台发出付款授权，第三方平台即刻向卖家支付约定的货款。在整个交易过程中，第三方支付平台并不参与交易控制，也不负责卖家是否真实地向买家发货，发出的货物质量如何，仅仅负责收到指令后的支付，这种模式在法律制度完备、信用机制严格的市场环境下可以高效完成交易支付行为，提高网络购物效率。

但是，由于我国信用体系和法律体系还很不完善，网络交易违约行为很难受到相应的惩罚或者惩罚执行成本很高，上述交易模式就难以消除买卖双方在交易过程中的顾虑。

例如，在网络购物过程中，由于买方和卖方素未谋面，要想达成交易只能选择两种交易方式，一是先付款后发货；二是先发货后付款。作为网购交易中的买方，选择先付款后发货时会担心卖方不能按时、按质、按量发货；作为网购交易中的卖方，选择先发货后付款时会担心买方拒收货物或者收货后延迟付款。

支付宝正是在这样的市场环境下应运而生，为了消除网络购物交易双方存在的顾虑，支付宝依托阿里巴巴网络购物平台，凭借自身的信誉和实力，与商业银行合作，为买卖双方提供担保支付服务（见图 2-4）。

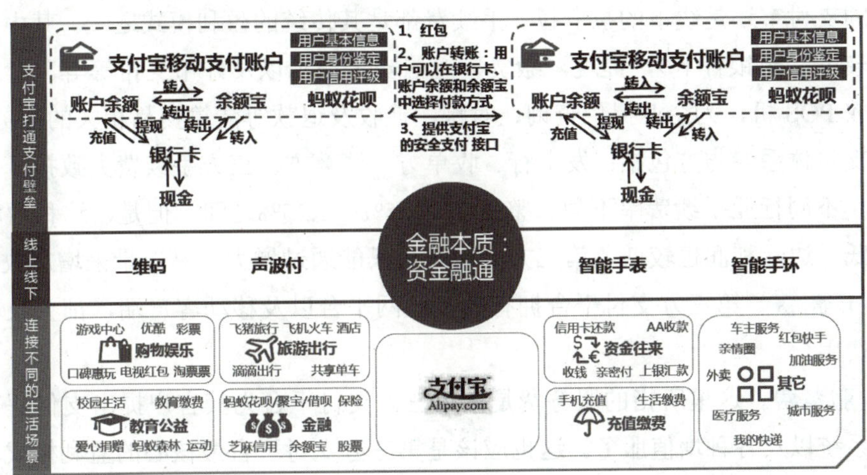

图 2-4 支付宝生态体系图

2．财付通

财付通成立于 2005 年，是腾讯公司依托腾讯 QQ 用户群、手机微信用户群以及腾讯门户网站的用户推出的专业在线支付平台，为微信支付、QQ 钱包提供安全的底层技术支持，致力于为互联网用户和企业提供安全、便捷、专业的在线支付服务。

财付通的开通非常便捷，只需要登录手机 QQ，点击 QQ 钱包功能，在 QQ 钱包中进行实名认证（需要添加银行卡完成实名认证，输入银行卡号、卡类型、手机号等相关信息），然后向绑定的手机号输送验证码，输入验证码完成实名认证后，即可在电脑和手机上正常登录财付通。

与支付宝不同，财付通摆脱了网上支付渠道服务商的单一角色，在行业支付纵深进行突破，结合行业特点，提供企业支付结算综合解决方案，为企业电子商务发展提供新的营销管理模式。

例如，在航空运输领域，腾讯财付通与中国南方航空股份有限公司、深圳航空有限责任公司、春秋航空、上海航空股份有限公司、厦门航空有限公司展开战略合作，提供机票在线订购支付、联合机票平台运营、商旅分销结算等相关服务。在与深圳航空有限责任公司合作过程中，财付通在 QQ 会员中推出了“深航学子游活动”，一方面，有利于增加深圳航空公司网站的访问量和注册会员规模，提升深圳航空的品牌影响力；另一方面，助力深圳航空成功开创网络互动营销模式。

二、第三方支付的盈利模式

第三方支付平台的盈利来源主要包括以下 3 个方面：

（1）手续费。即第三方支付平台向用户收取手续费与向银行支付的手续费之差。无论是线上的支付宝还是线下的拉卡拉，手续费都是其传统的盈利模式之一。其中针对个人的主要有转账（至银行卡），提现，缴费，短信安全提示以及外币支付等等。针对企业的主要有安放 POS 机，为企业提供查询、对账、追收及退款等清算交易相关的服务手续费。

银行支付体系参与方包括：发卡行、收单方、清算方。三方手续费大致按 7∶2∶1 的比率划分。不同行业手续费率不同、整体在 0.25%～1.25%之间。但是，这种盈利方式技术含量较低，边际利润也较低，第三方支付平台只能通过增大交易流量来增加收入。

（2）广告费。第三方支付平台拥有的互联网平台以及移动客户端，都会收取各种商户的广告费用。

（3）服务费。这里所指的服务费是指第三方支付平台为其客户提出支付解决方案，提供支付系统以及各种增值服务。这也应该是第三方支付平台最核心的盈利模式。前两种盈利模式在不同的第三方支付平台之间具有同质性，无法将不同的平台区分开来，不能体现平台的竞争优势。第三方支付平台企业必须通过为客户提供安全、便捷、高效、成本较低的支付解决方案来提升其产品溢价，吸引更多客户，获得企业核心竞争力（见图 2-5）。

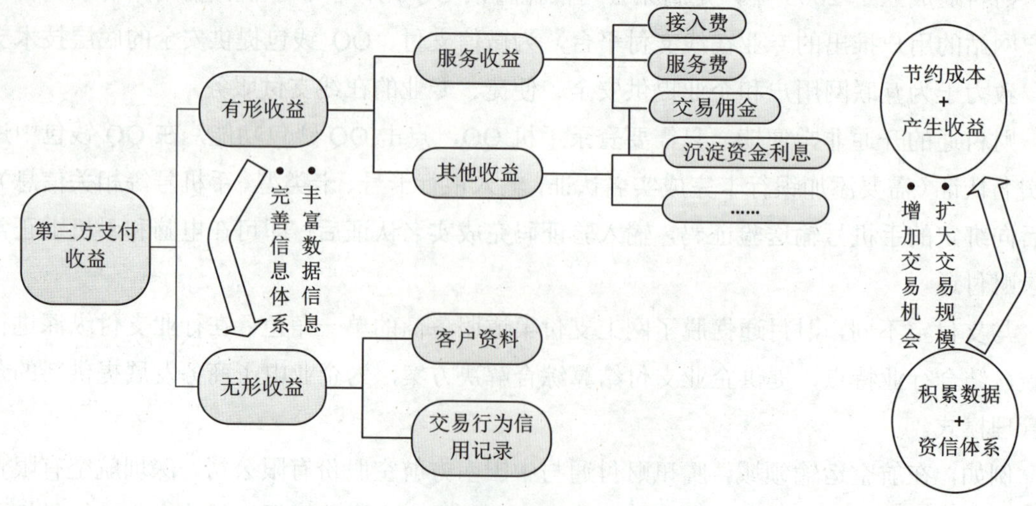

图 2-5　用户大数据是第三方支付盈利模式的未来

第三节 第三方支付的发展历程及趋势

一、第三方支付的发展历程

第三方支付起始于 1997 年网上银行业务的兴起，经过近十余年的发展，已经具有每年约 58 万亿元的交易量，同比增长 85.6%。在此过程中，第三方支付从无到有、从弱到强，共经历了 3 个发展阶段。

（一）1997～2003 年为培育期

1997 年，招商银行推出的“一网通”业务，成为我国第一家开通网络银行业务的商业银行。此后，建设银行、中信银行、工商银行、农业银行等纷纷推出网银业务。

受限于系统安全建设、硬件设施及互联网安全技术等原因，网上银行推出的初期业务比较单一，仅仅作为商业银行的一个网络宣传窗口，提供简单的查询服务。

随着网络安全技术的快速提升和互联网的普及，网上银行低成本、高效率、大幅节约人力成本等特征开始逐渐为各大商业银行所青睐。商业银行纷纷将传统柜台业务搬到网上，开始在各自的网上银行提供转账支付、缴费、网上支付、金融产品购买等具备支付性质的功能，但由于信息共享、业务兼容性等问题，跨行支付在此期间还存在一定困难。

2002 年，经国务院和中国人民银行批准，中国银行卡联合组织（简称中国银联）在上海正式成立，这标志着我国第三方支付业务正式进入培育阶段。中国银联成立初期，国内有 41 家商业银行开通了网络银行，其中 31 家具备在线支付功能，为银联业务的开展奠定了基础条件。2003 年 8 月，中国银联正式推出具备自主知识产权的银联卡，用于跨行、跨地区和跨境交易结算，在支付业务中，中国银联处于核心和枢纽地位，各商业银行通过银联进行互联互通、交易结算。

（二）2004～2009 年为启动期

启动期内，中国银联业务已经基本实现各大中型商业银行全覆盖，支付业务的商业模式逐渐成熟，业务规模也随之迅速放量。2004 年，支付宝网络技术有限公司的成立代表有交易平台担保的第三方支付模式正式进入支付结算市场，手机钱包、短信验证码等支付方式开始为人们所熟悉和接受。

在此期间，各主要支付机构的竞争日趋激烈，并逐渐凸显各自特色。例如，支付宝凭借淘宝、天猫等网络交易平台在线上支付领域独占鳌头；财付通坐拥广大商业资源，在快捷支付和企业综合支付方案中具备领先优势；拉卡拉在便利店、社区超市大量安装刷卡终端，为居民在水电、煤气、购物等方面提供支付便利。作为新兴行业，第三方支付在快速发展的同时，经历了洗牌与整合，在业内初步形成有序竞争、错位发展的竞争态势。

（三）2010 年至今为快速发展期

自 2010 年以来，伴随第三方支付规模的快速增长，行业出现寡头竞争格局，中国银联、支付宝、财付通作为业内的优势企业占据市场份额的八成以上，用户黏性进一步加强，用户规模和支付习惯成为各大机构参与竞争的关键因素。这一阶段，大型支付机构的规模效应显著，行业进入壁垒逐渐提高，提供同质化服务的新进入者在行业内很难有立足之地，在细分市场内围绕用户需求进行业务创新和业务拓展成为立生之本。

随着智能手机的普及，围绕支付业务开发的手机应用软件层出不穷，移动支付开始抢占第三方支付市场，原大型支付机构（支付宝、腾讯等）也纷纷布局这一领域。例如，支付宝推出手机客户端免手续费转账业务、微信支付推出微信红包业务、滴滴打车的补贴大战等。与此同时，相关政策法规日趋善，网络支付管理也日趋规范化，竞争也逐渐由无序进入有序状态。

2016 年，非银行支付机构累计发生网络支付业务 1 639.02 亿笔，金额 99.27 万亿元，同比分别增长 99.53%和 100.65%。其中互联网支付交易规模达到 19 万亿元，同比增长 62.2%；移动支付交易规模预计达到 38 万亿元，同比增长 215.4%（见图 2-6）。在移动支付持续升温的形势下，互联网支付依旧保持良好的增长势头，这主要得益于互联网金融理财的快速发展。

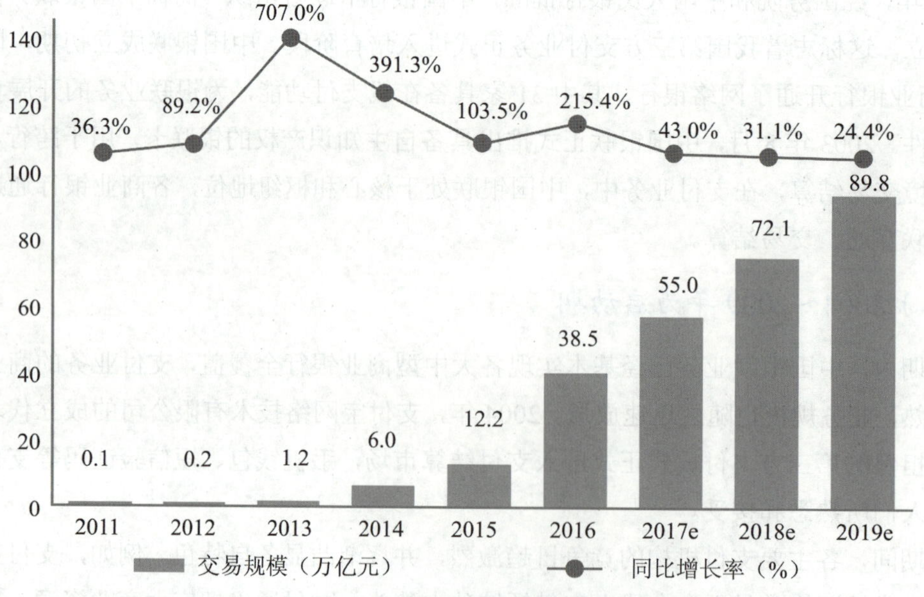

图 2-6 中国移动支付交易规模图（数据来源：艾瑞咨询）

你好，无现金社会

曾几何时，中国还是一个以现金交易为主的国家。而如今，我们已经开始朝着无现金社会大步迈进。即使你身上不带任何钞票，日常出行也丝毫不受影响。无论是预约出租车，还是在街头摊位购买煎饼或水果，你甚至都不需要掏出钱包就能以更快的速度完成付款。在向无现金社会演进的进程中，中国的很多城市已经领跑在前列。

2017 年 4 月 18 日，无现金联盟在杭州宣布成立，首批共有 15 个成员。杭州成为第一个进入“无现金社会”的城市，成为中国乃至世界的样本。随着科技的进步，人们对现金以外支付方式的诉求增加，中国从中受益良多。杭州萧山国际机场还计划，通过借助最前沿的数字技术来提升服务，并同支付宝等互联网公司合作，支持旅客无现金支付住宿、航班和租车等，从而最终成为世界上第一个“无现金”机场（图 2-7 为阿里无人店）。

图 2-7 阿里无人店“淘宝会员店”开放

生活中哪些场景不能使用第三方支付?

二、第三方支付的发展趋势

我国第三方支付在快速发展的同时，呈现出以下发展趋势。

（一）凭借移动终端设备的普及，进入快速发展阶段

第三方支付行业结构转变迅速，凭借移动终端设备的普及，移动支付进入快速发展阶段，成为当前业内最大亮点和各支付机构争夺的主要领域。

第三方支付门类众多、层出不穷，且各具特色。从支付手段来看，有刷卡支付、二维码支付、手机钱包、图像识别支付、语音支付、超声波支付等；从支付端口来看，主要分为线下收单、第三方支付、移动支付和预付卡支付 4 种类型。以支付端口为分类标准，各类支付方式的规模和变化趋势如图 2-8 所示。

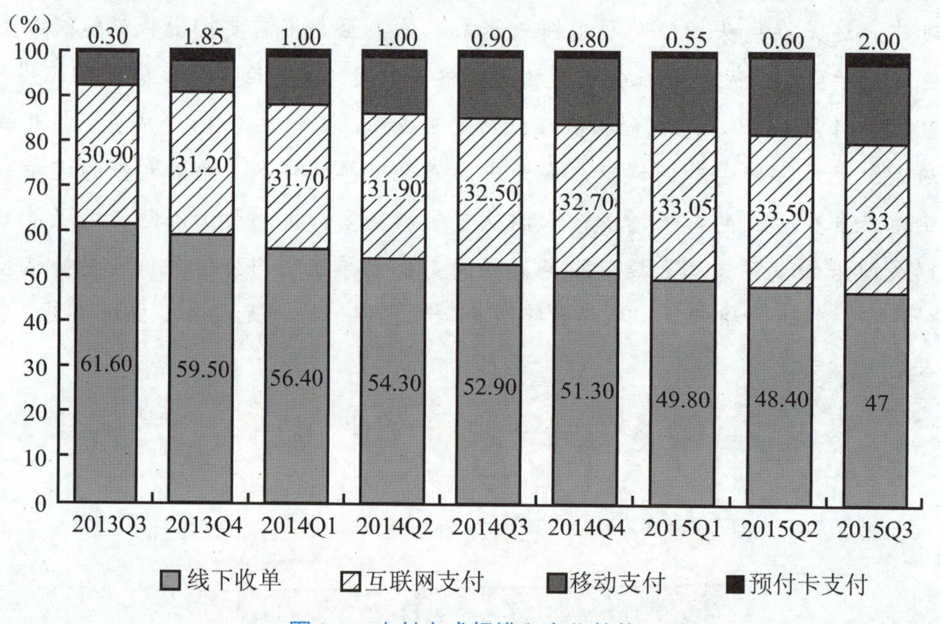

图 2-8　支付方式规模和变化趋势

从以上数据可以看出，以银联为主的线下收单支付方式呈显著下降趋势，2013 年第三季度的市场份额占比为 61.6%，至 2015 年第三季度下降至 47%；互联网在线支付份额基本维持不变，在 30%～34%；移动支付交易规模和市场份额占比呈现快速增长态势，2013 年第三季度市场份额仅为 7.2%，至 2015 年第三季度增长为 18%；预付卡支付方式的市场份额略有上升，由 2013 年第三季度的 0.3%增长为 2015 年第三季度的 2%。其中，第三方移动支付份额已经呈现寡头垄断竞争格局，2015 年第三季度，支付宝占据 69.9%的市场份额，财付通占据 19.2%的市场份额，两家公司市场份额合计达到 89.1%。

移动支付的高速增长主要归因于 3 个方面：

一是智能手机的快速增长和普及为移动支付奠定了物质基础，方便快捷的手机支付逐渐为广大消费者所接受；二是得益于二维码、声波制度、NFC 等移动安全技术的开发和应用，使得移动支付的安全性及稳定性大幅提升，很大程度上消除了消费者在使用方面的顾

虑；三是移动支付的应用场景逐渐丰富，移动网购、移动增值、移动付费等移动应用端商业模式逐渐成熟，进一步促进移动支付的使用和业务规模。

（二）线下、二三线城市、农村市场将成为行业发展的新蓝海

第三方支付行业市场竞争将进一步加剧，线下、二三线城市、农村市场将成为行业发展的新蓝海。

从行业发展态势和竞争格局来看，截至 2015 年 3 月，我国获得第三方支付牌照的企业已达 267 家，支付宝、财付通和银联 3 家的市场份额达 85.6%，其余 265 家支付机构仅占 14.4%。由此可见，第三方支付行业内的竞争将进一步加剧，新进入者门槛越来越高，出现强者恒强的寡头竞争局面，很多小的第三方支付机构有可能通过并购方式退出。另外，一线城市支付需求已经相对饱和，二三线城市和农村市场随着电子商务交易的快速增长，第三方支付需求会迅速增加，为第三方支付机构提供广阔发展空间（见图 2-9）。

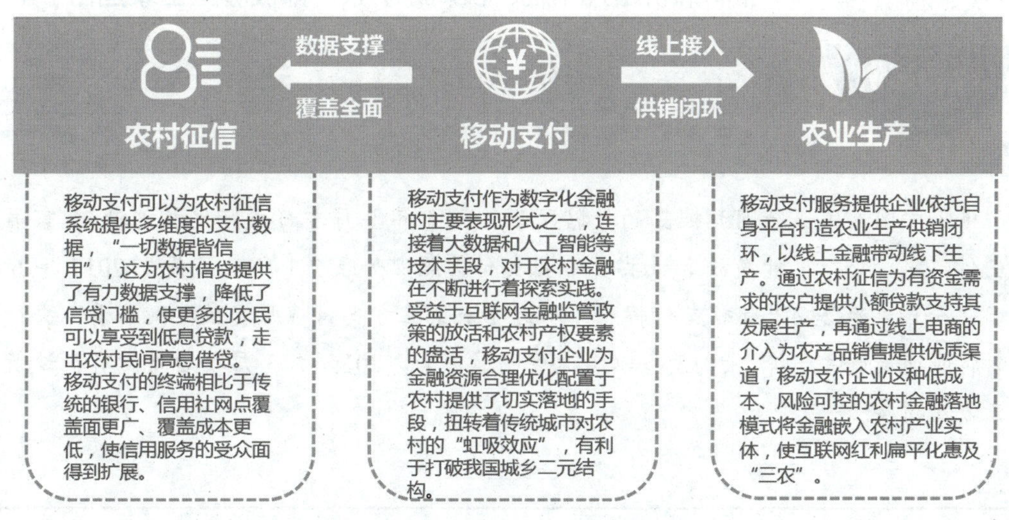

图 2-9 第三方支付促进农村金融发展

（三）第三方支付向综合金融和数据服务纵深拓展

经过多年大数据收集和用户规模的积累，第三方支付机构的服务能力已经超越了支付本身（见图 2-10），在客户信用评估、融资贷款、风险控制、财务和管理咨询等领域大有可为。例如，在融资贷款领域，利用其收集的实时交易数据可以更有效地解决交易双方存在的信息不对称问题、了解客户的资金需求情况、控制放贷过程中的风险。可以预见，未来一段时间内，第三方支付行业衍生的金融服务模式将决定着互联网金融的发展格局和方向。

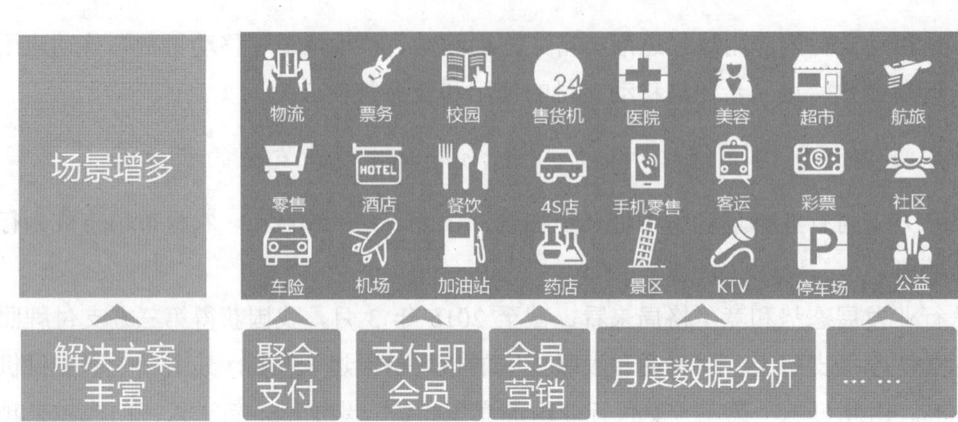

图 2-10　第三方支付将覆盖生活中更多场景

一张牌照价值几个亿，仅剩 247 张，都被哪些土豪捏在手里

根据中国人民银行网站披露的数据显示，2011 年 5 月 3 日央行发放首批 27 家第三方支付牌照，央行累计发放 8 批共 270 张支付牌照，如表 2-1 所示。截至 2017 年 6 月 26 日，全国共有 247 张有效支付牌照。从近年来第三方支付牌照发放情况来看，央行批设新牌照速度逐年下降，2013 年以后速度明显下降，2015 年 3 月之后就没有批设新的第三方支付牌照。

表 2-1　支付业务分类统计

支付业务分类统计（270 家）					
按发证时间分		按业务类型分		按业务覆盖范围分	
2011.5	27	互联网支付	103	全国	127
2011.8	13	预付卡发行与受理	164	区域	138
2011.12	61	预付卡受理	6	地方或全国	20
2012.6	95	银行卡收单	60		
2012.7	1	移动电子支付	43		
2013.1	26	移动电视支付	5		
2013.7	27	货币汇兑	5		
2014.7	19	固定电话支付	14		
2015.3	1				
共计	270				

随着牌照的下发，支付行业迎来快速发展时期，但随之在备付金、清结算、二清、套码等方面开始陆续暴露问题，监管层也因此开始出手整顿支付行业。浙江易士企业管理服务有限公司因存在大量违规挪用客户备付金，造成资金链断裂等严重问题于 2015 年 8 月 24 日被央行注销牌照，成首个被注销第三方支付牌照的企业。

从央行注销牌照的速度来看，仅 2017 年 5 月 15 日至今共有 9 家公司被注销，截至目前，共有 13 家公司被注销支付牌照，可见 2017 年央行清理整顿第三方支付市场的力度明显加大。从注销的原因来看，主要有业务合并、严重违规和主动注销 3 类。

另外由于第三方支付牌照的有效期为 5 年，不少支付牌照面临续展的问题。截至 2017 年 6 月 26 日，央行共公布了 4 批 185 家第三方支付公司的牌照续展结果，其中有 10 家支付公司不予续展，其业务类型多为预付卡发行与受理。

如今在行业管控加深，监管趋严的形势下，这些获得牌照的第三方支付公司更受资本市场青睐。根据市场行情预计，第三方支付公司价格增至 4 亿元～6 亿元，未来行业并购事件将进一步增加。

据统计，同时具有预付卡发行与受理、互联网支付、移动电话支付、银行卡收单 4 类业务"全牌照"的公司仅有 10 家，意味着这些公司可开展 PC 端支付、手机支付和 POS 收单业务，也可以发行预付卡，牌照价值也相应较高，同时其中 6 家公司拥有基金销售支付结算牌照。从这 10 家第三方支付公司的背景来看，基本是在阿里、移动、海航等各行业巨头手中。另外还有 14 家公司同时具有互联网支付、移动电话支付、银行卡收单这 3 类最有含金量的业务资质。

资料来源：网贷之家 2017-06-27

第四节 第三方支付的典型案例

一、支付宝

支付宝在中国支付市场占到 60%以上的份额，在推出花呗、借呗等业务的同时，也在积极布局海外业务。

早在 2007 年，支付宝便通过与中国银行共同推出海外购支付服务迈出了国际化第一步，其后依托速卖通、阿里国际站的进出口支付渠道，逐渐在国际市场杀出了一条血路，开始与国际支付巨头 Paypal 进行直接较量，不管是在亚洲市场还是在欧美市场都展开了激烈竞争。近年来，阿里巴巴集团在海外移动支付市场上动作频频，先后传出与东南亚在线支付平台 HelloPay、美国金融巨头 MoneyGram 联姻，这意味其正在加快将“无现金支付”理念输出国外（见图 2-11）。

图 2-11　顾客在境外使用支付宝

据 6 月 22 日《日本经济新闻》报道，阿里巴巴集团已与日本旅行社 JTB 达成合作，计划 3 年内在日本约 2 000 个观光景点引进“支付宝”，2017 年内在日本将支持支付宝的店铺扩大到约 4.5 万家。

实际上，支付宝的出海行动从 2014 年就开始了。先从泰国、日本、韩国、马来西亚、新加坡、印尼等“近邻”下手，通过接入餐饮住宿、交通出行、休闲娱乐、百货零售等支付场景，在给中国游客提供方便，让“邻里乡亲”享受出门不带钱包的无现金生活便利的同时，借此让支付宝“生根发芽”。

进入 2017 年，支付宝以“一骑绝尘”的速度，不断在全球攻城略池。仅 4 月份，就拿下多个国家。

摩纳哥宣布：举国接入支付宝，打造全球首个无现金国家！据了解，这个国家有三分之一人口都是百万美元以上的富豪，人均 GDP 高达 163 036 美元。对这帮富豪来说，接入支付宝后从此将过上不需带现金就能消费的日子，财富安全更有保证。

德国日化连锁超市巨头 Rossmann 的 2 000 多家实体店和网店宣布引进支付宝，接受来自中国的游客、商务人士和留学生的支付宝支付。意大利最大的美食店 Eataly 和潮店 Antonia 宣布接入支付宝服务，而后面“望眼欲穿”的还有 12 万之多的当地商家。在浪漫之都法国，支付宝 2016 年开始布局，通过与当地支付处理公司 Ingenico 合作，为中国赴欧洲游客提供支付宝付款服务。

在退税方面，支付宝也是为国民操碎了心。目前，欧洲的米兰马尔彭萨机场、柏林泰戈尔机场、罗马菲乌米奇诺机场和赫尔辛基万塔机场，支付宝扫码即可退税，人民币到账。

对于相对落后的非洲，支付宝也没有“歧视”。2017 年 4 月 19 日，支付宝宣布进驻非

洲肯尼亚航空官网。未来去非洲草原看动物大迁徙，去乞力马扎罗山看雪，去东非大裂谷探险，采用支付宝订票，分分钟搞定。

对于由 Apple Pay“雄霸”的美国市场来说，支付宝也没有“胆怯”。2017 年 5 月，借助与美国金融服务公司 FirstData 之间的合作，强势挺进美国拿下 400 万商户，为前往美国旅游的中国游客提供方便的支付体验，由此也宣告了对 Apple Pay 的“霸主”地位的挑战。

澳洲，自然也是支付宝不可能错过的一块“肥肉”，通过与澳大利亚最大的商业银行联邦银行签订协议，利用双方各自的技术和平台，为中澳两国消费者提供便利的同时，培育移动支付市场。

不难看出，支付宝的“全球化”战略正在有条不紊地推进中，也许在不久的某一天，你一觉醒来发现：支付宝在手，天下我有，想走想走！

二、微信支付

（一）春晚摇红包：摇出来的仪式感

从 2015 年开年的春晚摇红包，微信支付“体验式”营销的思路已经初现端倪。微信支付在抢红包的基础上，巧妙得使用了“摇一摇”的体验。

齐聚一堂看春晚，这是很多家庭除夕夜的真实写照。在这种举家团聚的氛围下，“摇”红包这个体验简单到极致，同时又饱含仪式感，明显的肢体动作下身边的人很容易被感染。10.1 亿次微信红包收发量，110 亿次摇一摇互动……这些亮眼的数据，让春晚摇红包成了一次真正意义上的全民互动。在这个舞台上，馈赠式的玩法被发挥到了极致，借助微信红包 N 次级的传播，品牌主也收获了远高于预期的曝光和影响力。在极致化的体验下，口碑和商业价值都变得水到渠成。

（二）无现金日：造节见多不怪，不如玩出态度

6 • 18，双十一，12 • 8……如今电商造节现象已经见多不怪了，且传统商业的每次过“节”，无非也就是商家促销，“剁手党”买买买。

在层出不穷的“造节”运动下，以“支付方式”为卖点的节日还是首个，微信支付打造的“无现金日”显得独树一帜。2017 年 8 月 8 日，微信支付首届“无现金日”在全国 30 多个城市的 8 万余家线下商户的支持下拉开帷幕。

有别于传统造节活动中简单粗暴的优惠折扣，微信支付则是从生活理念出发强调“埋单”这个简单的动作也可以更时尚、环保，将产品功能和主流的生活方式、环保理念结合，号召大家告别现金，使用包括移动支付、刷卡在内的节能低碳的支付方式。

8月8日当天，用户可在活动门店使用无现金日“体验金”，切身将低碳环保的理念转换为实际行动；同时，当天使用微信支付消费的用户都会收到一张“无现金日纪念卡”，插入微信卡包中永久保存，给用户贴上“低碳达人”的标签。

这种将产品推广与用户身份认同紧密绑定的行销方式，不但获取了用户，还延续了微信一贯讲究的情怀，瞬间拉高了这个节日的层次。

（三）麦当劳合作：智慧化餐厅，体验才是王道

2015年10月份，微信支付和麦当劳的合作开启。这一次，微信支付又直接“包”了一整家麦当劳店，智慧餐厅落实进麦当劳店内的每个体验细节。

顾客进入一家麦当劳店用餐，一般需要经过3个阶段：点餐—支付—用餐。微信支付显而易见对用户用餐流程进行了琢磨：用户到店先摇一摇获得优惠券，然后直接找座位入座，使用微信扫描桌面二维码点餐后直接使用刚刚获得的优惠券进行微信支付买单，支付完餐费后还可以和好友互动分享，将麦当劳优惠券等信息分享给其他好友，真正实现了“数字化用餐”。

除此之外，麦当劳的微信支付旗舰店内，从店头到店面，从餐桌到店员，店内的每个设计细节不但将微信支付简约、时尚的气质与麦当劳的经典设计进行了融合，更是在“智慧餐厅”的实践上融入了麦当劳“快乐”“分享”的品牌理念，不仅完成了麦当劳支付方式的升级，还将微信红包、微信转账、点赞、摇一摇等微信独有的基于社交分享的产品体验融入了整个就餐体验，打造出“快乐不止一点”这样别具一格的智慧餐厅体验。

这家门店不仅成为麦当劳全球首家微信智慧餐厅，获得了用户广泛的关注，相信微信支付也是将其作为微信“智慧餐厅”的一个“范本”，对于其他餐厅，甚至是其他传统线下门店都能提供可复制性营销经验。

（四）优衣库合作：玩话题玩创意，转化才是关键

2015年10月23日，全国的优衣库商店全面接入微信支付。在与传统快时尚品牌的合作中，微信支付又玩起了传统品牌最爱玩的创意话题营销。基于微信支付与优衣库品牌的显著特征进行了结合，抛出了“红配绿”这个用户乐此不疲的经典讨论话题大讨论。

当然，仅仅吸引眼球、引发话题是不够的。赚到足够的眼球曝光后，对传统商业来讲，转换才是关键。于是话题过后，微信支付又趁热打铁，在线上及朋友圈广告发起了“相衣相微，优智生活”的创意H5页面并直接发放优惠代金券，为线下门店引流，轻松拉动转化率。

三、银联云闪付

近年来，以二维码支付为代表的移动支付战场可谓硝烟四起，支付宝和微信支付（财

付通）已基本划清“楚河”“汉界”，但是在巨大市场的诱惑下，银联正攻城略地，试图将此格局变为“三足鼎立”。

2017 年 5 月 27 日，中国银联联合 40 余家商业银行在京共同宣布，正式推出银联云闪付二维码产品，持卡人通过银行的移动应用（简称“APP”）可实现银联云闪付扫码支付。2017 年 6 月 2 日起，银联“全民惠享 62 折”的大幕正式拉开，移动支付领域又开启了一轮“烧钱”大战。

事实上，这已经不是银联第一次试图进入移动支付市场了。2016 年年底，中国银联就曾发布过银联二维码支付标准，用户可以在“银联钱包”APP 里，使用付款码功能进行线下支付。

然而，据易观智库发布 2017 年第一季度《中国第三方支付移动支付市场季度监测报告》显示，2017 年第一季度，中国第三方移动支付市场交易规模达到 18.8 万亿元，其中支付宝占比 53.7%，财付通为 39.51%，两家企业共同占据移动支付市场 93%。

从便捷的角度来讲，除了支付宝、微信支付和各银行 APP 以外，用户还需再下载一个“银联钱包”，支付体验并不是很好。银联也针对这个问题做了调整，此次，持卡人可以通过银行 APP 实现银联云闪付扫码支付。

使用时，消费者在有云闪付二维码受理标识的商户，打开任意一家已开通云闪付二维码服务的商业银行 APP，首次绑卡后，通过“向商户付款”功能生成“付款码”，收银员使用扫码枪读取后完成支付，或通过“扫一扫”功能扫描商户收款码后完成支付。整个过程与现有的支付宝和微信支付类似。

目前，首批支持云闪付二维码的商业银行已超过 40 家，包括工商银行、农业银行、中国银行、建设银行、交通银行、招商银行等全国性商业银行，另有近 60 家商业银行正在加紧测试并即将开通，年内其他主要银行也将基本实现全部开通。

此次，银联联合银行 APP 一起发布扫码支付功能，看似在用户基础上和支付宝、财付通旗鼓相当，实则用户群较为分散。银联云闪付的扫码功能分散在各银行的 APP 中，日常使用频率相对较低，这样的使用习惯也会影响到相应的支付习惯。毕竟，大部分互联网用户都会使用支付宝或微信，但是并不是所有用户都安装了银行 APP。

而且对于不熟悉银行 APP 的客户来说，使用银联二维码支付需要收款员的指导。由于每家银行的 APP 界面设计和操作方法各有千秋，让数十万商户的收款员学会使用所有银行 APP 的二维码支付也不可能在短时间内做到。

第五节 第三方支付的风险与监管

一、主要风险

第三方支付是互联网金融的重要模式之一，也是其他模式运行的重要支柱，在互联网金融领域有着基础性地位，但其也存在诸多潜在风险，如信息技术风险、信用风险、流动性风险和操作风险等。

互联网金融目前在网络基础设施、应用系统、数据管理上还存在一些安全隐患，黑客往往利用这些漏洞对网站进行攻击，盗取支付账号、窃取客户信息等，这些行为将严重影响客户的信息安全以及业务系统的正常运转。从媒体报道来看，双乾支付、汇潮支付、汇付天下等第三方支付公司都遭遇过黑客的流量攻击，导致用户无法正常访问。除了流量攻击，黑客还会利用互联网金融平台的系统漏洞，采用渗透攻击的方式，恶意删除或者篡改数据，对网站造成巨大损失。

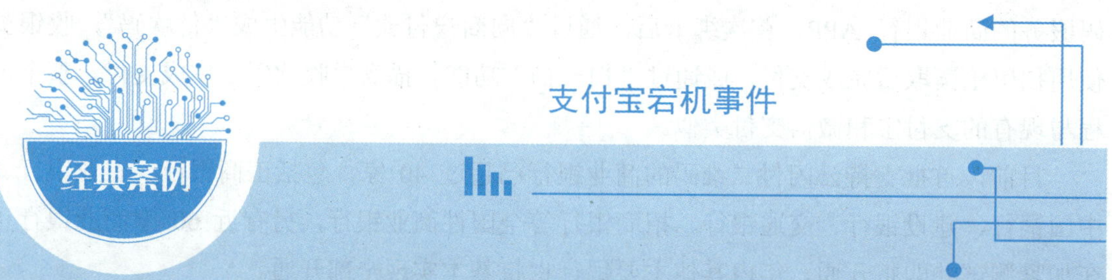

支付宝宕机事件

2011年6月，阿里巴巴集团主席与财新总编辑在一次对话中曾表示：如果自己把支付宝弄瘫痪，自己面临的不仅是公司倒闭，还有进监狱。4年之后，2015年5月27日下午5点20分左右，国内最大的网上支付平台——支付宝出现了大规模瘫痪。从网友反映支付宝故障，到官方通知恢复正常服务，时间超过两小时。对于此次超过两个小时的故障，支付宝方面回应称，“由于杭州市萧山区某地光纤被挖断，造成目前少部分用户无法使用支付宝。”

当风险发生时，互联网与传统行业间的PK成了公众关注的核心。尽管近年来，传统银行的金融业务在便捷性、多样性等方面确实比不上支付宝等新兴的互联网金融，但是他们的灾备系统却是互联网金融产品所不能及的。在我国金融领域，金融机构涉及客户资金的重要系统都有灾备系统。比如，目前国有大型银行基本上是采用“两地三中心”的模式，即同城除了有一个灾备中心以外，异地也有一个灾备中心，这样就可以应对战争、重

大灾难等极端情形。因此，当一个机房出问题时，系统会切到同城或者异地的灾备中心。

随着公众对于互联网信息服务的依赖度越来越高，大型互联网公司的机房但凡一个“抽搐”都将吓坏用户。相较于实体金融行业完善的灾备系统，支付宝仅凭一个“光纤被挖断”的回应便“打发”受众的做法着实不能令人安心。

资料来源：新华网 2015-05-18

二、监管政策

伴随着第三方支付市场的快速发展，各类风险事件也不断涌现，POS机滥发、虚假商户等问题屡见不鲜。2010年，《非金融机构支付服务管理办法》出台，第三方支付机构正式被纳入监管范围。半年后，《非金融机构支付服务管理办法实施细则》出台，明确规定支付机构不得挪用备付金，肯定了第三方支付等新兴支付模式的法律地位。

2014年，中国银监会（现银保监会）下发《中国银监会中国人民银行关于加强商业银行与第三方支付机构合作业务管理的通知》，银行不得与安全保障能力弱的第三方支付机构合作，第三方支付机构不得越界访问银行网络，在银行和第三方支付机构之间筑起了一道防火墙。

从2015年下半年开始，监管文件发布密度逐渐增大，《非银支付机构网络支付管理办法》《完善银行卡刷卡手续费定价机制》《二维码支付业务规范征求意见稿》等文件相继出台，可以说，对第三方支付行业的监管力度正在加强。

2015年12月，中国人民银行印发的《中国人民银行关于改进个人银行账户服务加强账户管理的通知》推动了第三方支付的一场大变革。其规定了银行账户必须进行实名验证，并将个人银行账户划分为3类，每一类账户的权限都有所差别，以此保障安全。

2016年8月，央行又发布了《支付业务许可证》，明确了可以提供支付业务的27家非银行支付机构的名单，同时《支付业务许可证》缩减了存在问题的第三方支付机构的业务范围。这些措施的施行有利于为互联网金融行业创造一个良好环境，保护第三方支付的健康有序发展。

2016年10月，国务院办公厅发布的《互联网金融风险专项整治工作实施方案》补充了对第三方支付的相关规定，首次明确非银行支付机构备付金账户计付利息归人民银行或商业银行所有，同时禁止非银行支付机构连接多家银行系统，变相开展跨行清算业务等扰乱行业秩序的行为。

2017年1月13日，中国人民银行发布了一项支付领域的新规定《中国人民银行办公厅关于实施支付机构客户备付金集中存管有关事项的通知》，明确了第三方支付机构在交易过程中，产生的客户备付金，今后将统一交存至指定账户，由央行监管，支付机构不得挪用、占用客户备付金。

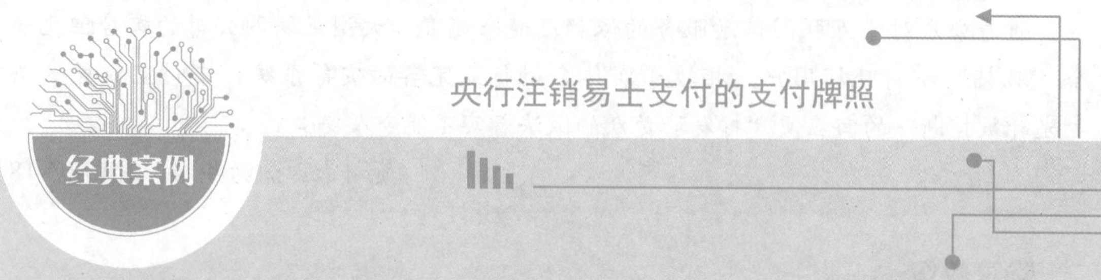

央行注销易士支付的支付牌照

在发放了总计270张支付牌照后，中国人民银行(央行)在2015年8月24日出手，注销了浙江易士企业管理服务有限公司的《支付业务许可证》，这也成为全国首例《支付业务许可证》注销事件。

据8月28日央行网站消息，在行政执法中，人民银行发现浙江易士企业管理服务有限公司（以下简称"浙江易士"）存在大量挪用客户备付金、伪造变造交易和财务资料、超范围经营支付业务等重大违规行为，严重扰乱了市场秩序，损害了消费者合法权益，性质恶劣、情节严重。根据《中华人民共和国中国人民银行法》《非金融机构支付服务管理办法》，人民银行依法注销该公司《支付业务许可证》，并向公安部门移交其涉嫌犯罪的证据及相关资料。

值得一提的是，8月28日也是央行出台的网络支付管理办法公开征求意见的截止日，该办法如实施将对支付企业正在进行的网络支付业务做出诸多限制。

浙江易士企业管理服务有限公司成立于2007年10月，于2011年12月获得《支付业务许可证》，获准在浙江省开展多用途预付卡发行和受理业务。据浙江当地媒体报道，原本可以用于超市、加油站、缴纳水电费的易士卡，从去年下半年开始，出现网点锐减，且时有出现系统经常维护、充值到不了账等情况，并一度传出了"跑路"的消息，杭州市市长张鸿铭于今年3月19日做出批示，由副市长范辉和市金融办负责处理。

目前，在监管部门的介入下，虽然闹得沸沸扬扬，但易士卡持卡人并未出现实际损失。北京迅壹达贸易有限公司7月2日在浙江当地媒体发布公告，宣布收购浙江易士企业管理服务有限公司对应的债权。经查实的易士卡将由北京迅壹达贸易有限公司全额收购，相关资金转入持卡人本人借记卡账户。

资料来源：搜狐财经　2015-09-1

三、国外第三方支付的监管措施

（一）美国

美国以联邦和州两个层面的监管体制作为前提，将监管的重点放在交易的过程而非支

付主体本身，即所谓的功能性监管。美国并没有通过专项立法对第三方支付机构进行监管，支付机构被视为现有法律规定的“货币服务机构”，属于非金融机构。

1. 市场准入监管措施

联邦层面，美国对市场准入的规定主要体现在《美国联邦法典》，一方面规定了货币服务商的登记注册义务，另一方面规定了货币服务商违反许可证制度的法律责任。在州层面，因各州情况不同，所有在具体规定上也不一致。但获得普遍认可的是美国统一州法全国委员会发布的《统一货币服务法》中的几项制度：一是许可制度，二是资本要求，三是退出机制。《统一货币服务法》规定，在特定情形下，可暂停或吊销货币服务机构的许可证，但需经州行政程序法规定的听证程序。

2. 客户资金监管措施

联邦层面，美国国会建立的为存款提供保险的联邦存款保险公司认为沉淀于第三方支付机构的资金不是联邦银行法中所定义的存款，而是对消费者的“负债”，不属于直接保险对象，因此第三方支付机构不能成为联邦存款保险的被保险人。州层面，美国仍有极少数州将第三方支付机构滞留客户资金的业务视为非法从事银行业务，否认沉淀资金的合法性，其他大部分州都将第三方支付机构视为从事货币服务业务的货币服务机构，认为其应受到《统一货币服务法》的规范。

3. 消费者权益保护监管措施

美国在传统的消费者保护法律规范的基础上，针对互联网第三方支付特有的消费者权益可能遭受损害的情况加以特别规定。现行立法主要体现在两个方面：

一方面是差错支付的处理。美国对第三方支付差错支付情形的处理，分为绑定信用卡或借记卡两种情况。信用卡适用《真实信贷法》及其解释规则 Z 条例，而借记卡适用《电子资金转移法》及其解释规则 E 条例。

另一方面是第三方支付机构信息披露义务和对消费者隐私权益的保护。美国《电子资金转移法》及 E 条例、《真实信贷法》及 Z 条例均规定，从事第三方支付的货币服务机构对消费者负有信息披露义务。而 2009 年通过的《美国金融改革法》同样适用于第三方支付机构。

4. 反洗钱监管措施

美国针对互联网第三方支付出台的反洗钱立法主要有 1970 年通过的《银行保密法》、1986 年通过的《洗钱控制法》、1994 年通过的额《禁止洗钱法》、2001 年通过的《为拦截和阻止恐怖主义而提供适当手段以团结和巩固美利坚的法案》。

（二）欧洲

欧盟将第三方支付机构定位为电子货币机构，规定第三方支付媒介只能是商业银行货币或电子货币。第三方支付机构必须取得银行业执照或电子货币公司执照才能开展业务。因此，欧盟对第三方支付的监管模式与美国将监管重点放在交易过程上不同，其主要将第三方支付机构作为监管对象。

1．市场准入监管措施

一方面，欧盟对于第三方支付机构的市场准入维持审慎监管的态度，即要求电子货币机构需获得许可证才能从事第三方支付业务。另一方面，作为一个区域一体化组织，欧盟致力于建立单一的欧盟支付区，第三方支付机构只要在欧盟任何一个成员国取得经营许可证，就可以在整个欧盟范围内不受阻地开展业务。

欧盟规定，申请人必须向所在成员国主管当局提交包含营业项目、经营计划、初始资本金、建立保障客户资金安全制度的证明、防止洗钱与恐怖融资机制的证明、组织架构、直接或间接持有人资料、管理层资料、申请人的合法证明与组织章程、机构总部所在地资料等材料。此外，为了鼓励市场创新，欧盟针对小型第三方支付机构采取了有条件的豁免制度。

2．客户资金监管措施

欧盟规范第三方支付主要依据最新的2009/110/EC《电子货币指引》。

首先，该指引明确规定了电子货币机构持续性持有自有资金的最低要求，即如果电子货币机构发行电子货币，其自有资本金的最低持有量不得少于法定限额。

其次，《电子货币指引》规定了账户分离制，即电子货币机构需将自有资金与发行电子货币所得资金分离，为客户资金专门开设账户，以确保电子货币机构发生资金风险时，消费者对客户资金的求偿权。

最后，《电子货币指引》还就消费者取回资金规定了电子货币机构赎回机制，即电子货币机构在任何时候有按照电子货币价值赎回电子货币，偿还电子货币持有人资金的义务。

3．消费者权益保护监管措施

欧盟对第三方支付消费者权益的保护主要包括信息披露和消费者隐私权益保护两个方面。信息披露主要依据的是欧盟2007年颁布的《支付服务指令》，该指令将支付服务分为单一支付交易和框架合同，分别做出信息披露的要求。

与信息披露相比，欧盟对互联网消费者隐私权益保护的立法还处在初始阶段。目前，欧盟消费者隐私权益保护主要依据的是1995年颁布的欧盟《个人数据保护指令》，规定各国可根据本国情形将该指令转化为本国立法。为了进一步提升对互联网消费者个人数据和隐私权益的保护力度，2012年11月，欧盟提出了《一般数据保护条例》；2016年4月，欧盟会议投票通过了该条例，该条例将于2018年正式生效。

4．反洗钱监管措施

欧盟规范第三方支付的法律文件《电子货币指令》并未对反洗钱做出明确规定，只是限定了第三方支付金额的上限，以间接防止洗钱犯罪活动。欧盟2005年通过的《反洗钱

和反恐怖融资指令》是目前规范反洗钱工作的主要立法文件，该指令将洗钱行为划分为以下几类：

第一，明知财产来源于犯罪活动，而侵占或转移财产；第二，明知财产来源于犯罪活动或参与犯罪活动的行为，而隐藏或掩盖财产的真实性质、来源、藏匿地点、处置、移动有关权利或所有权；第三，在接受财产时明知财产来源于犯罪活动或参与犯罪活动的行为，而收购、占有或使用财产；第四，参与、联合从事、试图从事及协助、教唆、促使与建议从事以上任何行为。

（三）其他国家

欧美之外的国家，第三方支付的法律监管以新加坡最为成熟。早期新加坡对于第三方支付持开放态度，监管法规包括《银行法》《票据法》《支付和结算体系法》《商业信托法》《公司法》等文件，2006 年出台了《支付体系管理法》，明确了统一监管框架。

四、对我国第三方支付监管的启示

从国外经验来看，各国对第三方支付的监管措施主要集中在市场准入、客户资金监管、消费者权益保护和反洗钱防范网络犯罪等方面。因国情和立法传统不同，各国对互联网第三方支付的监管模式也有所不同。美国和欧盟并不专门针对第三方支付进行立法，而是主要扩展现有法律，将第三方支付纳入现有法律范围之内。其他国家则采取专门立法，针对第三方支付出台规范文件，试图系统性监管第三方支付。

世界主要国家在第三方支付市场准入的监管措施上，既有相同之处又有所不同。相同之处在于：

第一，均规定了第三方支付市场的准入许可制度。美国在州层面根据各州不同情况规定了不同的许可条件；欧盟也在欧盟支付区统一规定了许可制度，市场主体只需在欧盟境内取得任一成员国的第三方支付经营许可证，便可在整个欧盟境内从事第三方支付业务；新加坡金融管理局也对被指定为重要支付系统的支付机构实施准入制监管。

第二，均规定了第三方支付市场准入的最低资金要求。虽然各个国家对资金的具体要求不一，但在立法态度上都积极制定最低资本金额。不同之处则主要表现在第三方支付市场准入的豁免制度规定不同。

借鉴国际经验，提升我国监管水平，至少要重点关注以下两个方面：

首先，推动互联网第三方支付监管立法，加强金融消费者权益保护。监管立法应继续明确互联网第三方支付机构的法律地位、金融监管部门和政府职责的具体内容，并根据互联网第三方支付机构的信息技术、业务范围、产品创新等情况的变化，及时修订监管要求，保证监管内容与时俱进。

欧美国家的监管制度、方式和内容、细化支付业务管理的相关配套办法为我国监管立法提供了有益经验。特别是欧美国家在备付金、业务操作、准入机制、风险管理、履行反洗钱义务等方面制定了较为详细和易于操作的监管规则，形成了一套完整的、监管适用的法律规范安排，增强了对金融消费者合法权益的保护力度。

其次，加强国民信用体系建设。互联网第三方支付交易，由于涉及较多资金流通，需要有完备的国民信用体系作为支撑。我国金融市场化改革起步较晚，征信立法相对滞后，社会诚信体系仍有待改善，这在一定程度上导致了国内第三方支付行业的信用问题较为突出。我国可借鉴欧美发达国家的信用管理经验，推动征信立法、强化金融教育等综合配套措施，提升全社会的信用管理意识，逐步构建完善的国民信用体系，借此加强对互联网第三方支付机构的约束力，有效促进市场良性竞争和健康可持续发展。

拓展阅读

强监管政策加快第三方支付行业的优胜劣汰

2004 年，支付宝诞生；同期，拉卡拉、易宝支付等成立，国内第三方支付平台进入野蛮生长阶段，市场规模连年扩大。与此同时，行业乱象频发，违规、违法操作成风。

直至中国人民银行于 2010 年出台《非金融机构支付服务管理办法》，第三方支付行业才逐渐产业化和规范化。在此阶段，中国人民银行发放首批第三方支付牌照。

2016 年，当第一批支付牌照到期时，中国人民银行表示不再核发新牌照，国内第三方支付市场已形成了以支付宝、财付通为首的“两超多强”格局。在停止发放新牌照的同时，中国人民银行还加大了对行业不法行为的打击力度，坚决撤销严重违法、违规的机构的牌照。数据显示，2016—2020 年，中国人民银行共注销了 34 张第三方支付牌照。

此外，中国人民银行宣布落实“一机一户”制度，全力打击银行卡套现行为，监管部门也数次开出“天价罚单”。

在这样的强监管环境下，第三方支付市场变化加剧。一方面，支付宝、财付通、壹钱包等平台占据了第三方支付市场超过 90%的份额，使得一些中小企业无以为继；另一方面，强监管政策约束着所有行业从业者，让他们力求维稳，不敢大改。最终，一些体量小、业务频触“红线”的企业只得退出市场。

资料来源：硅谷动力，http://www.enet.com.cn/article/2020/1120/A202011201258029.html

关键术语

第三方支付　支付牌照　互联网支付　移动支付　扫码支付　NFC 支付
支付宝　微信支付

本章小结

第三方支付的核心目的是运用互联网和信息技术，分别与银行和用户对接，将复杂的资金转移过程简单化，提高客户在资金使用过程中的效率和安全性。

从第三方支付机构的运营模式而言，可以将其分为两大类：一是独立的第三方支付模式，以银联支付、快钱支付为代表；二是有交易平台担保的第三方支付模式，以支付宝、财付通为代表，依托 B2B、B2C、C2C 电子商务交易网站提供支付服务。

第三方支付平台的盈利来源主要包括手续费、广告费、服务费。

第三方支付平台的优势具体表现在：1. 第三方支付平台采用了与众多银行合作的方式，同时提供多种银行卡的网关接口，从而大大地方便了网上交易的进行；2. 第三方支付平台作为中介方，可以促成商家和银行的合作；3. 第三方支付平台能够提供增值服务，帮助商家网站解决实时交易查询和交易系统分析等问题，提供方便及时的退款和停止支付服务；4. 第三方支付平台可以对交易双方的交易进行详细的记录，从而防止交易双方对交易行为可能的抵赖以及为在后续交易中可能出现的纠纷问题提供相应的证据。

第三方支付平台的劣势大致可以归纳为以下几个方面：1. 存在着安全隐患；2. 不适宜在 B2B 中大范围推广；3. 缺乏独立性。

根据中国人民银行网站披露的数据显示，2011 年 5 月 3 日央行发放首批 27 家第三方支付牌照，央行累计发放 8 批共 270 张支付牌照。截至 2017 年 6 月 26 日，全国共有 247 张有效支付牌照。2016 年 8 月，央行正式宣布原则上不再批设新的支付机构，标志着第三方支付牌照进入存量时代，市场上存在的 247 张支付牌照已是稀缺资源。

任务训练

一、能力训练

1. 第三方支付包括哪些形式？
2. 本章引入案例中提到的刷脸支付，相对于其他支付方式有什么优点和缺点？

3. 市场上类似于支付宝的产品很多，你认为支付宝取得市场领先地位的优势在哪里？支付宝系统是如何实现风险控制的？

4. 对于苹果公司的 Apple Pay 和银联合作，以对抗支付宝及微信，你会给出什么样的建议？

5. 请你谈谈生活中你有哪些场景是需要使用微信支付业务的，并讨论微信支付相对其他支付方式的优势所在。

二、案例分析

案例分析一

以下有 3 个案例，请分析哪些支付模式更适合案例中的用户使用。

案例 1：刘先生，今年 24 岁，在某公司做程序员，住在武汉，税后年薪近 8 万元，年终奖金约 1 万元。他需要按时付房租，上网购买生活用品，也会和朋友去看电影，购物等。

案例 2：张先生，今年 38 岁，某股份制企业中层，年收入 12 万左右，生活在重庆，妻子今年 28 岁，某企业一般职员，年收入 7 万左右，他们需要每月固定给父母生活费，经常去超市买菜，周末去逛街、看电影等。

案例 3：李先生，今年 60 岁，刚刚退休，每月退休金 7 000 元，与老伴生活在上海。小孩在国外工作，无房贷，平时爱去茶馆喝茶，生活所需物品基本都在家附近的菜市场购买，无其他额外开支。

案例分析二

翼支付能够实现远程支持和近场支付。中国电信为用户在后台开设翼支付账户，用户开通激活账户并存入资金后，就可以利用通信网络进行远程支付。要实现近场支付的功能，只需要办一张翼支付卡，就可以利用手机在中国电信线下加盟商的 POSE 机上刷手机进行消费。

线下推广是移动通信运营商支付模式的薄弱环节，翼支付在 2013 年 11 月与银联商务、银联支付和杉德银卡通这 3 家国内线下 POSE 机收单企业达成合作。中国电信主要负责发展翼支付的用户规模，拓宽线下支付资金来源；银联商务等主要负责线下消费商圈的拓展。

思考：

1. 电信的翼支付与中国移动的手机支付和手机钱包相比，各有什么优劣势？

2. 你认为中国电信翼支付的核心竞争力在哪里？

三、综合训练

请调研身边的 20 位亲戚朋友同学，根据调研结果并结合所学知识，回答以下问题：

1．请统计分别使用过银联卡、信用卡、支付宝、微信支付、Apple Pay 的同学的比例。

2．请举例各自在怎样的支付场景下会使用以上的不同支付工具。

3．通过此次调查你能得出什么样的结论？

第三章 网络借贷

学习目标

通过本章学习，了解网络借贷的概念和发展历程；了解网络借贷平台的盈利模式；熟悉P2P网贷的内涵、优劣势、主要模式和风险管控；熟悉互联网小额贷款的内涵、资金来源、运营模式和特征；了解网络借贷存在的风险及相应的监管措施。

案例导入

简单便捷让你“有钱花”

有钱花（见图3-1）是度小满金融旗下的信贷服务品牌，其定位是提供面向大众的个人消费信贷服务，打造创新消费信贷模式。有钱花依托百度的技术和场景优势，致力于为用户提供方便、快捷的互联网信贷服务。

图3-1 有钱花首页

有钱花的特色有：① 纯线上申请，无须抵押，申请材料简单；② 最快30秒审批，最快3分钟放款；③ 用户可提前还款，还款后恢复额度，可循环借款。

有钱花主要面向年龄为18～55周岁的注册用户（在校大学生除外），其贷款流程如图3-2所示。用户的借款额度是由系统按照多维度评估标准进行综合评估后自动给出的，其范围是500～200 000元。

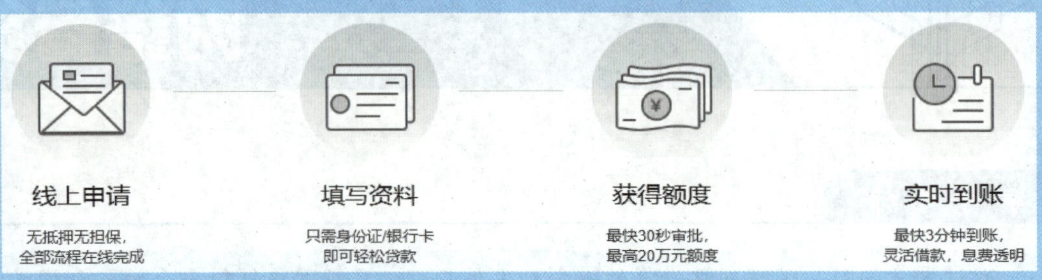

图3-2　贷款流程

有钱花联合多家银行、小额贷款公司、消费金融公司等持牌金融机构，为用户提供贷款服务。因此，一笔贷款的实际出借人可能为一家或多家金融机构。有钱花的收入来源包括利息收入、借款服务费和逾期罚息等。

（资料来源：有钱花官网，https://jin.baidu.com/v/umoney?activityName=specialBrand&CH=fengchaopz&fr=HcSjAotT0）

第一节　网络借贷概述

一、网络借贷的概念

网络借贷指在网上实现借贷，借入者和借出者均可利用网络借贷平台实现借贷的“在线交易”。也就是说网络借贷的一切认证、记账、清算和交割等流程均通过网络完成，借贷双方足不出户即可实现借贷目的，而且一般额度都不高，无抵押，纯属信用借贷。网络借贷包括个体网络借贷（即P2P网络借贷）和网络小额贷款。

二、我国网络借贷的发展历程

2007年拍拍贷的成立标志着网络借贷正式进入中国，网络借贷在中国已经发展了近十年，无论是交易规模还是网贷平台数量、参与人数等均大幅提升，但从目前整体情况来看，中国网贷行业问题重重，依然处于探索阶段。以网贷行业发生的标志性事件为节点，我们可以将其划分为3个小阶段。

第 1 阶段是 2007 年至 2011 年的初始探索阶段。2007 年拍拍贷成立标志着网络借贷正式进入中国。作为一个新生事物，网贷行业在初始发展阶段市场认可度较低，网贷平台数量和交易规模都处于较低水平。并且此阶段的网络借贷多是以仿照国外的信用借款为主，但是我国的个人征信体系尚不健全，网贷平台对借款人的风控主要集中在线上审核，一旦出现借款人违约就会对投资者的利益造成损害，网贷平台也很容易出现挤兑、跑路现象。

第 2 阶段是 2011 年至 2014 年的高速扩张阶段。2012 年 3 月平安系网贷平台陆金所上线，给初兴的网贷市场注入了信心与活力，随后，网贷市场出现爆发式增长，网贷平台遍地开花，交易规模成倍增长，因此，2013 年也被称之为互联网金融元年。

2014 年 3 月政府工作报告鼓励互联网金融健康发展，在政策上给予网贷平台大力支持，随后各路资本纷纷进军网贷市场，其中不乏国资、银行、上市公司、风投等背景，市场竞争更加激烈。该阶段网贷平台和交易规模都经历了高速的扩张，但是野蛮增长的背后行业问题凸显，问题平台不断出现并不断增多，跑路现象不绝于耳。

第 3 阶段是 2014 年至今的政策频发、监管力度加大以及行业加速洗牌阶段。2014 年底美国的网贷平台 Lending Club 在纽交所上市，表明了国际资本市场对网贷行业的认可。2015 年 7 月央行等十部委下发《关于促进互联网金融健康发展的指导意见》，明确网贷平台归银监会（现银保监会）监管，并且确定网贷平台的定位为信息中介。

2015 年 9 月国务院印发《关于加快构建大众创业万众创新支撑平台的指导意见》，鼓励互联网企业设立网贷平台。宜人贷赴美上市以及 PPmoney 借壳挂牌新三板为我国网贷平台登陆资本市场开启了先河。

2015 年 12 月 28 日，《网络借贷信息中介机构业务活动管理暂行办法（征求意见稿）》正式出台，监管政策落地，网贷行业进入规范化发展的道路。

在本阶段，一方面国家政策频发鼓励积极发展互联网金融，导致 P2P 网贷平台的数量进一步激增，网贷行业的交易规模也大幅上升，市场规模达到万亿；另一方面监管力度加大，《网络借贷信息中介机构业务活动管理暂行办法（征求意见稿）》出台，行业竞争更加激烈，网贷市场正在面临洗牌。

三、网络借贷的产业链

经过多年的发展，中国网贷行业已经发展成为以网贷平台为核心，以投资者、融资者为主要参与方，集合了监管、第三方支付、银行、担保、保理、征信等众多参与方的庞大产业链（见图 3-3）。众多机构以网贷平台为核心，为网贷行业的健康发展提供强有力的支撑，是网贷行业的重要组成部分。

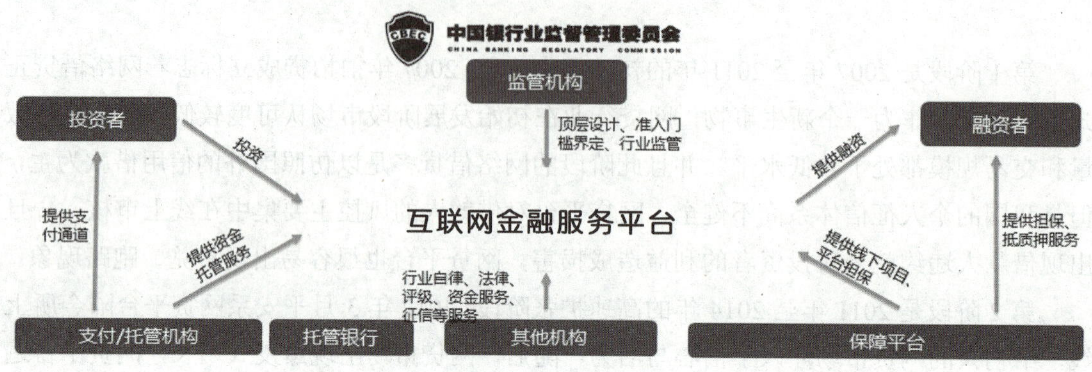

图 3-3 网络借贷行业产业链

（一）网贷平台

网贷平台定位为信息中介平台，是网贷行业的核心，为投资者和融资者提供投融资渠道。网贷平台最早于 2007 年引入中国，截止 2015 年末累计上线成立的网贷平台已达 3 600 多家，正常运营的平台 2 500 家左右。

网贷平台最初模式是以拍拍贷为代表的纯线上模式，网贷平台对投资者不提供担保，投资者风险自担。纯线上虽然更符合网贷平台的定位，但在初始阶段并未得到投资者的广泛认可。此后网贷平台相继引入本金垫付制度、第三方支付机构、担保机构、存管银行等，发展至今网贷平台已经成为多种类、多模式并存的现状。

根据不同的分类标准，网贷平台的分类可以做如下划分：按股东背景划分，目前网贷平台可以划分为国资系、上市公司系、风投系及民营系等；按细分领域划分，网贷平台又可分为专注于汽车领域、房地产领域、票据领域、校园分期领域等不同细分领域的平台。

从目前的发展现状看，众多网贷平台已经开始平台化转型，多家知名平台纷纷上线代销基金、保险等理财产品业务。但监管细则（征求意见稿）指出禁止网贷平台销售银行理财、基金、保险、信托等产品，因此，此种网贷平台转型方向尚待正式的监管细则的明确。

（二）投资者

网贷平台的投资门槛相对较低，多数平台只需几百元即可参与投标，因此广大中小投资者都可参与网贷平台的投资。参与网贷投资的投资人多是具有一定收入水平而且具有投资需求的人群。

随着网贷行业的日益繁荣，投资者参与网贷投资的热情也逐渐被点燃。虽然网贷行业投资门槛较低，但是投资者在参与网贷投资时需要具备一定的风险识别能力和相应的风险

承受能力。网贷行业不断爆出一些规模较大的平台出现跑路，涉及的投资人数量众多、投资金额巨大，一方面表明网贷行业依然鱼龙混杂，另一方面也表明投资人在进行网贷投资时风险识别能力依然欠缺，容易被虚假信息欺骗及高额收益吸引。

（三）融资者

网贷行业的融资者通常是具有资金需求的中小微企业或个人。网贷行业之所以得到国家的大力支持，最主要的原因在于网贷行业为我国众多中小微企业提供了一条行之有效的融资渠道，帮助中小微企业解决融资难的瓶颈。

众所周知，融资难、融资贵是制约我国中小微企业发展的重要原因，银行较为倾向于贷款给大中型企业，中小微企业在银行贷款时通常面临放款速度慢、授信额度低的现状。而网贷行业恰好与银行形成互补，专注于解决中小微企业的融资问题，并且相比而言具有放款速度快、授信额度较高的优势。

同时，具有借款需求的个人也可以选择在网贷平台发布借款信息进行申请借款。融资者在网贷平台进行融资时，根据融资目的通常需要提交相应的资料（如收入证明、个人信用记录等）以供平台审核，必要时还须提供相应的担保品进行担保。

（四）监管机构

网贷行业在最初几年的发展过程中并没有明确的监管部门，也无相应的监管细则。随着网贷行业高速发展，各地网贷平台纷纷上线，缺乏监管的后果是大量问题平台的出现，进而阻碍了行业的健康发展。

事实证明，网贷行业的健康发展离不开监管机构的监管，2014 年银监会（现银保监会）首次提出网贷行业监管的十条原则，明确了监管红线。2015 年 7 月 18 日，央行发布了《关于促进互联网金融健康发展指导意见》，该指导意见明确指出网贷归银监会（现银保监会）监管，明确 P2P 网络借贷监管机构的同时，也为其合法性给予界定，为行业发展扫清了部分障碍。

此后，银监会（现银保监会）又针对性的出台了《网络借贷信息中介机构业务活动管理暂行办法（征求意见稿）》（以下简称《办法》），中国网贷行业迎来首个正式的监管文件。办法以负面清单的形式明确了网贷平台的禁止行为，《办法》的出台无疑给网贷行业的健康发展指明了方向。

（五）支付/存管/托管机构

支付、托管机构是网贷市场上主要的资金托管方及资金通道。2014 年，央行明确指出应当建立资金的第三方托管机制，故大多数网贷公司都选择与第三方支付平台合作，以处理借款人和贷款人之间的大量资金往来。而 2015 年 12 月 28 日出台的《办法》中已明确要求银行业金融机构作为资金存管方，银行业金融机构将成为未来网络借贷平台的资金存管方。

对于大多数投资者而言，第三方支付平台的存在让他们更容易对网贷公司产生信赖。托管机构的引入，实现了“信息”和“资金”的完全独立，从而保障了出借人的资金安全，有助于网贷平台回归“中介”的本质。目前已有多家第三方支付公司与网贷平台采取合作，比较典型的有汇付天下。

成立于 2006 年的汇付天下，于 2011 年获得首批央行颁发的《支付业务许可证》，目前已与 700 多家网贷平台达成合作，汇付天下的网贷账户系统托管是为网贷行业量身定制的账户系统与支付服务系统。汇付天下与网贷平台的合作主要包括 3 个方面：

首先，为网贷平台开发定制账户系统，提供系统外包运营服务；其次，为网贷平台提供支付和结算服务，帮助平台和用户实现充值、取现、资金划拨等；最后，汇付天下提供资金存管服务，投资人的资金划入虚拟账户后，纳入汇付天下客户备付金管理体系，交易资金全程由银行监管，使得平台无法触碰资金，降低资金池风险。

（六）第三方担保机构

网贷平台与第三方担保机构合作是有多层次原因的，首先第三方担保机构可以为网贷平台增信，吸引投资者；其次第三方担保机构可以直接对网贷平台的借款项目进行审核、担保；而且第三方担保机构可以为网贷平台提供项目来源。

虽然引入第三方担保机构可以在一定程度上保障投资者的资金安全，但从总的趋势来看，去担保化却将是大的趋势。伴随外部环境的变迁，网贷平台这种风险转嫁的方式将不再适应发展的需要，平台项目全担保模式将逐渐消失，而局限于国内网贷行业发展模式的特殊性，针对大额的借款标的或仍将采用线下担保的保障模式。

（七）小贷公司

小贷公司的作用一方面是替网贷平台对融资者进行审核，另一方面也会向网贷平台推荐合适的项目来源。但由于双方均在小额信贷领域，存在业务竞争关系，双方合作仍存在不少问题。例如小贷公司推荐给网贷平台项目往往是经过筛选之后的，较好的优质项目通常留给小贷公司自身。因此，互补的合作模式需要双方建立更深层次的合作关系，实现共同价值。

另外，网贷平台应不断增强线上风险审核能力，不断降低对于小额贷款公司的线下依赖，增强自身实力，并逐步回归线上本质。

（八）征信机构

征信机构有权对借款方进行信用评级，网贷平台通过与征信机构合作可以掌握借款方

的信用等级，通过信用等级给予相应的授信额度，进一步降低了借款的信用风险。2015 年 1 月，央行授权 8 家民营公司进行个人征信试点，进一步促进了民营征信体系的构建，这对于暂时无法接入央行征信系统的网贷行业来说无疑是利好信息。

（九）自律组织

2016 年 3 月 25 日，中国互联网金融协会在上海正式挂牌成立，互联网金融迎来“国字头”自律组织。包括 16 家网贷平台入围首批单位会员，分别为陆金所、宜信、搜易贷、拍拍贷、人人贷、开鑫贷、合拍在线、挖财、掌众金融、网信金融、玖富、德众金融、点融网、东方汇、恒大金服、邦帮堂。

互联网金融的健康、规范发展，既离不开政府监管，也离不开行业自律。中国互联网金融协会将推动包括网络借贷在内的互联网金融行业的健康规范发展。除中国互联网金融协会之外，各省、地方也相继成立地方性互联网金融协会，这些地方性互联网金融协会也对推动网络借贷行业的健康发展起着积极作用。

（十）其他机构——信息门户网站

信息服务类门户网站主要是为投资者提供资讯、数据、分析类信息服务。通过此类网站信息公布、数据分析与发布，既能为投资者提供支持，又能对投资者教育产生积极作用。

搜索交易类门户网站主要是汇集众多网贷平台的产品，及时发布投资标的信息，通过与网贷平台合作，充分接入平台产品，方便投资者比较、交易，给投资者带来方便的投资体验。信息门户网站的形成，大大促进投资者教育，并提供便利投资渠道，利于网贷行业发展，纠正行业错误，促进行业风向趋于健康。需要注意的是门户网站的信息宣导与舆论引导应加以规范，避免误导。

四、网络借贷平台的盈利模式

目前国内网贷平台的收入来源主要集中在两个领域：第一大领域是对平台上的融资者及投资者的各项收费；第二大领域是目前已经进行平台化转型的平台通过代销基金、保险、信托等理财产品所抽取的费用。网贷平台的成本主要在于平台构建、网站推广以及对坏账的垫付成本等支出，其中宣传推广费用是网贷平台的主要支出。由于目前网贷平台尚处于跑马圈地的阶段，平台之间竞争激烈，获客成本高昂。

（一）网贷平台的收入

1. 对投资者和融资者的收费

网贷平台的收入主要来自于对投资者和融资者的各项收费。主要收费类型及费率如下：

（1）会员费。在交易发生前，网贷平台会要求投资者和融资者注册会员，会员一般分为普通会员和 VIP 会员。普通会员一般免费，而网贷平台通常对 VIP 会员收取每年 10 元～200 元不等的会员费。

（2）借款管理费。借款管理费是网贷平台向借款者收取的费用，借款管理费与借款金额和借款期限相关，费率在 1%～4%之间。该费用通常是在借款审核通过之后由平台向借款方在借款金额里面一次性扣除。

（3）利息管理费。利息管理费是网贷平台向投资者收取的费用，当借款者向投资者进行还款时，网贷平台按投资者的应收利息抽取一定比例的利息管理费，费率通常在 2%～10%。

（4）债权转让费。当投资者将持有的未到期债权进行转让时，网贷平台会向转让者收取一定比例的债权转让费，转让费率通常与债权金额及转让者已持有该债权期限有关。多数平台的债权转让费为转让金额的 0.5%～2%。

（5）提现费、充值费。目前绝大多数平台不再收取充值费，但会收取提现费。提现费用与每笔提现金额相关，有的平台也会结合资金在网站停留的时间确定提现费用。通常提现费用为每笔 1 元～10 元。

网贷平台收费依赖平台的交易规模，交易规模越大平台能够抽取的各项费用也越多，平台的收入也越高。

2. 代销佣金收入

由于代销基金、保险、信托等理财产品需要取得相应的代销牌照，而目前基金、保险、信托等产品的代销牌照需要一定的门槛，因此能够通过此类业务获得收入的网贷平台不会很多。而且根据最新出台的网络借贷行业监管细则（征求意见稿），网贷平台不准开展销售基金、保险、信托等理财产品，未来网贷平台在该领域的业务布局需要根据监管细则出台之后进行相应的调整。

（二）网贷平台的成本

网贷平台的成本主要包括运营和推广成本以及风险控制成本等。

1. 运营成本和推广成本

网贷平台的运营成本主要包括网站的开发成本、运营维护成本以及办公成本等。平台的运营成本标准不一，投入一般是为了提升用户体验和提高网站的安全性，在这两个方面做得越好，相应需要投入的资金也就越大。

平台的推广成本主要指平台为了获取知名度和获取客户而需支付的营销成本，该部分支出形式主要包括平台的竞价排名、线上线下广告等，随着网贷平台的激增，竞争加剧，推广成本也在逐渐攀升。

2. 风险控制成本

风险控制是网贷平台至关重要的环节，因此网贷平台都会在风控领域投入巨大。由于目前国内征信体系尚未健全，很难实现纯线上风控，因此目前国内绝大多数网贷平台都会线上线下结合的方式实行风控，线下需要投入大量的人力财力对借款者及借款项目进行实地审核。对于实行本金垫付的平台来说，一旦出现坏账，平台将对坏账进行先行垫付，同样是一笔不小的开支。

五、网络借贷存在的问题

（一）资金管存问题

业内普遍将资金管存分为两类：一类为资金存管；一类为资金托管。

资金存管是指将交易资金或平台相关备付金、风险金等存放于第三方账户上，但第三方并没有义务监督资金流向，平台可以随时从第三方提取这些资金。

资金托管是指平台只充当信息中介，资金流运行在第三方托管公司，而不经过平台的银行账户。目前，由于网贷行业本身尚在规范之中，以及银行资金托管平台本身需要一定的网络技术门槛，因此能真正实现标准意义上的资金托管的平台并不多。

（二）期限错配问题

网络借贷行业在兴起之初，有关期限错配的问题就不绝于耳，舆论对于不良借贷平台的拆标甚至假标现象诟病已久，可是因此项问题而事发或者跑路的平台仍旧不在少数。

行业初期监管对于新兴金融模式尚在适应期，行业进入门槛也相对较低，这些都为一些打着“互联网金融”的旗号行非法集资的勾当提供了可乘之机。随着国家监管的日益完善和细化，越来越强调 P2P 行业的信息中介性质，同时行业自治与第三方机构的舆论监督也在不断加强的过程中，这些都有利于推进借贷双方的信息对称。

同时，还要看到，越来越多的网络借贷平台更加看重借贷信息透明化的推进工作，例如，许多平台上都可清楚呈现债权合同、担保机构资质、借款人各项抵押品信息等交易细节信息。

（三）营销推广问题

由于我国网络信用生态尚在发展之中，虽然进行了几年的用户教育工作，但许多用户对于网络生态的信任感仍旧不足，更何况在涉及大额资金交易的网络金融领域。故而，许多平台都还在同时进行着地面推广的工作。

地推的营销方式推高了行业的融资获客成本，在行业发展初期，人们相信面对面的私人间的承诺大于相信新兴网络平台甚至一些知名度一般的金融机构。由此可见，地推的获客手段在平台及行业发展初期成为重要的获客渠道，的确有其无奈之处。

长远来看，我国网络信用将日益完善，届时人们对于网络信用的意识将显著增强，同时各类平台将在更严格的准入门槛和更透明且严格的信息披露准则下运行。因此，网络借贷行业发展至中后期，线上获客将成为网络平台绝大多数的获客形式。

（四）征信公证问题

目前网络借贷行业主要依托央行支付清算协会来实现网贷行业用户征信信息的共享，而对于信息更为庞大和权威的央行征信中心，还未能实现用户信息的共享和交换。

传统金融互联网化已成为大势所趋，而民间金融机构的兴起亦不可忽视，早日设定金融信息的共享准入机制，在确保个人信息隐私的基础上，与具备资质的网络金融平台建立信息共享或交换准则，对于建立国家级的征信大数据体系，完善我国的网络金融信用生态，具有重要的意义。

此外，网络消除了距离和空间对借贷需求的限制的同时，也失去了距离和空间对于交易信息真实性的保障。如何进一步提高技术水平，最大限度地确保电子合同的效力及真实性，在确保用户信息不泄露的情况下杜绝虚假交易，保障用户的权益，使网贷合同与面对面交易有着同等的安全性及效力，成为网络借贷行业共同面对的问题。

目前，虽然时间戳等技术在一定程度上增强了合同信息的真实性，但正如信用卡的安全建设无法完全杜绝盗刷事件的发生一样，保障网络借贷信息及交易的真实可靠，仍然是降低行业风控成本、促进行业健康发展的重要因素。

（五）风险管控问题

风险意识与违约成本：网贷市场初兴，行业监管和规范都尚在建立期，有一些平台打着新兴概念的旗号，在建立之初就打算钻空子，以诈骗或者非法集资获取报酬后跑路。这些人敢于作恶、能够跑路，与国家司法机关在境外追逃违法犯罪分子的能力相比国内普遍弱势有着重要的关系。无论是贪腐官员外逃，还是违法违约机构跑路，都呼唤着国际更有效的司法合作以及国家在境外追赃能力上的提升。

风险定价等风控技术：基于网络技术和互联网生态而生的网络借贷行业，如何利用技术手段打造风险定价能力、完善互联网风控技术水平，是降低长期风控成本、兼顾规模与效益、实现行业可持续发展的关键。

风险管控流程设计及管控水平：与其他类型的企业相同，内部风险管控能力是一家公司能否长久发展的重要因素。网贷行业兼具互联网与金融双重属性，如果无法实现有效的风险管理及流程管控，同样会给平台的安全运营带来极大的风险。

拓展阅读

加强监管，促进理性消费

“70后存钱、80后投资、90后负债，而90后的父母在替孩子还贷。”当下，随着电子商务、网络社交平台的广泛覆盖，京东白条、花呗、蚂蚁借呗、微粒贷等为年轻人的超前消费行为提供了触手可及的贷款方式，“先购物再还贷”的消费方式已然不是一件新鲜事。不必为柴米油盐发愁的90后、00后们，缺乏储蓄意识与理财计划，加之商家的刻意引导、借贷机构较低的审核门槛，让越来越多的年轻人选择以借贷的形式超前消费。

理性地预支收入，能够在一定程度上提升生活水平，但凡事皆有度，过犹不及。超前消费和借贷消费的前提，是其额度应在自身能力承受范围之内，否则，过度负债消费就是透支未来。由于没有足够的收入来源，负债的年轻人每月只能还上“最低还款额”，新增负债自动转到下月应支付的本金利息，这就使得债务雪球越滚越大，最终使年轻人走入长期负债的恶性循环之中。近年来因此发生的各类悲剧时有bghg所闻。

为规范小额贷款公司网络小额贷款业务，防范网络小额贷款业务风险，保障小额贷款公司及客户的合法权益，促进网络小额贷款业务规范健康发展，中国银保监会会同中国人民银行等部门起草了《网络小额贷款业务管理暂行办法（征求意见稿）》，并向社会公开征求意见。推动形成以国内大循环为主体、国内国际双循环相互促进的新发展格局，扩大国内消费、形成强大国内市场对经济增长的重要性不言而喻，由此可见，年轻人多消费不一定是坏事。但全社会在欢呼消费扩张和升级的同时，也要引导年轻人形成健康的消费观和价值观，让他们在敢于消费的同时合理消费，科学地安排好自己的支出和生活。唯有如此，做大做强国内市场才可能行稳致远。

资料来源：人民网，http://hn.people.com.cn/n2/2020/1105/c195196-34396243.html

第二节　P2P网贷

一、P2P网贷的内涵

P2P网贷英文名称为Peer-to-peerlending，即点对点信贷，国内又称“人人贷”。P2P网贷具体来说就是指个人或法人通过独立的第三方网贷平台相互信贷，由P2P网贷平台作为中介平台，借款人在平台发放借款标，投资者进行竞标向借款人放款的行为。

以上这种债务债权的形成脱离了银行等传统的融资媒介，资金出借人可以明确地获知借款人的信息和资金的流向。在这种模式下，P2P 网贷平台作为点对点的金融信息服务平台，以服务费、管理费或者行业早期较为普遍的以赚取交易双方的利差等方式作为盈利手段。P2P 网贷模式的流行实际是伴随着互联网的发展与民间借贷而兴起的金融脱媒现象。

目前 P2P 网贷模式的困境在于，很难同时达到低客户获取成本（尤其是平台成立初期），高精度且低成本的互联网征信能力，以及能够承担用户保本付息的资金实力。但从长远来看，网络借贷行业以及传统金融与新金融领域的征信信息最终将达成共享，大数据技术则在提升互联网征信精度的同时降低总的征信成本。同时，随着行业的渗透和发展，越来越多的人会逐步将网络借贷和网络理财等纳入日常理财的渠道，用户基数将持续增长。在用户被教育的同时，行业协会和第三方机构也将会更加关注新兴网贷平台的运营模式，优秀的新平台将能够以更快的速度被人们认识和使用，客户获取成本从而得到进一步降低。

二、P2P 网贷的发展历程

自 2005 年英国推出第一家 P2P 贷款平台——“Zopa”以来，各类 P2P 贷款平台层出不穷，参与人数和交易规模呈快速增长态势（见图 3-4）。

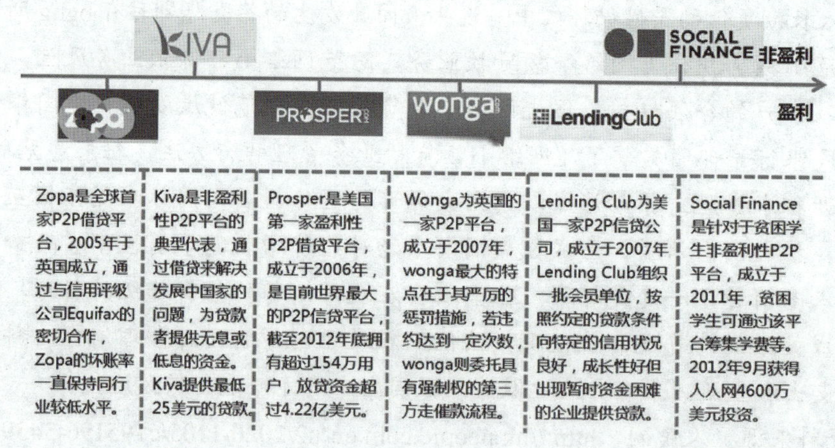

图 3-4　各国重要的 P2P 网贷公司介绍

我国 P2P 网络借款起步于 2007 年，其发展历程与英美等发达国家基本类似，大致分为以下 3 个阶段。

第 1 阶段，起步期（2007～2009 年）。2007 年成立的拍拍贷是我国首家 P2P 网络借贷平台，开启了我国个人信贷及理财的新模式，其平台信息匹配、纯信用模式引发金融行业关注。其后，一些企业开始 P2P 业务试点，但总体而言，这段时期 P2P 平台数量有限，业务规模不大。

第 2 阶段，发展期（2010～2011 年）。随着互联网金融模式的深入实践，人人贷、E 速贷、易贷 365、搜搜贷等业界知名平台纷纷建立，P2P 网络借贷业务进入高速发展期，业

务规模迅速放量，与此同时，一些平台的风险问题也初现端倪。

第 3 阶段，爆发期（2012 年～至今）。2012 年以来，我国 P2P 贷款业务呈爆发式增长，海内外风险投资开始积极布局国内 P2P 行业，P2P 机构数量、从业人员、业务规模屡创新高。据零壹财经发布的《中国 P2P 借贷服务行业白皮书（2016）》数据显示，2015 年，我国的 P2P 借贷行业年度总体成交额是 2014 年的 3 倍左右，P2P 借贷平台数量由 2014 年的 2 229 家增至 3 853 家，年度增长率达到 60.74%。P2P 平台爆发式发展的同时引发了一系列风险问题，据统计数据显示，截至 2016 年 2 月底，问题平台共有 2 134 家，其中，2015 年问题平台多达 1 478 家，是 2014 年的 3.6 倍，行业风险越演越烈。

三、P2P 网贷的优劣势

在社会发展中，小微企业的作用是无可估量的。小微企业占我国企业总数的 90%，贡献了 60%的 GDP 和 50%的税收。但实际上，95%的小微企业并没有与任何金融机构发生借贷关系。P2P 网贷的出现与迅猛发展对解决中小企业融资难问题有积极作用，是我国民间金融创新的重要尝试。

P2P 网贷其实是将民间借贷网络化，借贷双方作为参与者，在信息相对对称的市场中，自由地获取金融服务。P2P 网贷平台作为中间服务方，为借贷双方提供能够促成交易的服务，也在一定程度上扮演着金融中介的角色。在传统改革自上而下不能顺利进行的时候，P2P 平台的出现突破了金融中介的束缚，自下而上地加深银行业的改革与发展，这种现象常常被称为“鲶鱼效应”。下面，我们将对银行、小贷公司、民间借贷、P2P 网贷平台和电商贷款进行简要的比较，如表 3-1 所示。

表 3-1 银行、小贷公司、民间借贷、P2P 网贷平台和电商贷款的优劣势对比

类别	商业银行	小贷公司	民间借贷	P2P 网贷	电商贷款
放贷主体	银行	小贷公司	放贷人	投资人	银行、电商
授信模式	纯信用、抵押、质押、担保等	纯信用、抵押等	信用、抵押、中间人担保	信用、抵押、平台担保	纯信用、供应链融资
贷款额度	300 万～500 万	100 万以下	1 万～50 万	20 万以下（个人）；100 万（机构）	100 万以下
综合费率	基准利率上浮	年化 18%～30%	年化 20%以上	年化 15%～20%	年化 15%～20%
时长周期	单笔使用、循环贷款	单笔使用、不可循环	单笔使用、不可循环	单笔使用，不可循环	循环使用、随借随还
放款速度	7～30 天	3～20 天	1～3 天	1～20 天	3～20 天
操作渠道	实地	实地	实地	互联网	互联网

四、P2P 网贷的主要模式

实际上国外的 P2P 只有一种模式，但到中国之后延伸出了几种模式。常见的 P2P 贷款有以下 4 种模式（见图 3-5 所示）。

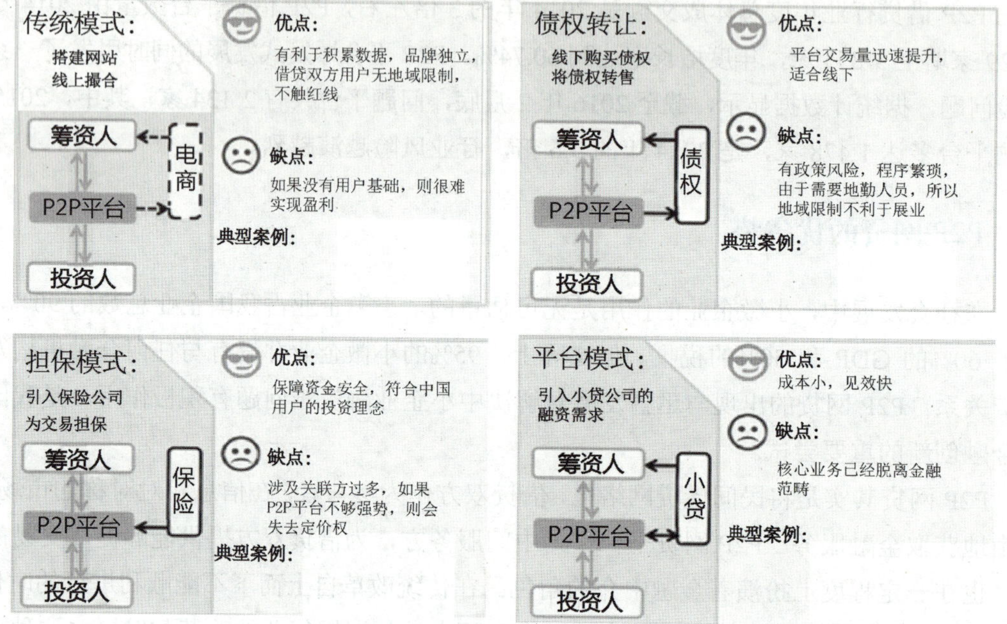

图 3-5　我国 P2P 网贷运营模式

（一）传统模式

传统模式保留了欧美传入的 P2P 网贷本来面貌，即出借人根据需求在平台上自主选择贷款对象，平台不介入交易，只负责信用审核、展示及招标，以收取账户管理费和服务费为收益来源。

在美国，P2P 网贷基本上都是这种方式，但这种方式不太适应中国国情。因为中国的征信记录系统还不太完善，而且一般人也不能随便进去调查。目前这种模式以拍拍贷为代表。经营平台的企业本身没有任何风险，但是对于投资人来说，承担着一定程度的风险。

（二）担保模式

传统的 P2P 网贷模式有三方：第一个是借款人，第二个是投资人，第三个是中间平台。而担保模式出现了第四方，即担保公司。担保公司要对借款人进行资质审核。借款人需要把一定的资产交给担保公司作为抵押，担保公司才会为其借款提供担保。

在传统模式下，如果借款人还不了钱，最后投资人也会拿不到钱。而有了担保机制，借款人一旦还不了钱，担保公司首先会把钱代偿给投资人，然后再把借款人抵押的资产拿

去处理。一般情况下，可以直接拿出去卖，也可以选择起诉或走其他法律程序，皆由担保公司决定。

因此，引入担保公司，有担保公司担保交易，交易的风险就会大大降低，目前有很多机构都在使用担保模式。由于担保公司要对借款人的资质进行审核，因此如果担保公司愿意对一个借款人进行担保，就基本能说明其信用还算良好。而且担保公司在中国发展多年，一直都主要面向中小企业客户，积累了大量给中小企业放款的经验。特别是人际关系比较复杂的时候，担保公司更是具有银行所不具有的独特优势。

（三）债权转让模式

债权转让模式又称“多对多”模式，是指借贷双方不直接签订债权债务合同，而是通过第三方个人先行放款给资金需求者，再由第三方个人将债权转让给投资者。其中，第三方个人与 P2P 网贷平台高度关联，一般为平台的内部核心人员。P2P 网贷平台则通过对第三方个人债权进行金额拆分和期限错配，将其打包成类似于理财产品的债权包，供出借人选择。由此，借、贷双方经由第三方个人产生借贷关系的模式使原本“一对一”“一对多”或者“多对一”的 P2P 借贷关系变为“多对多”的债权关系。当然，此种模式下，P2P 网贷平台也承担着借款人的信用审核以及贷后管理等相关职责。

此种模式在国内为宜信首创。宜信（北京宜信普惠信息咨询有限公司的简称）创建于 2006 年，总部位于北京，是一家集财富管理、信用风险评估与管理、信用数据整合服务、小额贷款行业投资、小微借款咨询服务与交易促成、小额信贷助农平台服务等业务于一体的综合性现代服务业企业。目前已经在 60 多个城市和 20 多个农村地区建立起全国协同服务网络。

（四）平台模式

平台模式，是指引入小贷公司的融资需求，然后直接跟小贷公司合作。比如投资人投钱给了平台，平台有了钱之后，就跟小贷公司合作，最后再联合放贷出去。实际上，这其中有一些核心业务已经脱离了金融范畴，涉及资金池的概念，但严格来说，它也没有完全违规。

五、P2P 网贷的交易流程

不同的 P2P 网贷平台放款流程有所不同，各大平台一般的网络贷款流程如图 3-6 所示。

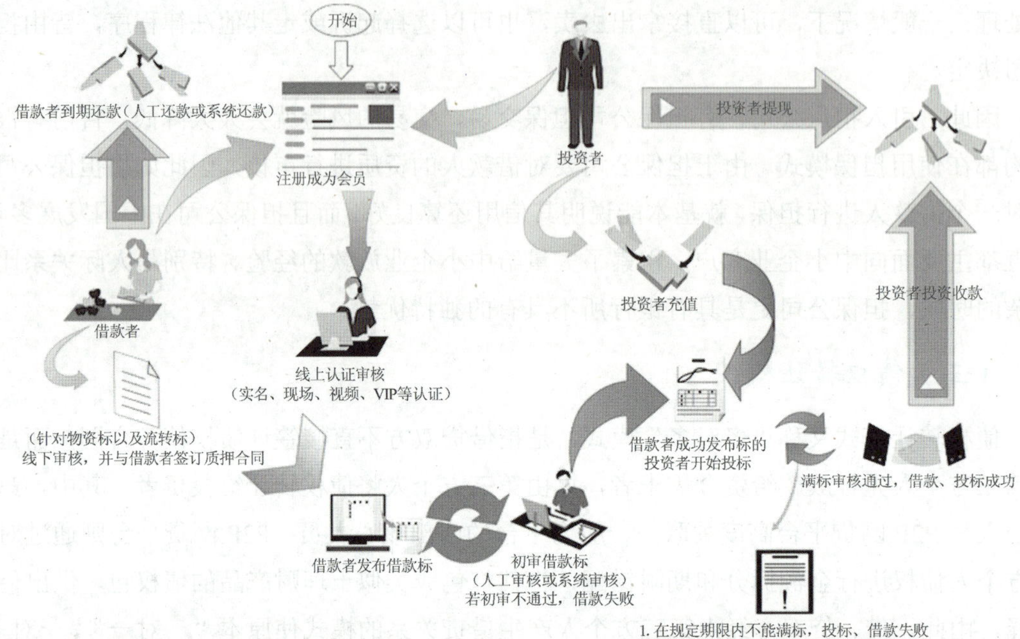

图 3-6　网络贷款典型运作模式

一般的网络贷款流程包括以下 5 个步骤：

（1）实名认证：登录网站注册用户——实名认证——填写联系人详细资料——上传资料证明身份（可能包括头像照片、住址证明、身份证正反面、工作证明、收入证明、财产证明、信用报告等）。

（2）等待审核：融资者提交自己的资料和贷款申请等待网站审核。审核一般会分为初审和终审。只有通过终审才能正式发布借款信息。

（3）确认融资：审核通过借款信息发布，如果审批额度被降低，需要进行确认，不确认将被认为自动放弃此借款申请。

（4）等待投标：投标满后 3 个工作日内放款。

（5）按时还款：提高信贷等级，随着贷款次数增多和还款情况良好，个人等级会提高。

P2P 贷款运作流程中各方的行为如表 3-2 所示。

表 3-2　P2P 贷款运作流程中的各方行为

步骤	投资者	P2P 平台	筹资者
第一步	用户注册	集成优质小贷公司的融资需求，在电商平台上开发优质融资需求	发布贷款需求，提交信用审核材料
第二步	甄选符合自己需求的投资项目并投资	审核信用，发布需求	等待资金对接，根据情况调整需求

（续表）

步骤	投资者	P2P 平台	筹资者
第三步	签订电子合同	筹资满额后放贷，寻求小贷公司担保，持续关注项目进展，监控风险	收到贷款，考虑是否二次担保
第四步	到期收回投资，支付相关费用/遭受损失	项目成功，收取费用/项目违约，追讨债务，按约定赔付	到期偿还/违约

六、P2P 网贷的风险管控

P2P 平台在完成放款后，应结合自身风险管理模式，做好对借款人的融后风险管控。一旦发现预期的风险隐患，应选择适当的催收方式，及时进行风险处置，最大可能的降低风险损失。

（一）突出重要风险点，加强融后持续监测

P2P 平台放款后，应通过现场和非现场的检查方式对所有可能影响还款的因素进行持续监测，从借款安全的角度来看，融后应重点监测以下内容：

（1）客户是否按约定用途使用授信，是否诚实、全面履行合同。

（2）授信项目是否正常进行。

（3）客户的法律地位是否发生变化。

（4）客户的财务状况是否发生变化。

（5）授信的偿还情况等。

另外 P2P 融资的关联交易风险也不容忽视，P2P 平台不仅要监控借款人的经营状况，财务状况，还要关注关联方的情况，一旦借款人因违约被列入“黑名单”，其主要关联方，特别是配偶、直系亲属的借款也应严格控制，以防冒名借款或资金被挪用。

（二）采取适当的催收处置方式化解风险

在对借款人持续监测的过程中如发现客户可能或者已经违约，P2P 平台应及时制止并采取补救措施。这些措施可以分为 3 个不同的层次。

第一个层次是督促借款人及时纠正违约行为或者可能影响借款安全的行为。例如，企业在一定时期内应收账款非正常性增加，应要求借款人分析原因并加大对应收账款的回收力度。

第二个层次是调整客户授信。P2P 平台应该与借款人在借款合同中约定一些基本条款，设定借款人企业资产负债率、流动比率等主要财务指标的限制，一旦达到限制标准，平台公司就应该采取相应的风险规避措施，如冻结未使用的信用额度、提前收回借款等。

第三个层次是对已逾期但没有完全形成损失的借款采取法律诉讼等保全措施。具体来

看，P2P 平台使用的催收处置方法主要包括以下几种。

（1）电话催收。电话催收是指负责融后管理业务的催收人员利用电话与借款人进行沟通，并结合计算机系统、相关辅助工具与借款人进行协议，以达成债券回收目标的催收方式。电话催收具有以下特点：沟通隐秘，避免人情压力与尴尬；间接接触，保障催收人员的安全；文明沟通，减少指责与抵抗。

（2）外访催收。外访催收是小额信贷问题贷款管理运作中的外访程序，其最初目的是为了弥补电话催收作业时无法直接接触债务人的不足。在电话催收未果的案件中，需以合情合法的现场外访加以辅助，以提高电话催收的强度，形成一种立体上的压迫感。外访催收的模式都是先由电话催收人员前期进行电话催收和铺垫，在发现重大风险（欺诈、死亡、被捕）或客户屡次违反承诺后，会要求外访人员给予催收协助。

（3）委外催收。委外催收是将问题案件委托给有相应资质的外包催收公司进行催收。其优势在于能够节省 P2P 平台的人力物力，能够利用外包催收公司的专业性更好地回收欠款；劣势在于委外催收的成本较高。

（4）诉讼催收。诉讼催收是指通过向法院提起诉讼的方式进行催收处置。诉讼的类型包括民事诉讼、刑事诉讼两种。P2P 风险处置中的诉讼主要是指民事诉讼，只有少数涉嫌诈骗的欠款人，可以通过刑事程序来处理。诉讼催收所针对的欠款人群体主要是有还款能力，但通过常规手段无法让其还款的欠款人。它的特点在于能够利用国家的权威及强制力对欠款人进行威慑和制裁，对于抵押借款可以强制执行处置借款人的抵押物，从而实现欠款的成功回收。但诉讼处置一般周期较长、成本较高。

（三）重视操作风险管控，提高融后管理效果

P2P 平台本身的操作风险也可能影响融后管理效果。在实际工作中，很多借款不能及时、完整的回收，其原因并不完全在于借款人一方，还在于平台公司对于借款流程及自身的行为缺乏有效的管理和控制，例如没有设计人性化的客户还款提醒，没有采取及时、适当的催收方式，与银行存管系统对接的工作人员操作不当等。因此平台公司应该加强对员工的操作风险管控，不断提高融后贷款管理工作的效果与效率。

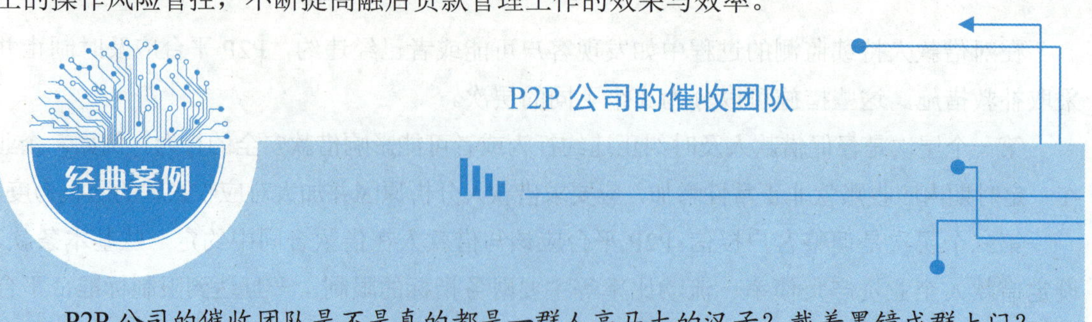

P2P 公司的催收团队

P2P 公司的催收团队是不是真的都是一群人高马大的汉子？戴着墨镜成群上门？

“你是电影看多了吧？怎么会这么想？”深圳地区一家 P2P 公司的老板听了这个问

题，觉得很惊讶，“现在怎么会那样去做催收？”该老板随即介绍了他们平台催收团队的负责人杨某，一个看起来比较温婉的女性，而据其介绍，他们催收团队的大部分员工也都是女性。

杨某所在的P2P公司主要是做车贷业务。她介绍了他们平台的催款流程。她表示，作为公司内部的催收团队，只要项目一有逾期，就马上会有人介入进行催收，如果电话催收没有效果，后续才会上门催收，而如果上门催收也不能完成，然后可能会走法律程序，进行诉讼或者进行外包处理。

“刚开始的时候，客户有可能是忘记了，所以需要打电话提醒客户，让客户记得还款，很多时候客户可能是太忙而忘记了自己的还款时间，所以这样的提醒是很有必要的。”杨某表示。据了解，这样的催收程序也是大部分 P2P 公司采用的方式。

“你想象的那种非常极端的场景在我们这里是很少见的。”杨某表示，虽然他们也会上门，但是主要还是采取“和平”谈判的方式，只要找到人了，一般还是不愿意把事情闹得太大。

杨某讲述了她的一次催收经历：一个借款人借款到期之后不还款，而且态度很恶劣，打电话也不接，非常不配合，还很难找到人。后来好不容易找到了借款人，于是杨某带人上门去进行催收，当时借款人刚好和朋友一起，她抓住了借款人比较爱面子的这一心理，没有在借款人的朋友面前暴露其借款行为，于是她最终成功地将抵押物品带走。

“其实我们团队女孩子居多，不只电话催收，上门的也有女孩子。”杨某表示。根据介绍，她们的催收团队其实很小，总共也就不到 10 人，其中 80%是女性。女孩子比较容易沟通，男孩子性格可能比较容易冲动，所以容易引起冲突。

据杨某介绍，她们团队的催收人员平均每天可能会打 100 多个电话进行催收，催收电话一般不会在上午打，会在中午以后才开始打。“很多客户还是会比较讲究，不要上午或者早上就开始打电话。”杨某表示，“还是要给别人留一个空间。”

当然电话催收也会遇到一些态度不好的人，杨某杨某认为该强势的时候还是应该强势起来。不过，她并不赞成恐吓或者讽刺客户。“主要还是要给客户讲清楚我们的程序，如果客户不还钱的话，可能会给他们带来哪些危害。告诉客户如果不还钱的话，我们就会走法律程序起诉客户。这种时候你给他讲清楚，可能以后会影响他的信用状况。除非恶意赖账的，才会觉得信用无所谓，大部分客户还是不愿意走到这一步。”

杨某表示，催收也有赖于平台前期的风控管理，毕竟前期的风控程序走完，挑选的客户还是有一定信用的。其实催收只是事后、出了风险后的一种手段，关键还是事前的风控防范，看借款人的资质和是否有重复的抵押物。

据杨某介绍，按照他们的催收程序走下来，98%的逾期都可以催回来，还有小部分实在催不回来的，可能会找外包公司，但是这个数量就已经是非常少的了。

第三节 互联网小额贷款

互联网小额贷款，即为传统小贷模式的互联网化，是依托互联网渠道完成选标、投资理财的支付过程，真正的获客及信用审核核心渠道依旧在线下。

一、互联网小额贷款的内涵

央行发布的《关于促进互联网金融健康发展的指导意见》规定“互联网小额贷款是指互联网企业通过其控制的小额贷款公司，利用互联网向客户提供的小额贷款。互联网小额贷款应遵守现有小额贷款公司监管规定，发挥网络贷款优势，努力降低客户融资成本。网络借贷业务由银监会（现银保监会）负责监管。”从此定义可以看出：

（1）互联网小额贷款公司的本质属于小额贷款公司，它们是放贷机构。但是，小贷公司由于政策限制，只能在某些区域进行放贷。互联网小额贷款可以很好地克服小贷公司属地化经营的限制，可以通过互联网在全国范围内放贷。因此互联网小额贷款公司是一类特色小额贷款公司，是金融与互联网结合的金融创新。

（2）网贷平台被定位为信息中介机构，只是信息撮合机构，不具有放贷资质，这是其与互联网小贷和小贷公司的本质区别。

二、互联网小额贷款产生的背景

小贷公司主要是为了缓解小微企业、三农客户融资难问题而产生的，2005 年中央一号文件提出探索建立小额信贷组织，人民银行开始在 5 个省试点组建小额贷款公司。2008 年银监会（现银保监会）、人民银行印发《关于小额贷款公司试点的指导意见》，小贷公司得以迅速发展，在机构数量和贷款金额上均实现了快速增长。

但小贷公司的发展也存在一些问题，由于近年来我国实体经济持续低迷，小贷公司的经营也陷入困境，传统小贷行业的难题可归结于“两大特征”，而部分机构对“两大特征”的突围尝试则进一步加剧了行业困境。

第一个特征是属地化经营。政策要求的小贷公司的经营范围普遍局限在一定区域，其中 99%的小贷公司县域化经营仍然是其最突出的特征之一；第二个特征是有多少钱办多少事。监管政策对小贷公司的资金来源作了比较严格的限制，除股东存款外，还可以“从不超过 2 个银行业金融机构融入资金，余额不得超过公司资本净额的 50%”，不得面向社会公众募集资金，防止风险外溢。

互联网小额贷款可以很好地克服小贷公司属地化经营的限制，可以通过互联网在全国范围内放贷。对小贷行业而言，突破与生俱来的“两大特征”限制成为其做大做强的关键。互联网小额贷款公司突破了小贷公司“属地化经营”的限制，其出现具有必然性。

2010年3月25日，全国第一家互联网小贷公司——浙江阿里巴巴小额贷款股份有限公司在浙江杭州正式成立，由此拉开互联网小贷序幕。从近年互联网小贷公司发展趋势来看，2013年之前互联网小贷处于探索阶段，发展十分缓慢，数量较少，2014年以后由于各地陆续出台鼓励和扶持政策，互联网小贷进入高速发展轨道，特别是2016年互联网小贷公司数量急速增加，并达到了顶峰，数量远超2015年互联网小贷公司总数。截至2017年3月末，全国各地金融办共批准了82家互联网小贷牌照（含已获地方金融办批复未开业的公司）。

近年来，互联网小贷行业的快速发展主要原因有：

（1）有良好的政策环境。广州、重庆、上海等经济活跃地区陆续出台了鼓励和支持有实力的企业开展互联网小贷的相关文件，为互联网小贷的发展创造了良好的政策环境。

（2）互联网金融和消费金融热潮的助推。随着互联网金融和消费金融的大热，部分企业为了进一步提升公司综合竞争力，发掘新的增长机会和培育新的利润增长点，期望向互联网金融领域转型，而互联网小贷也不失为其进入互联网金融行业的一个途径。

（3）市场前景广。互联网小贷打破了传统小贷的地域限制，可通过互联网在全国范围开展业务，并且具有放贷性质，是目前互联网金融牌照中性价比较高的牌照，所以不少有实力的公司开始纷纷申请此牌照开展消费金融业务。

（4）互联网小贷的庞大业务线也是吸引企业积极布局的原因之一。据统计，各地允许互联网小贷可以开展的业务不尽相同，但通常涉及以下业务范围：办理小额贷款业务、办理票据贴现业务、办理资产转让业务、接受机构委托开办甲类委托贷款、接受机构委托管理其他小额贷款公司的不良资产、代理销售持牌金融机构金融产品、开展企业管理和财务顾问咨询等中间业务。

三、互联网小额贷款的资金来源

网络小贷主要利用自有资金开展贷款业务，资金来源显得尤为重要。2008年5月4日银监会（现银保监会）和央行联合下发《关于小额贷款公司试点的指导意见》，意见指出小贷公司的主要资金来源为股东缴纳的资本金、捐赠资金，以及来自不超过两个银行业金融机构的融入资金，其中从银行业金融机构获得融入资金的余额不得超过资本净额的50%。

国务院法制办公室于2015年8月12日发布《非存款类放贷组织条例（征求意见稿）》，指出，非存款类放贷组织应当主要运用自有资金从事放贷业务，也可以通过发行债券、向股东或银行业金融机构借款、资产证券化等方式融入资金从事放贷业务，其在一定程度上放开了对非存款类放贷组织资金来源的要求。

作为小贷公司的监管部门，各地金融办也陆续出台了适用于本地的相关政策，明确了小贷公司的资金来源。从各地出台关于网络小贷的政策来看，资金来源较为多元，不仅可通过自有资金、捐赠资金和银行融资等银监会（现银保监会）规定的资金来源开展业务，还可通过资产证券化、向主要股东定向借款等方式融资进而开展业务。

四、互联网小额贷款的运营模式及特征

由于电子商务平台累积了大量的用户，企业可以根据多年累积的平台交易数据结合相关技术分析出用户的信用状况，目前已经有许多电子商务公司进入了互联网金融领域，典型代表如阿里、京东和慧聪等。

蚂蚁微贷以阿里云为整个贷款流程的技术基础，淘宝、天猫等平台信息流源源不断的流入阿里云，阿里云对其进行专业化的分析处理，通过网络数据模型及其他渠道获得的信用记录确定授信额度，发放贷款。从商户提出申请，到商户收到货款，整个过程全流程系统化、无纸化、快捷化。

2012 年 12 月 6 日，苏宁电器发布公告称，其境外全资子公司香港苏宁电器有限公司与苏宁电器集团公司将分别出资 2.25 亿元和 7 500 万元，在重庆组建重庆苏宁小额贷款有限公司。

2013 年 1 月 16 日，慧聪网与民生银行联合发布了一款名为“民生慧聪新 e 贷”的信用卡产品，为慧聪网的“买卖通”会员企业提供 50 万元以下的信用贷款，而慧聪网也成为继阿里巴巴、敦煌网、网盛生意宝、京东商城和苏宁易购后，第六家正式涉足网络信贷的电子商务企业。

（一）运营模式

目前，互联网小额贷款可以归纳为 3 种模式：一是以阿里和苏宁为代表的直接放贷模式，电商通过小额贷款公司，获得开展贷款业务的牌照，由旗下小额贷款公司直接向客户发放贷款；二是以慧聪、京东为代表的与银行合作放贷模式，电商提供客户源并将平台数据转化为一定的信用额度，银行依此进行独立审批并发放贷款；三是以商业银行推出电子商务平台，为客户提供包括小额贷款在内的金融服务。具体的主要业务类型及目标客户对比如图 3-7 所示。

	蚂蚁微贷	京小贷	亚马逊	苏宁小贷	唯品会小贷	eBay		
成立时间	2010 年	2013 年	2012 年	2012 年	2014 年	1995 年		
面向客户	淘宝网卖家企业 天猫商城卖家企业 1688 卖家企业	京东商城 供应商	亚马逊 卖家企业	苏宁易 购供应商	唯品会 卖家企业	商贷通： 中国 eBay 卖家	融 e 贷： 上海和广东的 eBay 卖家	贷贷平安商务卡： 外贸电商
数据信息	交易信息	交易信息 物流信息	交易信息	交易信息	交易信息	交易信息		
贷款利率	约 18%	14% ～ 24%	6% ～ 14%	20%	7% ～ 8%	月利率低于 0.83%	月利率 0.8%	每日利率万分之 4.5 ～万分之 5.5
贷款额度	0 ～ 300 万元 0 ～ 100 万元	200 万元以下	1000 ～ 60 万美元	最高金额 200 万元	100 万元以内的普惠小额；优质客户 300 万～ 500 万元的抵押贷款	最高额度 200 万元		最高额度 100 万元
贷款周期	一年以下	最长 12 个月	3 ～ 6 个月	最长贷款期限 3 个月	—	—		
批贷时间	3 分钟放贷	1 分钟融资到位	5 个工作日	最快 1 分钟到账	实时放宽	—		
还款方式	按月等额还款，随借随还	随借随还	商家每月还款将其从卖家账号中自动扣除	—	—	先息后本或等额本息	多种还款方式可选	随借随还、无须抵押

图 3-7　小额贷款公司主要业务类型及目标客户对比

（二）经营特征

互联网小额贷款公司区别传统小贷公司乃至传统金融机构的主要特征：

1. 客户选择系统化

传统融资模式所涉法律、法规甚多，无形中抬高了小微企业融资门槛，由于信息不完整或者资质不达标而被拒绝的小微企业数量众多。互联网小贷在客户选择上更多依赖供应链上下游企业、平台内客户、园区及市场管理方推荐客户，并在此基础上通过链式开发、平台对接、精准营销的方法批量化的降低客户开发成本，控制小微企业信贷管理成本。

2. 风险评估工具化

大数据技术成为互联网小贷增加竞争力的重要工具。能够充分运用大数据挖掘、整合、处理、分析技术是各类互联网小贷共同具备的素质。

互联网企业借助自身庞大的数据库，通过去差异性的处理对同一口径内的小微企业数据进行整合，力图通过计算机手段掌握小微企业的非财务信息，并综合社会征信系统，准确地判断第一还款来源，通过适度的溢价贷款覆盖信用风险，提升小贷业务决策的科学性和准确性。

当前日益完善的大数据系统为信贷决策提供强有力的依据，为小贷业务的预警及信贷业务的全流程管理提供智能化管理工具，利于小贷业务有效控制不良率。

3. 客户管理智慧化

为了解决小微客户不断加大，而人力资源有限的局限性，互联网小贷公司多选择运用互联网思维进行互联网小贷顶层设计。它们对小贷业务进行批量化、流程化、模块化管理，从而有效地降低小贷业务的管理成本，极大地提高资源的利用率和金融生产力。

4. 经营场所平台化

互联网小贷申请贷款、办理贷款的整个流程不再完全拘泥于传统小贷公司的实体化。随着监管制度的创新和技术水平的提升，整个贷款流程，客户都可以依靠电脑、移动通信工具等远程渠道，足不出户地在网络平台上完成。而且多数流程还是自助实现的，大幅度降低了网贷业务的管理成本，提高了小微企业融资服务获取方式的便捷性。加之地域限制的取消，将极大地拓宽互联网小贷公司的空间经营范围，从而相比于传统小贷公司实现了经营效率和经营规模的倍增。

五、互联网小额贷款面临的困境及应对办法

（一）互联网小额贷款的发展困境

1. 网络小额贷款身份的特殊

目前，我国网络小额贷款组织的发展还处于探索试点的阶段，国家也没有明确的条文对其身份进行明确，更没有一套完整的法律框架来解读其法律地位。回顾历史，小额贷款公司在我国的地位经历了如下发展阶段：

2005 年中央 1 号文件中明确表示，在条件允许的地方可以探索建立更加贴近人民生活需要、由自然人或企业发起的小额信贷组织。

2008 年中国人民银行和中国银行业监督管理委员会联合下发《关于小额贷款公司试点的指导意见》，由此我国的小额贷款公司拥有了合法的身份地位。

2009 年中国银行业监督管理委员会又下发了《小额贷款公司改制设立村镇银行暂行规定》，对小额贷款公司未来的发展方向给予了肯定，但是这些规定对小额信贷组织的法律地位并没有一个明确地肯定。

目前我国小额贷款公司的经营状况是小额贷款公司经营着和银行相似的金融业务，然而却并没有获得相应的金融许可证，只能以企业法人身份在工商局进行登记注册，因此并不受商业银行法等相关法律体系的覆盖。

网络小额贷款公司没有明确的金融机构的地位，不能按照银行同业拆借利率从银行获取资金支持，同样也不能像银行那样在税前计入风险准备金，更无法纳入人民银行的结算体系，取得人民银行征信系统中的信息。由于其特殊的身份地位，网络小额贷款公司处于一个尴尬的地位。

2. 网络小额贷款公司资本规模有限

维持小额贷款公司健康持续发展最基本、也是最重要的因素是资金问题，充足持续的资金来源是小额贷款公司的生命之源。然而根据相关规定，小额贷款公司的资金来源只能是股东所缴纳的资本金、不超过两家银行的融通资金以及接受的外部捐赠资金，小贷公司

不得变相吸收公众存款或者通过内外部筹集资金。这一规定使得小额贷款公司无法以较低成本获得社会闲散资金，限制了其正常的融资渠道，进而导致小额贷款公司持续经营资金不充足，阻碍了小额贷款公司持续健康的发展。

3. 网络小额贷款公司转型较为困难

根据《小额贷款公司改制设立村镇银行暂行规定》，小额贷款公司可以在自愿的前提条件下，转变为村镇银行或者贷款公司。但是要求其最大股东必须是银行业金融机构，限制条件较为严格，使得小额贷款公司转型困难重重。

而《贷款公司管理暂行规定》要求投资人必须为境内商业银行或农村信用合作社，对股东的要求更为严格。小额贷款公司要想转型成功，其基本要求都是银行必须控股或者全资经营，因此，互联网企业控股小额贷款公司在转型道路上面对着诸多挑战与困难。

4. 网络小额贷款公司业务受限

网络小额贷款面向的对象大多数是中小企业及个体经营者，一方面，此类贷款普遍金额较小、操作成本较高；另一方面，此类客户群体一般经营稳定性较差，贷款资质不完善，信用意识淡薄，抵押、质押等保障措施不足值。

这些业务在给小贷公司带来巨大的风险隐患的同时，也制约着网络小额贷款的发展。

（二）互联网小额贷款的应对办法

1. 推动网络小额贷款公司加入央行征信系统

网络小额贷款公司尚未加入人民银行征信系统，获取客户信息的成本高、难度大。既阻碍了其业务发展，又加大了自身乃至整个金融体系的风险。未来在国家支持中小企业融资的大背景下，随着网络小额贷款公司业务规模的扩张，管理和风险控制能力不足的缺陷将进一步暴露。加入征信体系，有利于网络小额贷款公司以低廉的成本获取客户信用信息，提高贷款决策的科学性。

转为村镇银行甚至民营银行是小额贷款公司重要的转型方向。加入人民银行征信系统有助于提高运营水平；有助于为未来转型到村镇银行提供准入参考数据；有利于目前的政府监管体系顺利平稳地过渡到银行业监管体系。

另外，目前网络小额贷款公司处于多头监管的局面，有些监管很难有效进行。将网络小额贷款公司加入征信系统，有利于监管机构掌握其发放贷款的质量，有助于地方政府高效履行监管职责。

2. 提高网络小额贷款公司融入资金比例

目前，网络小额贷款公司不是金融机构，不可以接受存款，也不能接受银行的同业拆借利率，只能按银行一年期基准利率下浮10%来融资。未来在支持网络小额贷款公司发展、增强网络小额贷款公司盈利能力的过程中，应适当放宽网络小额贷款公司从银行融资的比例限制，对小额贷款公司融资比例施行差异化政策。

其次是出台相应的管理办法，给予金融机构同业拆借利率、再贷款资格、降低网络小额贷款公司融资成本。并且通过增资扩股增加资本金；鼓励、引导民间资本进入网络小额贷款领域。

此外，通过私募、股权投资、资产证券化等方式，利用资本市场筹措资金，帮助小网络小额贷款公司扩大经营规模，拓宽服务小微企业的深度。

第四节 网络借贷的典型案例

一、红岭创投——专注企业大标

红岭创投是 2009 年 3 月在广东深圳成立的一家 P2P 平台，从成立时间上来看算是中国 P2P 行业的第一批平台。截止到 2015 年 1 月 30 日，该平台累计促成贷款总额已超 218 亿元。快借标是红岭创投最主要的借款标类型（除净值标以外），年化利率一般在 15%～18%，借款期限通常在 12～36 个月，借款金额在 100 万元～2 亿元。借款企业需要经过红岭创投的多重审核，包括：项目材料初审、前期背景调查、实地财务核查、实地项目考察和工商司法调查等，之后还要拿厂房、土地或者在建工程进行抵押担保才可上线发标。

红岭创投的 P2P 业务的客户最早是个人而非企业，然而由于个人信用借贷用户单笔借贷资金数额较小、违约率高、坏账率始终居高不下，在 2010 年底，红岭创投开始转向 P2B 模式，即面向小微企业借贷。

与个人贷款相比，小微企业贷款额度较大，经营地点固定，财务状况更加清晰，还款能力相对较强，这也是红岭创投在付出大量人力物力进行实地审核和本金赔付的机制下一个必然的选择。

但是，2014 年 9 月发生的广州纸业亿元大单逾期事件又让大众对红岭创投产生了疑问，在转向了 P2B 之后，进而不断瞄准动辄百万、千万甚至过亿的大额企业借款业务，其担任的角色逐渐类似于银行，但无疑作为一个 P2P 平台并不具备银行的风控水平，在本金垫付的模式下，如何降低成本和风险的探索还值得红岭创投去思考。

二、宜信——专注线下型 P2P 公司

如果说红岭创投是主要服务于珠三角的 P2P 信贷领头羊，陆金所是立足于上海的长三

角 P2P 龙头，那么宜信作为 P2P 信贷的拓荒者，则可以被形象地比喻成链接城乡、行业和职业之间的一条金融供血纽带。

宜信跟大部分 P2P 公司不同，它是一家完全在线下开展 P2P 业务的公司，尽管如此，由于宜信的模式比较独特，属于 P2P 金融理念演化出的金融模式，所以将其放在一起讨论。

宜信于 2006 年在北京成立，到 2012 年底，公司员工达到 14 000 余人，已在全国 50 多个城市和 10 多个农村地区建立了实体门店，平台累计贷款成交量为 120 亿元。

宜信公司发展迅速的一个重要原因就是它成立以来已经获得了两轮来自 IDG、摩根士丹利和凯鹏华盈的联合投资，合计近 1 亿美元。

获得风投青睐的宜信 P2P 模式叫作“债权转让”，是由宜信创始人和现任 CEO 发明的。这种模式的依据是《债权法》和《中华人民共和国合同法》的相关规定。一个通过债权转让而实现的完整借贷流程包括以下两步：

第一步，宜信寻找有贷款需求的客户，审批合格后唐宁与该客户签订一个受债权法保护的、标准意义上的《借款合同》，写明借款金额、期限，约定借款利率、还款日期和方式。这时，资金从唐宁账户转移到借款人账户上。

第二步，宜信寻找到有投资理财需求的客户，参照前一份合同上的债权额度，与一个或多个投资客户签订《债权转让合同》，将唐宁名下的债权以约定的利率转让给他们，这一过程则是受《中华人民共和国合同法》保护的。这时，钱从投资人的账户上转移到唐宁的账户上。

这样就完成了一个宜信式的 P2P 借贷过程，这种债权转让模式的关键在于两份完全合法的合同。

第一，在借款人难题方面，线下开展业务和遍布全国的实体门店使宜信能做到实地调查企业的经营情况，无论是贷前审查还是贷后管理对借款人的控制程度都非常高，如果愿意完全可以达到银行信贷审批的严格程度，因此，宜信公布的坏账率在 2%以下。此外，宜信还可以灵活制定贷款利率，比如给有抵押担保的客户较低的贷款利率，从银行手中抢夺优质客户资源。

第二，在投资人难题方面，线下模式本来就更易于让普通投资人接受，实体门店可以向投资客户展现办公环境、工作人员风貌，可以显示公司实力给人专业正规的感受。此外，由于能清楚掌控借款人的情况，宜信还可以在可控风险范围内推出保障本金或利率的服务，这些方面都有助于获得投资人信赖，是线上 P2P 平台不能相比的优势。

三、人人贷——P2P 行业黑马

人人贷是 2010 年 5 月成立于北京的一家 P2P 平台，截止到 2015 年 1 月 30 日，平台累计促成贷款总额高达 63 亿元。人人贷专注于个人无抵押的信用贷款，其中多数是以个人名义借款的小微企业主。

人人贷基于国情开发了专家评分卡，该模型通过对用户的个人、家庭、工作、资产、信用等多个维度的信息给出借款人综合评分。评分之后，人人贷根据相应地分数区间确定用户信用等级。不过，据从对该平台的实际观察来看，所有实地认证标和机构担保标（两者占比为95.53%）的信用等级均为A或以上，而占比仅为4.47%的信用认证标则多为HR和E级。

实地认证标是人人贷平台上的主要类型，占总投资标的的83.51%，投资人可获得的年化利率在12%左右，期限在18～36个月不等。人人贷与友众信业金融服务（上海）有限公司（以下简称"友信"，和人人贷同属母公司人人友信投资公司）合作，线下所有有关借款人的工作完全由友信负责，包括借款人资质审查、贷中、贷后服务、本息担保等。人人贷只负责线上，为投资人和借款人牵线。人人贷的这种发展模式在当前阶段无疑是成功的。二者结合，既节省了成本，又有效弥补了中国征信体系不完善所带来的缺陷。

四、蚂蚁微贷（现已并入网商银行）

蚂蚁微贷的前身为阿里小贷。作为阿里巴巴电商平台下的贷款服务公司，阿里小贷成立于2010年，包括先后在浙江、重庆成立的三家小贷公司（浙江阿里巴巴小额贷款股份有限公司、重庆阿里微贷公司、重庆阿里小贷公司），主要为阿里巴巴旗下的微企业和个体经商户提供批量化的小额贷款业务。

2015年阿里小贷并入蚂蚁金服，更名为蚂蚁微贷。依托淘宝、天猫和阿里巴巴平台的客户资源，蚂蚁微贷成立之后业务规模不断扩大。截至2015年6月末，蚂蚁微贷累计发放贷款4 642亿元，贷款余额298亿元，拥有客户73万户，户均余额约4.1万元，年化利率为6%～20%。2015年6月，网商银行成立后，蚂蚁微贷品牌逐步并入网商银行。

蚂蚁微贷主要为阿里巴巴诚信通商家、淘宝网商家、天猫商城商家提供在线小额商业贷款，按照产品类型可以分为信用贷款和订单贷款。其中，信用贷款指针对阿里巴巴平台、淘宝、天猫平台上的卖家进行授信的无抵押无担保的纯信用贷款；订单贷款指买家拍下商品后，卖家根据订单申请的贷款，该贷款基于阿里、淘宝、天猫平台的真实交易。由于不同产品面向的客户群有所差异，相应的贷款指标也不尽相同。

（1）阿里贷款：面向阿里巴巴诚信通商家，循环贷款，贷款期限不超过1年，贷款额度为5万～100万之间，贷款利率约为18%。

（2）淘宝（天猫）订单贷款：是以卖家在支付宝已经收到的买家货款作为实际经营能力依据的贷款。面向淘宝或天猫卖家，最长贷款期限只有60天，且需要凭借订单来申请贷款、一次授信，贷款利率约为18%。

（3）淘宝（天猫）信用贷：面向淘宝、天猫平台卖家，是以卖家信用为基础的无抵

押无担保的信用贷款。贷款期限不超过 1 年，贷款额度最高 100 万，贷款利率约为 18%。

蚂蚁微贷通过旗下三家小贷公司面向其电商平台上的卖家开展在线贷款业务。贷款审批流程较快，“全程无纸化操作，三分钟完成放款”。商户向小贷公司提供贷款申请后，蚂蚁微贷会根据商户在平台上的累计交易数据进行贷款审批。基于数据优势，蚂蚁微贷建立了较为完善的贷款管理体系：在贷款发放前，基于网上交易数据对贷款卖家进行风险评估，快速做出贷款决策；在贷款发放后，贷款客户即被纳入贷后预警系统，以保证借款人的异常信息能被及时关注。

在资金来源方面，蚂蚁微贷除了利用资本金外，还有通过资产证券化，或与保险、信托、基金等合作进行资产转让获得外部融资。

根据蚂蚁小贷的 2015 年第七期资产证券化相关资料显示，截至 2015 年 6 月，重庆阿里小贷贷款余额 266.68 亿元。从产品结构来看，面向天猫商户、淘宝商户发放的大部分是信用贷款，只有约 9%的部分是订单贷款。从单笔单款金额来看，阿里贷款以 1 万元～50 万元为主，其他贷款类型的单笔贷款金额低于 20 万元的客户数占比均超过 90%。所有贷款产品的加权逾期率为 4.04%，不良贷款率为 2.29%。

第五节 网络借贷的风险与监管

一、主要风险

我国网络借贷起步晚，相应的法律法规不完善，缺乏网络借贷方面的监管经验，因此网络借贷的安全问题相比其他模式更为严重。

由于我国的征信体系不够成熟，大部分 P2P 网络借贷平台成立时间短、规模小、没有充足的资金和能力，所以这些平台很难收集到足够的个人信用信息并对客户信用进行准确评价，因此交易时面临的信息不对称问题十分严重。

在中国人民银行发布《关于促进互联网金融健康发展的指导意见》明确规定 P2P 网络借贷只能做信息中介之前，很多 P2P 网络借贷平台还充当“信用中介”的角色，进行着替客户保管资金、信用担保等行为，从而面临着严峻的信用风险和流动性风险。

此外，很多 P2P 网络借贷平台没有应对风险的充足经验和完善机制，监管部门对 P2P 网络借贷平台的控制能力也不像对传统金融机构那么强，P2P 网络借贷平台一般也没有留存准备金，所有大部分 P2P 网络借贷平台应对流动性风险的能力很弱。

P2P 网络借贷平台受到黑客攻击导致数据泄露的事件屡见不鲜，最大的原因在于现在国内的网络借贷平台太多，平台的技术实力参差不齐。甚至有不少平台使用的技术后台不是自己开发的，而是直接购买的第三方 IT 系统。此类系统由于漏洞很多，更新周期慢等问题，存在着巨大的安全隐患，极易成为黑客攻击的目标。

P2P 网络借贷平台作为信息聚集方，一旦系统安全防护不到位，极有可能批量泄露用户资料和数据。企业应当加强网贷平台系统自身的安全漏洞检测和修补工作，并采用必要的安全防护手段确保网站及后台系统不会轻易受到黑客攻击，尤其是保护核心数据库文件及敏感数据不受非法访问。

目前，《网络借贷信息中介机构业务活动管理暂行办法》将 P2P 网络借贷定义为个体与个体之间通过互联网平台实现的直接借贷，这一定义将 P2P 网络借贷业务的业务模式限定在直接借贷范畴内，其他非直接借贷的业务模式均将面临业务合法性的拷问。网络借贷方面的多部法律法规的出台有效提高了网络借贷的完全性。

2015 年年底，问题平台数量超过了停业平台数量，而到 2016 年 9 月，问题平台数量占停业平台及问题平台数量总数的 43%。截至 2016 年 8 月，已有 60 余家 P2P 网络借贷平台完成了银行存管。从 P2P 网络借贷的这些表现可以看出，行业正在逐步走向规范化。

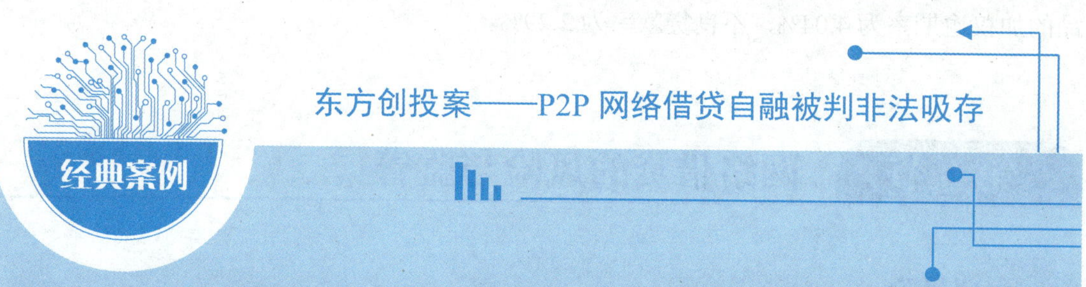

东方创投案——P2P 网络借贷自融被判非法吸存

曾轰动一时、涉案金额 1.2 亿元的“东方创投案”，在历时 9 个多月的调查取证后，终于有了初步的判决结果。被告人邓某因非法吸收公众存款罪，判处有期徒刑三年，并处罚金人民币 30 万元；被告人李泽明因非法吸收公众存款罪，判处有期徒刑二年，缓刑三年，并处罚金人民币 5 万元。这次判决是司法体系对 P2P 自融案件的首次裁量。被告人邓某称，公司前期是将客户的投资款出借给实际有资金需求的企业，但实际操作后发现坏账率超过 6%，并且不能按时收回。为了做到能及时返还投资人的本息，邓某决定通过其名下的企业以及私人物业来实现增值利润反馈投资人的本息。后来邓某索性将投资人的资金用于企业规模的扩张及购置房产。平台采取“借旧换新”的模式，维持了一段时间。但是后来因为宏观经济环境的变化，2013 年 9 月到 10 月之间，P2P 行业爆发倒闭潮，投资者密集提现，东方创投资金链断裂，非法自融行为浮出水面。

二、监管政策

2015 年 8 月的《最高人民法院关于审理民间借贷案件适用法律若干问题的规定》是网

络借贷行业的重要参考之一，它肯定了通过网络贷款平台签订的借贷合同的有效性及生效时间，并且明确了利息支付问题，完善了纠纷案件的审理程序。

随着网络借贷模式的扩张，将网络借贷的相关规范放入民间借贷的法律中已经明显不适应实际的发展。2015 年 12 月颁布的《网络借贷信息中介机构业务活动管理暂行办法（征求意见稿）》单独对网络借贷进行了规定，明确禁止了网络借贷平台关联方融资、担保、保本保息承诺等行为，规定网络借贷平台只能作为信息中介提供服务。平台有义务完善信息披露制度，实行资金第三方存管制度。平台上的贷款金额应以小额为主，交易双方需进行实名注册。

2016 年 8 月 24 日，银监会（现银保监会）、工信部、公安部、网信办联合发布了《网络借贷信息中介机构业务活动管理暂行办法》，该暂行办法正式稿再次明确网贷机构的信息中介角色，并且限定了登记备案期限、明确了“小额”的定义。此外，与征求意见稿相比，正式稿新增加了一些禁止行为，例如不能开展类资产证券化业务、不能发售银行理财产品，不能新增金融产品募集资金等。同时放松了对一些行为的限制。例如没有禁止网贷平台从事实物众筹。平台备案事项发生变更不需要向地方金融监管部门报告等。

《网络借贷信息中介机构业务活动管理暂行办法》的出台大大填补了网络借贷行业的监管空白，稳定了网贷行业秩序。对于资金存管，该暂行办法给出了一年整改期。但这其实并不够一般 P2P 网络借贷平台跨过银行资金存管的门槛，并且 P2P 网络借贷平台用户可接受的窗口期只有半年甚至更短。平台如果不能快速达到该暂行办法的各项要求，用户会快速撤离，成交量萎缩会导致平台提早进入清盘模式。即使在一年期能够做到合规经营也会面临增长乏力的困境。

知识窗

《促进互联网金融健康发展的指导意见》对于网络借贷的影响

《促进互联网金融健康发展的指导意见》(银发〔2015〕221 号，以下简称《指导意见》) 对于网络借贷影响深远，主要体现在以下 5 个方面：

合法性

《指导意见》中指出：“在个体网络借贷平台上发生的直接借贷行为属于民间借贷范畴，受合同法、民法通则等法律法规以及最高人民法院相关司法解释规范。”对于 P2P 网络借贷模式的合法性给予了积极的认可，对于网络借贷的合法性问题有了极大的弥补。

信息中介地位

《指导意见》中明确指出：“个体网络借贷要坚持平台功能，为投资方和融资方提供信息交互、撮合、资信评估等中介服务。”重申了监管部门对于P2P网络借贷定位的描述，且“不得提供增信服务，不得非法集资”。这一规定对于目前不少平台自担保、承诺平台兜底等行为将产生重大影响，加速非中介性质平台的转型或倒闭，有利于促进P2P网络借贷平台重回信息中介地位。P2P平台将通过加强自身运营、与保险公司合作提升资金安全、与征信公司合作获取征信支持等方式获取转型助力。《指导意见》中对于目前行业盛行的第三方担保模式尚未说明，期待监管细则的进一步明确。

客户资金第三方存管

《指导意见》中“除另有规定外，从业机构应当选择符合条件的银行业金融机构作为资金存管机构，对客户资金进行管理和监督”。这一规定对于目前P2P平台大多引入第三方支付机构进行资金托管将产生巨大冲击，该领域将由银行业金融机构全面接管，这将有利于实现资金隔离，促进平台资金管理的规范化，保障投资人资金。

但是《指导意见》中规定为“存管”，而非之前热议的“托管”，由于“存管”模式下，银行只保证资金支付结算的效力，银行对资金是否安全、投资是否盈利、资金流向等不负有责任，因此，“存管”模式下银行义务界定有待于进一步明确。

保险公司介入

《指导意见》中指出：“鼓励保险公司与互联网企业合作，提升互联网金融企业风险抵御能力”。这一规定将有利于促进保险行业进入P2P领域，或将代替P2P平台自担保、担保公司模式下对于投资资金的保护。但由于当前P2P网络借贷行业风险频发，或将对双方合作产生一定阻碍。

信息披露及风险提示和合格投资者制度

《指导意见》中指出：“从业机构应当对客户进行充分的信息披露，及时向投资者公布其经营活动和财务状况的相关信息，以便投资者充分了解从业机构运作状况，促使从业机构稳健经营和控制风险。从业机构应当向各参与方详细说明交易模式、参与方的权利和义务，并进行充分的风险提示。这一规定指出，P2P网络借贷平台将有义务对平台运营情况进行充分的信息披露与风险提示，这将促进行业透明度提升，避免误导投资人的虚假宣传。但《指导意见》对于信息披露要求以及更进一步的处罚规定未进一步说明，尚待监管细则明确。

总体来说，《指导意见》对于P2P网络借贷多个方面进行了明确，从行业规范角度将产生极大的推动作用，但很多具体细节方面，包含行业准入、第三方担保、资金托管及违规处罚尚待监管细则的进一步细化和落实。

三、国外网络借贷的监管措施

（一）美国

美国针对P2P网络借贷的监管也一度落后于实务的发展，但美国监管机构一出手便抓到了网贷行业的命门。不同于一般的信贷业务主要由美联储监管，美国P2P网络借贷的监管主体是美国证券交易委员会（SEC），实施的是所谓的证券化监管。

这一现象是受到了美国市场上最具影响力的两大网络借贷公司Prosper和Lending Club运作模式的影响。这两大P2P网络借贷交易平台在运作时采取了向平台投资人发放收益权凭证的方式开展业务。在这种模式下，投资人实际上并不是直接向借款人发放贷款，而是在获悉借款人的信用信息及借款信息后，购买基于特定借款人贷款所对应的收益权凭证。2008年10月，SEC正式对P2P行业进行监管，以美国1993年颁布的有价证券法为依据，认定网络借贷平台出售的凭证在票据范畴内，属于有价证券。网络借贷公司作为证券的发起人，未曾在SEC进行有价证券的注册登记就发放收益权凭证，属于违法开展业务。

因此，SEC要求网络借贷公司进行登记注册，并且对网络借贷下发了暂停业务的指令。禁令发出9个月后，Prosper完成了注册并获准重新开业。自此，美国的P2P网络借贷有了清晰的定位，并获得了合法经营的基础。可以看出，对于网络贷款的法律性质，美国的监管机构从一开始就有着很明确的界定，即一种以投资人和借款人自由交易实现的直接融资形式。

（二）欧洲

在欧盟范围内，成员国对网络借贷平台的监管必须遵守欧盟的《消费者保护指令》《不公平商业行为指令》以及《不公平合同条款指令》。这些指令规定了一系列重要的消费者保护标准，成员国在制订其专门的监管机制时必须遵守对欧盟消费者法律中关于金融服务内容的最低协调义务。就市场体量和发展程度而言，英国的P2P网络借贷市场在所有欧洲国家中发展最为成熟，其监管架构也比较完善，法、德等国的网络借贷发展则较为缓慢。

1. 英国

英国对于P2P网络借贷的监管经历了从宽松到严格的转变。在监管架构上，由“三方监管”逐步转为“双峰监管”。其核心，一是突出宏观审慎监管的作用；二是赋予政府更多的干预职能。总体而言，英国对P2P网络借贷行为的监管主要表现出以下特征：一是对P2P网络借贷的监管聚焦于消费者保护领域，且归为行为监管的范畴；二是作为针对P2P网络借贷行为监管的两大支柱，政府监管和行业自律，在英国的监管实践中并存；三是由于P2P网络借贷行为本身所具有的金融属性以及可能带来的金融风险，英国政府对其逐步采取了从严监管的思路。

2. 法国

相比在英美等国所取得的快速发展，P2P 网络借贷在法国仍处于起步阶段。P2P 网络借贷在法国被归于“参与融资”的范畴，法国审慎监管与处置局对行业中的机构准入、个人行为等进行监管。法国金融市场管理局对行业规范和涉及金融市场和产品的部分进行监管。

3. 德国

与法国类似，德国 P2P 网络借贷市场的发展也处于初级阶段。德国 P2P 网络借贷市场主要由 Smava 和 Auxmoney 两家公司所垄断。根据《德国银行法》，任何吸收存款或发放贷款的机构，均应从德国联邦金融监督管理局申领银行牌照。为规避管制，Smava 和 Auxmoney 均委托银行进行资金收取、支付及放贷等业务办理，从而无须获得银行牌照。

由此可见，针对 P2P 网络借贷行为的监管，德国目前尚未形成较为完善的监管框架，网络借贷只是被视为一般的信贷业务，适用于《德国银行法》。

（三）其他国家

1. 日本

在日本，针对金融领域的监管历来注重工作的协调性与一致性，将整个金融业作为一个统一的整体，由最高级别的金融监管机构——金融厅负责，采用一体化的监管模式。

2000 年 5 月，日本金融厅发布《异业种加入银行经营及网络专业银行等新形态银行执照的审查指针方案》，明确提出了允许其他行业参与银行业的方针。此外，日本金融厅也十分重视对网络信息安全和网络管理金融安全的保护，并指明“严禁提供其他人的、与访问控制相关的账号”。2001 年，日本正式施行了《关于禁止不正当存取行为的法律》，旨在加大对黑客的惩罚力度，进一步加强网络信息安全保障。

2. 韩国

韩国尚未对 P2P 网络借贷平台及其业务设置专门的法律规范，而主要通过现有的法律框架进行相关的规则。在具体的监管实践中，韩国的 P2P 网络借贷平台被视为一般的商品中介公司，以网络电商的定位进行监管，主要涉及的监管法律有《电信法》《电子商务基本法》《消费者权益保护法》以及《促进信息通信网络利用及信息保护法》等。

值得注意的是，虽然韩国对于 P2P 网络借贷的监管属于原则性监管，主要适用于现有的法律框架，但在韩国消费者保护法中设有与 P2P 网络借贷相关的禁止性条款，具体内容包括：

一是禁止通过告知虚假或夸张的信息，或使用欺诈手段，诱导消费者进行交易，或妨碍要约撤回或合同终止的行为；二是禁止以妨碍要约撤回等为目的，变更或废止住所、电话号码、互联网域名等行为；三是禁止因未及时设置处理纠纷或投诉所必要的人力或设备，

导致消费者损害的行为；四是禁止在消费者未提出要约的情况下，单方面的提供商品并要求消费者支付该商品价款的行为；五是禁止在消费者已经表明无购买商品或接受服务的意愿后，仍然通过电话、文字传真、计算机等通信方式，要求消费者购买商品或接受服务的行为；六是禁止未经消费者同意或超过同意范围，使用消费者相关信息的行为。

四、对我国网络借贷监管的启示

在网络借贷领域，我国虽然起步略晚于欧美，但从发展现状来看，无论是交易规模还是普及程度，都大有后来居上之势。现阶段制约我国网络借贷行业进一步发展的主要因素在于缺少一套成熟的配套监管制度。因此，借鉴其他国家网络借贷的监管经验是十分必要的。

纵览国外主流国家的网络借贷监管实践，其在以下 3 个方面对我国有借鉴意义：

首先，"清晰定位，责任到人"。先说"清晰定位"，美国在监管伊始就明确把网络借贷业务定义为证券的一种，因此划归美国证券交易委员会监管，这样就避免了监管部门之间因权责不清而造成的监管空白；关于"责任到人"，主要是指依据网络借贷与多种其他金融业务紧密联系的特征，引入相关业务的监管部门协同监管。同时，将具体的业务细分，实现业务上绝对优势的监管，大大提升了监管覆盖面和监管效率。

我国对网络借贷行为的监管由银保监会执行，但是对其执行标准、执行方式等缺乏具体的规定。网络借贷监管权是通过银保监会监管框架改革设立普惠金融监管部认领的，并没有通过立法赋予。因此，要在立法上明确监管主体，赋予银保监会监管权。此外，对于银保监会行使监管权应加以规定，在规范权力运行的同时也赋予主体一定的自由裁量权。

其次，完善立法。美国当前虽然没有专门针对个体网络借贷业务的法律规则，但由于其金融市场领域的立法较为完善，个体网络借贷可以纳入现有监管法律体系中，在立法层面没有出现法律空白或缺失的情况。然而我国对个体网络借贷的立法仍不完善，互联网借贷平台的运行不同于一般的公司企业，其涉及一些专业的技术知识，如客户信息保护、利率设定、信用体系建设等，因此，应通过立法完善网络借贷平台的准入与退出机制。对于网络借贷平台的注册资本、技术条件、管理人员以及组织结构等应有要求，提高进入门槛，降低风险。

再次，充分发挥行业自律的作用。结合英国这几年 P2P 的发展经验，P2P 金融协会作为一个非营利性、非官方的组织，很好地发挥了规范和促进 P2P 行业发展的作用，成为行业协会的一个优秀样板。我国也于 2016 年 3 月 25 日成立了中国互联网金融协会，至今发布了个体网络信贷信息披露标准和配套自律制度、启动了互联网金融行业信用信息共享平台等，为推动中国网络借贷的发展发挥了积极作用。

关键术语

网络借贷 网络小额贷款 P2P 贷款 民间借贷

本章小结

网络借贷行业的快速发展，对中国经济的转型与结构调整具有重大的意义。一方面，网络借贷行业的发展，为传统金融发展模式的创新提供了新的思路和方向，同时也有利于国家提升直接融资在总融资结构中的比例；另一方面，网络借贷行业的发展降低了融资门槛，对于解决我国民众及中小企业融资难、融资贵的困局，提升社会资金配置效率有着较大的意义。

P2P 网贷英文名称为 Peer-to-peerlending，即点对点信贷，国内又称“人人贷”。P2P 网贷具体来说就是指个人或法人通过独立的第三方网贷平台相互信贷，由 P2P 网贷平台作为中介平台，借款人在平台发放借款标，投资者进行竞标向借款人放款的行为。互联网小额贷款是指互联网企业通过其控制的小额贷款公司，利用互联网向客户提供的小额贷款。可以看出：互联网小额贷款公司的本质属于小额贷款公司，它们是放贷机构。网贷平台定位为信息中介机构，只是信息撮合机构，不具有放贷资质，这是与互联网小贷和小贷公司的本质区别。

我国网络借贷起步较晚，相应的法律法规不完善，缺乏网络借贷方面的监管经验，因此网络借贷的安全问题相比其他融资模式更为严重，如交易时面临的信息不对称问题十分严重；很多 P2P 网络借贷平台还充当“信用中介”的角色，进行着替客户保管资金、信用担保等行为，从而面临着严峻的信用风险和流动性风险；此外，很多 P2P 网络借贷平台没有应对风险的充足经验和完善机制，所以大部分 P2P 网络借贷平台应对流动性风险的能力很弱；P2P 网络借贷平台技术水平参差不齐，网贷平台受到黑客攻击导致数据泄露的事件也屡见不鲜。

现阶段制约我国网络借贷行业进一步发展的主要因素在于缺少一套成熟的配套监管制度。因此，借鉴其他国家网络借贷的监管经验是十分必要的。纵览国外主流国家的网络借贷监管实践，其在以下 3 个方面对我国有借鉴意义：首先，“清晰定位，责任到人”；其次，完善立法；再次，充分发挥行业自律的作用。

任务训练

一、能力训练

1. 阐述 P2P 贷款在中国得到繁荣发展的原因。
2. 列举几家 P2P 网贷平台，并分析它们的运营模式。
3. 你认为 P2P 网贷所面临的风险有哪些？与传统借贷相比，这些风险有何区别。
4. 比较 P2P 网贷和网络小额贷款之间的区别与联系。

二、案例分析

拍拍贷全称为“上海拍拍贷金融信息服务有限公司”，总部位于上海。是国内用户规模最大的网络信用借贷平台之一。与国内其他网络信用借贷平台相比，拍拍贷的最大特点在于采用纯线上模式运作，平台本身不参与借款，而是实施信息匹配、工具支持和服务等功能，借款人的借款利率在最高利率限制下，由自己设定。而这也是网络信用借贷平台最原始的运作模式。拍拍贷在运营过程中有以下特点：

（1）坚持纯线上平台，不做线下，不垫付本息。现在的 P2P 平台生存举步维艰，许多企业不得不为了生存推出了各种传统金融手段，例如，引入担保投资、风险池等。有些 P2P 平台为了缩短筹资时间，甚至在未有真实的借贷交易之前，就通过理财产品等手段，先行吸纳了出借人的资金，顺应了“变通求存”的商业本性。但拍拍贷始终坚持只做信息服务和交易中介平台，“不做线下，不垫付本息”的纯平台模式，只为来自线上的用户撮合交易，由客户自己承担可能出现的违约风险。将拍拍贷与非法集资划清了界限。

（2）定位于小微企业融资服务。各大银行在审批电商小微企业的贷款申请时，信用度是一个很重要的参考指标。由于各大银行针对电商卖家、小微企业的信用评估体系有待改善，银行很难了解电商卖家、小微企业的信用，这直接导致了电商卖家、小微企业贷款的流产。拍拍贷认为，培养用户的信用意识，发展弱势群体的信用，才是蓝海市场之所在。

拍拍贷依据网站多年的信贷经验，丰富充足的电子商务及个人数据库，建立了一套对贷款风险的控制机制，帮助电商卖家、小微企业消除了融资成本高、风险难以预测的两大障碍。也帮助电商卖家、小微企业解决了信贷支持少、直接融资渠道窄的问题，为他们提供了三千元～五万元的小额信用贷款，无须任何抵押，便捷且短期即可实现融资需求。

另外，平台平均 18%的贷款利率不仅打破了弱势群体认为普惠金融便利的贷款是一种施舍而过于依赖的幻想，使其增加了自身努力脱困的动力。与此同时，还吸引了更多的投资者加入到普惠金融的活动中来，以商业的手段达到了互惠的目的。

（3）发展风险控制新模式。网络借贷主要面临两大风险：一是逾期未收到还款；二是涉嫌诈骗。对于诈骗风险控制，拍拍贷选择了参照“穷人银行”和 Prosper 的做法。

授信，拍拍贷会审核借款人的真实身份、职业、动产、不动产、收入支出、银行账面等个人信息，依照一定的算法评定并公布其信用等级；其次，拍拍贷还将社会化因素引入评级，例如，网上用户之间做出的信用度评价、会员朋友圈子的大小、会员在圈子中的活跃程度等都会成为评级的参考；最后，在信用评价上，对于用户上传的身份证都会在公安数据库里进行查验。同时，交易双方均要向拍拍贷提供本人开户银行账号，最终将造假骗款者踢出局。

对逾期不还款这类风险，拍拍贷采用贷后跟进、回款管理和网上曝光未按时还款的借款人等手段。同时，还有协助出借人催债等服务流程。

思考问题：

1．拍拍贷平台吸引投资者的核心优势有哪些？

2．拍拍贷平台出借人面临哪些主要风险？

3．拍拍贷为降低平台坏账率做了哪些工作？

4．拍拍贷风控基于一些假设来判断借款人的信用资质，在不断积累的数据基础上，逐渐提高假设和模型的精准性，这样做是可靠和有效的吗？出错而带来的损失由谁来承担呢？

三、综合训练

1．假设你是某 P2P 平台的工作人员，你放出的款项出现了以下几种风险情景，根据本章所学知识，分析你应该采取怎样的催收处置方式，根据分析结果完成表 3-3 的填写。

表 3-3　不同风险情景下的催收处置

风险情景	催收处置方式
某小微企业主借款人已失联多日，但其妻子是本市公务员，有稳定住所	
某借款人本月未还款，目前已逾期超过 3 天，电话不接听	
某借款人因生意投资失败，已携妻儿跑路，但其借款有足值的房屋抵押	

2．2017 年 6 月 5 日，谢某将其闲钱 30 万投资于某平台的“月月盈”理财产品，投资期限是 12 个月，年化收益率是 9.3%，每月的 5 日为回款日，每月回款 25 000 元，每月等额本息还款，请通过分析与计算，填写表 3-4。

表 3-4　月月盈投资收益表

期限	初始本金	资金生效日	回款日	收益	本金	回款金额
第一期	30 000	2017.6.5	2017.7.5	1 376	23 624	25 000
第二期						
第三期						
……						
第十一期						
第十二期						
累计赚钱收益：						

3．表 3-5 提供了 Y 平台正在融资的三个项目，请分析相关的数据，并回答：

表 3-5　Y 平台中 3 个 P2P 借款标的情况

标的编号	借款人地区	借款金额	年化利率	借款期限	借款用途	筹资完成度	年收入	信用卡额度
BV62	浙江	52 000	11%	24	创业	73%	54 000	60 000
GW51	云南	38 000	12%	36	买车置业	60%	68 000	30 000
LE99	江苏	43 400	10%	12	家居装修	39%	60 000	50 000

（1）概括 P2P 网贷的主要特点。

（2）以上三个标的，你会投资哪一个？为什么？

第八章 众筹

学习目标

通过本章学习，了解众筹的概念、特点和构成要素；熟悉众筹项目的运作流程；重点掌握众筹的四种模式及其特征；了解股权众筹的概念、基本模式和发展趋势；了解众筹存在的风险和相应的监管政策。

案例导入

众筹助推故宫文化创意项目

《上新了故宫》是首档聚焦故宫博物院的文化创新类真人秀节目。在该节目中，明星与资深设计师联手高校年轻设计师，创作故宫文化创意衍生品。在该节目的第三季，等多位影视明星携手资深文创设计师，以故宫《五牛图》和《女俑》为创意来源，设计出了一系列以“萌”为主题的铜制工艺品。

2020 年 10 月 31 日，这些创意工艺品的众筹项目在淘宝众筹平台正式上线。“萌之归宝—牛头小探”“萌之归宝—肚里有财”“乐陶陶—惊鸿”“乐陶陶—逍遥”等创意工艺品的设计理念、制作工艺、材质等信息在项目主页得到了充分展示。

在该众筹项目中，投资者可出资支持该项目，以获得相应的工艺品。出资 99 元的投资者可获得“萌之归宝—牛头小探”铜摆件一件，出资 199 元的投资者可获得“乐陶陶—逍遥”铜摆件一件，出资 599 元的投资者可获得“萌之归宝—肚里有财”铜摆件一件，出资 899 元的投资者可获得“乐陶陶套装”铜摆件一套。

该众筹项目预计筹资 5 万元，截至结束前 5 日，共筹集资金约 35.9 万元，远远超出预期目标。这表明该系列产品深受众多故宫博物院“粉丝”的喜爱。

资料来源：腾讯众筹，http://lili3.cn/BpwBwX

第一节 众筹概述

一、众筹的概念

互联网众筹，即我们通常所说的现代众筹，是指通过互联网的形式进行的大众筹资或群众筹资。中国人民银行发布的《中国金融稳定报告（2014)》把众筹列为中国互联网金融六大主要业态之一，并将其定义为：“通过网络平台为项目发起人筹集从事某项创业或活动的小额资金，并由项目发起人向投资者提供一定回报的融资模式。”

与传统的融资方式相比，互联网众筹显得更加开放。利用互联网和SNS（社会性网络服务）传播信息的特性，让一些小企业、初创者的创业为更多人所了解，获得一定的关注和支持，从而得到大众的资金与援助。在众筹中，项目是否具有商业价值已经不再是能否获得融资的唯一标准。只要是优秀的项目，只要网友喜欢，就可能使发起人获得启动资金，这也为小本经营的项目提供了更多可能。

二、众筹的特点

众筹的特点包括初创性、创意性、广告性、多样性、低风险性和低门槛。

（一）初创性

众筹能够支持在初创阶段的筹资者发起项目。许多众筹项目之所以选择众筹作为融资方式正是由于其缺乏启动资金。因此，大部分在众筹网站上筹资的项目都属于创意阶段和试产阶段，项目发起人往往并没有将产品推进量产的资金。所以，众筹模式在支持个人和小微企业发展方面有着十分重要的作用。

（二）创意性

大部分众筹项目都具包含一定的创意因素或高科技新兴因素，例如科技、绘画、电影、音乐等。由于众筹模式需要通过在网站上展示其项目来得到出资人的支持，因此是否能得到支持取决于出资人对于项目的中意程度，如果项目本身缺乏亮点与创意，就很难引起出资人支持的欲望，所以非创意类项目在回报型众筹平台上很难得到出资人的支持和青睐，这就导致目前以回报为主的众筹模式中融资成功率最高的项目集中于科技和创意类项目领域。所以，发起人必须先将自己的创意达到可展示的程度，才能通过平台的审核，而不

单单是一个概念或者一个点子。

（三）广告性

众筹模式除了能达到吸引资金的目的，也可以提前为产品进行广告性的宣传甚至是预售。众筹利用网络平台传播融资信息，一方面，互联网拥有庞大的用户群，信息传播更为方便、快捷且成本低廉；另一方面，互联网信息交互性强，用户在推送信息的同时也能接收信息。

时常关注众筹网站的人群往往正是这些项目和产品的目标消费群体，因此这种类型的众筹具有通过预售来达到宣传目的的性质。这使得一些已经成熟运作的公司要推出一种新产品时，由于该产品具有相当的创意，他们就会选择将产品创意发布到众筹平台上筹资。这时候，筹资的目的就不在于筹集资金而已，更多的具有了将新产品通过众筹平台宣传出去的作用。

（四）多样性

众筹的方向具有多样性，包括设计、科技、音乐、影视、食品、漫画、出版、游戏、摄影等产业，并且逐渐向三农、土地、房地产、酒店、饭馆、美容、健康等产业进行渗透。

（五）低风险性

众筹模式的核心思想体现在网络上存在“众”多的投资者，通过互联网平台的无界性，项目的发起人可以在短时间内聚集数量庞大的参与者。而每位投资人的投资额度可以很低，有利于通过分散化的方式降低融资风险。一些项目的发起人并不是没有足够的资金独立完成项目，但由于项目所消耗的资金数量较大，通过众筹模式筹集到的资金可以有效缓解发起人的资金运转压力，降低项目失败后所要承担的风险。

另外，在众筹平台上，所有对某众筹项目有兴趣的普通大众都可以对该项目提出自己的疑问、建议和意见，项目发起人会及时回复释疑并酌情采纳建议，以更好地完善该项目，使产品更符合市场需求。这样的良性互动，集思广益，不仅拉近了投资者和融资者的距离，更使项目不断创新，臻于完美，同时也降低了发起人创业失败的风险。

（六）低门槛

在理想状态下，几乎所有的互联网用户都可以成为众筹项目的发起人和投资人。无论身份、地位、职业、年龄、性别，只要有想法、有创造能力都可以发起项目。众筹打破了传统资本的拨款周期，扩大了融资的地理范围。这一特点对于项目发起人来说，降低了创业门槛和募资投资双方的准入标准，为中小型企业和个人创业提供了新的融资渠道；对投资人来说，众筹使普通大众都能有机会为个人或中小企业投资，有利于聚集闲散资金，合理调配民间流动资本，提供居民理财新方式。

三、众筹的构成要素

众筹使得社交网络与“多数人资助少数人”的募资方式有机结合，通过网络的信息传播机制，使得不同个体之间的融资及筹款成为可能。在众筹模式中，主要有众筹项目、众筹平台、项目发起人、众筹支持者及其他众筹关联方等构成要素（见图4-1）。

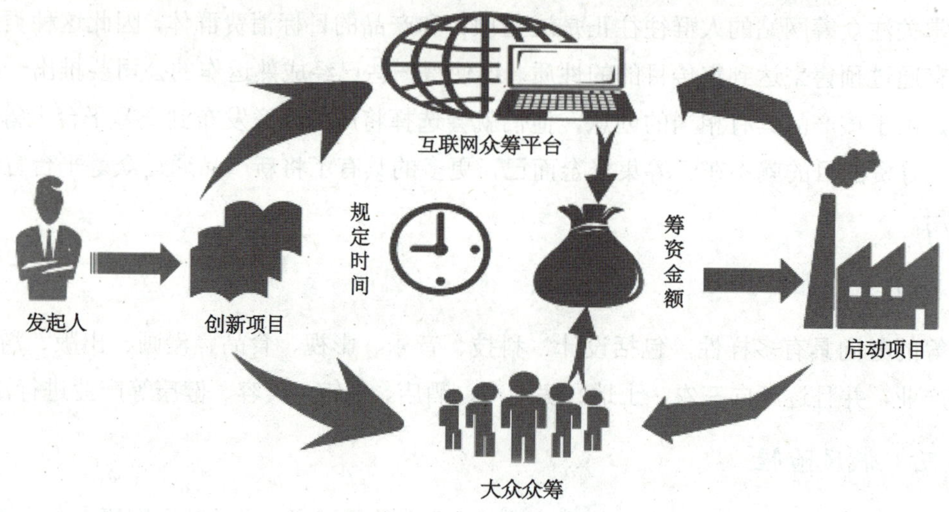

图4-1 众筹的构成要素

（一）众筹项目

众筹项目是众筹活动最重要的要素，是众筹活动开展的核心。众筹项目是具有明确的目标、可以完成且有具体完成时间的产品或活动。例如，生产某种电子产品、出版某本图书、制作某张专辑、救助某个贫困儿童等。

一个众筹项目通常包括以下信息：项目发起人的相关经历、项目介绍、项目所需的支持、支持者可获得的回报、项目预期的执行进展、项目发起人与支持者进行交流的方式等。这些信息能够帮助支持者对项目进行判读和选择。众筹项目的回报形式可以是无任何回报；实物或产品回报；股权、债券、分红、利息等资金形式的回报。

（二）众筹平台

众筹平台由专门从事众筹中介的机构和特定的网络平台组成。众筹中介机构是众筹平台的搭建者，是项目发起人的监督者和辅导者，还是出资人的利益维护者。因此，部分国家的众筹平台搭建需要经过特定的审批程序。众筹平台的运作方式为发起人提交申请，审核通过后发布合格项目，项目筹资成功后将资金划给项目发起人使用，项目失败则将已筹

集的资金退还支持者。

众筹平台在众筹活动中起到了非常重要的作用，包括：

（1）对众多的众筹项目进行细致的实名审核、评估和筛选，以确保项目内容的真实、完整、可执行和有价值，确保项目的筹集没有违反相关的法律法规。

（2）对众筹项目支持者进行风险教育，提高投资人的风险意识。

（3）对众筹项目的执行情况进行监督、辅导，督促项目发起人兑现自己对支持者的承诺，最大限度保护投资人的利益。

（4）集合更多的众筹项目以供支持者选择。

（5）搭建更优质的平台为项目发布人提供宣传和筹资。

（6）为成功的项目提供创业者所需的增值服务，例如金融功能、孵化功能、营销功能等。一般众筹平台会对成功的项目收取一定比例的手续费，例如我国的京东众筹平台对众筹成功的项目收取 3%的平台服务费，并且要留下 30%的保证金，回报都发出且没有争议后，再返还。

（三）众筹发起人

众筹发起人是提出众筹计划、拟定众筹项目，并向众筹平台提交项目，在项目筹集过程中负责与有意向的支持者或者已经进行支持了的支持者进行交流，在项目众筹成功后，履行项目并按照项目计划为支持者提供项目回报的当事人。

众筹项目发起人必须具备一定条件（如年龄、国籍、银行账户、学历、经验、团队等），项目发起人要与众筹平台签订合约，明确双方的权利和义务。项目发起人通常是需要解决资金问题的创意者或者小微企业。但也有个别企业为了加强与用户的交流，提升用户对产品的客户体验，在实现筹资目标的同时，主要强化众筹模式的市场调研、产品预售和宣传推广等延伸功能，以项目发起人的身份号召用户介入产品的研发、试制和推广，以期获得更好的市场响应。

（四）众筹支持者

众筹支持者指那些出资支持众筹项目，与发起人一起实现梦想的自然人、法人或其他组织。整体上来说，数量庞大的互联网用户及“风投”等资金拥有方都是众筹项目的潜在支持者，他们利用在线支付方式对自己感兴趣的创意项目进行小额投资。

这些潜在的支持者，结合自身的资金实力、投资能力、投资兴趣、投资目标、风险偏好等对众筹平台上的项目进行浏览、分析和筛选并最终决定资金的支持对象。此时，潜在支持者也就成为某一特定众筹项目的支持者。此后，众筹支持者可以对所支持的项目进行跟踪，加强与项目发起者及项目其他支持者之间的交流。为项目的执行提供合理的建议，

或者形成有效地监督，并最终保证自己能够如期获得项目的回报。

（五）其他众筹关联方

除了以上的要素外，众筹活动一般还涉及其他当事方。

一个是众筹的监管方。众筹作为互联网金融的一个重要方向，同样是一个新兴的产物，需要更多地观察以平衡对创新的支持和对风险的控制。众筹，尤其是股权众筹，涉及对众多小投资者的保护和非法集资等问题。究竟由谁来监管，又如何监管，还有待继续研究。2014年12月18日，中国证券业协会发布了《私募股权众筹融资管理办法（试行）（征求意见稿）》，打破了股权众筹一直以来法律制度的空白状态，从股权众筹的性质、股权众筹平台的条件、权利和义务，合格投资者条件，投资者保护，众筹平台的监管等多方面对股权众筹进行了初步界定。

另一个则是众筹活动的服务机构。对众筹提供支持的诸多其他当事方，包括提供法律支持的法律事务所、提供会计支持的会计师事务所、提供技术支持的电脑、网络公司、提供管理服务的企业、甚至是提供生产制造的部门等，都可能是众筹活动的当事人。

四、众筹项目的运作流程

众筹项目的运作主要依托于众筹平台，不同的众筹平台根据各自的特点及项目类型在众筹的流程规定上会有所不同。但是，总体而言，从众筹项目发起人、支持者和众筹平台的角度，按照时间上的先后顺序，大致可以将众筹项目的基本运作流程作如下概括：

（一）众筹项目的前期准备

这一阶段主要是项目发起人在项目创意构想、项目团队组建、项目前期资金准备、项目前期市场调研等准备工作上的运作。这一阶段以项目发起人为项目做好众筹平台的众筹准备工作为标志。

（二）众筹项目在众筹平台进行发布

首先，项目发起人在综合考虑项目类型、平台特点等多种因素后，选择特定众筹平台，注册为该众筹平台项目发布人，根据平台的项目发布规则，逐一填写众筹项目的相关内容，此时，众筹项目还只是众筹平台的后台资源。

其次，众筹平台会对该众筹项目的真实性、可行性及相关项目风险等内容进行调查、分析和审核，并最终确定是否接纳该项目。

最后，如果众筹项目审核通过，即可发布到众筹平台的前端，即网页众筹项目页面。在这一过程中，众筹平台可以和项目发起人共同完成项目的需求分析，视频、图片、文案

等包装，选择适当的项目营销推广方案等。众筹平台和项目发起人通过这些努力，在项目发布后，以期获得更多的关注和支持，促成项目的成功众筹。

（三）项目的众筹过程

此过程会涉及项目支持者、发起人和众筹平台。项目支持者注册为众筹平台会员之后，可以浏览平台上的众筹项目。支持者在综合考虑众筹项目本身各项条件、经济实力、个人兴趣等因素，经过与项目发起人进行一定的沟通之后，选择目标项目进行支持并完成付款，即成功完成了个人的项目支持。

项目发起人需要在本过程中随时关注并及时反馈项目关注者的咨询、问题，合理考虑并适当采纳关注者的各项建议。同时，项目发起人应尽可能发挥社交网络等功能，对项目进行更大范围的宣传和推广。众筹平台在此阶段主要负责处理已支持众筹资金与项目发起人的对接问题。

（四）项目的众筹结果

在特定的项目众筹期限之内，项目的众筹资金目标完成，则项目众筹成功；反之则失败。如果项目众筹成功，就会涉及众筹平台如何将已筹资金与项目发起人对接的问题。当前的已筹资金与项目发起人的对接主要有两种方式：第一种方式是在项目众筹成功后，众筹平台一次性将资金转给项目发起人。这种方式的优点是有利于项目发起人有更充分的资金空间进行项目的实施，而缺点是众筹平台难以监控项目的实施来保障投资者的利益。另一种方式是众筹平台根据项目的实施进展分阶段将已筹资金转付给项目发起人，这样有利于督促项目发起人控制项目实施的风险。

如果在特定的项目众筹期限之内，项目的众筹资金目标没有完成，则表示项目众筹失败，通常的做法是将已支持的资金退回给项目支持者，即众筹平台退付资金给项目支持者。

（五）成功众筹项目的实施

此阶段是项目的落地过程，涉及的问题和因素也很多。项目发起团队应该按照项目计划逐步完成该项目，及时公开并反馈项目进行过程中的信息，并最终兑付对项目支持者的承诺。

众筹平台可以提供各种创业指导服务，监管项目众筹资金的使用情况，监控项目实施风险，防止欺诈，以促使项目顺利完成，保证支持者的信心。项目支持者应积极给项目提供各种意见和建议，监督项目实施，促成项目完成并获取回报。

拓展阅读

360 大病筹——众人拾柴火焰高

随着我国基本医保体系的逐步完善，民众的就医报销比例正在逐年提高。但大病患者依然存在医药费用较高的痛点。在此背景下，网络大病筹款平台依托互联网灵活、快速、高效的特点得以快速发展，并已成为基本医疗保险和商业健康保险的补充，在社会医疗保障体系中发挥着越来越重要的作用。网络大病救助平台——360 大病筹就以数据见证了普通人在网络大病筹款平台用微小善行汇聚大爱的事实。

在 360 大病筹平台上，超过 50%的单笔捐助金额在 10 元以内，但“众人拾柴”的模式最大化地发挥了 1 元、5 元、10 元这些“小钱”的救助力量，平台上单个病患筹集的医疗善款最高的为 100 万元，最快的在一分钟内筹集到了 3 万元。

网络大病救助平台的社交众筹属性降低了爱心参与的门槛，使得“人人公益”“随手公益”成为可能。360 大病筹创立一年以来，足迹覆盖全国 33 个省份，爱心参与指数实现月均增长 37%。其中，广州、北京、重庆成为在平台中捐献爱心最多的三座城市；广东人献出的爱心最多，累计献爱心次数超过 1 500 万次，人均单次捐款金额 68 元。

在降低公益参与门槛的同时，360 大病筹等筹款平台还让大众对公益有了更深层次的理解。很多人觉得做公益需要拿出大把的时间与金钱，但 360 大病筹让更多人认识到，动动手指、三五块钱也能够帮助别人。可以说，360 大病筹正是借助互联网开放互联的精神，让公益融入人们的生活，成为一种习惯、一种生活方式。

在 360 大病筹助力“人人公益”的背后，是互联网科技的有力支撑。利用互联网的特性，360 大病筹能够撬动多方力量，为公益事业提供更加广阔的平台。与此同时，360 大病筹还积极运用 AI 手段和大数据等新技术提高大病筹款平台的透明度，并健全审核机制和全流程的风险管理，以科技连接公众信任，让网络大病筹款这一公益形式能够得到长远的发展。

资料来源：凤凰网，https://finance.ifeng.com/c/82Iyh9L9p3L

第二节 众筹的模式及发展现状

一、众筹的主要模式

目前，根据项目的融资形式、项目支持者形式、对项目支持者的回报形式、项目支持者的支持动因等因素可以将众筹分为 4 种发展模式：奖励式众筹、股权众筹、债权众筹和公益众筹（见图 4-2）。

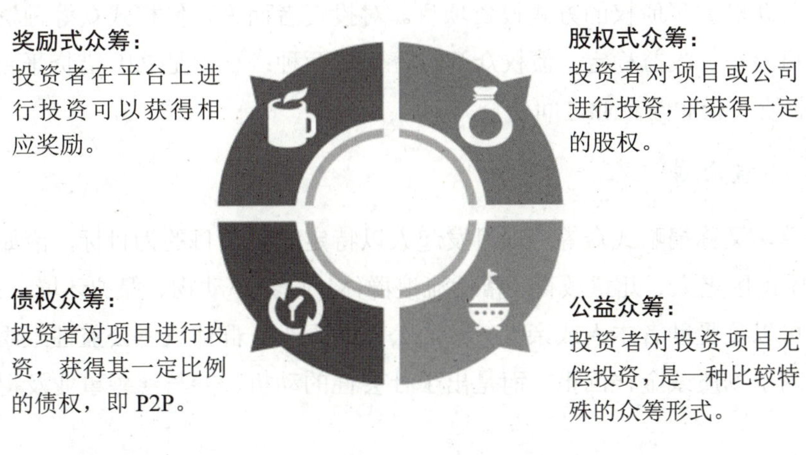

图 4-2　众筹的主要发展模式

（一）奖励式众筹

奖励式众筹，又称回报型众筹，或预售式众筹。预售是奖励式众筹融资最主要的形式。筹资者承诺未来以产品的形式回报公众，但不包括任何现金或股权，因此可以规避非法集资的潜在问题。目前，全球众筹融资规模中奖励式众筹融资占比最大，达到 49%。

奖励式众筹通常应用于创新项目的产品融资，尤其是对电影、音乐以及设备产品的融资。一些奖励式众筹项目不但在资金上对创业者有巨大的意义，同时也是一种极好的营销工具。众筹的结果，本身就是一份市场调查，在产品上市之前，就知道市场对产品是否认可；在众筹的过程中，与用户的交流可以帮助改良产品，优化项目；对公关能力较弱的初创公司来说，众筹无疑是一次难得的曝光机会。

（二）股权众筹

股权众筹指筹资者通过众筹平台，将其准备创办或者已经创办的企业（或项目）的相关信息向投资者展示，以吸引投资者加入，并以公司股权的形式作为回报的融资模式。此外还有一种解释，股权众筹就是私募股权互联网化。

股权式众筹融资对公众来说是一种投资活动，其高风险与高收益极大地吸引了投资者的积极性。自 2014 年美国 JOBS 法案承认股权众筹融资的法律地位以来，其在美国已经取得了快速发展。我国也于 2014 年 5 月份，明确了证监会对于股权众筹的监管地位，并出台了监管意见稿。2014 年 11 月 19 日，在国务院常务会议上，国务院总理要求建立资本市场小额再融资快速机制，并首次提出“开展股权众筹融资试点”。

（三）债权众筹

债权式众筹融资指筹资者通过众筹平台向公众进行筹资并以公司债权的形式作为回报，相当于公众以购买债权的方式投资项目。对投资者而言，债权式众筹融资相比于股权式众筹融资风险小、收益稳定。债权众筹融资包括两种：一种是 P2P 借贷平台；另一种是 P2B——企业债（企业向企业之间借贷）。

（四）公益众筹

公益众筹，又称捐赠式众筹，项目发起人以特定的公益目的为目标，诸如重大疾病治疗、关爱贫困山区老人、儿童教育、帮助流浪群体、收养小动物、保护环境、关注健康等。项目发起人可以是受助者本人或亲人、热心公益的人士、群体或者公益性组织。项目的支持者并不是为了物质或金钱回报，而是出于社会性的动机，参与慈善事业及得到精神层面的回报。

近几年来，很多非政府组织（NGO）都采用这种模式为特定项目进行募捐。一般而言，这种形式的众筹由于其公益性较强及个人支持金额较小，捐赠者知道募捐款项的具体用途，因而筹资成功率较高。通过众筹可以帮助一些无力承担重大疾病治疗费用的人，或者宣传一定的公益主题或者公益理念，带动更多的公益行动。

2016 年 9 月 1 日，《中华人民共和国慈善法》实行，其中规定，个人不能发起公开募捐，而慈善组织开展公开募捐也应当取得公开募捐资格。因此，个人有求助需求时，必须与获得募捐资格的网络募捐信息平台合作。同一天，获得民政部认可的首批 13 家慈善组织互联网公开募捐信息平台页正式生效。至此，网络募捐平台将开始有法可依。

此外，众筹融资在运作过程中还衍生出一些其他的模式，例如收益共享，实物融资，混合模式等。其中收益共享指出资者将公司未来收入或专利融资作为回报方式；实物融资是指出资者以产品或服务替代现金为项目发起人提供融资。

二、众筹平台的盈利模式

众筹平台既可以让众筹项目发起人发起和展示项目，也是众筹支持者选择项目并完成支持付费的平台。由此可见，众筹平台是众筹活动的中介，更是众筹活动得以顺利完成的关键。众筹平台参与众筹的动机是获取利润，但是，不同的众筹平台采取的盈利模式会有所区别。

（一）抽取佣金的方式

通常而言，众筹平台以在平台上成功完成众筹的项目中，收取项目筹集资金一定比例的费用的方式作为盈利来源，此时，众筹平台所做的仅是简单的创业者和投资者之间的资金撮合。

例如，全球最大最知名的众筹平台 Kickstarter 抽取平台上每一个成功项目总筹资金额的 5%作为佣金；众筹平台 GoFundeMe 的佣金比例也是 5%；众筹网站 IndieGoGo 的收费比例为 4%。

抽取佣金这一盈利模式需要众筹平台有较大的影响力，从而能够形成一定规模的成功众筹的项目资源，否则，缺少影响力的众筹平台难以吸引网民的关注及流量，进而会降低项目成功的可能性，最终导致平台因缺乏盈利基础而难以为继。

（二）提供收费服务的方式

对于包括中国大多数众筹平台在内的、处于起步期的众筹平台来说，众筹市场的规模和影响力仍然处于培养期，众筹平台难以通过抽取佣金的方式获取盈利，而且，这种方式也不利于市场的培育。此外，有些投资者也不希望自己的支持资金被扣除佣金，从而采取线下直接联系项目发起人的方式进行出资，这样也不利于众筹平台的发展。

因此，免收佣金的方式将成为一种不得已的选择，以便平台吸引更多的创业者加入。然而，不成熟的众筹市场也给众筹平台提供了另一种盈利方式，即通过向项目发起人提供众筹及创业的各项专业服务的收费，以获取利润。

由于创业者缺乏创业经验，一般都会需要众筹平台提供除了资金中介之外的与创业有关的咨询和培训支持，这些专业的收费服务有助于项目的成功落地，最终也能够获取投资者对众筹的支持热情。国内知名的众筹平台众筹网明确表示，平台上众筹项目实行免费，同时，网站运营目标包含了“为项目发起者提供募资、投资、孵化、运营一站式综合众筹服务”，网站依托网信金融集团，为项目发起方提供涵盖融资租赁、资产管理、P2P 借贷等多种投融资服务，并以此为未来盈利来源。

（三）整合资源或进行项目投资孵化的方式

众筹平台可以先吸引尽量多的网络流量，这也意味着各种资源的集中，进而平台可以通过资源的整合创造利润，例如，链接好的项目与VC等投资方的合作等。此外，众筹平台还可以通过对掌握的优势项目资源进行更严格的审核和挑选，然后直接进行投资，再利用更方便的专业资源对项目进行孵化，以项目未来的成长收益作为平台的利润。

众筹平台的盈利模式是平台得以继续和发展的前提，不但要结合不同国家和地区的市场环境进行合理选择，也需要更多的平台进行不断地摸索和创新。

三、众筹的发展现状

2011年7月国内第一家众筹平台“点名时间网”上线，标志着我国众筹行业的开端。随后一系列大平台上线代表了国内众筹的重要节点：2011年9月，追梦网在上海上线；2012年3月，淘梦网上线运营，这是国内较早的垂直类产品众筹平台，主要面向微电影领域；2013年12月，“淘宝众筹”（淘宝众筹平台成立时的名字为“淘星愿”，后经两次改名最终定名为“淘宝众筹”）成立，意味着电商巨头开始挺进产品众筹行业；2014年7月，京东众筹上线；2015年4月，苏宁众筹上线；电商巨头在产品众筹领域的布局逐渐清晰。

受政策不明朗、资本寒冬、市场尚处发展初期、投资者教育还不完善等多种因素影响，众筹行业已经从2015年的迅速发展，演变为2016年的低速运行。

截至2016年年末，国内已上线608家众筹平台，其中问题平台和已转型平台至少达到271家，正常运营平台仅剩下337家，这些平台中涉及股权众筹和产品众筹的平台分别有156家和75家。

汽车众筹野蛮生长，尽管在第四季度风险频发，正常运营的平台仍然达到119家；房产众筹由于政策限制等原因仅剩5家；公益众筹平台则有9家。

2016年，我国互联网众筹整体筹资规模在220亿元左右，同比增长超过90%。其中，产品众筹规模稳步增长，2016年达到56亿元，同比增长107%，京东众筹、淘宝众筹、开始众筹和苏宁众筹依次占据行业前四的位置。

股权众筹2016年实际筹资金额约为65.5万元，较上年增长12.3亿元，规模靠前的15家平台筹资总额达到32.0亿元，约占行业整体的48.9%，较上年有所降低。京东东家、36氪股权众筹、蚂蚁达客、人人投等多家平台2016年下半年在资产开发上较为保守，上线的项目数量大幅减少。

汽车众筹异军突起，在2016年下半年迎来“大爆发”，全年筹资规模达到93.9亿元，已成为互联网众筹新的增长极，但相关风险也在第四季度集中爆发。

虽然筹资规模仍在增长，但众筹行业的相关风险也更加清晰地显露出来，比较突出的

是股权众筹和汽车众筹。前者需要面对政策及市场两方面的风险：多地工商局限制该类公司开立，互联网金融专项整治工作也将其纳入重点整治对象。随着多个项目陆续进入退出期，相关风险相继暴露，平台在业务开发上更加审慎，项目审核更为严格；后者从2016年第三季度起，风险密集爆发，汽车众筹平台的欺诈风险和经营不善等问题特别突出，有可能成为监管层关注和整治的对象。

在经历多年的发展之后，我国众筹行业在2016年也开始显示出积极或成熟的一面：① 奇虎、苏宁、百度、小米等互联网巨头密集入场，加码股权众筹；② 产品众筹在京东众筹、淘宝众筹、开始众筹和苏宁众筹的带动下，规模仍呈现稳步增长趋势，一些在垂直细分领域表现突出的平台因其新的产品，灵活的回报方式受到支持者的青睐；③ 以开始众筹为代表的平台受到资本热捧，众筹客、多彩投等细分领域的平台也顺利完成融资；④ 汽车众筹完成了第一轮投资人教育，行业“疯狂”吸纳资金的态势有所缓和；⑤ 《中华人民共和国慈善法》实行，多家公益众筹平台获民政部首批。

四、众筹对现有金融业态的影响

众筹作为互联网金融的形态之一，是金融发展与互联网融合的一种新业态。众筹能够在现有的金融体系中生根发芽，并且不断发展成长，找到其生存空间，有一定的合理性和必然性。众筹的业务类别更多地倾向于注重创新，具有轻资产特点的创新型初创企业能够很好地满足消费者更加多元化、个性化的服务要求。

众筹可以通过便捷且低廉的互联网平台，利用云互联、大数据分析等技术手段，帮助初创企业获取通过传统融资渠道无法取得的资金，而这一资金需求也正好可以契合中国庞大而缺少投资渠道的民间资本的投资意愿。

众筹的发展对现有的金融业态带来了一定的影响，这种影响主要体现在对金融脱媒的促进、对证券业发展的优化补充等方面。总体来说，这种影响更多地呈现出一种补充和竞合的关系。

（一）众筹推动金融脱媒的进程

金融脱媒是指资金绕开中间媒介直接在资金供给方与需求方之间进行调剂，这里的中间媒介狭义上是指银行，广义上包含更多的金融部门，而资金的绕开则包含资金供给方的资金不进入中间媒介、资金需求方不从中间媒介获取资金，或这两方面同时发生。

金融脱媒是金融市场发展过程中，投资者日益成熟、投资渠道增加、金融市场发达、金融服务不断创新、直接融资活跃等多方面作用的结果，是一个长期的必然趋势。

众筹模式不仅吸引了广大资金供给方，还增加了中小分散资金持有者的投资渠道，减少了其盈余资金存放银行、由银行进行投资这种低收益的形式。众筹模式不仅带动了投资者的投资热情，而且吸引了广大中小企业及初创企业利用众筹模式绕开银行获取低成本资金。

也就是说，无论从狭义还是广义、从资金供给和需求的角度来说，众筹都代表了“金融脱媒”的创新发展方向及趋势，即满足了投资者寻求更高回报与企业对更低融资成本的需求。众筹模式是资金从储蓄者直接流向借款人的便利渠道，资金供给方和资金需求方直接通过众筹平台进行交易，从而摆脱了对传统金融媒介的依赖。

（二）众筹是实现普惠金融的一条可行路径

普惠金融是在小额信贷和微型金融的基础上发展起来的，主要解决金融系统的“排斥”问题，包含准入排斥、条件排斥、价格排斥、营销排斥和自我排斥，以及由于“金融排斥”带来的部分社会群体逐渐被金融“边缘化”，无法享受金融发展带来的利益。普惠金融旨在帮助弱势群体或企业获得金融支持，获得经济利益，并最终促进经济和社会的协调发展。

众筹模式中由众筹平台联系起来的两端的主体，即作为投资者的公众和作为资金需求方的项目发起人，正是上面意义上的被金融排斥的弱势群体及企业。在传统的金融模式中，只有具有一定资金规模和资格的机构和企业才能发放贷款、获得融资和进行风险投资；而大多数的投资也有最低投资金额的要求。因此，作为弱势群体的公众只能被迫选择收益低的银行储蓄，而中小企业也只能选择其他成本更高的融资方式。

众筹模式使个人风险投资成为可能，促进金融的快捷化、高效化、大众化，这种模式带来了普惠金融的好处，是实现普惠金融的一种有前途的可选路径。

（三）股权众筹是对证券业的有益补充

众筹的 4 种类型中，最有发展潜力、对现有金融业态影响最大是股权众筹。其中，证券业受到的影响最为直接。

传统的证券融资方式中，证券融资主体必须严格遵循法律规定的各项条件，例如满足一定的发行条件、信息披露责任等，总体融资成本较高，中小企业难以符合条件，而且证券交易中的印花税、手续费等成本也较高。

而股权众筹通过网络平台辐射面更广，可以吸引更多参与者加入，股权众筹平台给底层创业者提供了一个能与投资人接触的窗口，与传统证券融资形成互补。相较于传统证券融资，股权众筹有以下几个热点。

首先，股权众筹的投融资门槛很低，股权众筹通常没有最低的投资额要求或投资额要求很低；其次，股权众筹的低投资要求，不仅能够让更多公众参与股权投资，而且也使投资者将资金分配在多个股权众筹项目上成为可能，这最终可以降低投资者的整体投资风险；再次，股权众筹的操作模式中，即使是最小的投资者都有参与投资交流的渠道，投资者拥有相互交流的机会，这也使投资者的相互合作成为可能；最后，股权众筹可以通过项

目众筹的进展了解项目受市场的接受程度，且能够及时调整项目策略，而传统证券融资是基于已经成型的企业，缺乏此种灵活性。

从美国的 JOBS 法案的内容来看，众筹的许多法律条款都是基于对证券管理法律及制度的修改或者豁免，众筹对证券业的补充得到充分体现。

（四）众筹影响着金融业现有监管思路

众筹模式的网络化、大众化、在线化等特点，需要监管机构与时俱进地改变监管思路。具体来说，监管机构应从以下方面对监管思路进行调整：

首先，强调整个金融市场的一体化监管，改变以往以行政区划为主的监管体制。因为众筹的在线化和网络化的操作模式，使得参与者可以更频繁和更便捷地跨越地理空间上的障碍进行金融活动。

其次，金融监管的范围需要延伸到与金融相关的互联网生态环境。众筹平台的技术水平和风险程度直接影响着众筹业务，其平台的稳定性和安全性也应该成为监管者监管的内容之一。

再次，监管机构应该较以往更多地考虑到消费者或投资者的权益和安全。众筹操作模式中参与的群体趋向于大众化，而大规模的公众参与，意味着受普通公众的投资能力低、风险意识弱及风险承受能力差等因素影响的风险可能性增加。

第三节 股权众筹

作为互联网金融的重要类别之一，众筹具有很大的发展空间，其发展潜力远未得到释放，而股权众筹又将是未来众筹发展的主要形式。2015 年 7 月 18 日，中国人民银行等十部门发布《关于促进互联网金融健康发展的指导意见》中，将股权众筹与互联网支付、网络借贷等并列为互联网金融七大业态，因此，本节将股权众筹单独列出，重点介绍股权众筹的相关知识。

一、股权众筹的定义

股权众筹作为资本市场一种重要的融资形式，诞生于美国，后来迅速推广至其他全球经济体。根据国际证监会组织（IOSCO）的定义，股权众筹是指通过互联网技术，从个人投资者或投资机构获取资金的金融活动。其主体包括融资方、众筹平台、投资者 3 个要素。

2015 年 7 月 18 日，人民银行等十部门发布《关于促进互联网金融健康发展的指导意见》(以下简称《指导意见》),《指导意见》对股权众筹融资进行了定义:股权众筹融资主要是指通过互联网形式进行公开小额股权融资的活动,股权众筹融资必须通过股权众筹融资中介机构平台(互联网网站或其他类似的电子媒介)进行。

二、股权众筹的发展现状

(一)股权众筹平台的数量

根据对互联网等公开渠道公布的信息的整理,股权众筹平台在最多时曾达到 300 家,而截至 2017 年 6 月底已只剩 90 多家。我国最早开展股权众筹模式的平台是天使汇(见图 4-3)和创投圈,这两家平台上线时间分别为 2011 年 6 月和 2011 年 11 月。在 2012 年,众投天地、大家投等平台相继上线开展了股权众筹运营模式;2013 年股权众筹平台上线 6 家;2014 年,股权众筹平台数量整体规模不断扩张,新增 54 家;截至 2015 年 11 月 30 日,我国正常运营的股权众筹平台达到 144 家,与上年同期相比,新增平台达到 123 家,平均每月增长 20 家左右;截至 2016 年年底,股权众筹平台数量共计 145 家,其中正常运营的股权众筹平台数量共计 118 家;2017 年,股权众筹行业热度的骤降,具体表现为,截至 6 月份,正常运营的股权众筹平台只剩 90 多家。

图 4-3　天使汇众筹网站的主页

(二)股权众筹项目的地区分布

据人创咨询最新统计,2017 年上半年共有股权型众筹项目 688 个,其中有 434 个项目

众筹成功，52 个项目众筹失败，202 个项目仍在众筹中。而股权型众筹项目大多集中在北京、广东、上海和浙江等经济相对较发达的地区，其中北京最多，有 319 个项目，其次是广东，有 256 个项目，上海和浙江分别有 44 和 16 个项目。北京和广东两地平台的股权型众筹项目数占所有股权型众筹项目的 83.58%。

对各地平台股权型成功项目实际总融资额进行统计，北京、广东、湖北、上海排在前四，其中北京遥遥领先于其他地区，总融资额达 7.35 亿元，占比 47.42%；广东为 3.00 亿元，占比 19.33%；湖北为 2.15 亿元，占比 13.88%；上海为 1.98 亿元，占比 12.75%。其余地区仅占到 6.62%。

三、股权众筹的流程

目前公开资料披露的股权众筹典型流程是：发起人进行项目申请→众筹平台进行项目审核→众筹平台进行项目展示→投资者进行项目评估投资者进行资金支持→众筹平台进行筹资管理→众筹完成后众筹平台收获佣金→发起人收获筹资→发起人进行项目经营→投资者和众筹平台同时履行项目监督→最后由发起人进行成果分配→投资人收获回报。如图 4-4 所示。

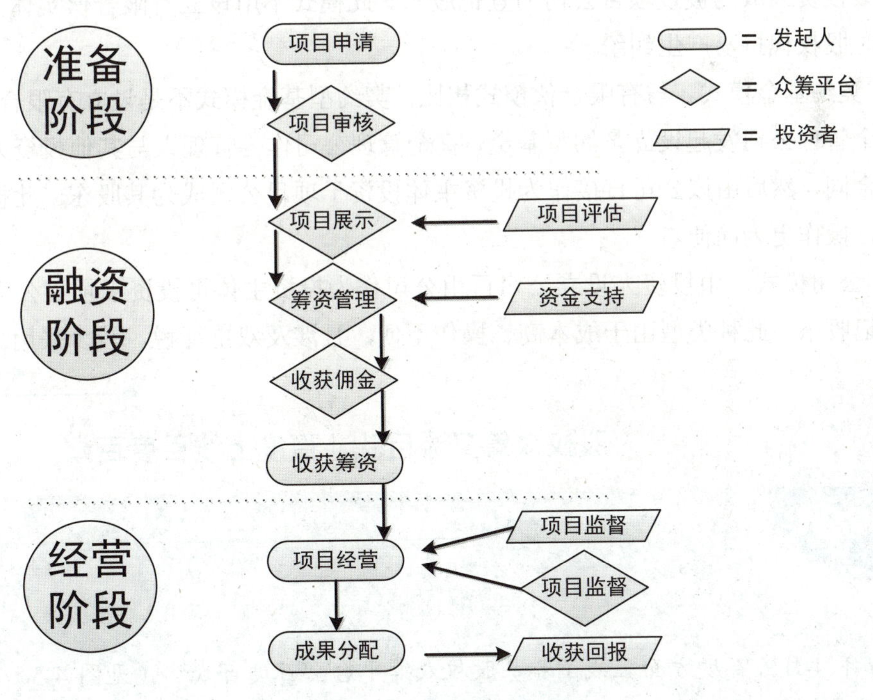

图 4-4 股权众筹典型流程

四、股权众筹的基本模式

股权众筹与传统的股权投资最大的不同在于其投资人数的众多，投资资金比较分散。实践中一般采取合投模式，即“领投、跟投”模式，一般要求项目融资人必须参与领投且在投资份额和持股锁定期上有一定的要求。股权众筹融资一般有以下 4 种模式：

（1）有限合伙模式。根据投资人人数决定设立合伙体的人数，由 50 个人为一组设立一个合伙体，然后由有限合伙体为投资主体直接投资于融资的项目公司，成为其股东。富有经验的投资者成为普通合伙人，其他投资者成为有限合伙人。目前股权众筹多数采用此模式。

这种模式的好处在于，一是作为天使投资人，可以通过合投降低投资额度，分散投资风险，而且还能像传统 VC 一样获得额外的投资收益；二是作为跟投人，往往是众多的非专业个人投资者，他们既免去了审核和挑选项目的成本，而且通过专业天使投资人的领投，也降低了投资风险。而且比传统的 VC 的 LP 不同，跟投人并不需要向领投人交管理费，降低了投资成本。

（2）代持模式。在众多投资人中选取少数投资人和其他投资人签订股权代持协议，由这些少数投资人成为被投项目公司的登记股东。此模式不用设立有限合伙实体，但涉及人数众多时股权代持易产生纠纷。

（3）契约基金模式。与有限合伙模式相比，契约型基金模式不是设立有限合伙实体，而是由基金管理公司发起设立契约型基金，基金管理公司作为管理人与其他投资人签订契约型投资合同，然后由该公司直接作为投资主体投资于项目公司成为其股东。此模式相比有限合伙，操作更为简便。

（4）公司模式。由投资人设立公司再由公司作为投资主体再投资于项目公司成为项目公司登记股东。此种类型由于成本高、操作不便，且涉及双重征税，较少采用。

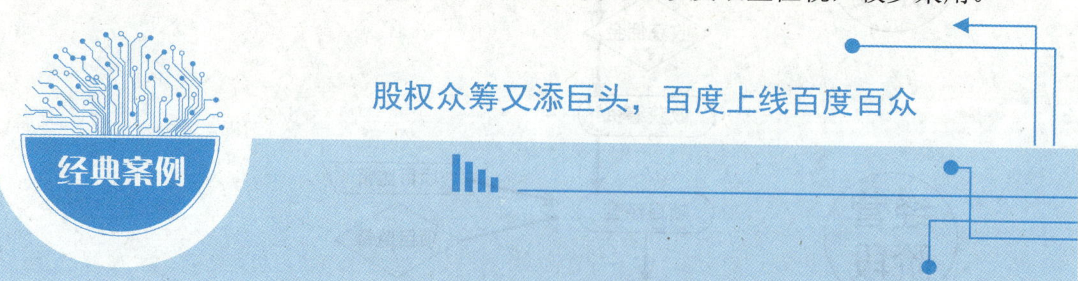

股权众筹又添巨头，百度上线百度百众

2016 年 4 月，百度方面上线了私募股权众筹平台“百度百众”（见图 4-5）。百众平台对合格投资人的要求是满足年收入 30 万元以上、名下金融资产总额大于 100 万元或专业投资人这 3 项条件任一标准即可。这也是目前市面上主流私募股权投融资平台对合格投资人的要求。

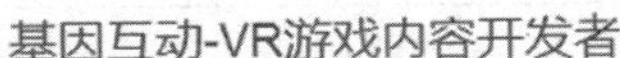

图 4-5 百度百众私募股权筹资页面

除了百度百众，目前私募股权众筹市场上还有苏宁私募股权融资、京东东家、36Kr 股权众筹平台和蚂蚁金服旗下的蚂蚁达令。五大互联网巨头股权众筹跟投人投资门槛如表 4-1 所示。

表 4-1 五大互联网巨头股权众筹跟投人投资门槛

平台	跟投人门槛
苏宁私募股权融资	个人合格投资人需要符合下列条件之一： （1）个人金融资产超过 300 万元； （2）最近三年个人年均收入不低于 50 万元； （3）投资单个融资项目的最低金额不低于 100 万元人民币； （4）相关法律法规规定的其他投资者。
百度百众	个人合格投资人需要符合下列条件之一： （1）金融资产不低于 100 万元人民币； （2）最近三年个人年均收入不低于 30 万元人民币； （3）专业投资机构/人。
360 淘金	个人合格投资人需要符合下列条件之一： （1）金融资产不低于 100 万元人民币； （2）最近三年个人年均收入不低于 30 万元人民币； （3）曾经在专业的投资机构任职过。

（续表）

平台	跟投人门槛
蚂蚁达客	个人合格投资人需要符合下列条件之一： （1）金融资产不低于100万元人民币的个人； （2）最近三年个人年均收入不低于30万元人民币的个人； （3）其他符合合格投资要求的个人。
京东东家	个人合格投资人需要符合下列条件之一： （1）金融资产不低于100万元人民币； （2）最近三年个人年均收入不低于30万元人民币。

2014年11月19日，我国国务院总理在国务院常务会议上提出“开展股权众筹融资试点”，给予了股权众筹明确定位，再到2015年总理在两会报告中提出“大众创业、万众创新”，股权众筹迅速成为时下互联网金融领域中最炙手可热的一个方向。

五、股权众筹的发展趋势

股权众筹的发展趋势包括股权众筹合规化、股权众筹O2O化和股权众筹生态化。

（一）股权众筹合规化

为了适应我国股权众筹的现状，促进股权众筹市场的发展，使股权众筹市场真正成为我国多层次资本市场的有益补充，可通过修改现行相关法律，以扩大股权众筹的适用范围，给股权众筹提供一个更加宽松和充满活力的创新法律环境。因此，公募版股权众筹在加大对投资者利益保护的同时也会放宽投资金额下限、投资人数上限的管制，真正发挥股权众筹小微金融的作用。

（二）股权众筹O2O化

目前的股权众筹大多是线上筹资，但仅有在线的股权众筹是不够的，为了保证投资质量，提高投融资交易的匹配效率，股权众筹平台可以采用O2O模式，也就是将线下挖掘的好项目放在线上发布并推介给投资人，将线上发布的项目进行线下路演和推介，以促成交易。这种模式必然成为股权众筹发展的趋势和方向。

（三）股权众筹生态化

股权众筹想要得到发展，不能仅以一个平台而孤立地存在，而是要发展成为多层次资本市场体系中的一员，必须与其他资本市场建立有机的联系，这就是股权众筹的生态

化。股权众筹只有生态化才能发挥其效用，未来股权众筹生态化的趋势主要表现为以下两大方面：

第一，股权众筹平台将与孵化器、创业训练、天使投资基金、创业者、创业服务者等建立连接，为靠谱的创业者提供一系列的服务，从而培育出大量的优质项目，有了优质项目就可以发挥出平台的作用。

第二，股权众筹平台将与国内的新三板、区域性的产权交易所、证券交易所及境外的各类证券交易市场建立广泛联系与有效衔接，成为这些股权交易市场的前端、交易目标的输送者和提供者。这样的有机结合能够使股权众筹市场成为多层次资本市场的一员，与其他股权交易市场有机衔接，以发挥其独特的股权融资作用。

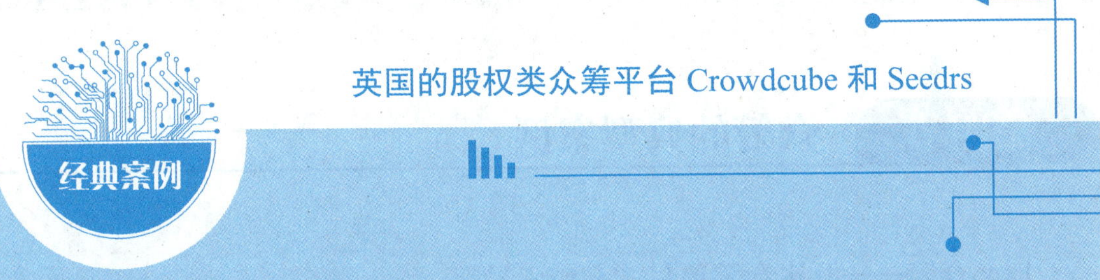

英国的股权类众筹平台 Crowdcube 和 Seedrs

2015 年，正式在英国众筹协会（UK crowdfunding association）登记注册的众筹平台有 36 家，其中 Crowdcube 和 Seedrs 是最具代表性的两家股权众筹平台（见图 4-6）。

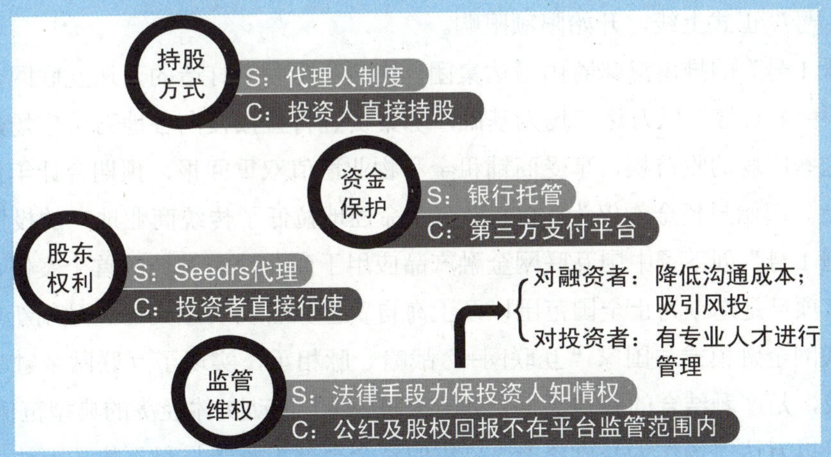

图 4-6 Crowdcube 和 Seedrs 融后管理对比

Crowdcube 于 2011 年 2 月诞生在英国艾克赛特大学（Exeter University）的创业中心，由 2 个企业家 Darren Westlake 和 Luke Lang 创立。基于其先发优势，Crowdcube 是英国目前规模最大的股权众筹平台。截至 2014 年 6 月，Crowdcube 已经为 126 个初创企业（项目）融资 2 770 万英镑，投资项目涉及零售、食品、互联网、科技、制造、健康、媒体等 15 个行业。在获得投资的行业中，零售业、食品业以及互联网业占据了半壁江山，远高于其他行业。Crowdcube 平台拥有 7 万多注册投资者，2013 年的成交量是 2012 年的 5 倍多。

Seedrs 是英国第一家被 FCA（英国金融市场行为监管局）批准的股权众筹平台（编号 550317），也是世界范围内第一批获得当地金融监管机构批准的股权众筹平台，对于股权众筹行业的准入与监管有着里程碑式的意义。作为后起之秀的 Seedrs 的成交量虽然仅为 Crowdcube 的五分之一，但是其发展迅速，成交额基本每半年翻 1 番到 2 番。截至 2014 年 1 月，Seedrs 为 56 个项目融资 555 万英镑，平均每个项目有 115 个投资者，融资 9.9 万英镑。在这期间，共有 324 个项目提出申请，17%通过审核。

资料来源：节选未央网《英国：股权众筹平台乐土》

第四节 众筹的典型案例

一、地产众筹——万达众筹项目“稳赚 1 号”

2015 年 6 月 12 日 10 点，由万达集团和快钱公司共同推出的中国首个商业地产众筹项目“稳赚 1 号”正式上线，开始限额限购。

“稳赚 1 号”的推出意味着由万达集团、快钱公司联手打造的万达互联网金融业务正式落地。“稳赚 1 号”以万达广场为基础，募集资金将直接投向各地万达广场建设，投资人则获得这些广场的收益权，享受商铺租金和物业增值双重回报，预期合计年化收益率可达 12%以上。起始投资金额仅为 1 000 元，革命性地拉低了传统商业地产的投资门槛。

“稳赚 1 号”创下了中国互联网金融产品应用于商业地产领域的首个案例，就金融创新而言，该项目是迄今为止全国范围以及上海自贸区具备实质意义的金融创新项目，这种创新的互联网金融模式与国家“互联网+”战略一脉相承，实现了互联网金融与实体经济的直接对接，是产融结合的有益尝试，是“互联网+”拉动实体经济的典型范例。

该项目以万达广场作为基础资产，募集的资金全部投资于只租不售的万达城市商业广场项目。项目标的为万达商业地产 2015 年新开工且在 2016 年开业的只租不售的国内城市商业广场项目（万达有权根据筹集情况予以调整基础资产）。

“稳赚 1 号”首先在 16 个重点城市的万达销售中心向员工、高净值客户开放购买，2015 年 6 月 12 日至 15 日还可在快钱平台购买，起始投资金额为 1 000 元，预计年化利率可达 12%以上。未来万达将依靠这种轻资产模式加速扩张，2025 年将开业 1 000 座万达广场。根据万达集团的介绍，“稳赚 1 号”的推出意味着万达轻资产转型战略正式起航；该

创新型互联网金融产品资金直接投向地产建设，开创全新商业地产融资模式；这也是万达向轻资产战略转型所迈出的第一步，是集团第 4 次战略转型的重要里程碑，是万达和快钱联手推进互联网金融落地的重要标志。

“稳赚 1 号”在内部员工中引发了超热抢购。在北京总部，3 000 万额度上市不久就被一抢而空，不得不从其他片区紧急调来额度以供需求。万达内部员工认为，抢赚万达广场原始股并不是广告，现在买了 100 万“稳赚 1 号”，3 年后一旦 REITs（房地产信托投资基金）上市，那就相当于持有万达广场 100 万的原始股，升值前景充满想象。

按照“稳赚 1 号”的说法，购买了“稳赚 1 号”的客户首先每年将有来自净物业收入，也就是来自定投的万达广场租金的 6%年化利率，每年收益派发日发放。另外，假如项目成立 3 年后 REITs 上市，预期年化收益率可达 14%。如至第 7 年期末仍未上市，万达商业地产将以不低于实际投资资金 1.5 倍的价格（扣除相关税费后）收购自有租赁物业或相应权益，预期年化收益率为 6%。因此此次“稳赚 1 号”号称的年化收益为 12%起。

对于普通投资者而言，可以通过购买万达的互联网金融产品获得商业地产的收益，拓宽了普通老百姓的投资渠道。

二、咖啡众筹——3W 咖啡

3W 咖啡是由许某、马某、鲍某 3 位创始人负责经营，以股权众筹模式创办的新型咖啡馆。3W 咖啡联合创始人鲍某解释 3W 咖啡的经营理念为“以咖啡为载体，为创业培训及风险投资机构寻找项目搭建平台”。3W 采用的众筹模式是向社会公众进行资金募集，每个人 10 股，每股 6 000 元，相当于一个人 6 万元。3W 有一个豪华的投资人阵容，包括乐峰网创始人、知名主持人李某，红杉资本中国基金创始及执行合伙人沈某，新东方联合创始人、真格基金创始人徐某，德讯投资创始人、腾讯创始人之一曾某，高德软件副总裁郄某等，这也让创始人许某春风得意。3W 咖啡很快以创业咖啡为契机，将品牌衍生到了创业孵化器等领域。

3W 的游戏规则很简单，不是所有人都可以成为 3W 的股东，也就是说不是你有 6 万元钱就可以参与投资的，股东必须符合一定的条件。3W 强调的是搭建互联网创业和投资圈的顶级圈子。因此，很少人是为了 6 万元钱未来可能带来的分红而投资的，更多的是 3W 给股东的价值回报在于圈子和人脉。

试想如果投资人在 3W 中找到了一个好项目，那么多少个 6 万就赚回来了。同样，创业者花 6 万就可以认识大批同样优秀的创业者和投资人，既有人脉价值，也有学习价值。很多顶级企业家和投资人的智慧不是区区 6 万元钱可以买来的。3W 咖啡不只是一家普通的咖啡馆，它的业务还包括天使投资等，它会定期组织深度沙龙和聚会，促进富有创意的年轻人和创业者之间的经验分享、交流以及股东之间的合作交流。

第五节 众筹的风险与监管

一、主要风险

众筹在公开发行证券与非法集资方面的法律风险与 P2P 网贷的风险类似，仅为股权与债权的差异，但是众筹还存在着知识产权、代持股的风险。总的来说，众筹融资的主要风险包括法律风险、信用风险、技术风险和管理风险。

（一）法律风险

1. 公开发行证券或非法集资风险

2010 年 12 月我国颁布的《最高人民法院关于审理非法集资刑事案件具体应用法律若干问题的解释》的第 6 条规定："未经国家有关主管部门批准，向社会不特定对象发行、以转让股权等方式变相发行股票或者公司、企业债券，或者向特定对象发行、变相发行股票或者公司、企业债券累计超过 200 人的，应当认定为擅自发行股票、公司、企业债券罪"。

按照现阶段众筹的融资方式，众筹项目很容易触及非法集资这一法律红线。同时，按照证券法第十条规定，向不特定对象发行证券的、向特定对象发行证券累计超过 200 人的，均属于公开发行证券。而公开发行证券就需要通过证监会或国务院授权的部门核准，需要在交易所遵循一系列规则去交易。因此一旦在出资人人数上没有明确限定，也会涉及公开发行证券的法律问题。

2. 投资欺诈风险

为促进众筹融资的发展，让更多的投资者融入新兴的融资模式中来，目前我国多数的众筹平台采用的是"领投、跟投"的融资模式。"领投、跟投"融资模式即有专业投资人作为领投人，普通投资人按照领投人所选中的项目进行投资。这完全是"跟投人"对"领投人"投资能力的信任。

可是在实际操作中，由于一些股权众筹平台缺少对"专业领投人"的身份和领投方式的长效监管机制，再加上投资者面对的信息不对称，"领投人"角色的专业化身份很难界定。在当今股权众筹监管真空的情况下，"领投人"可能会与融资人串通成利益关系，在不提示"跟投人"投资风险的情况下，凭借其投资名气恶意领投推荐，致使众多投资人盲目跟风，结果当融资人获取大量融资款后便携款潜逃或以投资失败等借口让投资者惨遭欺诈。

（二）信用风险

1. 虚假信息风险（项目发起者）

虚假信息风险包括众筹融资平台没有对项目发起者的资格进行全面审核以及筹资者在成功筹集资金后没有实现其承诺的风险。对于普通投资者来说，由于他们对项目的信息并不完全熟悉，缺乏对投资风险的专业预估，增加了风险。目前任何自然人、法人都可以在众筹平台上发布融资项目。在现实中也确实如此，众筹融资平台对发起者的资格并没有硬性要求。因此会产生依靠虚假身份发起项目的信用风险问题。一旦该项目成功筹集资金，众筹平台通常会将款项一次性划拨到筹资者的账户，之后，投资者缺乏对众筹融资项目的监督手段，缺乏监督会导致投资者可能无法与筹资者进行联络，更无法获得应有回报。

2. 资金托管风险（众筹平台）

众筹融资平台在资金托管上也存在信用风险。当前众筹融资平台仅是互联网线上的普通平台。但在实际操作中，投资者将资金打到众筹融资平台的账户，项目成功后，融资平台再将资金划拨到筹资者账户中，众筹融资平台在其中扮演了支付中介的角色。整个过程并没有资金监管部门。众筹融资平台完全凭着信用运营着庞大的资金。在此期间，众筹融资平台如果出现信用危机，投资者的资金便难以追回。此外，从项目开始到结束的一段时间内，被托管的资金是会产生收益的，而资金在托管期间所产生的收益应该如何分配也尚无法律做出明确规定。

3. 投资回报风险

众筹融资平台很难对筹资者资金运用情况进行后续跟踪，而且并没有明确的制度规定要求融资公司对资金运用和公司盈利的相关情况进行披露。同样地，投资者也很难追踪投资动态，更无法保障自身的投资收益情况。一旦出现目标公司融资成功后携款潜逃、宣告公司破产或者不将资金运用于公司业务发展等情况，投资者的权益无法得到保障，更别说获取投资收益了，这时投资者将面临巨大亏损。

（三）技术风险

众筹融资项目和众筹融资产品是两个不同的概念，众筹融资项目相当于还未产出的产品，正处于技术开发或者试验阶段，如果产成品没有达到预期效果，或者缺陷较多，质量不合格则会让项目的投资者承受损失。例如，国外众筹网站 Indiegogo 上的一款智能手表不仅比原定时间晚了 9 个月发货，而且许多承诺的功能都没有实现，并且项目发起者还关闭了退款通道，对网站造成了很大的负面影响；同时，产品技术还存在技术寿命不确定问题。当今社会知识更新加快，技术发展日新月异，一项技术或产品被另一项新的技术或产品所替代的时间是难以确定的，投资者也有随时面临损失的风险。

（四）管理风险

管理风险主要是融资项目发起人因为对项目管理不当而给投资者造成损失的风险，例如融资项目发起人作为领头人，应具有敏锐的洞察力、高超的组织能力，然而目前众筹融资项目发起人大多数都是技术出身，具备技术能力，但欠缺领导才能。众筹融资模式管理的不规范，降低了公众对众筹融资模式的信任度。

通过众筹融资平台，在短时间内获得大量订单，这需要迅速组建团队、建立内部管理制度来处理这些订单，并且与支持者保持良好的关系。一些项目发起人反映，通过众筹发布项目后，他们被许多额外的事情困扰，包括回复电子邮件，以及为资助者制作纪念T恤，这导致他们没有时间专心研发技术，最终导致融资项目失败。如果融资项目没有一个合理的组织结构，没有一个优秀的团队，没有一个有效的激励和约束机制，技术开发有可能受阻，融资项目就有可能失败。

二、监管政策

根据我国目前监管思路，股权众筹分为两种，一种是列为公募类型的股权众筹融资，对于前者基本思路是实行牌照管理。另一种是互联网非公开股权融资。依规进行中国证券业协会的备案管理，合规经营，健康发展。目前相关机构、组织出台了一些规范性或指导性文件，主要有：

2014年12月18日，中国证券业协会起草并下发了《私募股权众筹融资管理办法（征求意见稿）》，把股权众筹分为公募股权众筹和私募股权众筹，定义合格投资者的门槛、股权众筹平台的准入标准等。列出了9条股权众筹平台的禁止性行为，例如不得进行股权代持、不得进行证券的转让业务。

2015年7月18日，央行等十部委发布《关于促进互联网金融健康发展的指导意见》（以下简称《指导意见》），意见中指出股权众筹融资必须在中介机构平台进行，股权众筹融资方应为小微企业，应披露必要信息，投资者应具备风险承受能力，进行小额投资，股权众筹融资业务由证监会负责。该文件属于政策性指导意见。

2015年7月30日，中国证券业协会发布《场外证券业务备案管理办法》明确股权众筹是场外业务，开展私募股权众筹并接受备案主体主要有证券公司、证券投资基金管理公司、期货公司、证券投资咨询机构、私募基金管理人五类。该文件属于行业自律性规则。

2015年8月10日，中国证券业协会发布了《关于调整个别条款的通知》，将《场外证券业务备案管理办法》第二条第十项“私募股权众筹”修改为“互联网非公开股权融资”。

2015年8月7日，中国证监会下发《关于对通过互联网开展股权融资活动的机构进行专项检查的通知》（以下简称《通知》），把市场上通过互联网形式开展的非公开股权融资

和私募股权融资行为排除在股权众筹的范围之外。《通知》将股权众筹的概念明确为，通过互联网形式进行公开小额股权融资的活动，把公开、小额、大众作为股权众筹的根本特征，规定“未经国务院证券监督管理机构的批准，任何单位或机构不得开展股权众筹融资活动”。该文件属于证券监督管理机构下发的工作文件。

2015 年 4 月 20 日全国人大常委会审议版的《中华人民共和国证券法（修订草案）》第十三条规定，通过证券经营机构或国务院证券监督管理部门认可的其他机构以互联网等众筹方式公开发行证券，发行人和投资者符合国务院证券监督管理部门规定条件的，可以豁免注册或核准。

2016 年 4 月份推出的《股权众筹风险专项整治工作实施方案》，对股权众筹的检查内容又做了更为细致地分类。重点整治以股权众筹名义进行股权融资、私募股权基金、公开或变相公开发行股票；虚构或夸大平台实力、项目及回报；非法经营证券业务；挪用或占用投资者资金等。

各地方贯彻执行中央推出的专项整治工作实施方案，也分别制定了因地制宜的本地实施方案。此外，2016 年深圳等地对房地产众筹进行了严厉监管，严禁众筹炒房等。随着 2016 下半年度对股权众筹的专项整治，监管动作频繁且力度加大，众筹平台在合规性的背景下放慢脚步。2016 年 3 月 16 日，第十二届全国人民代表大会第四次会议表决通过了《国民经济和社会发展第十三个五年规划纲要（草案）》，明确指出要全面推进众创、众包、众扶、众筹，众筹被正式纳入十三五规划。

三、国外众筹融资的监管措施

（一）美国

1. 股权众筹的监管框架

在美国，众筹发展过程中具有里程碑意义的事件是美国于 2012 年通过了《促进创业企业融资法》（JOBS 法案），并成为美国股权众筹监管的法律框架。该法案出台后众筹在美国彻底摆脱了非法集资的阴影，股权众筹开始规范发展。作为核心监管主体，美国证券交易委员会（SEC）有 3 个监管目标，分别是保护投资者、防范系统性风险和促进资本形成。在实际操作中，美国相关法律和证监会对众筹融资的监管经过一系列的改革，有效地平衡了中小企业融资便利、促进资本形成和投资者保护三个目标之间的冲突。

2012 年，美国国会通过的 JOBS 法案中的第三章又称“众筹法”，是众筹融资模式所依据的法律框架。美国政府推动众筹立法的目的在于通过众筹的规范运行和高效融资功能，为初创期、初创型的中小微企业和个人以低成本筹集资金。其本质是将众筹融资的行为合法化，并使其接受监督。“众筹法”赋予 SEC 对集资门户网站的检查、执法和其他规则的制订权，以及对发起人和中介机构各种法定的监管权力。

2. 众筹信息披露要求

在信息披露方面，“众筹法”提出了相关的披露要求，允许 SEC 出台具体规则，增加更多的信息披露要求。与 IPO 相比，众筹融资模式的信息披露要求要低得多。但仍然需要坚持真实、客观原则。在信息披露的实际操作中，众筹法对信息披露的要求，不是一刀切，而是根据发行规模要求相关企业对财务状况进行不同层次的披露。

例如，对于十万美元或以下的众筹融资发行，过去财政年度的所得税纳税申报表和未经审计的财务报表，只需由主要的行政人员确认无误即可；对于 10 万美元到 50 万美元的众筹融资，财务报表需要一个独立的会计师审阅；而对于 50 万美元到最多 100 万美元的众筹融资，财务报表需要经过审计。

3. 众筹平台监管

对于众筹平台的监管，美国执行强监管的政策框架。“众筹法”的监管重点在于对众筹中介平台的监管，以此保护投资者和融资人的权益。众筹平台是众筹市场的重要参与者，对其加强监管，SEC 能够有效聚焦监管重点、分散监管成本。美国 JOBS 法案中针对众筹平台的监管集中在众筹平台的注册、信息披露、投资者教育、欺诈风险管控和中介机构规范等 5 个重要方面。

4. 投资者适当性管理

由于众筹的投资者数量相对较大，建立有效的投资者保护制度成为“众筹法”的三大任务之一。美国在众筹的投资者适当性方面和投资额度管理方面做了详尽地规定：在筹资上限上，规定筹资者每年通过网络平台募集不得超过 100 万美元的资金，以此限制投资者风险暴露的总头寸；在投资上限上，“众筹法”规定了投资者被允许投资在所有众筹产品的最高上限：如果一个投资者的净资产或年收入在 10 万美元以下，他可以在众筹证券上投资 2 000 美元或年收入的 5%；如果一个投资者的净资产或年收入在 10 万美元以上，他将被允许投资其年薪的 10%。

（二）欧洲

1. 欧盟众筹的顶层设计

欧盟众筹的发展有顶层设计、政策支持和政策咨询三大支柱。其中在顶层设计上，为了帮助欧洲经济复苏、解决小微企业融资难题，欧盟已于 2013 年将众筹纳入 2020 战略，致力于推广和发展众筹平台，以实现欧盟到 2020 年的经济发展战略目标，并制定了《创业 2020 计划》。

2014 年 3 月，欧委会对欧盟层面监管的现实问题进行了总结，并出台了相关的监管原则，欧洲的众筹进入了一个相对比较规范的发展阶段。在政策支持体系上，欧盟通过了“实

现欧洲经济长期融资需求路线图”，致力于众筹生态融资体系和科研创新众筹知识体系建设。在政策研究及咨询上，欧盟成立了欧洲众筹参与者论坛，组织专家组，融合官、产、研，提供信息政策和法律等专业服务。

2. 欧洲注重以规范化原则来规范股权众筹的发展

规范化基础上的市场化发展是欧洲发展股权众筹的基本原则。欧盟将股权众筹的发展限制在法治的规范化框架之内：

一是强调立法，明确股权众筹在促进创新和就业中的地位和作用，建立健全适合欧盟的股权众筹法律框架及其基本原则，各成员国可以根据自身情况设立相应的制度体系和市场规范，只要不违背欧盟的基本原则、不低于欧盟标准即可。

二是规范股权众筹平台的法律制度、技术框架、信用风险和信息披露等方面的责任，夯实市场化的基础。在法律规范上，欧盟强调平台 5 个方面的法律责任：① 平台的法律地位问题；② 平台破产处置的法律适用；③ 平台账户资金的法律适用；④ 知识产权保护；⑤ 平台税收的法律适用。在平台运作的规范上，欧盟要求股权众筹平台要确保支付体系稳健安全，资金存管于银行且设立分离账户，披露创新项目及其发起人的标准信息和信用风险评估报告，并对个人项目个数和融资额度进行相应的约束，凸显对小微企业创新和个人创业等的支持。

三是规范股权众筹投资的准入机制和流程管理，理顺市场运行的微观机制。欧盟致力于在欧盟层面设立投资者的最低准入标准，以防止在成员国之间进行套利或造成制度冲突。欧盟设定了股权众筹投资的限制性标准，例如个人投资者股权众筹投资的总额、个数、占总资产或总收入的比重，以及特定时期内可投资的个数和总规模等。各个成员国可以根据自身市场发展情况设定各自标准，但不得低于欧盟的最低标准。欧盟通过设置限制性准入门槛和行业运行指南，以遴选“合格投资者”，从制度上约束了股权众筹对投资者的权益冲击，以制度来保障投资者权益。

四、对我国众筹融资监管的启示

欧洲和美国的众筹监管经验表明，市场化的发展需要规范化的机制基础。借鉴欧洲和美国的众筹发展经验，我国应从国家层面制定众筹发展的制度规范，以促进众筹的长期可持续发展，为“大众创业、万众创新”提供有力支撑。具体有以下几个需要注重的方面：

（1）注重顶层设计。欧洲的经验表明，发展规划是股权众筹可持续发展并发挥对创新创业支持作用的基础，我国应该注重股权众筹的顶层设计规划，明确股权众筹的范畴、战略、实施、监管等基本原则。在“大众创业、万众创新”的战略框架中，明确股权众筹在“大众创业、万众创新”中的地位和作用，积极稳妥推进众筹对创业创新的支撑作用。

（2）注重制度建设。完善的制度规范框架是股权众筹长期可持续发展的基础设施，应该以中国证监会为主体，制定股权众筹发展的监管框架和微观指标体系，从股权众筹平台的法律适用、筹资人权利义务、投资者市场准入以及风险控制等方面进行有效的规范，确保股权众筹及其平台的运作规范、有序和有效，防止股权众筹成为民间非法集资。

（3）注重流程管理。有效地流程管理是股权众筹规范运营并发挥对创业和创新支持作用的有力保障，我国应该学习欧盟，充分运用大数据和云计算，完善流程管理的机制建设。特别是对于流程中的各个业务模块需要进行全面分析和风险隔离，以防止风险的溢出效应并形成产业链式的冲击。

（4）注重风险管控。第一，设立股权众筹的技术和运营方案指引，要求股权众筹平台进行有效的技术风险管控，防范技术系统失败；第二，明确股权众筹平台的准入标准，特别是最低资本要求。要明确股权众筹平台的从业人员资质、资本金以及技术门槛等具体要求，资本金是市场准入的最核心要件；第三，设立以银行为主体的资金存管制度，防范股权众筹平台利用其他支付体系进行非法的资金运作；第四，建立信息报告制度。平台要定期向监管部门报告相关审慎和财务数据，以及客户资金、客户投诉情况、上一季度贷款信息及客户违约信息等。

（5）注重投资者保护。第一，建立信息披露制度。股权众筹平台应该用通俗易懂的语言告知消费者其投资的业务，在股权众筹项目进行销售宣传时，必须要公平、明确、无误导，在平台上任何投资建议被视为金融销售行为，需要同时遵守金融销售的相关规定；第二，应该明确投资者的市场准入和投资限制。市场准入标准和严格的投资限制是防范风险和投资者保护最为有效的方式，应对投资者的资产、收入、投资规模、个数和额度有明确的约束；第三，建立争议处置机制。一旦出现投资争议，投资者可以向股权众筹平台机构投诉。监管部门或行业协会应建立流程大致相似的投诉机制。投资者在向网络贷款平台投诉无法获得解决时，可以通过监管部门或行业协议设立的网络贷款平台投诉中心解决纠纷。一旦网络平台投资投诉被投诉中心认定是众筹平台违约，监管部门可据此对平台施加惩罚并责令平台赔偿投资者。

关键术语

众筹　股权众筹　项目发起人　众筹平台　众筹项目　初创企业

本章小结

众筹是通过互联网的形式进行的大众筹资或群众筹资。中国人民银行发布的《中国金融稳定报告（2014）》把众筹列为中国互联网金融六大主要业态之一，并将其定义为：“通

过网络平台为项目发起人筹集从事某项创业或活动的小额资金，并由项目发起人向投资者提供一定回报的融资模式。”

在众筹模式中，主要有众筹项目、众筹平台、项目发起人、众筹支持者及其他众筹关联方等构成要素。

根据项目的融资形式、项目支持者形式、对项目支持者的回报形式、项目支持者的支持动因等因素将众筹分为4种发展模式：回报型众筹、股权众筹、债权众筹和公益众筹。

众筹平台采取的盈利模式主要包括：抽取佣金的方式、提供收费服务的方式、整合资源或进行项目投资孵化的方式。

众筹作为互联网金融的形态之一，是金融发展融合互联网的一种新业态。众筹的发展对现有的金融业态带来了一定的影响，这种影响主要体现在对金融脱媒的促进、对证券业发展的优化补充等方面。

股权众筹作为资本市场一种重要的融资形式，是指通过互联网技术，从个人投资者或投资机构获取资金的金融活动。其主体包括融资方、众筹平台、投资者3个要素。

股权众筹与传统的股权投资最大的不同在于投资人数的众多，投资资金比较分散。实践中一般采取合投模式，即“领投、跟投”模式，一般要求项目融资人必须参与领投且在投资份额和持股锁定期上有一定的要求。未来，股权众筹将有更多的创新空间，主要有以下几种：一是可转债；二是股权期权；三是股权众筹支付对价创新；四是组合式股权众筹。

任务训练

一、能力训练

1. 什么是众筹？众筹的特点包括哪些？
2. 众筹有哪4种模式，各有什么特征？
3. 众筹模式成功的主要因素是什么？
4. 众筹的盈利模式有哪些？
5. 如何看待股权众筹模式的未来？它的推广有哪些困难？

二、案例设计

背景

由于生活习惯、生活节奏等因素，当今社会压力逐渐递增，颈椎问题、腰椎问题已不再是老年病、职业病。白领一族、办公室工作者等需要长期伏案工作或久盯电脑屏幕的人群，多数患上了以颈椎、腰椎损害为主的颈腰椎疾病。而计算机工程师、设计师、会计、教师、媒体记者、企业家、司机、医生、学者、经理等相关工作者以及沉迷电脑游戏的学生患此类病的概率更是逐年上升。据了解，在我国，近80%的人处于身体亚健康状态，而这些群体中颈腰椎的亚健康人数占据了总人数的75%。颈腰椎疾病给人们的生活、工作造成了不良影响。

案例

某慈肩颈护理中心，隶属台湾某慈健康发展股份有限公司，系首家专注于肩、颈、腰部养护调理的专业品牌。自开创以来，受到社会各界人士的青睐，是肩颈腰椎顾客值得信赖的专业养护调理品牌。而今，专业的服务项目、权威的专家团队、以及丰富的终端管理经验，凭借高定位、高标准、高起点的发展思路，祖慈肩颈已经成为国内调理保健行业中最具核心力的品牌之一。祖慈肩颈中心采用独有的护理手法——祖慈六法，即微立体导引、驱寒拭痧、祛湿闪罐、活络松筋、温敷慈艾、旋慈光疗，深度祛除人体湿寒，调理肩周、颈椎、腰椎根源问题，有效改善身体机能的健康平衡。

任务

如果你是该肩颈治疗团队的运作策划人员，你将如何根据公司自身情况，通过某众筹平台进行高效率、低成本的筹资？请你设计一个融资方案、并发布在众筹平台。

三、案例分析

“点名时间”被91金融收购，众筹一段历史划上句号

“点名时间”曾经是全国最大最早的独立众筹网站，成立于2011年5月，与美国众筹平台Kickstarter的模式相似。自从“点名时间”成立后，一直在积极的探索中国式众筹的发展之路，是国内较有影响力的众筹平台之一。之前引发关注的动画电影《大鱼海棠》就是从点名时间的平台上孵化出来的。早在2013年，《大鱼海棠》制作团队在“点名时间”上发起众筹，最终获得3 510人的支持，筹到158万元。

但是在“点名时间”的发展历程中，并不是一帆风顺。在长达五年的发展中，“点名时间”经历了多次调整和转型。

“点名时间”在上线初期，主要支持的众筹项目类别较广，囊括设计、电影、动漫、社区、科技等方面。网站的收入依靠的是向每个成功的项目抽成10%，这也是众筹网站最常见的收入来源。但是好景不长，“点名时间”在上线运营三年后却突然宣布，将放弃众筹平台的定位，转型为智能硬件首发平台。宣布团队已经停掉文化、音乐类众筹项目，而专注在智能硬件开发的项目上，并陆续推出了小K智能插座、定位糖等几个项目。

随后，由于“点名时间”的转型跨度较大，商业模式不清晰。“点名时间”不得不上线了特卖模式，即智能硬件限时抢购。但仍然在智能硬件上无法取得较大发展后，“点名时间”又宣布重返众筹平台，恢复全部众筹项目类型，把以前丢弃的旧本领再次捡了起来。

显然，“点名时间”的转型没有成功。资料显示，“点名时间”最后一个项目停止在

2015 年 12 月 27 日。在经历了几次波折后，还是在外部环境的变化和巨头的冲击下逐渐衰落，一直到被 91 金融所收购。

请结合相关信息分析，点名时间从众筹的先锋沦落到被收购，主要的原因是什么？

四、综合训练

百度搜索“众筹之家”，打开其中的平台导航，会出现众多的众筹平台，浏览各个众筹平台的介绍，从中选择 5 家你感兴趣的平台，完成表 4-2 的填写。

表 4-2　众筹平台调研表

平台名称	成立时间	所属城市	创始人	主要投资方向	成功融资项目数	成功融资项目金额	投资人数量

第五章 互联网基金

学习目标

通过本章学习，了解互联网基金的内涵、特征和影响；掌握互联网基金中公募基金、私募基金的特点；了解互联网基金的现状及发展趋势；掌握互联网基金存在的风险及相应的监管措施。

案例导入

“群雄逐鹿”的国内互联网基金行业

2020 年，我国基金销售市场十分火爆，互联网电商巨头与银行渠道在基金申购费上的竞争十分激烈，部分券商甚至对基金申购费打 0.1 折或全免。基金申购费全部 0.1 折起，这样的折扣力度在基金销售行业非常少见。目前，富荣、银河、财通、万家、东吴等多家基金公司，均已表示旗下部分基金参与申购费 0.1 折的优惠活动。

近年来，以互联网巨头和银行为主导的基金申购费大战一直没有停止过。2016 年，蚂蚁基金将公募基金的申购费降至 1 折。之后，天天基金的申购费也实行全面 1 折。2017 年，交通银行手机银行开展基金申购费 1 折优惠活动，此后，交行基金申购费 1 折优惠成为常态。2019 年 10 月，腾讯理财通下调基金申购费至 1 折。2020 年 6 月，招商银行全面试水指数基金申购费 1 折优惠。

随着互联网巨头基金销售量的猛增，券商不得不降低基金申购费。一家券商的客户经理表示，很多散户缺乏足够的股票投资经验，客户经理们在逐步引导他们购买基金，使散户投资者对基金的认可程度逐渐提高。但是，投资者在获取基金投资建议后，往往会去天天基金网、支付宝等互联网平台购买基金。与其看着客户白白流失，不如通过降低基金申购费来留住客户。

在业内人士看来，基金销售机构降费是大势所趋。一方面，基金销售渠道竞争日趋激烈，强势互联网电商渠道倒逼传统渠道降费，银行、券商降费对促进基金销售有一定的帮助。另一方面，公募基金投顾时代来临，收取服务费的新形式对传统基金销售模式产生冲击。但是，降费只是基金销售机构被动应战的举措，从长期来看，让投资者长期拥有良好的投资体验才是长久之计。

资料来源：证券时报，http://www.p5w.net/fund/gsdt/202010/t20201012_2463029.htm

第一节 互联网基金概述

一、互联网基金的内涵

互联网基金是指在借助互联网媒介的基础上实现投资客户与第三方理财机构的直接交流，从而绕开银行介入，是对传统金融理财服务的延伸和补充。

传统的基金销售是指基金管理机构自行销售或委托第三方渠道进行代销理财产品的模式；互联网基金销售是指基金销售机构与其他机构通过互联网合作或自行销售基金等理财产品的行为。与传统的基金销售相比，互联网基金销售模式充分利用了互联网的便捷性。

传统的基金销售是基金管理机构自行销售或委托第三方渠道进行代销理财产品的模式，主要利用门店及渠道来推广销售。这些销售方式具有明显的地域性及时间性，受制于物理网点的时间与空间，营业网点的关门停业及位置均影响基金的销售。而互联网大大拓宽了时空维度，不受物理网点时间与空间的限制，提高了交易的效率，降低了销售的成本与费用。

互联网基金销售平台是指以互联网和电子商务技术为工具开展理财产品业务的媒介或渠道，这个平台在实践中大概有4类情形：第一类是包括基金管理公司在内的财富管理公司自己利用互联网技术开展理财产品业务而搭建的平台，其实质是“理财产品+互联网”；第二类是财富管理公司借助第三方互联网平台开展理财产品销售业务，主要是大型的电子商务平台或互联网比价平台等；第三类是大型的互联网公司开展理财产品销售业务；第四类是独立的第三方机构运用互联网开展理财产品销售业务。

二、互联网基金的特征

与传统基金业务相比，互联网基金操作更为便捷，效率更高，资金交易门槛更低。另外，在费率方面，网上购买基金理财产品费率更为低廉。据中国经济信息网报道，同款基金的购买，通过银行申购的费用为1.5%，而通过网上申购的费用只有0.6%。对于基金公司来说，每年需要向销售机构支付“客户维护费”，其中的80%以上是支付给银行的。

因此，基金产品的网上直销大幅度降低了基金公司的成本，同时抢占了以往通过银行销售的市场份额，摆脱了以商业银行作为单一销售渠道的束缚。因此，互联网基金的便捷性、高效性与低费率成为投资者选择线上渠道购买基金的主要原因。然而其安全性与专业性却成为投资者对互联网基金的顾虑因素，这些方面也是传统基金业的优势所在。

研究数据表明，有62.6%的投资者选择线上渠道购买基金原因在于其操作便捷，19.9%的投资者选择线上购买基金出于其费率优惠的特点；而选择线下渠道的投资者主要是由于线下渠道安全放心、更加专业和附近有网点，比例分别为34.4%、17.6%和25.8%。由此可见，线上渠道的建立仍需要进一步完善其安全体系和风险管理体系，保障投资者资金安全，获得投资者的信赖。

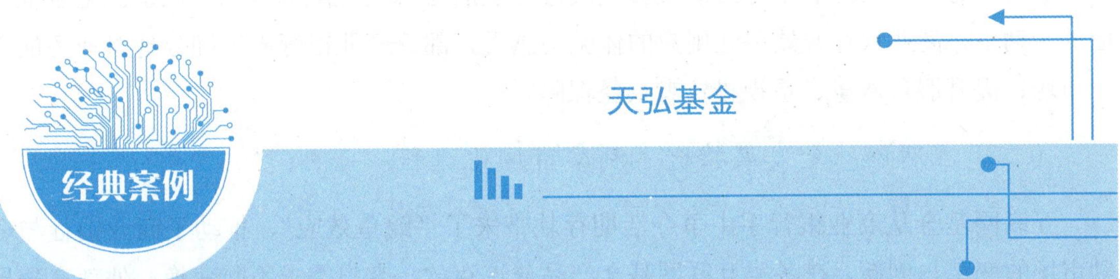

天弘基金

天弘基金在与支付宝合作推出余额宝之前，从总体规模上来看只属于中小型基金公司。合作之后，天弘基金一跃成为国内最大的基金公司，规模达到1.43万亿元人民币。尽管前期支付宝母公司——蚂蚁金服与天弘基金股东内蒙君正之间，就增资扩股的事宜产生了纠纷，但相关涉及增资扩股的手续已于2015年2月25日完成。增资扩股事项完成后，蚂蚁金服共持有天弘基金51%的股份。全新的股权结构将为天弘基金提供更大的发展空间，蚂蚁金服的互联网理念、技术和平台资源，将为天弘基金进一步推动业务创新提供广阔的舞台和坚实的基础。

在客户服务方面，天弘基金在2014年6月余额宝上线一周年之际，推出了专门为余额宝用户专门打造的社交生活+金融理财的交流平台——宝粉网，这也是首家基金社交网站。2014年10月，宝粉网嵌入支付宝钱包里的余额宝生活号，用户既可以通过在支付宝里搜索“天弘宝粉之家”服务号进入，也可以在余额宝服务号里单击“宝粉社区”进入。目前，“宝粉社区”注册用户数已经突破2 000万，是一个纯手机网站。

“宝粉社区”分为投资理财和生活理财两大板块，用户可以就股票基金投资和平时生活上的财务管理等话题，展开讨论和经验技巧的交流。“宝藏”栏目则是宝粉网用户的积分活动专区，用户在宝粉社区和签到获得的积分都可通过宝藏栏目参与积分抽奖、积分兑换等活动。

三、互联网基金的影响

互联网基金一方面拓宽了居民投资渠道，有利于推动普惠金融，推动利率市场化改革进程，另一方面也给宏观金融管理和金融风险防范提出了新的课题。

（一）有利于发展和推进普惠制金融

互联网基金借助互联网技术支持扩大金融服务的覆盖面和渗透率，为中小零售客户提供更加便捷、高效地现代金融服务，体现了包容性金融的发展思路。以余额宝为代表的金融服务创新使得更多寻常百姓能够以“标准化、碎片化”的方式获得原来主要面向高端客户的理财服务，这些理财服务的出现和发展符合发展普惠制金融的理念。在余额宝示范效应的带动下，商业银行开始关注用户的体验与感受，部分商业银行着手细分理财业务的用户市场、提升服务质量、重视投资者权益保障。

（二）互联网基金发展推进了利率市场化进程

互联网基金从商业银行手中争夺活期存款带来了“鲶鱼效应”，推动了商业银行与金融市场的变革与创新。在各类互联网基金产品分流存款、客户需求不断变换、外部竞争日益加剧的新形势下，促使商业银行转变经营理念和发展方式。

在利率市场化改革大背景下，互联网基金利用开放共享的平台化运营、大数据挖掘分析方法和高度注重客户体验的理念，加剧了基金零售客户市场的竞争激烈程度，客观上倒逼传统商业银行进行自我变革。同时互联网基金崛起将使得目前货币市场以银行为主的交易结构更加多样化，活跃短期货币市场交易，促进货币市场短期投资标的的发展，完善金融市场体系和价格形成机制，对于进一步形成有效的市场化利率水平具有积极意义。

（三）互联网基金存在期限错配风险

互联网基金产品收益率中包含着风险溢价，其高收益的背后是基金资产负债期限错配、流动性和支付功能打折扣、中央银行不提供“最后贷款人”保证等一系列风险因素。当同业市场出现波动，机构投资者往往第一时间赎回货币市场基金，或在不同货币市场产品间套利，出现期限错配缺口。以余额宝为例，虽然投资于流动性较高的货币市场产品，平均期限较短，而且建立了赎回行为预测等应对机制，风险相对较低，但不能完全排除大规模集中赎回的风险，目前余额宝存款与银行业金融机构各项存款之比约为 0.5%，如果爆发大规模集中赎回，对余额宝和银行流动性的影响都较大。

（四）一定程度上影响货币政策调控有效性

根据《非银行支付机构客户备付金存管办法》，支付宝的沉淀资金，属于客户保证金，应存放在托管银行的专用存款账户，这部分资金统计在各项存款项下的单位存款内。然而，当资金从支付宝账户转入余额宝账户，用于购买基金，并投资于货币市场后，这部分资金性质就变为同业存款。根据金融统计制度规定，除保险公司同业存放外，其他同业存款均不计入各项存款。余额宝资金若以协议存款存放银行，则计入 M2；若通过货币市场基金

投向债券市场等其他领域，则不计入 M2。余额宝资金在不同市场的快速流转导致存款和货币供应量指标起伏波动较大，影响了货币供应量中间目标的有效性。同时，余额宝存入银行的资金不缴存存款准备金，理论上这部分资金可以无限派生、可以无限创造货币供给，由此影响货币政策调控的有效性。

（五）存在监管套利，不利于金融市场完善和发展

余额宝有一个突出特点，就是所募集的客户资金绝大多部分投向银行协议存款，例如，2014 年 2 月末这一占比就约为 95%，根据我国目前的监管政策，这部分协议存款属于同业存款，不同于一般工商企业和个人在银行的存款，没有利率上限，也不受存款准备金管理。这部分协议存款的利率，由银行参照银行间市场利率与客户协商定价，通常远超过一般存款利率，并且多数签订了提前支取不罚息的保护条款。

而对于一般单位或个人存款，不仅有不超过基准利率 10%的利率上限，而且要缴存法定存款准备金，同时定期存款提前支取只能按活期存款计息。同业存款的这种优势在流动性紧张时期尤其明显。2013 年末，我国银行间 7 天同业拆借利率一度高达 8.84%，余额宝存放银行的协议存款利率也水涨船高。银行能够支付高利率的原因是该笔存款不缴存准备金，给予了余额宝类互联网基金套利空间。

货币市场基金的本质是通过市场进行直接投融资，因此，在美国等发达国家，货币市场基金主要投资于短期债券。而在我国，余额宝等货币市场基金主要投资于银行存款，资金并未真正“脱媒”，这在一定程度上影响了金融市场的效率。

蚂蚁聚宝

蚂蚁聚宝是蚂蚁金服于 2015 年 8 月推出的一站式理财服务平台，与支付宝、余额宝、招财宝等同为蚂蚁金服旗下的业务板块。

蚂蚁聚宝产品包括基金、定期理财、存金宝和乐买宝等（见表 5-1），同时提供财经资讯、市场行情、社区交流等服务。用户可以使用支付宝账号，在蚂蚁聚宝平台实现余额宝、招财宝、存金宝、基金等各类理财产品的交易。截至 2016 年 9 月，平台积累用户超过 2 550 万人，基金交易笔数达 3 670 万笔。

表 5-1 蚂蚁聚宝的主要产品

产品名称	产品类型	简介
余额宝	货币型基金	天弘增利宝，七日年化收益率 2.39%
定期	个人贷和企业贷	分短期、中期和中长期理财，金融机构提供本身兑付
基金	公募基金	股票型、混合型、指数型、债券型和 QDⅡ型，买入费率 0～0.15%
存金宝	黄金投资	博时直销的博时黄金 ETF 的 I 类份额
乐买宝	消费信托	中信信托消费信托项目，通过消费提高项目收益率

基金销售方面。2015 年 4 月，蚂蚁金服战略控股数米基金，由此获得基金销售牌照，数米基金入驻蚂蚁聚宝。2016 年 5 月，阿里集团全线关闭淘宝基金店，将基金销售业务集中转移到蚂蚁聚宝下面。由此，阿里集团实现了从与基金公司合作、提供互联网平台到独立进行基金销售的转变。Wind 数据显示，目前蚂蚁聚宝上的基金产品近 2 500 只。

2016年9月，蚂蚁聚宝发布了针对大众理财需求的创新型理财解决方案，其中“轻定投”功能已经上线。该产品对接“摩根亚洲债券人民币基金”，用户一键开启后，平台会在每个工作日以固定金额（10 元起）自动买入指定基金。

第二节 互联网基金的主要模式

一、互联网公募基金

我国公募基金销售呈现以商业银行为主导，基金管理公司，证券、期货、证券投资咨询机构，保险机构和第三方独立基金销售机构为辅的格局。但是，随着互联网的快速发展与普及，独立基金销售机构逐渐通过建立网销平台实现线上化，同时更多的互联网平台开始与基金公司、独立基金销售机构合作，或者选择自己申请基金销售牌照。中国的基金销售渠道的发展呈现出多样化的趋势。我国互联网公募基金销售主要可分为以下 3 类。

（一）传统基金销售机构互联网化

传统基金销售机构互联网化主要是针对具有基金销售资格的银行、证券公司、保险机构等传统基金销售机构开展网销，或者是基金公司本身开展网上直销的业务。这种模式只是把自身业务与互联网技术相结合，模式本身并未呈现突破性创新。

从 2013 年 9 月国内首家直销银行落地到现在，已有 90 余家商业银行上线直销银行。中小银行对直销银行业务最为热衷，国有大行中仅有工行上线了直销银行业务，股份制银

行中包括光大、兴业、广发等约 10 家，其余多数都为城商行和农商行。2017 年 8 月初，大华银行推出直销银行 App，成为首家进入这一领域的外资行。

除去个别直销银行的“智能记账”和“理财规划”功能外，国内大部分直销银行的核心功能其实就是“类余额宝”的功能。某种意义上来说“直销银行”其实就是银行业的“余额宝”。

同时我们也发现，股份制银行和城商行等网点和客户数相对较少的银行热衷于“直销银行”。这里便产生了一个有趣的现象：互联网的“类余额宝”产品抢夺了传统银行的市场份额，而股份制银行和城商行通过“直销银行”又在抢夺四大银行的市场份额。2016 年直销银行排行榜前 50 名如图 5-1 所示。

排名	银行名称	直销银行名称
1	民生银行	民生银行直销银行
2	江苏银行	江苏银行直销银行
3	兴业银行	兴业银行直销银行
4	中国工商银行	工银直销银行
5	平安银行	橙子银行
6	恒丰银行	“一贯金融”
7	徽商银行	徽常有财
8	宁波银行	宁波银行直销银行
9	广发银行	“有米”直销银行
10	南京银行	你好银行
11	上海银行	上行快线
12	浙商银行	浙商银行直销银行
13	中信银行、百度	百信银行
14	珠海华润银行	华润直销银行
15	浦发银行	浦发银行直销银行
16	北京银行	北京银行直销银行
17	渤海银行	好 e 通
18	光大银行	阳光银行
19	重庆银行	重庆银行直销银行
20	华夏银行	华夏银行直销银行
21	郑州银行	鼎融易
22	汉口银行	汉口银行直销银行
23	西安银行	新丝路 Bank
24	河北银行	彩虹 Bank
25	包商银行	有氧金融
26	长沙银行	e 钱庄
27	广东南粤银行	南粤 e+
28	青岛银行	青岛银行直销银行
29	兰州银行	百合银行
30	台州银行	台州银行直销银行
31	晋城银行	小草银行
32	桂林银行	桂林银行直销银行
33	齐商银行	齐商银行直销银行
34	齐鲁银行	齐鲁银行直销银行
35	攀枝花市商业银行	芒果银行
36	德阳银行	UP BANK 成长银行
37	晋商银行	晋商银行直销银行
38	南昌银行	“金 e 融”直销银行
39	湖北银行	天空银行
40	东莞农商银行	e 莞通
41	青岛农商银行	青岛农商银行直销银行
42	贵阳银行	贵阳银行直销银行
43	上海农商银行	上海农商银行直销银行
44	潍坊银行	风筝银行
45	江苏常熟农商行	燕子银行
46	乐山市商业银行	快乐银行
47	北京农商银行	凤凰直销
48	营口沿海银行	沿海直销银行
49	江南农商银行	江南农村商业银行直销银行
50	江苏长江商业银行	长江直销银行

图 5-1　2016 年直销银行排行榜

（二）独立基金销售机构的网销平台

独立基金销售机构的网销平台是指具有基金销售资格的独立基金销售机构通过建立网销平台进行基金销售，如天天基金网、爱基金网等。

2012 年起，证监会开始对独立基金销售机构发放基金销售牌照。截至 2016 年 9 月，共有 101 家独立基金销售机构获得第三方基金销售资格，同比 2015 年 9 月增加了 30 家。

基金销售机构的天价牌照

虽然2015年的基金销售并不是十分理想。但基金销售牌照仍然是很多试图涉足基金行业的企业眼中的一块“香饽饽”，牌照含金量不断提升。而除了正常审批流程之外，通过中介市场进行基金销售牌照的转让也是办法之一，表5-2为部分独立基金销售机构的基本情况。

“我们去年办理了两起业务，转让成交价都在1 000万元以上。现在市场行情已经炒到更高了。”在2015年的市场“行情”中，上海有一家持有基金销售牌照的公司成功将牌照以及相关业务进行转让，成交价格在5 500万元左右。而在2014年上半年，转让的成交价格还仅为1 500万元上下；2014年下半年市场行情便翻了一倍，成交价格涨至3 000万元。

表5-2　部分独立基金销售机构

独立基金销售机构	总部	核准日期	代销基金数量
上海陆金所资产管理有限公司	上海	2015年8月	2 700
上海天天基金销售有限公司	上海	2012年2月	2 697
上海好买基金销售有限公司	上海	2012年2月	2 590
浙江同花顺基金销售有限公司	杭州	2012年4月	2 431
杭州数米基金销售有限公司	杭州	2012年4月	2 419
深圳众禄基金销售有限公司	深圳	2012年2月	2 372
诺亚正行基金销售投资顾问有限公司	上海	2012年2月	2 322
珠海盈米财富管理有限公司	广州	2015年9月	2 297
上海长量基金销售投资顾问有限公司	上海	2012年4月	2 100
上海利得基金销售有限公司	上海	2012年8月	2 002
上海汇付金融服务有限公司	上海	2014年12月	1 761
北京钱景财富投资管理有限公司	北京	2013年11月	1 738
上海联泰资产管理有限公司	上海	2014年10月	1 694
北京展恒基金销售有限公司	北京	2012年6月	1 538

（续表）

独立基金销售机构	总部	核准日期	代销基金数量
北京乐融多源投资咨询有限公司	北京	2015 年 8 月	1 445
上海凯石财富投资管理有限公司	上海	2015 年 7 月	1 362
深圳富济财富管现有限公司	深圳	2015 年 9 月	1 358
大泰金石投资管理有限公司	南京	2015 年 9 月	1 327
北京恒天明泽基金销售有限公司	北京	2013 年 8 月	1 278
北京增财投资有限公司	北京	2013 年 2 月	1 270

相比于 2015 年，除了代销基金公司数量增加之外，独立基金销售机构开始由单纯的销售通道向提供资产管理业务的服务平台转型，出现了“类 FOF（基金中的基金）基金组合”和“智能投资”两种创新产品。

（1）类 FOF（基金中的基金）基金组合。2016 年 6 月，《基金运作指南第 2 号——基金中基金指引（征求意见稿）》发布，公募 FOF 的推出条件日益成熟。除了基金管理公司外，很多第三方基金销售机构已经开始推出类 FOF 基金组合产品，如天天基金网推出的“组合宝”、盈米的“盈米且慢组合”等。

（2）智能投资。从 2015 年起，独立基金销售机构开始在其平台上引入智能投资业务。通过对用户进行在线风险偏好评估，定制推荐“一揽子”的基金组合。该服务多作为平台的营销方式，不收取额外费用。

总体而言，独立基金销售机构的网销平台由单纯的销售通道进一步向提供服务的资产管理平台转型。这种情况的产生一方面是由于近一年来市场不景气、基金销售行业竞争愈发激烈；另一方面是因为个人投资者在面对愈来愈多的基金产品时，其寻求全面的理财服务的需求也在逐渐增强。

（三）基于互联网平台的基金销售机构

基于互联网平台的基金销售机构是指不具有基金销售资格的电商平台、门户网站、互联网金融平台等与基金公司或独立基金销售机构合作，开展基金销售业务。自 2015 年起，这些互联网平台开始申请基金销售牌照或者控股独立基金销售公司，成为拥有牌照的互联网基金销售平台，如蚂蚁聚宝、京东金融等。

这类基于互联网平台的基金销售最早是 2013～2014 年，在“余额宝”为首的“宝宝类”产品的爆发式增长下快速发展起来的。最初，互联网平台并未获得基金销售资格，多采取与有销售资格的机构合作进行导流销售。自 2015 年开始，大量互联网平台已逐步获得基金销售牌照，如京东金融、苏宁金融、蚂蚁金服等。而且，除了作为简单销售渠道之外，这些平台开展创新型投资服务，包括提供基金组合、智能投资与小额定投服务等。

目前，从运营模式上看，基于互联网平台的基金销售机构主要包括两种：

（1）和独立基金销售机构或基金公司合作，作为流量导入的入口；

（2）已获得基金销售牌照，在自有互联网平台上独立销售，如蚂蚁聚宝，陆金所等。

开展这类业务的互联网平台主要包括：

（1）大型的互联网电商平台、门户网站或财经资讯提供商，如京东、百度；

（2）互联网金融企业，如陆金所、积木盒子和挖财；

（3）涉足金融行业的产业类公司，如奇虎360。

从2015年开始，这种基于互联网平台的基金销售机构，其发展的主要趋势一是从原来的导流平台转为自己拥有基金销售牌照或控股拥有牌照的公司，如京东金融、苏宁金融等纷纷拥有了自己的牌照，阿里集团也于2015年关闭了淘宝基金店，将基金业务转到控股数米基金的蚂蚁聚宝旗下；另一个趋势与独立基金的网销平台相似，即开展创新型投资服务，包括提供基金组合、智能投资与小额定投服务等。

总体看来，基于互联网平台的基金销售机构的整体发展路径是从“宝宝类”货币型基金销售开始；然后与基金销售机构合作、引入更多类型的基金产品；再到如今的掌握牌照自主销售、提供创新型产品与智能服务。

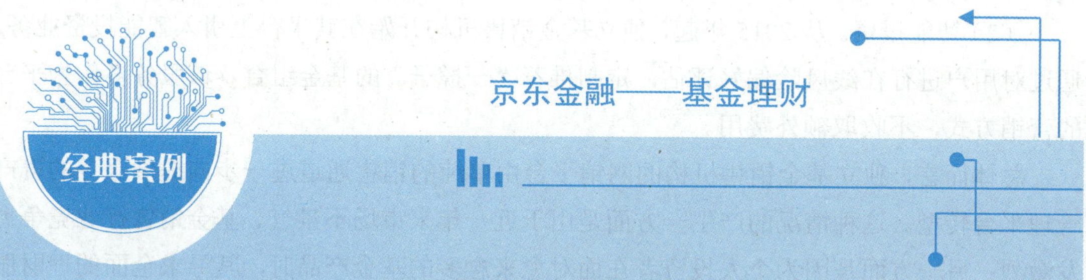

京东金融——基金理财

京东金融成立于2013年10月，是由京东集团内部孵化的金融业务部门，最初服务于京东商城电商业务产生的金融需求。经过3年多的发展，京东金融已经构建了包括供应链金融、消费金融、财富管理和众筹等在内的多元化业务版图。

财富管理业务方面，平台提供京东小金库、小白理财、定期等理财产品，也提供纵横财讯和理财问答这一类理财资讯服务，基金理财是其中的一个组成部分。

基金理财方面，京东金融于2016年1月获得基金销售牌照。截至2016年12月，代销基金数近3 000只。在获得牌照的同时，公司仍与多家基金管理公司合作。基金管理公司以官方旗舰店的形式入驻京东金融平台，京东金融通过持有基金支付牌照的集团全资子公司网银在线提供基金销售支付服务。

2015年起，京东金融先后推出了京东智投、基智播报等智能服务功能。2015年8月，

"智投"正式上线。投资者通过回答7个问题来进行风险偏好与承受能力的测评，平台会根据结果自动进行投资组合推荐，其推荐产品范围包括了活期、定期、股基、债基、黄金和海外投资。目前，用户还无法做到一键购买，需要自行分开购买。

2016年8月，京东金融推出基金策略产品"基智播报"，通过分析宏观经济数据、市场估值数据等，预估未来大盘走势，对应设置了0°～100°的热度值反应股市热度，为用户配置基金提供参考。当热度值在0°～40°时，适合保守配置债券型基金；40°～60°时适合平衡配置股票型基金和债券型基金；60°以上适合配置股票型基金。

二、互联网私募基金

一般来说，私募基金销售主要是指私募证券基金，即由私募基金公司发行的阳光私募产品，投资标的主要为二级市场（证券交易市场）的证券产品。私募基金产品的网销平台还会涉及其他高风险金融产品，包括基金子公司、证券公司、保险公司、银行发行的资管产品；信托公司发行的信托产品；PE（私募股权投资）公司发行的私募股权投资产品。根据证监会的相关规定，这类高风险金融产品的投资门槛为100万元。私募基金产品的销售早期以银行、券商为主，目前有转向私募基金直销、第三方理财机构代销以及互联网销售的趋势。

受限于《私募投资基金监督管理暂行办法》的相关规定，合格投资者仅能通过私募基金的网销平台了解产品信息，具体购买仍要通过预约咨询的方式来进行线下申购，因此私募基金并不能实现真正意义上的互联网销售。

目前，私募基金的网销平台多作为导购平台，为合格的投资者提供基金净值、排名、行业与公司的研究报告，以及行业资讯和在线咨询等。与此同时，很多私募基金开始陆续申请公募基金销售牌照，上线公募基金产品。

第三节 互联网基金的现状及发展趋势

一、互联网基金的发展现状

2014年中国互联网基金的交易规模为61 947.4亿元，同比增长175.4%，预计将持续保持25%左右的速度增长，到2018年将达到154 787.8亿元，如图5-2所示。2014年基金互联网化的水平达49.1%，随着互联网金融的发展，预计最近几年将会超过50%，到2018年将达到66.8%。互联网基金销售规模的增长主要来自于以下几方面的力量：

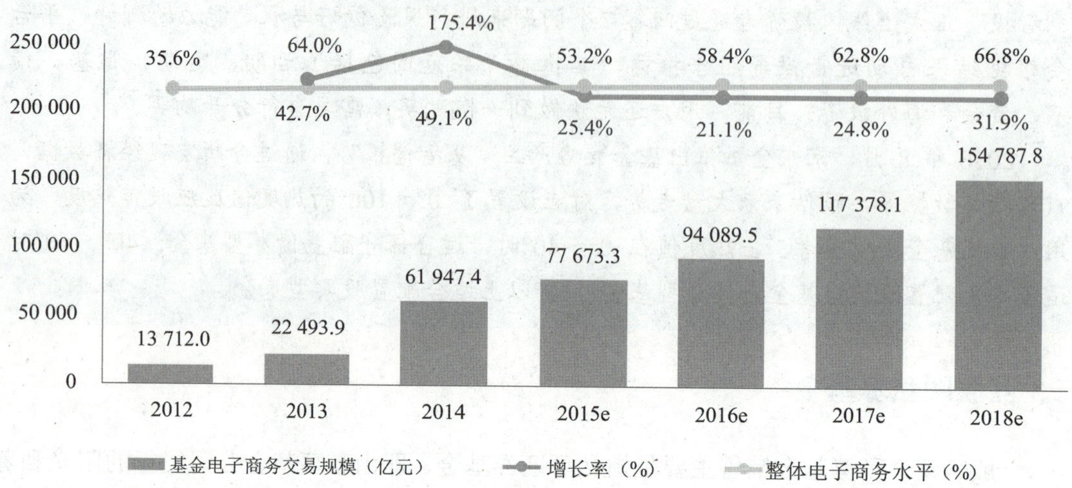

图 5-2　中国互联网基金交易规模及互联网化水平（数据来源：艾瑞咨询）

（1）以余额宝为代表的“宝宝类”货币基金，在 2014 年仍保持较快增长。

（2）代销机构的互联网化水平逐步不断提升，电子银行、独立代销机构网站都是重要的交易额来源。

（3）传统基金公司为了谋求利润，开始自建平台，布局互联网，这也是另外一种重要的互联网化渠道。

二、互联网基金的发展趋势

（一）“产品+平台”是发展的核心，积极拓展应用场景

“互联网+基金”模式的发展，主要是从基金公司和互联网公司双向展开。基金公司通过基金官网、手机 App 等自建平台，或者和第三方互联网平台合作，来实现基金互联网化。而互联网公司销售的产品主要来源于金融公司。但双方在发展过程中，受限于流量、产品、销售费用等多方面原因，都无法进行充分发展。互联网基金要发展，“产品+平台”是核心。一方面，金融企业充分发挥金融产品和服务的优势，加大 IT 投入；另一方面，互联网企业发挥流量和用户体验优势，增加金融产品开发投入。但目前来说，发展更多的是金融企业和第三方企业的联合。

（二）深挖用户数据，个性化定制产品加速发展

随着互联网金融的发展，用户市场上出现了一个明显的趋势：就是无论高净值投资用户、还是大众投资用户，对产品和服务的需求越来越趋向个性化和多样化。互联网投资用户数据的挖掘和分析，能方便企业掌握投资者和潜在投资者的家庭收入、可支配收入、投资需求、风险偏好等有用数据。一方面能帮助企业识别用户特征，推送相关金融产品和服务，另一方

面，用户的特殊需求也能很好的帮助企业进行金融产品的设计和研发。基金产品要突破同质化的瓶颈，就必须深度挖掘和分析用户数据，根据用户的需求设计和推送产品。

拓展阅读

传统基金携手互联网迈向新时代

华安基金成立于 1998 年，是国内首批成立的 5 家基金管理公司之一。近年来，华安基金做了诸多尝试和努力，积极通过以支付宝理财平台为代表的第三方平台，推出互动式、个性化、精细化的投资理财服务。早在 2017 年，华安基金就已入驻支付宝上的财富号。经过 3 年的运营累积，华安基金已在内部形成一套行之有效的客户分层服务体系，并在平台科技赋能的基础上，不断完善千人千面的服务体系。

随着网络直播的流行，众多金融机构争相开起了直播间。通过这些直播间，广大个人投资者也有机会与理财投资领域的“高手”们直接交流互动。短短两个多月，华安基金直播观看人次已突破 300 万，《华安指数大学》《基金经理来了》《魔都理财社》三个常规栏目分别定位指数投资基础、市场策略观点、客户问题答疑 3 个互动场景，为投资者提供互动式的专业投资理财服务。

坚持投资者第一的华安基金也正在不断收获投资者的信任和青睐。公司成立二十多年来，资产管理规模稳健增长，截至 2020 年 6 月 30 日，华安基金持有人总数近 7 000 万户，资产管理规模近 5 000 亿元，双双创历史新高。

资料来源：中国经济网，

http://finance.ce.cn/jjpd/jjpdgd/202009/23/t20200923_35799414.shtml

第四节 互联网基金的典型案例

一、百度理财——基金领域的搜索引擎

余额宝的出现带动了整个基金理财市场的互联网创新业务，使得基金领域成为互联网巨头布局互联网金融的切入点之一。在业内人士看来，阿里的“余额宝”是利用了其便利支付的功能，使用户得到良好体验。而百度则想凭借其强大的搜索功能及精准数据，与金融机构或基金公司共同打造一些理财产品。

具体来讲，用户在百度中输入各种理财的关键词都代表了用户购买理财产品的需求。百度利用大数据分析与挖掘技术，能够很容易捕捉大众的理财需求和偏好，从而进行金融产品的定制和购买，帮助用户花最少的时间获得最大的收益。这一优势，是其他互联网平台服务商所无法超越的，也为百度发展投资理财产品提供了有效的途径。

2013 年 10 月 28 日，百度与华夏基金联手推出首款理财产品“百度理财 B”。受其之前宣传“年收益率 8%”的影响，上线当天，“百度理财 B”就遭到哄抢，导致百度理财平台一度瘫痪，投资者无法登录。最终，不到 4 个小时的时间里，“百度理财 B”10 亿元的额度被一抢而空，提振了百度进军互联网金融的决心。

紧随其后，百度又相继推出百赚、百发（团购）、百赚利滚利等几款理财产品，其收益率均维持在较高的水平（见表 5-3）。

表 5-3　互联网基金相关产品信息对比

互联网理财产品	挂钩货币基金	7 日年化收益率	万份收益（元）	购买门槛	单日取现额度
百度百赚利滚利	嘉实活期宝	6.02%	1.52	0.01 元	25 万
百度百赚	华夏现金增利	5.69%	1.53	1 元	20 万
微信理财通	华夏财富宝	5.42%	1.44	0.01 元	25 万
微信理财通	汇添富全额宝	5.40%	1.43	0.01 元	25 万
余额宝	天弘增利宝	5.29%	1.40	1 元	5 万
苏宁零钱宝	广发天天红	5.10%	1.28	1 元	14.99 万

以“百赚”为例，该产品是百度和华夏基金合作推出的另一款理财产品，主要投资于期限在一年以内的国债、央行票据、银行存单等低风险、收益稳定的金融工具。其年化收益率约为 5%，而据 Wind 数据显示，2013 年以来货币基金的平均年收益率范围是 3.5%～5%。

再看“百发”，采用“团购金融”模式，集合大量中小投资者，获得机构客户的交易价格优势，其高达 8%的年收益率更是一度拉高了互联网理财产品年收益率的最高线。

“百赚利滚利”是百度与嘉实基金联合推出的一款理财产品，7 日年化收益率一直坚守在 6%。“百赚”和“百赚利滚利”成立数月以来收益率持续攀升，其 7 日年化收益在同类产品中分别名列第一和第二。

百度理财产品之所以能保持如此高的收益率，究其原因，与其合作的公募基金有关。无论是华夏基金，还是嘉实基金，均为具有丰厚基金管理运营经验的王牌公司，为百度理财的稳健性提供了保障。而百度能够与这两大基金公司合作，源于两个原因：其一，作为搜索引擎，百度无论在 PC 端流量还是移动端流量都是行业冠军，目前积累的用户总量在千万级别，有利于基金的销售；其二，在技术和安全方面，百度一直以技术对接安全可靠

著称，因此，百度无疑也是基金公司首选的合作伙伴。

二、汇添富基金牵手 5 大平台

2014 年 4 月 22 日，新浪“微财富”平台正式上线，首期将携手汇添富基金，主推一款名为“存钱罐”的账户余额增值产品。汇添富成为与新浪合作的首家公司，现金宝也是目前在新浪平台上线的唯一一只产品。随着新浪的加入，作为业界最早一批耕耘基金电商市场的汇添富基金，外部合作布局已经日趋完善。

2013 年 12 月，汇添富携手网易理财推出了“现金宝”，上线之际便受到网友热捧。与网易理财的合作打响了汇添富对外合作的发令枪，之后的外部合作便开始密集与各个领域的用户见面。2014 年 1 月 15 日，对接汇添富现金宝的苏宁零钱宝上线；2 月 28 日，民生直销银行上线；3 月 25 日，汇添富全额宝登录微信理财通；4 月 22 日，汇添富又独家登录新浪微财。不难看出，从 2013 年 12 月以来，汇添富已经连续 5 个月每个月都有外部合作平台上线。

从领域上看，5 家合作伙伴覆盖了门户、游戏、电商平台、直销银行和移动互联网等不同的领域，用户在进行看新闻、玩游戏、购物、使用银行、社交等各方面的网络活动时，都可能处在汇添富基金的应用场景中。

除了合作伙伴类型丰富外，汇添富与合作伙伴的紧密度也值得一提，上述 5 家合作伙伴中，除了微信理财通上线了 4 家基金公司外，苏宁和民生银行都只选择了两家基金公司，网易和新浪在基金公司的合作伙伴更是仅有汇添富一家。

5 年前，汇添富首次推出现金宝平台时，市场对于互联金融的概念还处于萌芽状态。直到 2013 年，互联网金融才显现出巨大的爆发力。互联网金融因其普惠意义获得投资者普遍认可，互联网巨头以及众多第三方理财机构加入战局，也导致多年未变的基金行业格局迅速洗牌。

在大变局中，汇添富旗下的现金宝、全额宝两只产品迅速成为明星基金，前者的规模稳定增长，后者则曾创出 30 小时首募 5.8 亿元的业绩。汇添富的现金宝和全额宝的总规模超过 350 亿元。在汇添富股票基金业绩突出，互联网金融合作不断的情况下，汇添富基金的最新公募资产管理规模突破千亿元大关，一跃成为上海最大的基金公司。

三、天天基金网——独立基金销售网站

天天基金网上线于 2007 年，是东方财富旗下全资子公司天天基金销售有限公司的网销平台。天天基金网是国内首批获得牌照的第三方基金销售机构，也是目前国内访问量最大、网销规模最大的独立基金销售网站。Wind 数据显示，2016 年上半年，天天基金网网

站共计实现基金认申购及定期定额申购交易约 1 300 万笔，基金销售额为 1 642.95 亿元，销售规模同比于 2015 年有所下降，一部分原因是资本市场的大幅波动和市场景气度的下降；另一部分原因是因为公司降低了基金的销售申购费。面对行业的激烈竞争和市场的低迷，公司开始着眼于创新型产品，于 2016 年引入类 FOF 的基金组合产品。

2016 年，天天基金网共计实现基金认申购及定期定额申购交易 26 717 144 笔，基金销售额为 3 060.65 亿元，其中"活期宝"共计实现申购交易 9 386 852 笔，销售额为 1 847.10 亿元。天天基金网历史销售规模数据如图 5-3 所示。

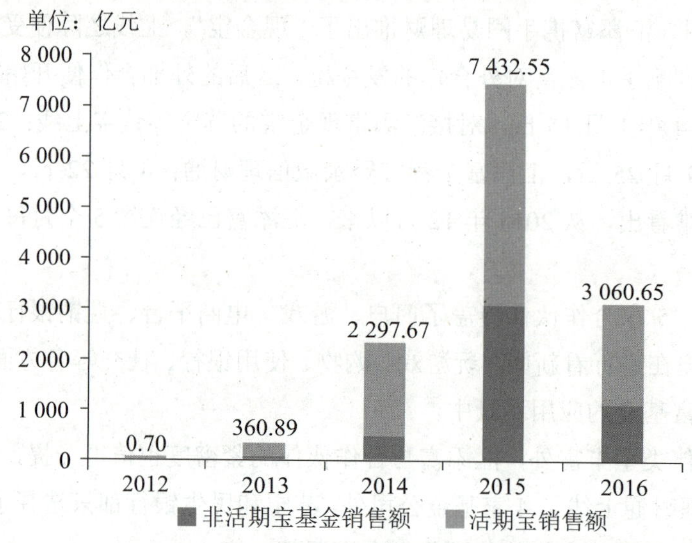

图 5-3　天天基金网基金销售规模

2016 年 6 月，天天基金网联合数家基金公司推出了一款类 FOF 基金组合产品——组合宝。该产品是由多家投资机构根据各自的投资策略对基金产品进行筛选，而后构建的资产组合。个人投资者可以根据组合的目标和定位以及自身的风险偏好筛选基金组合。截至 2016 年 8 月，组合宝中的基金组合由招商、华夏等 14 家公募基金和一家信托机构与一家私募机构提供。

用户单击"一键购买"按钮，即可申购组合内的一揽子基金（见图 5-4）。基金组合的申购与赎回费均以组合内单只基金的申购和赎回费为准。当基金组合发生调仓时，已经购买或关注该组合的投资者会受到平台的调仓通知，并自己选择是否跟调。

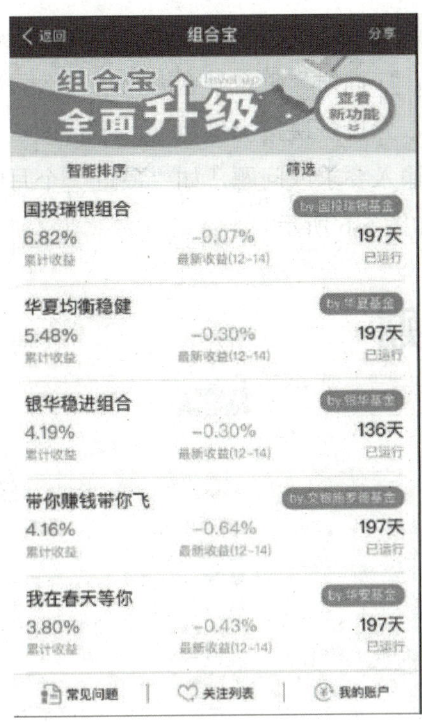

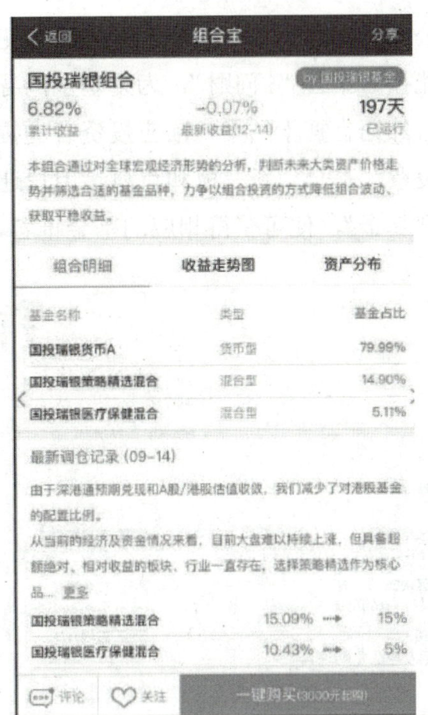

图 5-4 “组合宝”购买页面

四、同花顺旗下的“爱基金”网

爱基金网是浙江同花顺基金销售公司的网销平台，为同花顺网络信息股份有限公司的全资子公司。同花顺于 2012 年 4 月获得基金销售牌照，同年 10 月爱基金网上线，主要为用户提供基金数据、基金资讯和基金交易的服务。Wind 数据显示，截至 2016 年 9 月，爱基金网共代销 2 431 只基金，基金销售业务于 2014 年成为母公司的四大主营业务之一。同花顺基金历史销售业务收入数据如图 5-5 所示。

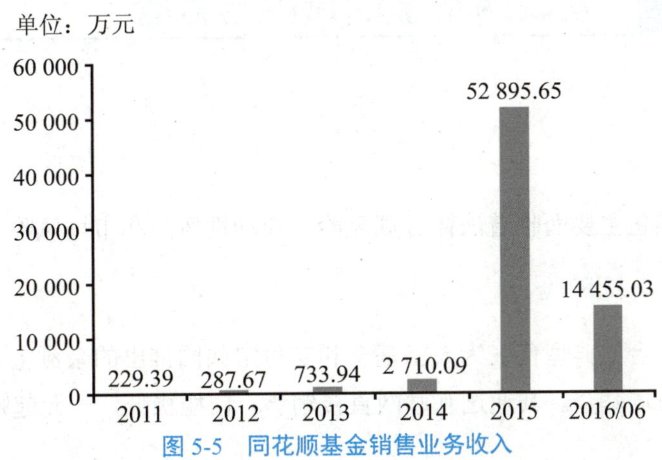

图 5-5 同花顺基金销售业务收入

母公司同花顺于 2015 年 5 月成立同花顺人工智能资产管理有限公司，并推出了财经垂直智能搜索平台“i 问财”，为爱基金网导流。“i 问财”整合了金融市场与公司信息，能够基于自然语言搜索结果，回应投资者的提问，为投资决策提供帮助。平台搜索类别包括信息、股票、基金、新三板和百科。用户通过输入要求或问题，如“最近一个月收益最好的货币型基金”，便可获得相应的基金推荐，如图 5-6 所示。

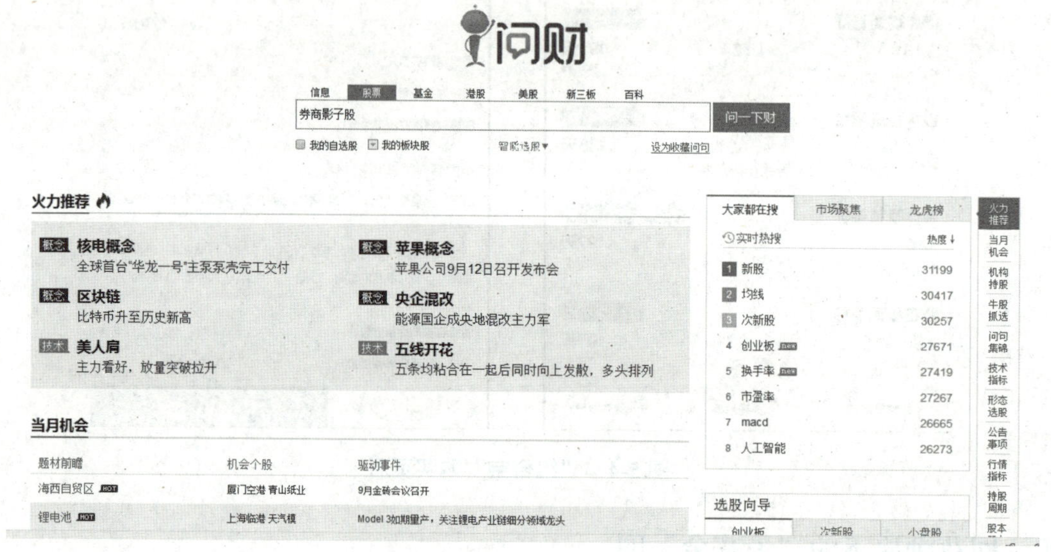

图 5-6 “问财”搜索页面

“i 问财”为“爱基金”导流，用户通过单击推荐结果中的“购买”按钮，能够自动跳转至爱基金平台上直接购买相应的基金。

第五节 互联网基金的风险与监管

一、主要风险

互联网基金销售主要面临着法律合规风险、流动性风险和市场风险。

（一）法律合规风险

第三方支付平台的典型代表为天弘基金和支付宝共同推出的余额宝。余额宝在法律层面上是一种货币市场基金。其通过互联网直接销售，门槛极低，一元起购，风险不高，赎

回自由，每天可查知收益，用户体验良好。

这一类货币基金在销售时，往往片面强调低风险，甚至零风险，并且暗中给予投资者一定的补贴，具有强烈的互联网营销色彩。但这种行为中却隐含着巨大的法律合规风险。在销售过程中没有进行适当的风险提示，而这类基金产品的收益又高于同类基金产品收益，涉嫌采取变相补贴对其他基金产品构成不正当竞争。

基金管理公司和第三方支付平台合作的基金销售模式同样存在类似风险，提示不全面，忽视合格投资者认定工作等问题频发。且为了解决投资者选基金难的问题，这一类平台推出了类似基金中的基金（FOF）组合销售模式业务。但从法律层面分析，这一基金组合销售业务行为并非基于基金合同的发行 FOF 产品行为，在运作方式上既可采用“仅参考，分开购买”的模式也可采用“一键购买，指令调仓”的模式，还有些平台，甚至采用了自动调仓模式。但不管采用怎样的形式都应被认定为一种投资咨询服务。与 FOF 相比，这些基金销售组合存在许多问题，例如，相当部分组合缺乏清晰的投资目标，策略和基准；大部分基金组合体现出集中投资、频繁调仓、追逐最优收益的积极择时倾向，但却没有 FOF 组合投资降低风险的功能，反而可能增加费率成本，且部分基金销售机构可能不具有投资咨询服务等资质。

（二）流动性风险

流动性风险主要源于期限错配。期限错配问题对于缺乏流动性风险经验的第三方基金销售平台来说非常严重。例如，淘宝的“双十一”活动使得大量原本储存在余额宝的资金外流，给天弘基金公司带来一定的资金压力。

（三）市场风险

利率市场化改革给互联网基金销售机构带来了市场风险。例如，余额宝的 7 日年化收益率就从 2014 年 6 月的最高点 6.72%一路下跌到 2016 年 8 月的 2.3%左右。根据市场数据报告显示，2016 年第二季度的互联网理财宝宝类产品，平均收益率只有 2.55%。随着收益率的下降，货币基金的总规模也较第一季度出现下降。

二、监管政策

作为基金销售的互联网化形式，互联网基金销售的规范可以参考传统基金的法律法规，例如《证券投资基金销售管理办法》《中华人民共和国证券法》《中华人民共和国证券投资基金法》等。与互联网基金销售相关性较强的法律有 2013 年出台的《证券投资基金销售机构通过第三方电子商务平台开展业务管理暂行规定》以及 2015 年出台的《货币市场基金监督管理办法》。

《证券投资基金销售机构通过第三方电子商务平台开展业务管理暂行规定》对基金销售机构在第三方商务平台销售基金产品进行了详细规定，指出只有满足一定资质条件的第三方电子商务平台才能与基金公司进行合作。第三方电子商务平台需要到证监会备案，由证监会对其资质进行审核，并对平台进行日常监督。

该规定还对基金公司和第三方电子商务平台的权责义务进行了明确规定，如基金账户开户、宣传推介、基金申购赎回等服务不得由第三方电子商务网站代劳。第三方电子商务平台在基金销售过程中提供的服务只能是辅助性的，并且必须做好信息披露工作。为保证金融消费者的权益，该规定明确指出，如果基金投资人的合法权益因第三方电子商务平台而受到损害，平台必须承担赔偿责任。

随着货币基金在互联网基金市场中的占比越来越大，2015 年年底证监会和人民银行又针对货币基金出台了《货币市场基金监督管理办法》，调整了货币市场基金可投资的范围，对影子定价与摊余成本法计算的基金资产净值的偏离度进行明确规定，从而避免了基金管理人因盲目追求收益而投资风险过大的项目，保障的投资者的资金安全。

在控制流动性风险方面《货币市场基金监督管理办法》要求货币市场基金投资组合的平均剩余期限不得超过 120 天，并且要求保持足够比例的流动性资产。这提高了货币基金销售机构在应对大规模赎回现象时的能力。

该办法还对信息披露做出了详细的要求，为极端情况下的风险处置提供了方案。同时肯定了货币基金的发展，鼓励其继续创新、拓展支付功能。互联网基金销售模式的兴起使得货币基金销售实现了井喷式增长，货币基金的投资人数越来越大。截至 2016 年 10 月仅余额宝用户数就已经超过了 2.6 亿。该办法的出台更好地适应了互联网货币基金的发展形式，使得互联网货币基金的经营者更注重风险防范，加速收益率回归理性，保障消费者的合法权益。

其他关于互联网基金销售的政策与法律法规如图 5-7 所示。

名称	颁布机构	目标效果及策略
《规范互联网基金宣传意见》	证监局	上海等多地证监局要求规范互联网基金宣传用语。要求基金销售机构更新完善有关产品宣传推介内容，避免给投资者造成误解。
政府工作报告	国务院	引导互联网金融发展，完善金融监督。
《国务院关于进一步促进资本市场健康发展的若干意见》	国务院	明确提出促进互联网金融发展的意见和建议，引导互联网金融的发展。
国八条	国务院	规范网络化金融新产品，探索基金等互联网金融产品销售的全新监管方式。
《开放式证券投资基金销售费用管理规定》	证监会	规范基金销售过程中的认申购费，赎回费及销售服务费等费率；规范基金销售机构客户维护费的收取流程；明确基金销售机构不得采取商业贿赂、恶性压低收费水平、擅自改变收费水平，返佣、以及抽奖回扣等方式销售基金。
《关于大力推进证券投资基金行业创新发展建议》	证监会	支持证券期货经营机构、外资银行等申请基金托管资格。推动建立场内与场外、直销与代销、网上与网下相结合的多元化基金销售渠道。

图 5-7　我国互联网基金监管法律法规汇总

三、国外互联网基金的监管措施

美国将 Paypal 货币市场基金纳入现有证券监管体系，主要由美国证券交易委员会（SEC）对其进行日常监管。监管的法律依据主要有 1933 年通过并于 1975 年修订的《证券法》、1934 年出台的《证券交易法》、1940 年出台的《投资公司法》和《投资顾问法》、2010 年出台的《多德—弗兰克法案》等。

四、对我国互联网基金监管的启示

对于互联网基金业务的监管，应充分认识其积极意义和潜在风险，健全适应互联网金融业务特性的监管体系和监管手段，在鼓励创新、保护金融消费者和保证金融稳定间寻求适当的平衡发展。

（一）加快建立互联网金融协作监管机制

当前应尽快建立互联网金融协作监管机制，按照业务类型、最终产品归属等标准明确各相关部门监管职责，实施协作监管，避免发生监管真空，以此促进互联网金融业务健康发展。同时，应加快推进金融业综合统计建设，加强对跨业务、跨市场的同业创新金融产品和金融工具的统计，按照“统一、全面、共享”的目标，加快建立银行、证券、保险等机构全覆盖的金融业综合统计。

（二）按统一监管原则，缴存存款准备金

所有金融业务应遵循统一监管的原则，保证市场的公平竞争，防范和控制金融高风险，实现整个金融体系的安全稳健和有效运行。互联网基金的本质是货币市场基金，其存放于银行的协议存款应纳入缴存存款准备金管理。

（三）加强监管，控制流动性风险

货币基金规模持续扩大，对金融系统影响加大，因此，需要强化货币基金流动性风险管理，建立相应的监管指标体系，提高 T+0 货币基金流动性风险管理要求，完善对货币基金管理机构资本充足率、风险准备金监管制度，确保货币基金流动性安全，避免对整体金融系统造成冲击。

同时，在移动互联网等新型销售模式下，货币基金产品的风险提示被大大弱化，往往未向客户充分展示，为确保客户充分了解货币基金产品的潜在风险，建议进一步规范其销售过程中的风险提示要求，对风险提示事项、展示方式等做出明确规定。

（四）加快发展短期债券市场，完善相关法律法规

大力发展短期债券市场，同时出台相关法律法规，允许货币市场基金参与交易所债券投资，并对估值方法、参与形式等做出明确规定，从而为余额宝等互联网基金提供更多的可配置资产标的，并设计出不同期限的金融产品，有序分流货币市场基金规模，降低其流动性风险。

关键术语

互联网基金　货币市场基金　公募基金　私募基金　存款准备金

本章小结

互联网基金是指在借助互联网媒介的基础上实现投资客户与第三方理财机构的直接交流，从而绕开银行介入，是对传统金融理财服务的延伸和补充。互联网基金销售是指基金销售机构与其他机构通过互联网合作或自行销售基金等理财产品的行为。与传统的基金销售相比，该模式充分利用了互联网的便捷性。传统的基金销售是基金管理机构自行销售或委托第三方渠道进行代销理财产品的模式，互联网基金销售是指基金销售机构与其他机构通过互联网合作或自行销售基金等理财产品的行为。

互联网基金销售平台是指通过互联网和电子商务技术为工具开展理财产品业务的媒介或渠道，这个平台在实践中大概有4类：第一类是包括基金管理公司在内的财富管理公司自己利用互联网技术开展理财产品业务而搭建的平台，其实质是“理财产品+互联网”；第二类是财富管理公司借助第三方互联网平台开展理财产品销售业务，主要是大型的电子商务平台或互联网比价平台等；第三类是大型的互联网公司开展理财产品销售业务；第四类是独立的第三方机构运用互联网开展理财产品销售业务。

与传统基金业务相比，互联网基金操作更为便捷，效率更高，资金交易门槛更低。另外，在费率方面，网上购买基金理财产品费率更为低廉。

互联网基金快速发展的原因：不再依赖传统代销渠道，而与互联网直销平台深度合作；兼具高收益和高流动性；给予客户良好的理财满足感；采取了一定风险防范措施。

互联网基金一方面拓宽了居民投资渠道，有利于推动普惠金融，推动利率市场化改革进程；另一方面也给宏观金融管理和金融风险防范工作提出了新的课题。

拓展学习

拓展学习视频：基金公司的互联网合作模式

任务训练

一、能力训练

1. 请谈谈互联网货币市场基金的主要模式。
2. 为什么余额宝能取得如此巨大的发展？余额宝利率持续走低的原因是什么？
3. 你认为未来余额宝将面临什么样的竞争与挑战。
4. 互联网基金销售有哪些特征与优势？
5. 互联网基金销售对传统基金销售有哪些影响？

二、案例分析

广发基金成立于 2003 年，公司目前拥有公募基金、特定客户资产管理业务、合格境内机构投资者（QDII）资格、以及社保基金投资管理人等业务资格。截至 2016 年一季度末，广发基金旗下公募基金数量达到 94 只，涵盖主动权益、被动指数、大数据、量化对冲、QDII 等完善产品线，其中 ETF 产品 11 只，被赞誉为业内最全的行业 ETF 提供商、海外被动产品最全的产品提供商。在所有基金管理公司中排名第 8 位，属于行业内综合实力较强的基金公司。

广发基金除了与微信理财通合作发售货币基金产品——“广发天天红”，以及与苏宁理财合作推出了零钱宝之外，还在自身网上交易平台推出了以货币基金为核心的现金管理账户——广发钱袋子。该产品除了支持基金转换和定投业务之外，还支持全国 22 家银行信用卡的还款，丰富了货币基金的功能。另外，广发基金还与广东华兴银行推出“华兴宝”，与广发银行、南海农商银行分别合作推出了“慧存钱”和“金豆豆”。

广发基金目前还准备试水票据理财，广发基金钱袋子 APP 内计划上线相关产品，期限

2～6 个月，年化收益率 5%～7%。“广发基金钱袋子”微信公众号也为即将上线的票据理财产品做好了准备，公众号下端的功能栏里已经添加了“票据理财”按钮。广发基金此次推出的票据理财产品，将不同于京东、新浪等互联网金融平台的票据理财产品由金银猫等第三方平台提供，而采取独立运作模式。

广发基金还与百度理财深度合作，依托百度大数据，再结合财务因子、交易数据和相关量化投资策略，运用工具化的模型，推出了广发百发 100 指数基金。基金每个月调整一次成分股，更敏锐地反映市场热点，为客户提供的一个追逐市场热点的投资解决方案。

模拟数据显示，在 2009 年到 2015 年的 6 个自然年度中，广发百发 100 指数共有 6 个年度取得正收益，且正收益幅度全部跑赢上证综指、沪深 300 等大盘指数的表现。从实际收益情况来看，股市在 2015 年春节后进入风格转换的阶段，在一个月的时间内，广发百发 100 指数上涨了 20%，超过了同期上证综指和沪深 300 指数 14%的上涨幅度，再次体现出该指数基金对市场热点的准确把握。

根据材料分析，广发基金主要的优势反映在哪些方面？未来广发基金怎么才能保持自己的领先地位？

第六章 互联网保险

学习目标

通过本章学习，了解互联网保险的概念、流程和优劣势；掌握互联网保险的主要经营模式；了解互联网保险的现状及发展趋势；了解我国互联网保险存在的风险及相应的监管措施。

案例导入

苏宁金融推出“奶粉险”

2014年8月18日“苏宁818大促”开展得如火如荼之际，苏宁金融联合平安保险公司正式推出了“乳制品召回损失险”(简称奶粉险)，这是国内首例对婴幼儿奶粉安全投保的保险险种。该保险是为苏宁红孩子母婴商城客户专属定制，消费者在苏宁红孩子母婴商城购买任意品牌、任意类型的奶粉，都将获赠一份“奶粉险”，一旦所购奶粉品种被国家要求下架，不管奶粉是否对消费者产生了实际损害，苏宁金融公司都将主动向消费者赔付至少2 000元人民币的“乳制品召回损失津贴”，全年最高可累计赔付10万元。

苏宁金融公司负责人在谈到奶粉险时表示，“奶粉险项目致力于为我们的母婴客户提供更优质的保障，体现出我公司对消费者负责任的态度。同时，展现出公司对所上架奶粉质量的信心，这一项目的实施将对公司供应链提出更高的要求。”

事实上，苏宁金融一直都想涉足婴幼儿保险市场。虽然苏宁金融是金融保险市场的新兵，但苏宁是零售业的巨擘，尤其是2012年收购红孩子商城以后，苏宁在母婴市场稳居前列，拥有庞大的母婴市场用户群体。通过对苏宁红孩子母婴商城客户需求和客户购买习惯的分析，苏宁金融公司发现，父母对婴幼儿安全问题的关注度非常高，尤其是婴幼儿的食品安全问题。而在婴幼儿食品中，比重最大的毫无疑问就是奶粉，再加上之前国内奶粉安全问题频繁发生，令父母们对奶粉安全的关注度日益提升，这让苏宁金融公司萌生了要为婴幼儿奶粉研发一款保险产品的念头。

一切并不像想象的那么简单。好的方面是，奶粉险面对的是一个庞大的市场，每年中国新生儿的数量已经达到2 000万。更重要的是，奶粉险的市场一片空白，从未有人涉猎。坏的方面是，国内奶粉市场鱼龙混杂，不仅品牌奶粉安全问题频发，而且市场上充斥着大量的假冒伪劣产品，保险公司对推出这样的险种望而却步。这个时候，苏宁红孩子母婴商城以百分之百的正品保证给保险公司吃了颗定心丸，这也让平安保险公司和苏宁走到了一起，成为“第一个吃螃蟹的人”。当被问到为什么选择苏宁时，平安保险负责人表示：“母婴食品安全保险市场非常有潜力，而选择苏宁，主要是看重苏宁红孩子母婴商城在全国的知名度，以及商城对供应链的严格把控。”事实上，从最初的想法到奶粉险推出市场历时一年，苏宁金融公司就奶粉险的保险额度、保费和保险内容等进行了细致严谨的研发。从某种意义上说，该保险超出了意外损失险的范畴，可以看作是对消费者购买到问题奶粉时受到的精神损失进行赔付。

第一节 互联网保险概述

一、互联网保险的概念

2015 年 7 月 25 日中国保监会（现银保监会）发布关于印发《互联网保险业务监管暂行办法》（以下简称《办法》）的通知。该《办法》中规定：互联网保险是指保险机构依托互联网和移动通信等技术，通过自营网络平台、第三方网络平台等订立保险合同，提供保险服务。

对比传统线下保险，互联网保险的参与方更为广泛，除了原有的保险公司、代理人以外，还包括官方网站、综合性电子商务平台、专业保险销售平台等，它们都发挥着重要的作用。

二、互联网保险的流程

互联网保险的流程包括搜集和分析数据、保险产品个性化设计和精准营销、提供保险产品的购买、在线核保与理赔、在线交流，如图 6-1 所示。

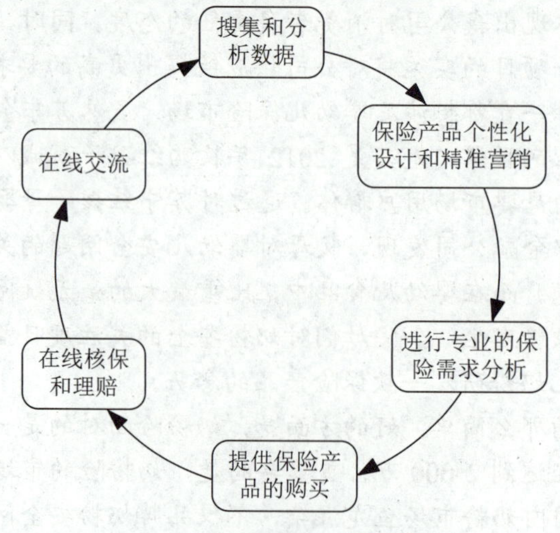

图 6-1 互联网保险流程图

1. 搜集和分析数据

数据对于互联网保险具有重要的价值，保险公司通过对消费者行为数据、消费数据等互联网数据加以收集，并运用保险精算技术进行分析，可以开发出更具需求针对性的保险产品。

2. 保险产品个性化设计和精准营销

保险产品设计和营销是影响产品销量的关键，在这方面互联网保险的优势是非常明显的，一些保险公司已经推出了互联网渠道的保险定制服务，而基于互联网技术的精准营销也被广泛运用，例如，很多保险公司通过百度、搜狗等互联网搜索引擎进行定向推广。

3. 进行专业的保险需求分析

进行专业的保险需求分析是指保险公司提供网页形式的保险需求评估工具，通过需求评估工具对投保人的消费能力、风险偏好等进行评估，然后有针对性地推荐符合投保人需求的保险。这种网上评估方式能有效地减少客户选择困难，既专业又易于被客户接受。

4. 提供保险产品的购买

在客户确定自己需要的保险产品之后，下一步就是进行网上购买。这要求保险公司做好网上购买对接服务，包括在合作平台提供购买入口、开发自己的保险销售网站和手机客户端等。

5. 在线核保与理赔

在线核保与理赔是指保险公司通过推出在线核保与理赔的作业流程、争议解决办法，并提示理赔所需单证和出险联系电话、地址信息等透明化服务，使客户更方便地办理理赔。

6. 在线交流

提供在线交流服务是指保险公司人员与客户进行在线交流，为客户提供售前咨询、评估、售后保障及理赔服务，最大限度地化解客户购买产品的疑虑。

三、互联网保险的优劣势

相比传统的保险业务，互联网保险究竟有哪些优劣势呢？

（一）互联网保险的优势

1. 成本优势

传统渠道的租金、人工费用等成本不断攀升，导致传统渠道下的保险收益率不断下降。保险公司在线售卖保险产品，大大降低了管理成本和产品费率。据数据统计，在网上卖出一份保单比传统营销方式节省50%～70%的费用。

2. 数据优势

在设计保险产品时需要用到大量的数据，在传统渠道下，通常由渠道的经办人代填客户信息，然后将数据传递给保险公司，这种模式下客户数据不能及时得到更新和完善，限制了国内保险公司的发展，也导致各家公司之间产品同质化现象严重。通过互联网，保险公司可以直接面对客户，将客户的信息第一时间录入数据库中，从而减少了信息被截留的概率，并且可以尽可能地让信息保持完整，有助于进一步的客户需求开发。

3. 客户优势

无论是传统的线下销售，还是电话销售，都是保险公司主动寻求客户，客户是被动地接收一些保险信息。而互联网保险更多的是客户主动搜索和购买，保险公司处于优势位置。

4. 便捷优势

保险公司利用互联网可以很方便地向客户推荐和介绍保险品种，当客户选定险种并填好投保资料后，如果其满足保险公司的承保条件，立刻会得到保险公司提供的缴费链接，而缴费成功后，很快就能通过邮件或登录网站获得电子保单，整个购买过程所用时间比其他渠道大大减少，投保流程比线下更为便捷。

5. 创新优势

顺应互联网的发展趋势，更多的保险公司开始在网络平台上进行产品创新，推出适合互联网销售的新型保险产品，如退运险、航延险和碎屏险等，如图 6-2 所示。

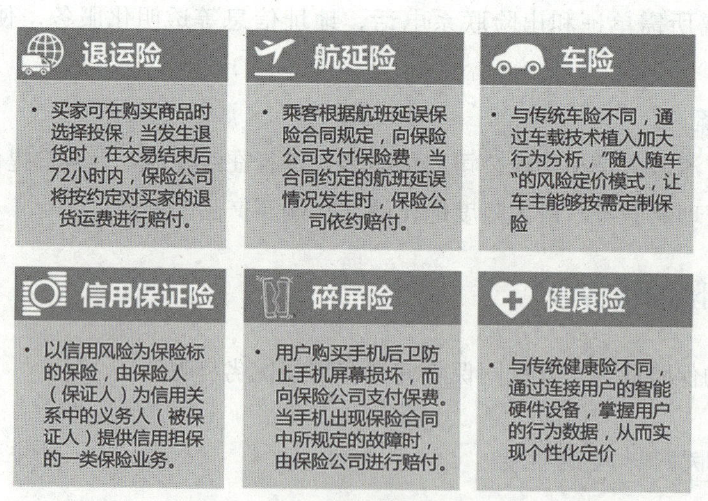

图 6-2　我国互联网保险的创新品种（数据来源：艾瑞咨询）

（二）互联网保险的劣势

虽然越来越多的用户已经开始习惯于对保险产品进行线上搜索，然而海外互联网保险

的经验表明，单纯的搜索频率增长并不能代表相应的在线购买率的提高。由于保险产品本身比较复杂难懂（尤其是寿险类产品和养老金产品），使得代理人一环无法被省略。所以网络保险目前的角色只能充当代理人渠道的补充品。

从目前全球互联网保险的发展情况来看（见表 6-1），互联网保险最成熟的环节是对保险产品的信息检索，但这仅仅只是互联网保险最基本的服务，后续的保险认购、保后服务和保险索赔普遍处于起步阶段和中等水平，未来需要加强提升。

表 6-1　互联网保险各环节发展情况

险种	地区	信息检索	保险认购	保后服务	保险索赔
非寿险	北美	发达水平	全球领先	发达水平	中等水平
	亚太	发达水平	全球领先	中等水平	中等水平
	欧洲	发达水平	中等水平	中等水平	中等水平
寿险	北美	发达水平	中等水平	中等水平	中等水平
	亚太	发达水平	中等水平	中等水平	起步阶段
	欧洲	中等水平	起步阶段	起步阶段	起步阶段

第二节　互联网保险的主要模式

保险公司的经营模式因为互联网环境的介入而有所升级，互联网保险主要包括官方网站模式、综合性电子商务平台模式、网络兼业代理模式、第三方保险销售网站模式和专业互联网保险公司模式 5 种。

一、官方网站模式

官方网站模式是指保险公司通过建立自主经营的电子商务平台，实现展现自身品牌、拓展销售渠道、增强客户体验等目的的电子营销方式。该模式能有效促进保险公司线上线下资源整合，提高经营管理水平。2000 年，平安保险、太平洋保险、泰康人寿相继成立官方网站作为直销平台，开始了企业官方网站的品牌宣传和资讯传播，这是我国互联网保险发展进程中具有里程碑意义的一年。

表 6-2　国内主要保险公司官方网站

公司	官方网站	销售险种	运营单位
中国人寿	国寿 e 家	人身保险	中国人寿电子商务有限公司
中国平安	网上商城、万里通、一账通	人身险、车险、意外险及小微团险	事业部负责
中国太平洋保险	在线 e 购	人身保险	事业部负责、太平洋保险在线服务科技有限公司
新华保险	网上商城	人身保险	新华电子商务有限公司
太平人寿	网上商城	人身保险、车险、意外险	太平电子商务有限公司
泰康人寿	泰康在线	人身保险	事业部负责

如今我国保险公司不仅都建立了官方网站，同时还运用云计算、大数据、移动互联网等新技术，对业务流程进行改造升级，从而给消费者提供更加便捷的消费体验，也给适合于官网销售的保险产品带来越来越多的市场空间。

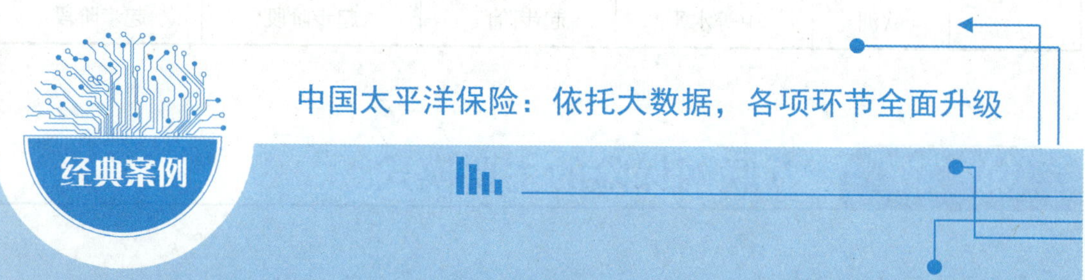

中国太平洋保险：依托大数据，各项环节全面升级

中国太平洋保险自 2011 年开始积极拥抱互联网创新，经过近几年的发展，公司互联网战略日渐清晰，并首创业内的互联网移动实验室，力图通过对大数据分析，全面升级公司的各个环节。目前公司各项业务均实现移动端 100%覆盖，为行业首家。

中国太平洋保险依托大数据分析，不断完善保险业务的各个环节，并建立了以“神行太保”（主要针对内部员工）和“中国太保”微信平台（主要针对外部客户）为主的云系统，专注于“发现型”和“预测型”产品的研发，其对应的代表性产品分别是“智慧小太保”云核保平台和“慧眼”系统。其中“智慧小太保”通过大数据分析，能够对投保的每一个环节提供大数据支撑，帮助销售人员就选择核保人员、任务流程管理等事项实现最优处理。公司同时搭建了专业的移动实验室，专门负责对数字化产品的研发和维护。

“中国太保”微信平台作为业内首款智能型保险互动平台，自推出后便受到广泛关注。“神行太保”目前已对公司销售人员实现 100%覆盖，销售人员能够通过一个便

携的平板电脑，随时随地查看保险业务的各个环节，大大提升了保险销售人员的销售效率。相对以往保险人员需要携带大量纸张笔记，“神行太保”的出现颠覆了传统保险合同签约流程，所有的业务流程均可以通过一个平板电脑实现无纸化，不仅规范了保险产品销售，杜绝了可能存在的舞弊欺诈，还方便双方有效沟通，更免去了以往保险合同签订时需要的大量案头工作。

资料来源：节选于广发证券-互联网保险深度报告：革新突破，渠道升级

（一）官方网站模式的条件

建立官方网站的公司需要具备以下几个条件：

（1）资金充足。企业建立自己的官网，更多的是为了展现品牌，销售产品。为此，企业需要雄厚的资本，获取更多的流量和广告投入。

（2）丰富的产品体系。互联网金融中，很多企业是利用产品优势获得成功的，拥有几个或一系列完整的产品体系，满足客户在不同时期、不同状态下的需求，一直是选择官网模式的企业所追求的目标。

（3）运营和服务能力。一个官方网站要长足经营，需要充分建立和使用互联网快速、便捷、安全的线上管理信息系统，客户关系管理系统，企业资源计划系统等，对运营流程进行改造。

（二）官方网站模式的交易流程

从目前传统保险企业直销官网交易来看，官网模式可以让用户有更多的自主选择性，浏览产品信息、对比产品细节、缴费等均可在线完成，其交易流程如图 6-3 所示。

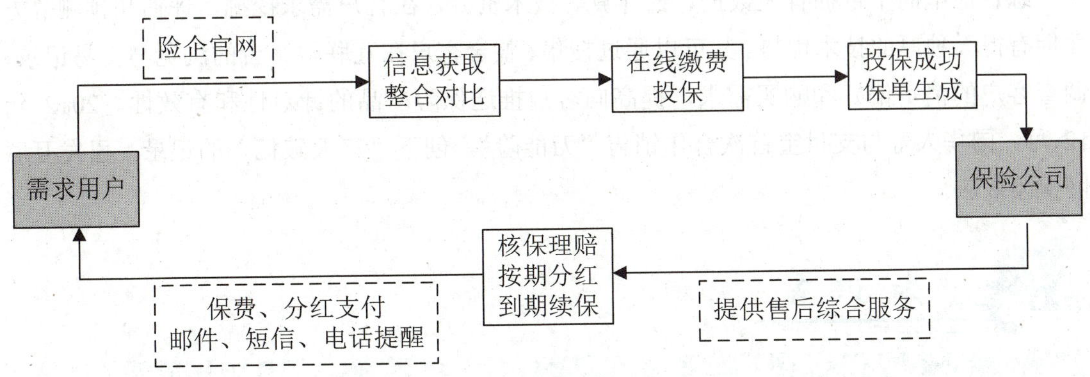

图 6-3 保险公司网站产品交易流程

虽然用户自主参与度高但部分个性化需求难以得到满足，官网定制组合能力差，与第三方平台的多品牌海量资源相比，产品略显单一。保险公司官方网站大部分都是复制升级

原有寿险、财险产品，使产品同质化问题从线下被转移到了线上。总体来看，官网模式整体创新动力不足，互联网创新产品主要动力来自第三方保险机构以及合作平台的促进。

二、综合性电子商务平台模式

综合性电子商务平台模式是指保险公司通过综合性电子商务平台开展保险业务的保险经营模式，有代表性的有天猫商城、苏宁易购、京东商城等，如表 6-3 所示。

表 6-3　国内主要电商平台保险销售情况

主要电商平台	合作险企
天猫商城	在淘宝官方旗舰店设立旗舰公司的财险公司和寿险公司均达到几十家，产品涉及车险、旅行险、少儿险、健康险、财产险、意外险和理财险等多个领域
苏宁易购	合作险企主要包括中国平安、太平洋保险、泰康人寿、阳光保险和华泰保险 5 家
京东商城	与泰康人寿、太平洋保险等 7 家险企开展了合作

（一）综合性电子商务平台模式的优势

综合性电商平台作为一种促进互联网保险快速发展的重要模式，具有客户群流量优势、互联网技术优势及互联网创新优势。

1. 客户群流量优势

综合性电商平台通常拥有超大流量、海量数据、关联的行为偏好和商品数据等，可以为保险企业带来巨大关注并增加潜在客户。

2. 互联网技术优势

综合性电商平台拥有大数据、云计算等技术资源，在客户需求挖掘、评估和预测等方面拥有得天独厚的技术优势。其可以通过搜集、整合客户在互联网平台的浏览与交易记录，调查客户的消费偏好和购买需求，提高向客户推送保险产品的针对性和有效性。2012 年 12 月，国华人寿与支付宝首次合作销售“万能险”，创下“三天破亿”的记录，引发互联网保险效应。

什么是“万能险”？

中国银保监会官方网站上在“消费者教育及在风险提示”栏目中对“万能险”有详细解释：万能险是包含投资和保障两大功能的人身险产品，投保人将保费交到保险

公司后会分别进入两个账户，一部分进入风险保障账户用于保障，另一部分进入投资账户用于投资。其中保障额度和投资额度的设置主动权在投保人手中，投保人可根据不同时期的需求进行调节，投资账户的资金由保险公司代为投资，投资利益上不封顶，下设最低保障利率，一般最低保障利率为 2.5%左右。万能险作为一种介于分红险与投连险（即投资连结保险，也叫“变额寿险”）间的投资型寿险产品，具有风险与保障并存的性质，其收益情况与保险企业的业绩、投资收益情况紧密挂钩。如果险企业绩不好，万能险的收益率就很难达到预期。

3．互联网创新优势

在网络时代，互联网不断激发创新活力。随着金融市场竞争的不断加剧，第三方电商平台利用互联网的强大创新优势，通过创新开展业务，实现与传统业务领域的跨界合作，紧紧抓住科技创新的主动权，例如部分企业如平安、泰康、太平洋等保险公司有针对性地对特定领域进行了产品创新升级、个性化定制，如图 6-4 所示。

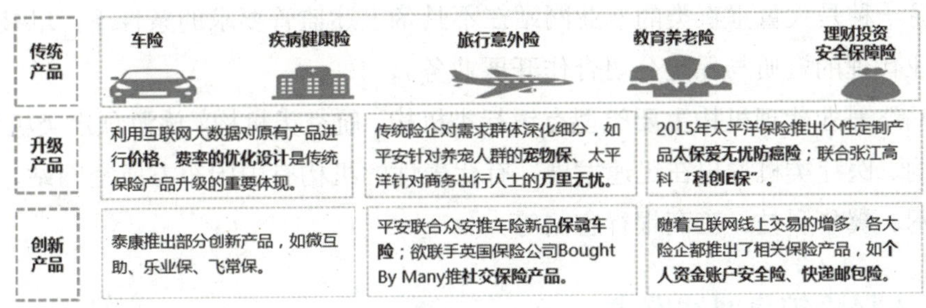

图 6-4 部分保险公司网站创新产品

（二）综合性电子商务平台模式的交易流程

互联网企业和电商网站参与互联网保险主要有两种方式，交易流程如图 6-5 所示。

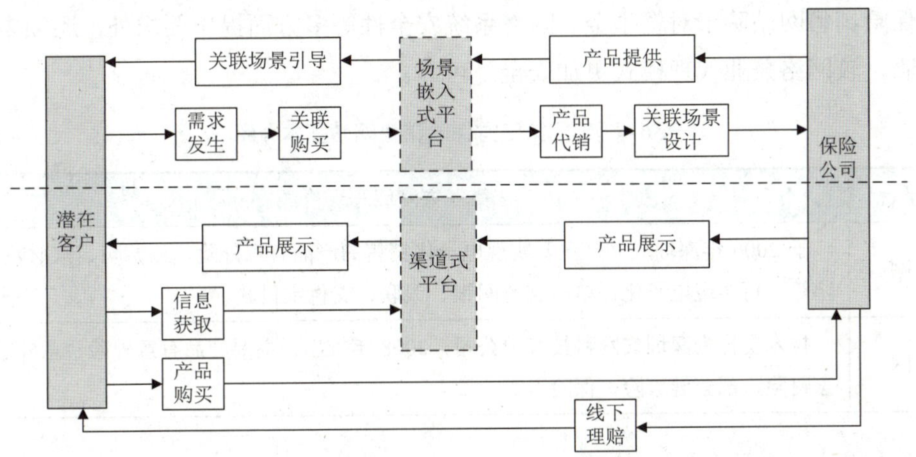

图 6-5 互联网企业电商网站保险产品交易流程

第一种是以门户、行业分类信息网站为主的基础引流渠道，保险公司利用互联网企业频道资源进行产品宣传展示，将用户引流至自平台交易。

第二种是以B2C、O2O电商平台为主的场景嵌入式渠道，借用互联网交易场景关联保险产品销售，例如，购物送险逐渐成为电商标配，如赠送运费险、外卖险等。但由于场景嵌入式平台缺乏专业保险从业经验，所以由场景引发的产品碎片化也给互联网企业和电商网站带来了一些困扰。

三、网络兼业代理模式

互联网时代衍生出网络化的兼业代理模式，因其门槛低、办理简单、对经营主体规模要求不高等特点而逐渐成为目前互联网保险公司中介行业最主要的业务模式之一。

网络兼业代理模式分为两种：一种是按保监会《保险代理、经纪公司互联网保险业务监管办法（试行）》规定，获得经纪牌照或全国性保险代理牌照的中介机构从事互联网保险业务；另一种是大量垂直类的专业网站在不具备上述监管要求的条件下，以技术服务形式使用兼业代理的资质与保险公司合作开展业务。

保险网络兼业代理机构主要类型有银行类机构、航空类机构、旅游预定类机构，目前，汽车类机构、医疗类机构也在迅速发展，有代表性的机构有中国东方航空网站、携程旅行网、芒果网、翼华科技、工商银行官网等。

四、第三方保险销售网站模式

2012年2月，保监会（现银保监会）正式公布第一批获得网上保险销售资格的网站，包括慧择网、捷保网等19家国内专业第三方保险销售网站，部门网站的基本介绍如表6-4所示。互联网保险公司中介网销的大门从而打开，此后保险中介业务规模得到高速发展。第三方保险销售网站除了对资本金、网络系统安全性等多方面提出要求外，还须申请网销保险执照，较网络兼业代理模式更加安全、可靠。

表6-4　部门第三方保险销售网站基本介绍

网络平台	第三方网络平台介绍
慧择网	于2006年深圳成立，主要实现电子化销售的产品有意外险、旅游险、家财险、货运险等；可实现电子化保单，支持网银、银联、支付宝付款
捷保网	技术支持为深圳安网科技有限公司，2008年推出，主要产品有意外险、意外医疗险、家财险、部分健康险、保险卡等

（续表）

网络平台	第三方网络平台介绍
E 家保险网	2007 年在上海设立。主要险种有汽车保险、出国保险、意外保险、健康医疗保险、家财保险；实现电子保单，支持支付宝付款
搜保	于 2006 年北京设立，经营车险，主要经营范围为北京、深圳、广州、东莞、天津；车险投保方式为在线选择、获得报价、信息审核制

专业第三方保险销售网站在掌握大量用户保险产品交易数据的前提下，根据用户的需求变化进行定制化产品开发，已成专业第三方互联网保险机构发展特色。区别于其他互联网保险从业机构，专业第三方互联网保险机构既能够保持传统产品专业的“深度”，又能覆盖互联网保险场景的“广度”。

专业第三方保险销售网站在交易过程中起到纽带的连接作用，它一方面为用户提供尽可能丰富的产品，并衍生出产品优化组合、个性定制、协助理赔等深度的服务，如图 6-6 所示；另一方面能够拓宽带动传统保险企业的销售渠道，加强产品创新、监督理赔服务，促进传统企业产品、服务的良性竞争，为构建互联网保险的生态环境贡献了较大的力量。

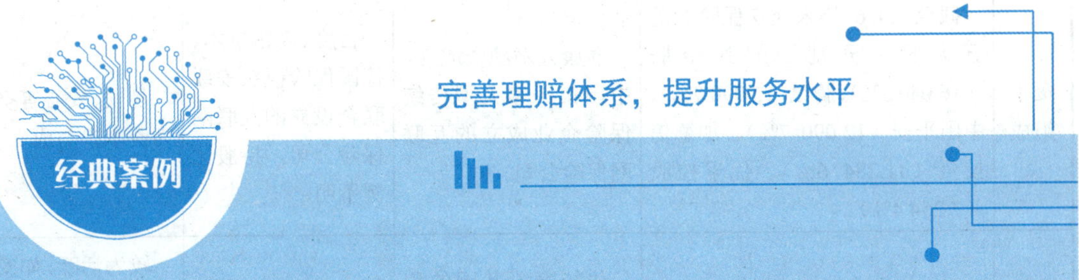

图 6-6　第三方互联网保险机构保险创新产品

经典案例

完善理赔体系，提升服务水平

近五年来，泰康在线累计理赔客户数为 110 万人，累计赔付案件数为 385 万件，累计赔款达 60 亿元，其中健康险累计赔款达 14.76 亿元，占总赔款金额的四分之一。五年来，泰康在线不断进行技术革新，持续完善理赔体系，应用新一代理赔核心系统“北斗”，实现了秒级快速赔付。

为快速响应客户需求、加快理赔流程，泰康在线持续深化智能客服机器人的应用，采用语音、文字并重的交互方式，达成1秒服务8 000人的目标，满足客户24小时即时服务的需求，且回复准确率高达 99.9 %。此外，泰康在线智能客服机器人可根据车险、健康险、意外险、财产险等不同产品的不同场景进行多轮对话，保证服务的高效与便捷。

2019年3月，泰康在线推广一定范围内的小额理赔免原件服务，为客户量身定做了一套全流程电子化理赔系统。客户只需要通过官方微信、App等途径登录平台，即可自行办理案件申报和理赔资料上传等业务，免去了来回奔波的麻烦。所有的理赔案件均为系统自动审核，流程简单、审核速度快。在该服务上线后，泰康在线小额案件的结案速度提高了 300 %，极大地改善了客户的理赔体验，使客户满意度直线上升。

此外，泰康在线还利用 OCR（光学字符识别）技术来替代人工初审，以解决部分医疗单据识别效率低的问题。截至目前，OCR系统自动理算率达到100 %，文字识别率大于 95 %，识别单张单据的平均时长仅为 2.5%。

泰康在线 CEO 表示，在互联网时代的背景下，保险客户的需求和行为发生了显著变化，客户需要的不再只是理赔款，而是一个对抗风险的综合解决方案。未来，泰康在线将继续以升级保险服务为目标，致力于为客户带来更好的服务体验。

资料来源：中华网，https://tech.china.com/article/20200313/032020_480332.html

五、专业互联网保险公司模式

专业互联网保险公司模式是指拥有监管部门颁发的保险牌照，不设线下分支机构，专门针对互联网保险需求，从销售到理赔全部交易流程都在网上完成的保险经营模式。目前，互联网保险公司主要包括众安保险、泰康在线和百安保险等，如表 6-5 所示。

表 6-5　专业互联网保险公司

	众安保险	泰康在线	百安保险	其他（易安、安心）
资本组成	截至 2016 年末众安保险的前五大股东分别为蚂蚁金服（16.040 3%）、腾讯（12.090 7%）、中国平安（12.090 7%）、加德信投资（11.284 6%）、优孚控股（7.254 4%）	泰康人寿独资成立，中国第一家大型传统保险企业成立的互联网保险公司	百度、高瓴资本、德国保险巨头安联联合设立的互联网保险公司，持股比例不明	易安、安心等多为资本参与成立
发展动态	总保费从 2014 年的 7.94 亿元增长至 2016 年的 34.08 亿元，还在快速增长	传统寿险基因的积淀，以及后天补充到位的互联网基因，共同成就了泰康在线在互联网保险领域得天独厚的优势	2015 年 11 月成立，旅行健康险和互联网金融险是业务重点	较为活跃，如安心保险此前推出的天气险、恋爱险等综合场景险及家政无忧险等垂直细分场景险，很受欢迎

（续表）

	众安保险	泰康在线	百安保险	其他（易安、安心）
产品特点	与互联网生态内的所有场景快速建立连接，截至2016年末，众安保险已搭建生活消费、消费金融、健康、车险、旅游五个生态系统	泰康在线已形成互联网产寿险结合的保险产品体系，产品线涵盖互联网财产险、旅行险、健康险、意外险、年金和投资连结险等	险种涵盖旅游、餐饮、出行、医疗、和教育等	营业范围大多包括与互联网交易直接相关的企业/家庭财产保险、货运保险、责任保险、信用保证保险、短期健康/意外伤害保险

（一）专业互联网保险公司模式的特点

与传统保险公司线上化不同，专业互联网保险公司的线上化主要体现在以下几个方面。

1. 产品设计体现互联网特征

产品设计体现互联网特征主要表现在两个方面：一方面是在车险或健康险中，通过各类移动设备远程采集客户相关行为数据，进行出险评估，实现精准定价；另一方面是发掘因互联网经济产生的全新保险需求，基于互联网应用创设全新产品。与传统保险公司的产品创新相比，互联网保险公司在第二类“基于互联网应用的全新产品创设”中更为开放和灵活。

2. 结合销售线上化实现精准营销

销售线上化是指专业互联网保险公司没有传统保险经纪/代理人和线下实体店，都是用户线上自主购买保险产品。结合销售线上化，互联网保险公司进一步实现了精准营销，例如，通过客户线上浏览产品的行为数据进行分析，有针对性地推荐保险产品。

3. 售后服务和承保理赔线上化

专业互联网保险公司的售后服务以客户为核心，提供手机移动端线上服务，通过电话沟通或线上上传理赔资料等方式实现在线承保和理赔。

（二）专业互联网保险公司模式的交易流程

随着网络的发展，社交、理财、购物、美容、餐饮、娱乐等多领域都向互联网化方向发展，互联网保险公司基于以上互联网场景，联动互联网的参与方（如互联网电商、互联网社交、互联网金融等公司及场景消费的个人客户），嵌入互联网背后的物流、支付、消费者保障等环节，创造新的互联网保险产品，并实现保险产品从购买到理赔全环节的线上进行，其交易流程如图6-7所示。

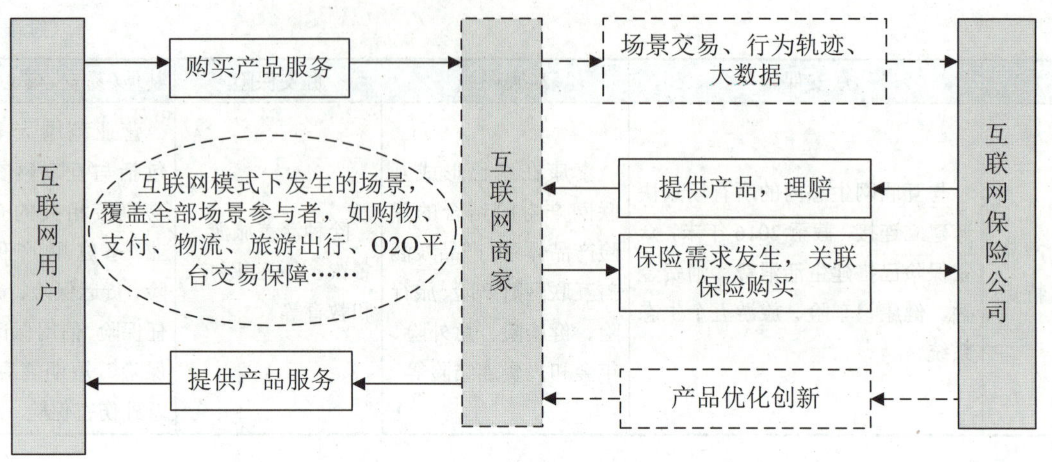

图 6-7　互联网保险公司产品交易流程

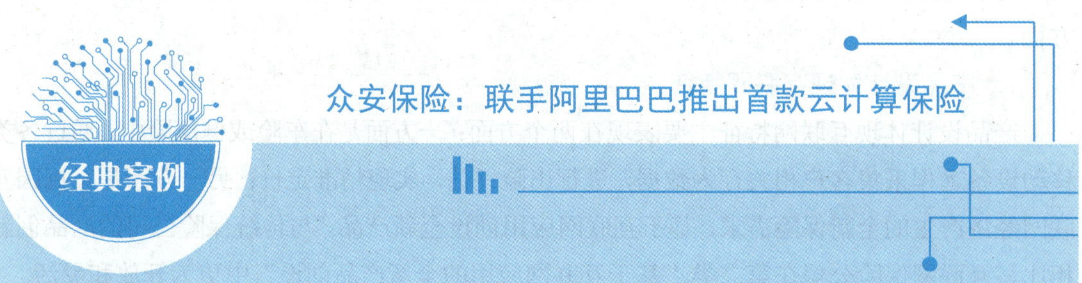

众安保险：联手阿里巴巴推出首款云计算保险

众安保险成立于 2013 年，是我国第一家专业互联网保险公司。众安保险的定位是“服务互联网”，即服务于互联网生态的保险需求，业务范围主要是与互联网交易相关的责任险和保证险两大类财产险。众安保险不仅通过互联网销售传统的保险产品，而且还通过创新型的保险服务项目帮助互联网在融入各行各业的过程中化解和转移风险，为互联网行业的稳健、高效运行提供风险保障，使互联网生态更加安全、丰富。

近几年来，随着云计算的普及，大量政府核心数据、社会公共数据、企业运营数据已经接入云计算，越来越集中的云计算和云存储带来了高度的数据安全风险，这时云计算保险就十分必要了。可以说云计算与保险是硬币的两面，云计算的高速发展需要保险服务作为其安全后盾，两者共同发展，互为补充。阿里云联手众安保险推出的云计算保险，让阿里云的用户有了 100%的保障。国内首款云计算保险模式是由众安保险承保，保障范围覆盖数据安全、服务可用、硬件设备、网络通信等多个层面，保费由阿里云全额承担。

阿里云的用户如遇到数据安全、云服务、硬件设备故障等问题，都将由专业的第三方保险公司提供赔付，同时也对数据的 100%私密性、100%可销毁性等提供保障。后期如用户遭遇损失，只需联系阿里云客服反馈情况配合理赔即可，众安保险将根据损失情况进行

赔付。同时，按照规划，未来阿里云与众安保险还将推出更多用户可选的增值服务，如用户可为自身系统投保购买更高保障，若遭遇黑客攻击造成损失，将可获得保险赔付。

云计算保险将是互联网保险在云技术领域迈出的第一步。为更多互联网安全问题提供量身定制的保险服务，将互联网保险的保障机制引入到互联网技术领域乃至整个互联网生态中，这是互联网保险公司探索的路径。阿里云和众安保险基于双方互有优势的技术和服务，在国内率先突破现有的云计算保险营销模式，最终实现云计算领域保险合作的双赢结果，为云计算行业树立典范。保险这一举措将推动更多企业上云，云计算保险在未来将会成为云服务商的标配。

第三节 互联网保险的现状及发展趋势

一、互联网保险的发展背景

中国保险行业协会发布的《2016年互联网保险行业发展报告》称，中国保险行业的现实需求为互联网保险的发展提供了内生动力。虽然互联网保险的发展还不及互联网银行、互联网消费金融及理财等的发展，但相比于信托、证券、基金及期货，互联网保险已经站在了互联网金融发展的潮头。借助互联网，一场保险业销售渠道的革命正悄然而来。

互联网保险快速发展的背景主要包括以下几个方面：

一是传统销售体系遭遇成本较高而利润较低的发展瓶颈。现阶段，保险公司面临销售渠道受限的困境。一方面，代理人渠道问题重重；另一方面，面对垄断保险产品代销的银行渠道，保险公司逐渐丧失了议价能力和话语权，随着佣金费率的水涨船高，保险公司从银行保险渠道获取的利润越来越薄。互联网保险为保险行业带来的渠道创新机遇将成为公司关注利润增长的重点。

二是保险行业整体形象亟待改变。长期以来，保险行业社会口碑较差、形象欠佳，被诟病的主要问题包括销售环节误导严重、理赔难问题突出和从业人员素质偏低。而互联网线上交易的模式避免了传统保险业务员推销骚扰的弊病，加强了公司对整个业务流程的监控，并且，通过改变销售模式和重构行业价值体系，实现了扭转负面形象的自我革新。

三是保险行业产品和服务创新需求强烈。传统保险行业存在产品单一化、服务配套不足等创新缺失问题，在一定程度上偏离了以消费者真实需求为中心的要求。与互联网交易特点相结合的保险产品服务设计将颠覆传统保险的设计思路，与大众生活结合得更为紧密。

四是中小型保险公司寻求市场突破。通过部署在线投保渠道，中小型保险公司有机会从互联网保险金融的发展潮流中争取更多的市场份额，实现渠道的差异化竞争。

五是保险消费群体的市场需求需要满足。20～35 岁人群是网络消费群体的主体，呈现出高知识水平、高收入和年轻化的群体特征，互联网有助于提升保险公司对这部分消费群体的客源捕捉能力。

二、互联网保险的发展现状

（一）互联网保险高速增长

作为金融行业的重要组成部分，互联网保险在我国的发展逐渐与国际接轨。互联网保险在我国虽然起步较晚，但发展迅速。2011 年到 2013 年间，我国经营互联网保险的公司已经从 28 家上升到 60 家，增速达 46%。2014 年全国互联网保险市场规模达到 859 亿元，同比增长达 195%，如图 6-8 所示。2015 年是中国互联网保险发展元年，由于经济、政策、互联网技术、社会环境等多因素利好保险行业发展，保险行业互联网化进程不断加速，互联网保险公司增多，第三方保险机构力量壮大，保险产品从被动销售的产品转化到主动需求的金融品类。截至 2015 年底，我国共有 110 家保险公司经营互联网保险业务，比 2014 年增加 25 家，全国保险行业已经有近八成保险公司通过自建网站、与第三方平台合作等不同的经营模式开展了互联网保险业务。

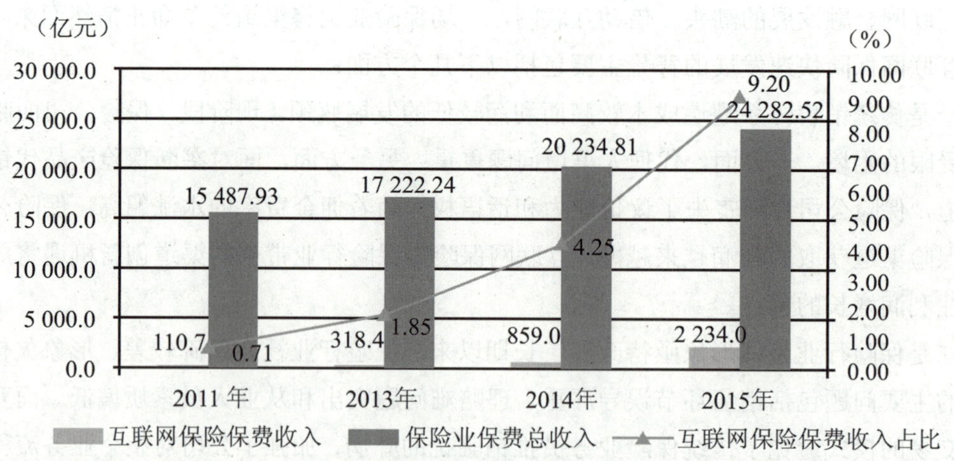

图 6-8 中国互联网保险增长情况

现阶段互联网保险高速增长主要基于以下原因：一是理财型保险产品在第三方电商平台等网络渠道上持续热销，同时互联网车险保费收入增速也处于上升阶段；二是保险公司对于互联网渠道重视度大增，加大了拓展力度，尤其是中小保险公司转战互联网，寻求新的市场空间。

（二）与发达国家差距较大

以美日英为代表的发达保险市场历史悠久，三国近年来保费收入占据世界前三，而随着我国互联网保险市场飞速发展，2015 年，我国总保费规模突破 387 亿美元，一举超越英国成为世界第三大保险国家，如图 6-9 所示。虽然保费总规模与发达国家相当，但我国各地区的保险行业发展水平极不平均，从保险密度和保险深度来看，中国保险行业整体发展水平与世界平均水平还有较大差距。

Advanced markets
发达保险市场

国家	按保费规模排名
美国	1
日本	2
英国	4
法国	5

Emerging markets
新兴保险市场

国家	按保费规模排名
中国	3
印度	12
巴西	14
俄罗斯	31

图 6-9 全球各国保费对比

保险密度是指按当地人口计算的人均保险费额，2013 年度中国大陆地区保险密度为 201 美元/人，而英美等国同期的保险密度达到了 4 000～5 000 美元/人，是我国保险密度的 20 倍之多；保险深度是指某地保费收入占该地国内生产总值（GDP）之比，反映了该地保险业在整个国民经济中的地位及一国经济总体发展水平和保险业的发展速度。我国保险深度如图 6-10 所示。

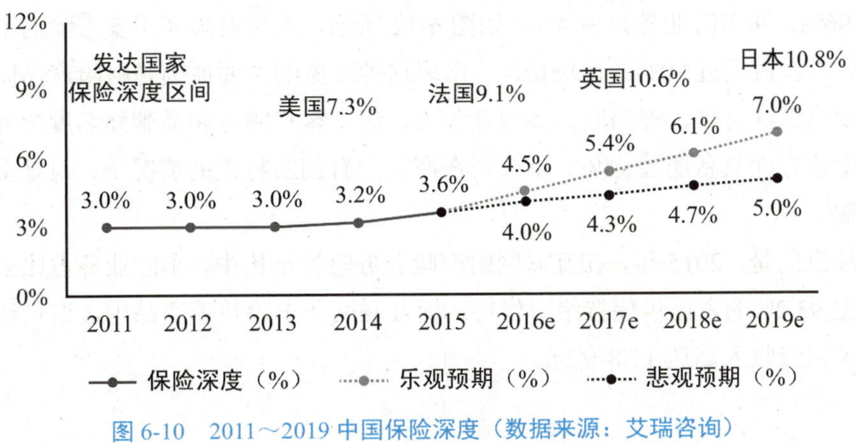

图 6-10 2011～2019 中国保险深度（数据来源：艾瑞咨询）

（三）互联网保险竞争格局初步形成

目前，互联网保险竞争格局已初步形成，具体包括人身险收入超过财产险、财产险市场份额主要集中在大公司和人身险市场小公司具有优势。

1. 人身险收入超过财产险

互联网保险按照产品结构可分为互联网财产险和互联网人身险两种。2015 年，互联网财产险和互联网人身险实现保费收入 768.36 亿元和 1 465.60 亿元，在互联网保费总收入中占比分别是 34.39%和 65.61%，如图 6-11 所示，互联网人身险收入首次超过财产险。数据显示，无论是互联网保险，还是整个保险行业，人身险业务保费收入增量占行业保费总收入增量的比例（即保费增量贡献率）都是逐年增加的，而财产险的保费增量贡献率则逐年下降。

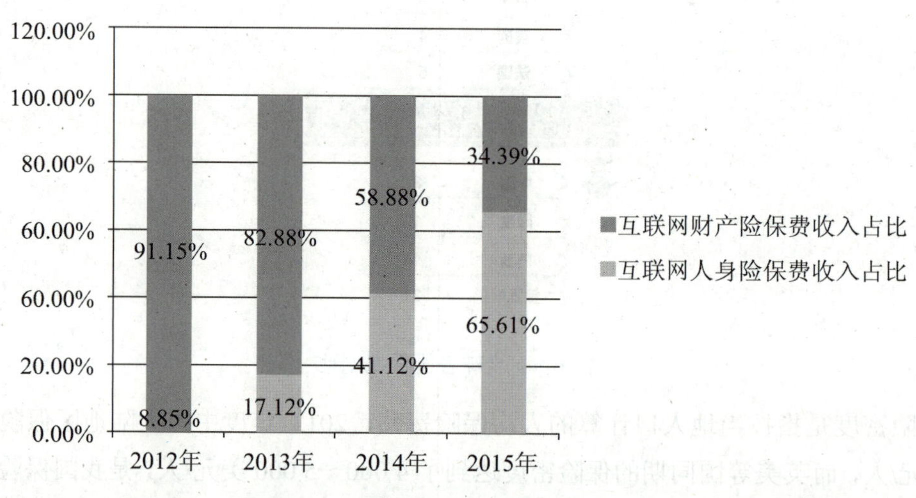

图 6-11　互联网保险产品结构占比图

2. 财产险市场份额主要集中在大公司

从市场竞争格局看，互联网财产险市场集中度远高于传统业务，2014 年车险业务占市场份额的 96%，非车险业务只占 4%，如图 6-12 所示，人保财险和平安产险的市场占有率遥遥领先，二者占据近 80%的市场份额。出现这种现象的主要原因是财险产品同质化比较严重，主要靠后续管理、理赔服务体现竞争力，线下客户服务和品牌知名度格外重要，而大公司在上述方面具备明显优势。小公司在产品没有创新特色的情况下，很难蚕食大公司的市场份额。

值得注意的是，2015 年，在互联网财产险业务险种结构中，车险业务占比虽较去年有所下滑，但 93.2%的占比仍保持绝对优势；而互联网非车险热销产品中，退货运费险独占鳌头，实现保费收入高达 17.8 亿元。

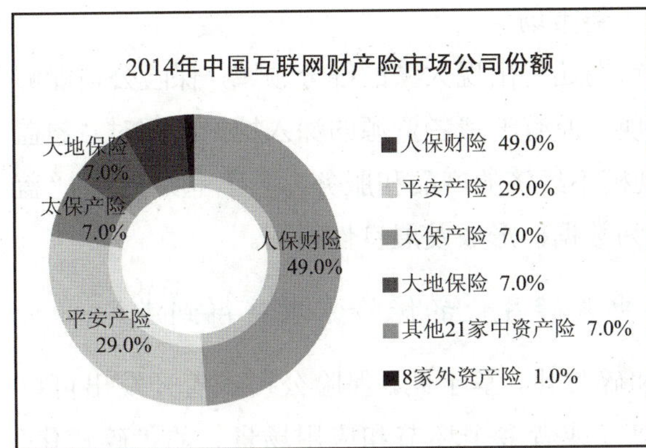

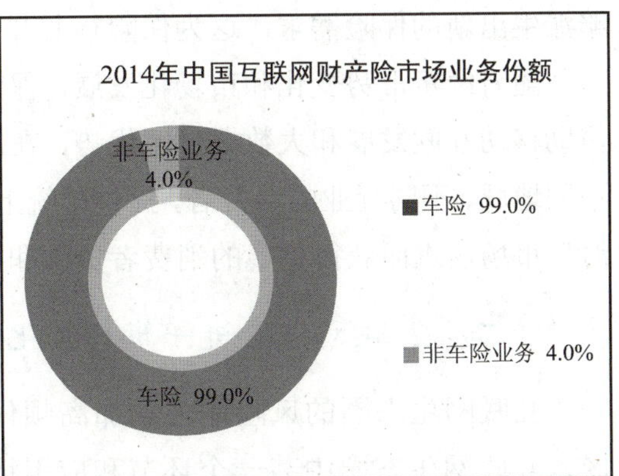

图 6-12　2014 年中国互联网财产险市场份额

3．人身险市场小公司具有优势

互联网人身险的市场份额更加分散，呈现中小公司领跑的局面，光大永明、工银安盛、前海人寿等中小公司的市场份额居前，如图 6-13 所示。其中，万能险产品占据了过半的市场份额。中小保险公司主要是通过理财型保险的收益率优势，实现保费收入的突破，从而在市场份额上超越大型保险公司。但此种发展模式并不可持续，未来互联网人身险市场上的发展重点仍将回到针对用户保障需求的产品和服务创新上来。

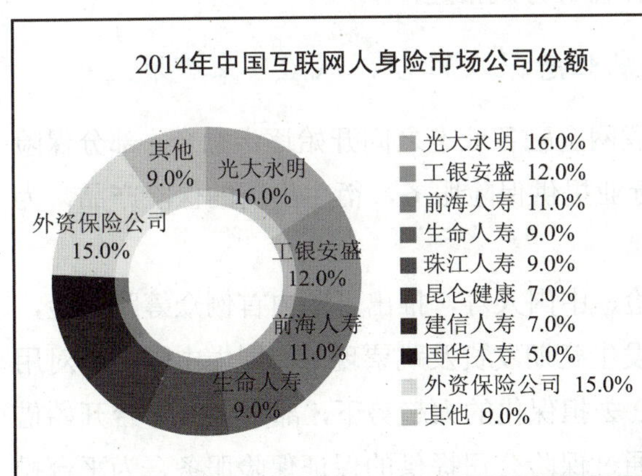

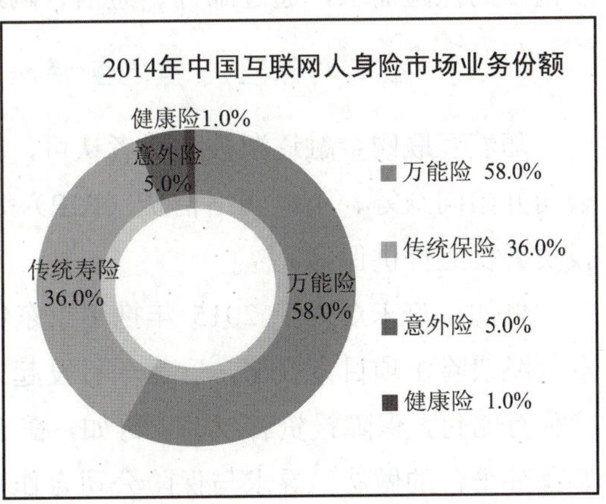

图 6-13　互联网保险细分市场图（数据来源：易观智库）

三、互联网保险的发展趋势

（一）保险产品创新空间和保险市场范围不断扩大

互联网的迅猛发展彻底改变了消费者的生活，也在推动保险产品创新、引导和创造客户需求、提升公众特别是年轻消费群体保险意识等方面发挥着巨大的作用。消费者已经能够利用网络随时随地进行购买和支付，而网络消费、网络支付等网络行为中蕴含的风险能够派生出新的保险需求，这为保险行业开辟了新市场。

随着经济形势变化和市场化发展，保险市场还将出现大量的细分领域，保险公司能够借助移动互联发展和大数据技术优势，在实现对原有消费者资源的深入挖掘的同时，覆盖不同地域、不同行业的消费者，提供传统上规模不经济的产品和服务，从而占领广阔的“蓝海”市场，进而获得更多的消费者资源和行为数据，形成发展良性循环。

（二）互联网保险进一步场景化，更多碎片化的保险需求将得到满足

互联网生态圈的风险需求愈加高频化和碎片化，基于此，保险公司试着开发出可以嵌入互联网生态圈中某一个环节和应用场景（或者多个环节和应用场景）的“碎片化”创新产品，将互联网保险产品“无缝式”嵌入互联网消费的购买、支付、物流等各个环节，从而在不影响用户体验的前提下，以较低成本满足消费者的高频化、碎片化的保险需求。

例如，对于持有保险牌照的电商平台而言，不论是采用与传统保险公司合作的方式还是自行开发，都可以向电商平台上下游合作方提供关于满足其产品开发、支付、物流等方面保险需求的保险产品；可以针对电商平台销售的产品设计个性化保险产品，在消费者支付时进行推送；亦可以根据消费者的消费习惯、支付习惯以及其他关联性资料，预判消费者潜在的保险需求，通过邮件、短信、网站弹窗等方式推送。

（三）互联网保险与其他互联网金融业态深入融合，风险不容忽视

随着互联网金融逐渐被消费者认可，互联网金融各业态之间开始逐步融合，部分保险公司开始向众筹、个体网络借贷（P2P）等行业提供保险服务，衍生出新的保险产品，为投资者权益提供保障。

例如，京东众筹于 2015 年携手京东保险、中国人寿，推出了国内首例众筹跳票险，众筹跳票险由项目方投保，一旦项目发起方发生延期发货及跳票现象，则由中国人寿对用户先行赔付，保障投资者权益。再如，在 P2P 去担保化的大趋势下，部分 P2P 平台开始借鉴国外平台的做法，寻求与保险公司合作，通过保险公司提供的保证保险服务，为平台投资者购买违约保险。比如北京财路通与民安财险、国寿财险的合作，保证在发生逾期或坏账时，P2P 平台会以风险准备金进行垫付。

随着互联网金融的快速发展，互联网保险必将更频繁、更深层次地与其他互联网金融业态融合，同时也将面临更大的潜在风险，互联网金融业态之间的风险交叉影响不容忽视。这也就决定了未来互联网保险的监管有必要建立在金融协调监管的基础上，在明确互联网金融各业态监管主体的前提下，提升监管规则的一致性，加强各监管主体信息共享、协同处置风险的能力，例如，可以考虑建立金融监管部门联席会议机制和宏观审慎监管部门，以促进互联网金融规范、健康发展。

（四）保险销售渠道更加多样，费率空间进一步释放

在代理人制度下，保险公司支付给代理公司、代理人的手续费及佣金等构成了保险公司财务成本的重要组成部分。而随着保险行业市场化程度的持续加深和互联网保险的不断冲击，代理人在传统保险营销体系中的地位和话语权不断被弱化，保险产品的销售渠道更加多样化。有研究表明，将保险产品的销售环节转移到网络上，可以比传统保险行业营销方式节省58%至71%的费用，从而使保险行业进一步摆脱代理人制度的束缚，极大地减少销售成本。而销售成本的减少可以让保险公司让出部分利润用于降低各险种的保险费率，从而让消费者受益，同时也使保险公司在销售、理赔、管理和产品管理等方面的效率得到极大的提高。

（五）互联网保险服务模式不断创新

互联网技术的发展可以进一步突破保险服务的时间、地域限制，为服务模式创新提供无限可能。例如，通过穿戴式设备、手机健康监测软件等获得消费者身体状况信息，可以让保险公司随时提供个性化的健康风险管理方案；通过物联网终端能够对承保财产实施实时的管理和控制，可以让保险公司以更加精细和动态的方式管理承保财产，提供更加精细化、个性化的防损减损方案；通过车联网获得驾驶行为信息和车辆、道路状态信息和事故信息，可以创新产品定价模式，提供驾驶行为管理、主动救援等服务。

（六）以消费者需求为核心的销售模式逐渐形成

互联网使得消费者不再被动接受保险公司推送的信息，消费者的需求成为新险种出现的原动力，消费者的行为数据成为保险产品设计的基础，这也意味着消费者能够化被动为主动，参与保险产品设计和服务的全过程。

保险公司应积极融入这一潮流中，利用自身原有优势，培养大数据分析能力，针对目标消费者、潜在消费者的需求，设计定制化保险产品，同时主动促使保费更加透明，保障权益更加清晰，这不仅可以吸引更多的消费者，也可以让保险销售的退保率大大降低。

（七）保险市场透明度逐渐提高

借助互联网技术细化互联网保险产品的信息披露规则，保险公司可以在保险责任、告知义务、免责条款、退保的权利义务等方面明确披露要求，防止避重就轻、销售误导。通过机制设计，保险公司开始尝试整合线上线下资源，在投保、查询、理赔等方面建立信息公开标准，保障消费者的知情权和选择权，不断提高市场透明度。

拓展阅读

互联网推动保险业持续快速增长

近年来，互联网成为推动国内人身险行业发展的重要因素之一。根据中国保险行业协会发布的《2020年互联网人身保险市场运行情况分析报告》，互联网健康保险实现连续六年稳定增长。2020年，在疫情影响下，整个保险行业都在加速线上化转型。疫情在一定程度上改变了居民投保习惯，倒逼保险机构提升线上展业水平和数字化能力，提质增效。另一方面，银保监会鼓励保险机构为消费者提供安全便捷的线上保险服务，也推动了互联网保险的快速发展。

2020年，一款以城市为单位的全民医疗保险模式“惠民保”在国内多点开花，成为现象级产品。据不完全数据统计，截至2020年12月，各类惠民保类产品已经覆盖全国近200余个城市，参保人数超过2 500万。与传统保险产品的销售路径不同，惠民保更多借助了互联网的渠道。通过互联网，实现了将惠民保直接输送到用户“指尖”，不仅解决了偏远地区用户触达的问题，也带动了普惠性健康险产品的销售，让“小镇居民”健康保障更加丰富。惠民保的快速发展折射出一个现象，国内还有大量区域的保险需求并没有得到满足，尤其是三线以下城市，存在巨大的健康保险保障方面的需求，增长迅速且潜力巨大。随着民众保险保障意识的提高，这些地区的用户开始主动获取保险相关信息，并有计划性的进行保险产品的综合配置。

水滴公司旗下水滴保是一个互联网健康险平台，目前累计保障用户数量已超1.4亿，其中七成以上来自于三线以下城市。水滴保的数据显示，小镇居民的健康险消费呈现不断升级趋势，他们购买的热门产品从保费较低的医疗险，逐渐扩展至意外险、重疾险等多个险种，人均年度保费支出近千元。水滴保主要通过App、微信公众号、小程序、H5页面等方式来触达和服务用户，不受物理空间的限制，可以覆盖更多偏远地区的用户，比起传统保险公司和经纪公司，在一定程度上降低了产品价格，也大大提高了保险产品的覆盖范围。

同时，水滴保基于对用户数据的深刻洞察，联合保险公司定制多元化的保险产品，丰富供给。目前水滴保险商城累计上线了260余种保险产品，涵盖了医疗险、意外险、重疾险、寿险以及年金险等各个领域。

资料来源：人民网，http://finance.people.com.cn/n1/2021/0331/c1004-32066094.html

第四节　互联网保险的典型案例

一、慧择：比价平台向增值服务平台转变

慧择成立于 2006 年，总部位于深圳，是中国首家推出比价业务的互联网保险线上平台，也是最早一批获得保险网销资格的网站之一。除比价业务外，也提供在线投保、协助理赔、险种开发等服务。其线上产品涵盖意外险、健康险、人寿险、企业险、车险、家财险等全险种产品。官网数据显示，目前平台累计上线 1 000 多款保险产品，服务 2 000 多万名用户，合作保险公司达 80 余家。慧择积极开拓海外业务，已在中国香港、美国、法国等设立子公司，并于 2016 年 3 月获得 B 轮融资 2 亿元。

（一）主营业务

慧择旗下的业务包括：保险比价平台慧择网，为用户提供在线产品的垂直交易和保险咨询服务；保运通，国内第一家在线运货险投保平台，可以在线报价、对比投保，同时也是专为企业用户服务，目前险种涵盖货运险、团意险、财产险、责任险、船舶险、车辆险；聚米网，专为代理人服务的线上平台；开放平台，针对各行业的保险需求，提供解决方案。

（二）细分用户，精准定位需求

慧择比价平台除了按险种搜索保险产品比价外，同时提供按职业人群、户外旅行、出行交通、家居生活分类选取保险产品。平台对四大分类进行进一步细分，具体分类如表 6-6 所示。用户可以根据自己的身份以及需求选择合适类别，平台后台将会自动推荐适合的保险产品以及提供比价服务，下面以职业人群中精英律师和记者为例阐述。

表 6-6　慧择用户群体的具体分类

四大类	细分子类
职业人群	医生、精英律师、媒体人、退休人员、货车司机、工人
户外旅行	带孩子旅行、蜜月旅行、登山穿越、运动比赛、潜水
出行交通	飞机、火车、自驾、骑行、综合交通
家居生活	—

若用户是精英律师，平台根据律师行业高强度的工作需求、熬夜加班、饮食不规律以

及面临的人身安全风险问题，将会为用户推荐保障身体的险种，如重疾保障险以及保障人身安全的意外风险保障险。考虑到律师身体出现轻症疾病概率相对较高，平台也会推荐用户选择附加投保轻症疾病保障，在确诊初期即可获得赔付。

假若用户是记者，平台根据记者需要常年在外采访，相比一般职业面临更大的交通风险，同时也面临被威胁的高风险，将会为用户推荐涵盖公共交通的意外险。数据显示，记者患有脂肪肝、高血脂、高血糖概率高于平均水平，平台也会推荐给用户相关的健康险种。平台通过细分用户群，根据用户职业以及需求的不一样，精准定位用户的实际需求，推荐符合用户需求的保险产品。多种类别的设置便捷用户直接购买到符合需求的保险。在细分个人用户之余，慧择旗下设立多家子公司服务于不同类型的客户。例如，慧择网服务个人与家庭客户、保运通服务中小企业客户、聚米网服务保险代理人客户，通过划分客户群帮助公司更专业有针对性地服务不同客户需求。

（三）线上测评+线下咨询，定制个性化产品

慧择网的线上测评根据用户对保险的了解程度分为两个板块：一是对于初次接触保险的用户，进行全面规划，深度评估用户的需求，通过用户填写的个人信息如性别、老人、小孩、家庭收入、存款、开支、以往购买保险情况、生活习惯、工作性质、既往病史等推荐适合以及需要的保险产品，同时可以为家里其他人测评；二是对于保险有一定了解，并且进行过全面规划的用户展开快速测评，根据年龄以及投保侧重，推荐不同的保险产品，如表 6-7 所示。

表 6-7　针对不同用户的个性保障方案

保障对象	可选保障方案
儿童 0～18 岁	基础保障、健康医疗、教育储蓄、全面保障
成人 18～55 岁	基础保障、健康医疗、家庭责任、养老储蓄、全面保障
中老年人 55 岁以上	基础保障、健康医疗

用户除通过上述线上测评获取适合的保险产品外，还可以线上提交预约咨询顾问，线下沟通，从用户的需求出发，定制符合需求的保障方案，顾问会协助用户投保以及保持后续的服务。

（四）比价平台向增值服务平台转变

慧择最初以比价业务为核心，通过互联网改善保险产品信息不对称问题，帮助用户便捷购买高性价比保险产品。现通过比价业务切入，为用户服务一系列增值服务，如保险测评、定制保险方案、垂直在线交易、协助理赔等，从单纯的比价平台开始向增值服务型平

台发生转变。

二、众安保险：中国首家互联网保险公司

众安在线财产保险股份有限公司是国内首家互联网保险公司。由蚂蚁金服、腾讯、中国平安等国内知名企业发起设立，初衷是保障和促进整个互联网生态发展，于 2013 年 9 月 29 日获保监会（现银保监会）同意开业批复。众安保险业务流程全程在线，全国均不设任何分支机构，完全通过互联网进行承保和理赔服务。截至 2016 年 9 月众安保险总保费收入累计为 53.47 亿元人民币，2015 年全年保费收入为 22.83 亿元人民币，较 2014 同比增长 188.6%，在国内 73 家财产保险公司中位列第 31 名。2015 年实现净利润为 1.68 亿元人民币，较 2014 年同比增长 517.30%，增长极为迅速。众安保险大事记如表 6-8 所示。

针对互联网海量数据复杂处理的特点，众安保险首创了基于海量交易的互联网架构平台，成为全球首家将核心系统建立在云计算平台上的金融机构。

表 6-8 众安保险大事记

年份	月份	事件
2013 年	09 月	获得中国首张互联网保险专业牌照
	11 月	正式揭牌成立，注册资本金 12.4 亿元人民币
2015 年	06 月	成立仅 17 个月的众安保险获得 57.75 亿元的 A 轮融资，估值达到 500 亿元人民币
	11 月	11 日当天保单达 2 亿张，保费 1.28 亿元人民币
	12 月	澳大利亚风投机构 H2 Ventures 联手 KPMG（毕马威）发布“全球金融科技百强榜”，众安保险摘得桂冠
2016 年	07 月	累计服务客户超过 4.25 亿人，累计服务保单件数超过 47.95 亿张
		15 日，众安保险荣获“2016 年度值得信赖保险公司方舟奖”
	09 月	19 日，众安保险入围毕马威中国首次发布的“中国领先金融科技 50 榜单”

（一）众安保险创新型产品

作为中国首张互联网保险专业牌照的持有公司，众安保险定位于服务互联网生态，目标客户包括所有互联网经济的参与方，如互联网电商、互联网社交及互联网金融等公司和个人客户，着重创新推出基于互联网经济中参与者的保险需求的全新保险。

众安目前出售的保险产品可大致分为以下五大方面，包括互联网电商、互联网理财、互联网支付、O2O 应用及其他碎片化保险产品，具体如表 6-9 所示。

表 6-9 创新型产品分类

领域	时间	产品
互联网电商领域	2013 年 11 月	退货运费险
	2013 年 12 月	众乐宝
	2014 年 03 月	参聚险
	2014 年 07 月	个人消费信用保险产品“买呗”
	2014 年 11 月	1688 保险金保险
互联网理财领域	2014 年 08 月	众赢宝（众赢通）
	2014 年 08 月	众赢宝（招财宝）
	2014 年 10 月	投资型航空综合保险（一年期）、众享一号、众享二号、众享三号
互联网支付领域	2014 年 11 月	无忧 PAY 银行卡盗刷险
	2014 年 04 月	百度百付安
	2014 年 09 月	支付宝账户安全险
	2014 年 10 月	中信银行信用卡盗刷险
	2015 年 03 月	小米支付盗刷连险、中山证券账户安全险
O2O 应用	2015 年 03 月	河狸家上门意外保险
	2015 年 06 月	e 代驾司机意外保险
	2015 年 09 月	爱大厨意外伤害医疗费用保险和法律诉讼费用保险
	2012 年 01 月	聚达人意外伤害险和财产损失保险
	2016 年 04 月	千单（连接线上信用账户和线下消费场景的基础设施服务）
碎片化保险	2014 年 07 月	小米手机意外保险
	2014 年 09 月	旅游天气保险
	2015 年 03 月	交易保
	2015 年 05 月	美的空调高温电费补贴服务
	2015 年 05 月	途虎轮胎险
	2015 年 05 月	小米手机电信诈骗险
	2015 年 08 月	个人法律费用补偿险
	2015 年 09 月	多轴飞行器责任保险
	2016 年 10 月	网易金融速贷宝

（二）众安保险开放性合作平台

众安开放平台是众安为企业提供的线上平台，平台合作的开放性产品如表 6-10 所示。企业可主动提出自己的保险需求，与众安合作，共同商议设计出符合企业需求的保险品种。

表 6-10 开放性合作平台产品分类

O2O 平台保障	适用于 O2O 平台，上门服务保障，O2O 上门意外保障	河狸家：意外伤害险 爱大厨：意外伤害医疗费用保险和法律诉讼费用保险 聚达人：意外伤害险和财产损失保险 领美科技：千单
食品安全	适用于食品交易平台，为食品安全提供保障	美团外卖：食品安全责任险
天气保险	适应于受极端天气影响的企业	携程：迪士尼“好心情”游园天气险
3C 延保	适用于电子产品，延长保修期，意外保障	小米手机：意外损失保修责任险
支付安全	适用于金融机构、第三方支付、电子平台，保障账户信息资金安全	百度：百付安 支付宝：账户安全险 中信银行：信用卡盗刷险 小米支付：账户盗刷险
物流货运	适用于物流企业，快递保障、海淘转运、物流延误	—
旅游出行	适用于商旅平台、旅游网站、个人、航空公司，保障航空延误、交通意外	浦发银行：航空延误险 中信银行：航空延误险 携程：航空意外险、综合交通意外险
订单取消保障	适用于门票、电影票等订单取消情况	—
消费者权益	特定产品如酒、电子商务平台，正品保障、服务质量保障	—
医师综合保障	适用于医生，创建和谐医患关系	可爱医生：意外伤害险、医师个人职业责任保险 易付诊：意外伤害险、医师个人职业责任保险

第五节 互联网保险的风险与监管

一、主要风险

互联网保险的风险与传统保险类似。但也有其自身特点，主要体现为以下几点。

首先，互联网使得法律责任界定更为困难。互联网保险合同较为复杂，而消费者自主在互联网上购买保险产品时没有专业人员对这些大篇幅、难理解的保险条款进行详细解读，消费者很难完全理解条款的确切含义，容易发生不能反映消费者真实意愿的投保行为。因此互联网保险平台就有可能因“当事人是否在理解合同内容的基础上接受合同条款”这一问题而陷入法律纠纷。

其次，法律经常性变更也会给互联网保险行业带来极大的不确定性。例如专门针对互联网保险的《互联网保险业务监管暂行办法》试行期限仅为三年，而一些互联网保险的有效期却远远不止三年，这就给期限较长的保险产品带来了较大的风险。

最后，由于我国的信用体系尚不完善，加上客户投保的全过程都通过网络进行，审核工作一般也在线上完成，保险公司与客户不直接接触。在目前的技术条件下，通过以上审核形式得到的结果并不准确。因此，互联网保险平台上不能做到准确判断所有客户的信用水平，导致一些以骗保为目的的投保人更愿意选择审核要求较为宽松的互联网保险平台，这使得平台上不良投保人的比例增加，给互联网保险公司带来了很大的风险。

由此可见，在技术不够成熟的背景下，互联网加剧了保险行业中的信息不对称问题，使得逆向选择和道德风险问题更为突出。另外，由于投保流程完全在线上进行，消费者很难识别互联网保险平台的正规性，所以互联网保险消费者也可能受到信用风险的威胁。特别是打着相互保险名义的平台，目前正处于监管的灰色地带，消费者很难对这些平台的资金运用状况进行监督，故消费者的资金安全难以得到保障。

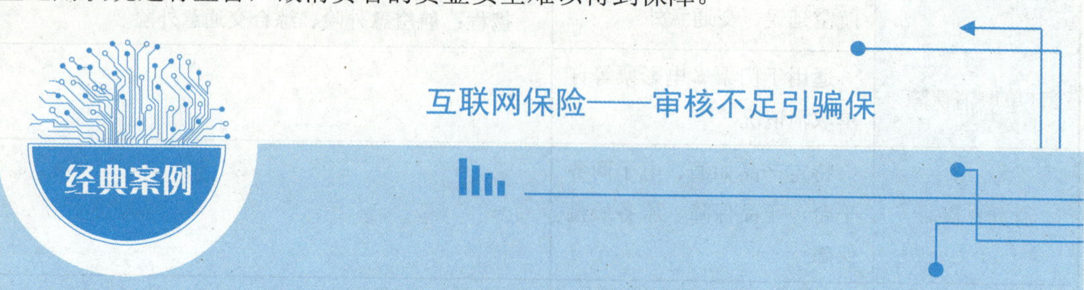

2015年1月，国内首例“互联网保险”欺诈案在浙江省湖州市吴兴区人民法院宣判，被华泰财险起诉的“职业骗保师”以保险诈骗罪被判处有期徒刑6年6个月。据

行业专家介绍，这是国内已知互联网保险领域的首例欺诈判决案例，对于互联网保险行业的健康发展、相关法律法规的健全、监管政策的制定、保险企业的反欺诈维权提供了宝贵借鉴。

此次互联网保险欺诈判决案例所涉及的产品，是华泰财险与淘宝合作推出的有“中国第一款真正意义上的互联网保险”之称的“网络购物退货运费损失保险”。一审判决书显示，被告人通过虚假购物投保，随后再假装退货并申请运费险理赔，共计骗取保险赔款20余万元，最终以保险诈骗罪被判处有期徒刑6年6个月，并处罚金。

本身互联网保险就投保手续简单，门槛较低，投保人的信息十分有效，在此次案件中运费险金额较小，出于成本考虑保险公司一般不会对投保人进行过多审查，于是就埋下了风险的种子，使得犯罪分子有机可乘。投保人信用识别对保险行业来说非常重要，而互联网的虚拟性增加了保险公司对投保人的识别难度，从而增加了风险。

资料来源：证券日报 2015-01-28

二、监管政策

早在2012年保监会（现银保监会）就发布了针对互联网保险的《关于提示互联网保险业务风险的公告》，公示了有资格开展互联网保险业务的主体，并披露了开展互联网保险业务机构的相关情况，以帮助消费者辨别真伪，理性选择保险产品。

2014年保监会（现银保监会）印发了《加强网络保险监管工作方案》，对网络保险的监管工作进行了总体布局，针对网络保险提出了多项要求，如加强对网络保险行业的研究，完善相关监管制度，组织好网络保险消费者教育工作等。同年发布《关于规范人身保险公司经营互联网保险有关问题的通知》，对进入互联网保险行业的人身保险公司设置了一定的门槛，要求人身保险公司在偿付能力、运营功能、管理制度、从业人员等方面必须满足要求。要求在人身保险公司线上运营的过程中，必须做到充分提示和信息披露，保证消费者的知情权。此外，该通知也对与人身保险公司合作的互联网平台提出了要求。

互联网技术，特别是移动互联网技术在加速保险业发展的同时，也引发了诸多风险，《互联网保险业务监管暂行办法》应运而生，该办法从信息技术、从业人员、管理制度等方面对互联网保险公司提出了要求，同时对与保险公司合作的第三方网络平台的资质做出了明确的规定。为了更好地适应互联网不受空间限制的特点，该办法允许部分款险种跨区域经营。它坚持了“放开前端，管住后端”的监管思路，有助于互联网保险在法律框架内进行有益创新。中国保险行业协会还制定了《中国保险行业协会互联网保险业务信息披露管理细则》，对互联网保险的信息披露主体、内容工作、流程管理与责任进行了详细阐述，从而保障了互联网保险客户的知情权和自主选择权。

保监会（现银保监会）于 2016 年 10 月发布的《互联网保险风险专项整治工作实施方案》，强调第三方网络平台和保险机构必须具备相关资质，并且特别提出要加强对万能型人身保险产品及互联网高现价业务的监管力度，为互联网保险营造了一个良好的经营环境。

关键术语

互联网保险　人寿保险　财产保险　场景化　大数据　信息不对称
道德风险　逆向选择

本章小结

互联网保险是指保险机构依托互联网和移动通信等技术，通过自营网络平台、第三方网络平台等订立保险合同，提供保险服务。对比传统线下保险，互联网保险的参与方更为广泛，除了原有的保险公司、代理人以外，还包括官方网站、综合性电子商务平台、专业保险销售平台等，它们都发挥着重要的作用。

互联网保险的官方网站模式是指保险公司通过建立自主经营的电子商务平台，实现展现自身品牌、拓展销售渠道、增强客户体验等目的的电子营销方式。

综合性电子商务平台模式是指保险公司通过综合性电子商务平台开展保险业务的保险经营模式。

网络兼业代理模式分为两种：一种是按保监会（现银保监会）《保险代理、经纪公司互联网保险业务监管办法（试行）》规定，获得经纪牌照或全国性保险代理牌照的中介机构从事互联网保险业务；另一种是大量垂直类的专业网站在不具备上述监管要求的条件下，以技术服务形式使用兼业代理的资质与保险公司合作开展业务。

第三方保险销售网站除了对资本金、网络系统安全性等多方面提出要求外，还须申请网销保险执照，较网络兼业代理模式更加安全、可靠。

专业互联网保险公司模式是指拥有监管部门颁发的保险牌照，不设线下分支机构，专门针对互联网保险需求，从销售到理赔全部交易流程都在网上完成的保险经营模式。

未来互联网保险的发展趋势主要包括：保险产品创新空间和保险市场范围不断扩大；互联网保险进一步场景化，更多碎片化的保险需求将得到满足；互联网保险与其他互联网金融业态深入融合，风险不容忽视；保险销售渠道更加多样，费率空间进一步释放；互联网保险服务模式不断创新；以消费者需求为核心的销售模式逐渐形成；保险市场透明度逐渐提高。

任务训练

一、能力训练

1. 什么是互联网保险？互联网保险的主要经营模式有哪些？
2. 中国互联网保险迅速发展的背景是什么？
3. 互联网保险对传统保险有哪些影响？你认为互联网保险未来的发展趋势是什么？
4. 互联网保险现在面临的风险有哪些？互联网监管该从哪几方面入手？

二、案例分析

对照本章第四节互联网保险的典型案例中的四个案例，分析：

1. 四个案例与传统保险相比，各具有哪些创新和优势？
2. 你认为在未来，互联网保险会有哪些突破？

三、综合训练

根据本章所学内容，完成我国互联网保险经营模式一览表的填写。

表 6-11　互联网保险经营模式概况

模式	含义	特点	代表公司
官方网站模式			
综合性电子商务平台模式			
网络兼业代理模式			
第三方保险销售网站模式			
专业互联网保险公司模式			

第七章 互联网消费金融

学习目标

通过本章学习，掌握消费金融的含义、特点及服务模式；了解互联网消费金融的产业链；理解消费金融和小微企业贷款的区别；了解互联网金融的现状及发展趋势；理解我国互联网金融面临的风险及相应的监管措施。

案例导入

校园网贷，诱人馅饼还是吃人陷阱？

随着居民消费水平的不断提升、消费观念的转变，信用消费、超前消费的消费模式逐渐获得大众认可。伴随互联网借贷的发展，大学生网贷成了一个深刻的社会问题。银监会（现银保监会）发布的《关于银行业风险防控工作的指导意见》指出，要稳妥推进互联网金融风险治理，促进互联网金融合规、稳健地发展，重点做好校园网贷的清理整顿，禁止向未满18岁的在校大学生提供网贷服务。

一、“校园贷”乱象席卷全国

近两年，“校园网贷”的迅速走红，一系列由“校园网贷”引发的悲剧在全国多个省份屡屡上演，如裸条放款、追债、非法拘禁、无力还贷自杀等。校园网贷为大学生提供了资金便利，但也带来了风险和隐患。

二、大学生信贷市场广阔

2015年全国共有在校大学生3 700万人，2016年中国大学生消费市场规模超过4 500亿元，2017年有望突破6 000亿元。对“90后”和“00后”一代的大学生而言，“花明天的钱、圆今天的梦”的超前消费观念越来越深入人心。数据显示29.03%的大学生申请过贷款，其中超六成大学生通过网络平台进行贷款。互联网借贷平台已成为大学生群体进行信用借贷的主要渠道，大学生金融服务也成了近年来P2P金融发展最迅猛的产品类别之一。

三、相关部门缺乏监管机制　校园金融市场混乱

大学生信贷市场广阔给校园金融的发展提供了巨大的契机。据了解，当前我国的校园借贷平台大致有两种类型：第一类是“电商+金融”，是基于消费场景的模式，以京东校园白条、支付宝蚂蚁花呗、分期乐等分期购物平台为代表。这类平台大多依托正规电商平台，借款利率基本在合理范围之内，审查也较为严格，因而问题较少。第二类则是各地监管部门要着重治理的“黑商”，这类平台没有合法经营执照，多为团伙运作、私人筹集借款资金，贷款上限较高，相应地利息也较高。由于校园金融行业发展较快，监管措施不健全，导致第二类不规范企业进入，行业鱼龙混杂、比较混乱。

四、网贷平台门槛低

有数据显示，2016 年，面向大学生的互联网消费信贷规模已突破 800 亿元。在校学生只需提交个人身份证号、所在院校、入学年份、学号、专业等个人信息注册及验证，然后在线录制签约视频后，就可以在网络平台获得几千甚至上万元的学生贷款。一些网贷公司为拓展业务，风险把控不严，贷款审核更是形同虚设，部分网贷平台甚至恶意放贷，编织出“服务费”“逾期费”“催收费”等陷阱，通过各种方式催收本金利息，牟取暴利。《南方都市报》的报道称，校园网贷的年利率最高达 2 000%。

五、没钱还想“剁手”，大学生还款能力被高估

据《大学生网络信贷消费调查报告》数据显示，68.26%的大学生每月月均生活费少于 1 500 元，只有 12.05%的受访学生每月生活费超过 2 000 元，表明大学生群体整体收入较低。花钱的“理想”和缺钱的“现实”落差颇大。许多学生高估自身还款能力，由此导致拆东墙补西墙、借新贷还旧贷的窘况愈演愈烈。

六、大学生对逾期还款的后果缺乏认知

根据《大学生网络信贷消费调查报告》显示，对于逾期还款后果的认知程度，只有 22%的人表示“很了解”，正是由于部分大学生缺乏金融信贷知识，对网贷逾期后果的认知不足，导致其忽视风险，冲动消费。

资料来源：腾讯财经　2017-4-11

第一节　互联网消费金融概述

2009 年，中国银监会（现银保监会）颁布《消费金融公司试点管理办法》，随后国内首批 4 家消费金融公司应运而生，掀开了中国消费金融事业崭新的一页。2013 年国务院再次强调，要助推消费升级，创新金融服务，支持居民家庭大宗耐用消费品、教育、旅游等信贷需求，并提出要扩大消费金融公司试点，鼓励民间资本探索设立消费金融公司。2016 年政府工作报告再次提及消费金融，“在全国开展消费金融公司试点，鼓励金融机构创新消费信贷产品。”这些政策为中国消费金融行业的发展带来了宝贵的机遇。

一、互联网消费金融的含义

消费金融是指为满足个人或家庭对最终商品和服务的消费需求而提供的金融服务。互联网消费金融是“互联网+消费金融”的新型金融服务方式。在我国，互联网消费金融有着特定的经营服务范围。《关于促进互联网金融健康发展的指导意见》（以下简称《指导意见》）将互联网金融业态分为互联网支付、网络借贷、股权众筹融资、互联网基金销售、互联网保险、互联网信托和互联网消费金融七大类。其中，互联网支付、网络借贷和互联网消费金融属于广义消费金融范畴。但是从《指导意见》的表述来看，我国对互联网消费金融采取了相对严格的界定。一是互联网消费金融不包括互联网支付内容，两者分别属于银监会（现银保监会）和人民银行监管。二是互联网消费金融不包括网络借贷，特别是 P2P 网络借贷。三是互联网消费金融业务的缩小化。

因此，本书中互联网消费金融是指银行、消费金融公司或互联网企业等市场主体出资成立的非存款性借贷公司，以互联网技术和信息通信技术为工具，以满足个人或家庭对除房屋和汽车之外的其他商品和服务消费需求为目的，向其出借资金并分期偿还的信用活动。通常这一类贷款形式具有金额小、期限短、无须进行贷款等特点，自推出以来便受到了消费者的广泛欢迎。

二、互联网消费金融的特点

2013 年中国消费信贷规模达到 13 万亿元，但仅占银行信贷资产的 15%。而在消费信贷最发达的美国，消费信贷占银行信贷资产的比重高达 60%以上，这说明我国的消费信贷市场还有巨大的潜力。与企业信贷相比，消费信贷存在成本高、效率慢、收益低等问题，互联网的出现在一定程度上缓解了这些问题。互联网消费金融与传统消费金融的对比如表 7-1 所示。

表 7-1　互联网消费金融与传统消费金融的对比

项目	互联网消费金融	传统消费金融
覆盖人群范围	20～40 岁人群为主以及其他年龄段进行网购的人群	有大额消费需求的人群以及进行信用卡消费的人群
覆盖商品范围	大额信贷：车贷、房贷 电商平台上的所有可消费信贷	大额消费信贷 信用卡消费信贷
使用频率	随消费的商品数量的增加而增加	随消费的商品数量的增加而增加
与用户互动深度	用户对服务的感受随每一次消费商品数量的增加而加深，方式更为灵活多样	用户对服务的感受更多的是对资金整体的处理，方式更为模式化，用户参与感较少

（续表）

项目	互联网消费金融	传统消费金融
扩张潜力	依托互联网平台及在年轻人中高普及率的社交网络	依托对传统金融商品或线下消费场景中的营销能力
实质	敲碎商品的价值和使用价值，使之高频率、低频度的进行交换，架空了银行渠道，让市场来影响作为消费品价值一部分的资金价值的定价	以延迟支付来充分利用货币的时间价值，银行作为资金及资金信息的持有、管理方，是传统业态中资金流通的必经渠道

具体而言，互联网消费金融呈现出如下特点：

（1）范围上，互联网消费金融将服务对象扩展至健康、旅游、日常消费等价值低，期限短的商品。

（2）资金渠道上，互联网消费金融的资金渠道以线上为主。

（3）授信方式上，互联网消费金融的审批除了借鉴传统的审批方式外，还借助现代化的信息技术得到客户的历史交易金额、交易频率等，以此考察客户的信用状况，从而决定是否放贷，其授信方式如图 7-1 所示。

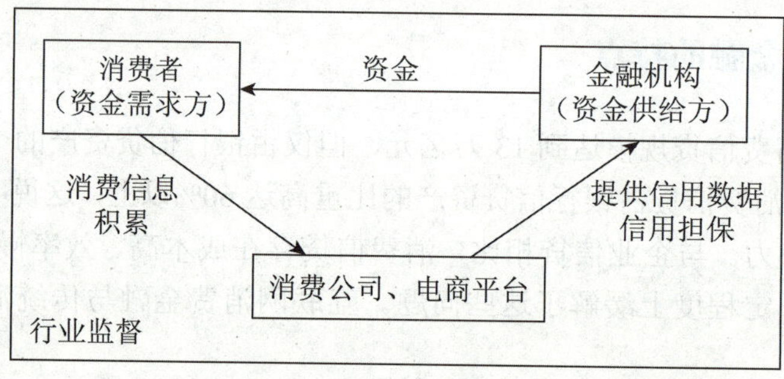

图 7-1　互联网消费金融授信方式

三、互联网消费金融的服务模式

互联网消费金融与传统消费金融最大的不同体现在资金的筹集方式上，即互联网消费金融在资金筹集上是依托线上平台，如通过电商、银行、消费金融公司和分期购物平台等，由此形成了目前我国互联网消费金融的四种运行模式。

（一）电商的互联网消费金融服务模式

电商的互联网消费金融服务模式是指电商企业通过交易平台分析消费者的交易数据及其他外部数据，提供给消费者数额不等的信用额度，消费者可以在信用额度内在该电商

平台进行消费，由电商平台成立的消费信贷公司或第三方进行资金垫付，消费者在约定的还款期限内还款，电商平台收取一定比例的服务费。这种模式使得电商平台、资金提供方和消费者三方构成了一个良性的生态循环系统，如图 7-2 所示。

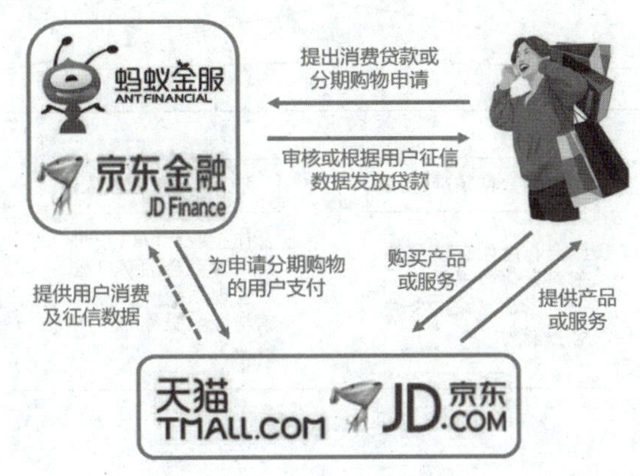

图 7-2　电商的互联网消费金融服务模式

国外依靠电商企业来进行消费金融运作的例子有日本乐天、美国运通等，从 2014 年开始，我国各大电商也开始纷纷涉足消费金融。2014 年 2 月，京东联合金融机构，针对京东用户推出个人消费产品“京东白条”。7 月，阿里旗下的天猫商城也推出了“天猫分期”，12 月，阿里又在更大范围内推出“花呗”；招商银行和亚马逊中国也展开合作，推出分期付款业务。随着消费金融的进一步发展，可以预见，在未来的若干年内必将迎来电商生态金融的爆发期。

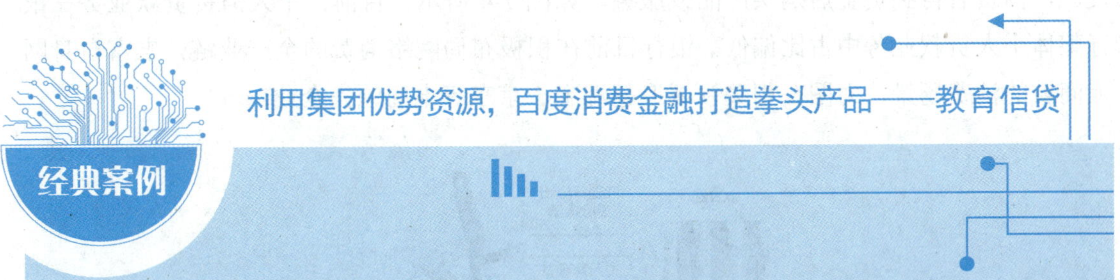

利用集团优势资源，百度消费金融打造拳头产品——教育信贷

百度有钱花·教育信贷”是“百度金融”与多家高校、教育培训机构联合推出的教育分期产品。截至2016年9月，“百度有钱花”已经与近2 000家教育培训机构达成合作，业务覆盖了全国 95%以上省区，为数万名学子提供教育信贷服务，成为百度消费金融体系的拳头级产品，百度教育信贷的优势包括远程异地预授信、审批速度快、产品差异化和合作机构丰富，具体如图 7-3 所示。

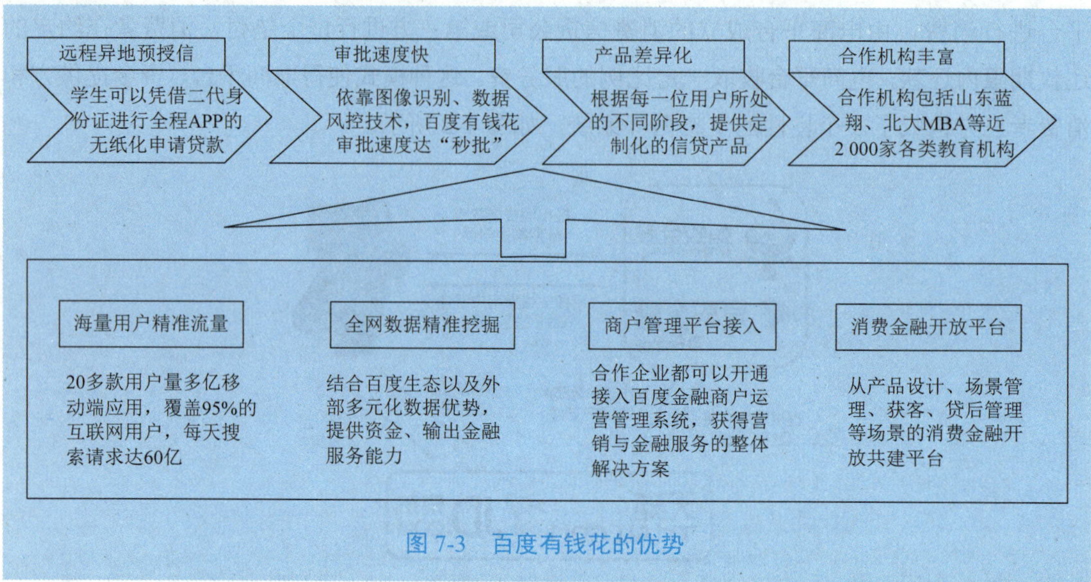

图 7-3　百度有钱花的优势

电商巨头从事消费金融存在着独特的优势，第一，经过多年的经营，大电商在自己的生态圈中积累了大量的活跃用户，同时也在各生活服务类场景中大量布局，完善了生态体系。第二，电商拥有会员用户的海量交易数据，基于大数据风控模型，电商能够以更低成本、更高的精度来度量用户的风险水平。

（二）银行的互联网消费金融服务模式

银行的互联网消费金融服务模式相对简单，消费者向银行申请消费贷款，银行审核并发放，消费者得到资金后购买产品或服务，如图 7-4 所示。目前，个人消费贷款业务在银行整体个人贷款业务中占比偏低。银行目前在积极布局网络消费的全产业链，丰富自身网上商城的消费场景，力图在相关领域追赶淘宝、京东等电商领先企业。

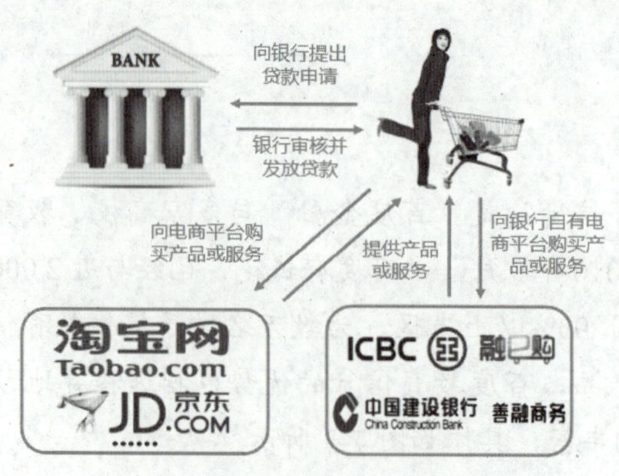

图 7-4　银行的互联网消费金融模式

银行的互联网消费金融服务模式的优势是资金成本低、有庞大的客户存量；劣势是缺乏消费场景，客户无法下沉，用户体验较差，风险容忍度较低（监管力度强）。2014年2月1日，由北京银行独立注资3亿元的北银消费金融公司的网贷平台已经上线。除此之外，包括兴业银行、重庆银行、徽商银行等一批银行都已获批或积极申报筹建消费金融公司。

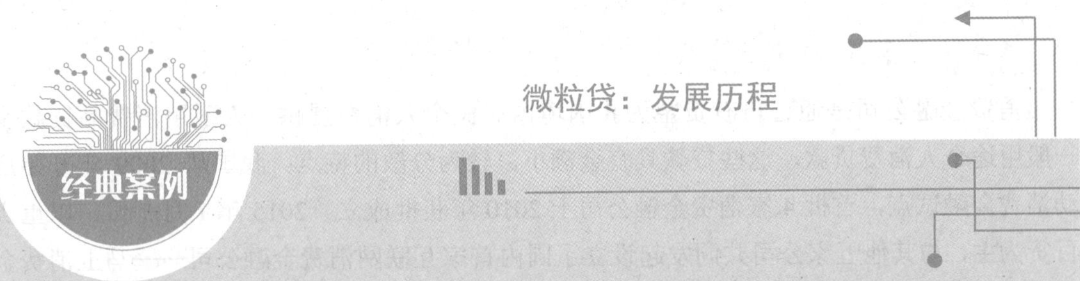

微粒贷：发展历程

2014年12月12日，微众银行开业，2015年5月15日，微粒贷上线手机QQ，2015年9月21日，微粒贷上线微信。微粒贷采取用户邀请制，受邀用户可以在手机QQ的QQ钱包内以及微信的钱包内看到微粒贷的入口。微粒贷产品的特点包括以下几个方面。

（一）无抵押、无担保

传统金融机构提供个人贷款时，大都要求借款人提供抵押等担保，无法提供担保或者名下没有固定资产的个人用户很难获得贷款。“微粒贷”无须抵押和担保，不需要提交任何纸质材料，能够较好地满足信用良好的个人用户的小额融资需求。

（二）7*24小时服务，最快1分钟完成放款

“微粒贷”依托严谨的风险控制规则及完备的技术支持体系，提供7*24小时线上服务，办理手续便捷高效，全部流程都在手机上操作完成，借款可最快1分钟到账。

（三）随借随还，提前还款无手续费

传统金融机构大多要求用户在还款日当天还款，用户如果希望提前还款，需要申请并缴纳手续费。除常规默认代扣还款外，“微粒贷”亦支持用户随时结清贷款，且不收取任何其他额外手续费用。

（四）微粒贷通过6大风控模型防范信用风险

微众银行设计了6个风控和评分模型，来对所有腾讯客户做评估和排序，根据结果来形成并逐步开放白名单。这六大模型包括公安数据模型、央行征信数据模型、微信社交模型、手机QQ社交模型、财付通支付数据模型、资金饥渴度模型，如图7-5所示。其中既有传统的金融数据比如银行征信、公安数据、教育数据等，也有基于腾讯社交平台的社交数据和支付数据，这些模型同时会确定客户的授信额度。

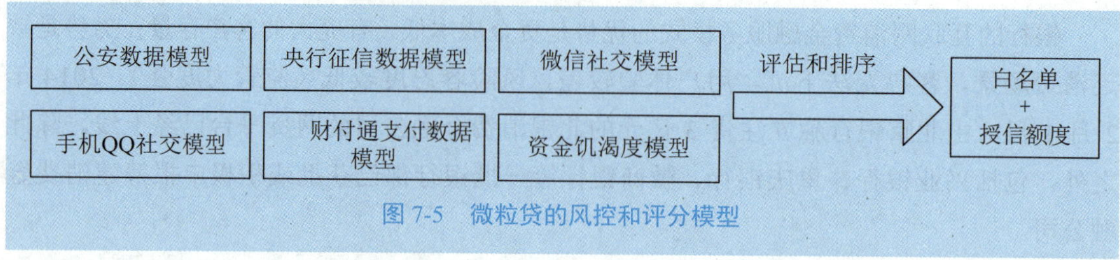

图 7-5　微粒贷的风控和评分模型

（三）消费金融公司的互联网消费金融服务模式

消费金融公司是通过自有资金为我国境内居民个人消费提供个人耐用消费品贷款及一般用途个人消费贷款，这些贷款具有金额小、较为分散的特点。我国从 2009 年开始启动消费金融试点，首批 4 家消费金融公司于 2010 年获批成立。2015 年 1 月 7 日，以重庆百货为主，与其他五家公司共同发起设立了国内首家互联网消费金融公司——马上消费金融股份有限公司。与传统消费金融公司不同，该公司搭建了互联网平台，在经营服务上实现了“无边界、全渠道”。

消费金融公司的互联网消费金融服务模式如图 7-6 所示，其的固有缺陷在于过于依附银行，导致现有产品与银行产品类似，缺乏特色；其优势在于可以利用互联网的优势，打造线下实体消费金融+线上互联网的综合体，在了解客户的需求后，线下挖掘客户，线上互联网推广，从基础设施、平台、渠道、场景等四个方面扩展互联网平台业务。

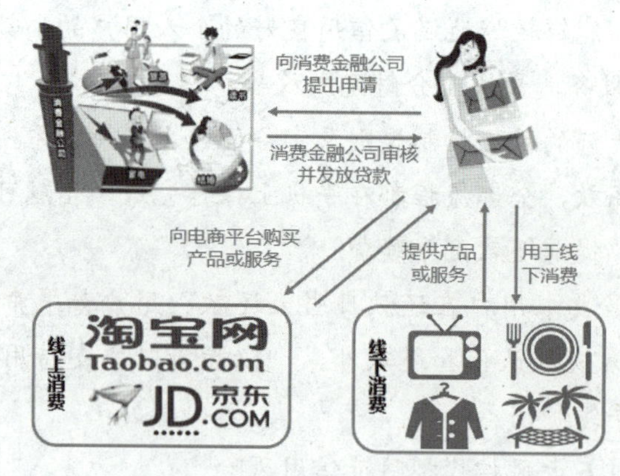

图 7-6　消费金融公司的互联网消费金融服务模式

（四）分期购物平台的互联网消费金融服务模式

作为新涌现出来的互联网消费金融服务模式，分期购物平台目前主要针对大学生群体和城市低收入群体。由于目标群体缺乏稳定收入、流动性较强、信用记录不完善等，其在资产质量控制、征信数据获取、客户群体延续性等方面均面临挑战。分期购物平台的互联网消费金融服务模式如图 7-7 所示，其盈利模式是通过承受更高的坏账、批量化规模化审

批降低操作成本并做大规模，再引入风投资金消化坏账，通过不断的股权转让直至 IPO，实现资本最大化收益。

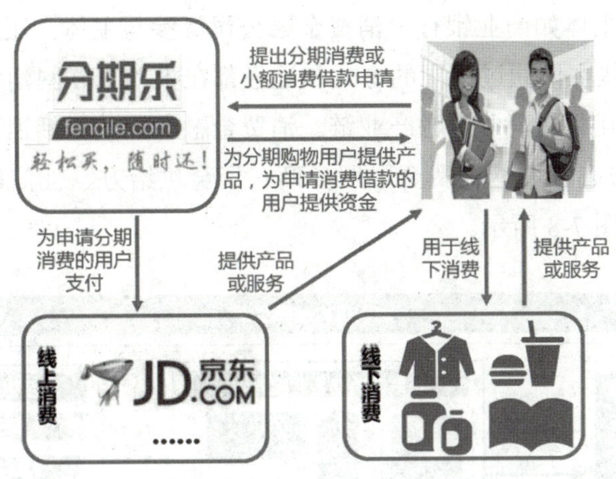

图 7-7　分期购物平台的互联网消费金融模式

（五）四种互联网消费金融服务模式的对比

四种互联网消费金融服务模式的对比如表 7-2 所示。

表 7-2　四种互联网消费金融服务模式的对比

特征	银行	消费金融公司	电商	分期购物平台
客群覆盖	通过自身银行业务，拥有大量潜在客户	业务模式接受程度不高，覆盖用户群体较小	通过自身电商及支付业务，覆盖大量的消费者	针对性的用户覆盖，目前绝对用户数量并不大
审批模式	成熟的征信及审批模式，但效率较低	风险容忍度略高，审批程序比银行更有效率	可借助用户的消费记录完成审批，并开展征信业务	征信模式比较初级，具有互联网特色的风控体系更有效率
资金来源	资金来源于吸收的存款，成本低，来源稳定	资金只能来自于股东资金及金融机构间拆借	资金来源于股东资金，但自身资金实力雄厚	资金除了来源于自身外，还来自于 P2P 理财用户及传统金融机构
总体评价	业务模式成熟，主要劣势在于审批要求严格，周期较长	现有业务模式受众较小，亟待丰富创新自身的服务模式	用户覆盖优势明显，业务创新及大数据等技术实力突出	新兴的互联网消费金融模式，各方面能力均有待提升

四、互联网消费金融的产业链

无论是传统金融主体如商业银行、消费金融公司等参与主体，还是以京东、阿里等为代表的电商企业，这些主体通过不同的方式和途径都在推动互联网消费金融产业的快速发展，促进形成完整的互联网消费金融产业链。消费金融产业链包括消费者（消费端金融服务需求）、消费供给方、互联网消费金融服务商、资金供给方、征信机构、催收坏账处理机构和监管机构，如图 7-8 所示。

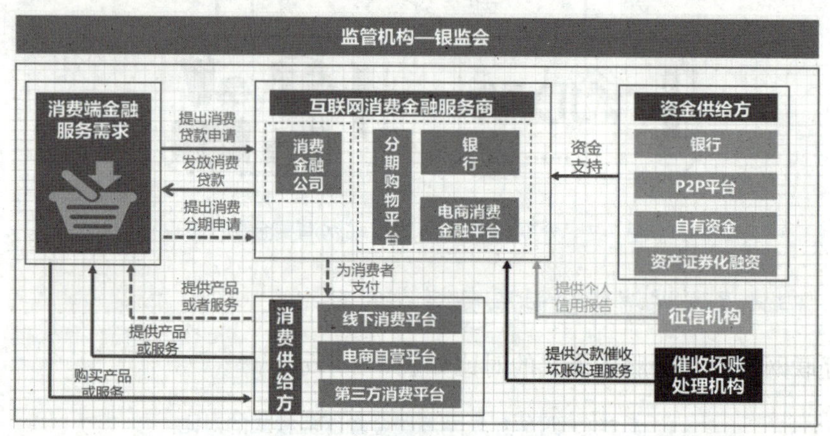

图 7-8　互联网消费金融产业链

（1）消费者：消费金融的核心，利用金融机构提供的资金进行消费，在约定时间进行偿还。

（2）消费供给方：包括线下消费平台、电商自营平台、第三方消费平台等。

（3）互联网消费金融服务商：根据消费者的信用状况、消费能力等提供资金给消费者，其作为连接资金需求和提供方的桥梁，处于整个产业链的核心环节，具体包括消费金融公司、分期购物平台、银行、电商消费金融平台等。

（4）资金供给方：包括银行、P2P 平台、自有资金、资产证券化融资等。

（5）征信机构：为消费金融公司的风控环节提供服务。

（6）催收坏账处理机构：为消费金融公司提供针对逾期不还的借贷人的催收服务。

（7）监管机构：进行行业监督，包括银保监会、消费品领域委员会、行业协会等。

五、消费金融和小微企业贷款的区别

与消费金融最相近的领域是小微企业贷款，两者的出发点都是小额信贷，客户群体和贷款性质的不同导致了两者向着不同的方向发展。具体来说，消费金融和小微企业贷款的

区别主要表现在以下三个方面。

（一）对借款行为的经济假设不同

小微企业贷款是生产经营性贷款，强调借款人的价值创造能力，其经济逻辑是基于借款人使用贷款的投资行为能创造盈利的理性预期。如果银行发现借款人没有使用贷款从事正常的生产经营活动，或从事生产经营活动的风险超过银行的承受范围，则一般通过抽贷、限贷等方式进行风险控制。但是消费信贷不同，借款人借用消费贷款的目的在于满足当期的消费需求，银行甚至限制消费信贷进入风险性投资领域。因此，消费信贷经济逻辑的基础并不在于借款人总财富的增加，而是在于借款人实现总收入的跨期配置，并能够承担利息支付的损耗。

（二）对利率定价的容忍程度不同

随着贷款客户的下沉，客户还款能力也随之下降，贷款机构需要提高利率以弥补风险。对于小微企业贷款而言，其面临的信贷配给约束较为明显，银行等贷款机构并不愿意通过提高利率来满足高风险小微企业客户的信贷需求，企业也限于自身盈利能力而不愿承受高息贷款。但消费贷款似乎跳出了信贷配给约束，特别是互联网类消费贷款，其平均利率为10%，显著高于小微企业贷款利率水平，并仍通过高利率策略覆盖更多的客户群体。

（三）对风险贷款损失的处理不同

小微企业贷款的风险处置仍偏重抵押物和担保等第二还款来源，且单笔贷款的核销损失和实质催收都面临着不小的成本压力。消费信贷通常为信用贷款，分散度远高于小微企业贷款，其风险处置实质上是摒弃了传统上对单笔贷款质量的关注，采取批量化规模化运作模式，通过忽略个体风险损失，直面客户群体的系统性风险，以高利息收入覆盖不良贷款损失。这意味消费信贷需要通过持续做大规模，来尽可能满足对概率模型的采样需求，也意味着其对杠杆的依赖。

综上所述，消费信贷比小微企业贷款的覆盖面更广、风险偏好更高，对系统性风险的抵御能力更弱。随着消费金融领域客户下沉不断加深，消费金融的短期发展将面临更多未知和更加严酷的风控挑战，长期发展则更是依赖我国经济发展方式转变和居民收入水平提升。

第二节　互联网消费金融的现状及发展趋势

根据《中国消费金融创新报告》，2017 年中国互联网消费金融整体交易规模可增长至 8 933.3 亿元，环比增幅保持在 146.44%的高位。与此同时，由于中国消费信贷市场规模仍在持续增长，互联网消费金融渗透率仍然较低，未来互联网消费金融发展空间仍然较大。

一、互联网消费金融的发展环境

随着国民消费能力的持续提升以及互联网使用习惯的全面养成，互联网消费金融现在正处于一个“最好的时代”。下面我们将从经济、社会、技术、政策、资金等方面来全面分析互联网消费金融所面临的环境。

（一）经济环境

随着我国民间财富的增长，以及国家对消费的刺激政策，我国居民的消费意愿逐年增高，如图 7-9 所示，2015 年，我国国内生产总值近 68 万亿元，且依然保持着 6.9%的增长速度，我国社会消费品零售总额为 300 931 亿元，同比增长 10.7%，高于 GDP 平均每年约 7%的增速。2015 年我国全年最终消费支出对国内生产总值增长的贡献率为 66.4%，比上年提高 15.4 个百分点。

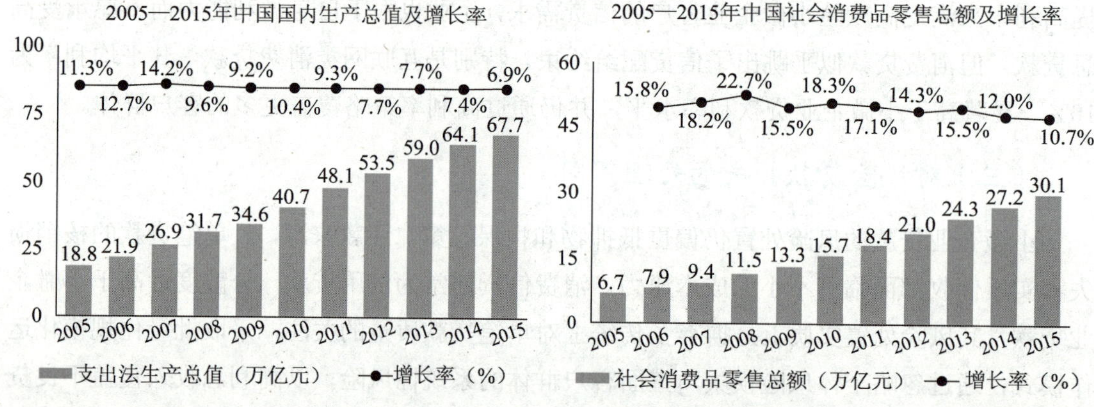

图 7-9　我国国内生产总值和社会消费品零售总额增长情况（数据来源：艾瑞咨询）

此外，由于我国出口对美国和欧洲市场的依赖程度较高，而海外市场需求疲弱导致货物和服务净出口受负面影响严重，所以我们必须转变经济结构，从原来的过多依靠投资、出口逐步向依靠消费倾斜。这一转变也在 2015 年的经济数据中有所显现，我国的居民消费和消费金融产业正快速发展，并相互促进。

（二）社会环境

据调查，我国有三分之一的家庭从未通过信贷工具提前消费，这也从侧面反映出了我国消费金融的巨大发展空间和发展潜力。中国传统的勤俭节约观念制约了消费金融在我国的发展，但随着人们消费观念的逐步转变，越来越多的家庭及个人开始选择采用信贷工具提前消费。

（三）技术环境

互联网消费金融的发展离不开技术的进步，互联网特别是移动互联网技术在消费金融领域的应用，使得消费金融服务更具普惠性，能够覆盖更多的中低端用户群体，包括农民工等流动人口，以及大学生等中低端用户群体。消费金融服务的覆盖面，也进一步扩展到生活消费的各个场景。如图 7-10 所示，2015 年中国网络经济市场营收规模高达 11.1 万亿元，同比增长 45.6%，而 2015 年中国网络购物交易规模约为 3.8 万亿元，同比增长 37.2%，未来几年，中国西部省份及中东部三四线城市的网络购物潜力将进一步释放，可以预计，未来国内电商行业整体将成为拉动消费的主要渠道，互联网消费金融也将向使用便捷、参与广泛和操作安全的方向发展。

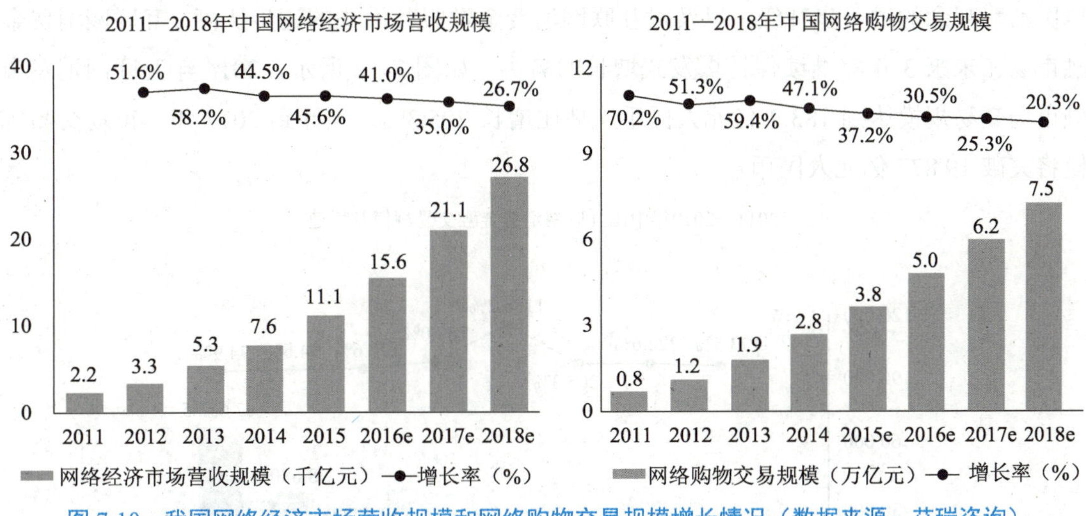

图 7-10 我国网络经济市场营收规模和网络购物交易规模增长情况（数据来源：艾瑞咨询）

（四）政策环境

消费金融发展的主要政策背景是需求侧改革中“稳增长”，即通过刺激“三驾马车”中的消费需求，稳定经济增长。消费金融也是符合“惠民生”下的普惠金融，为尚未享受到传统金融服务的弱势群体提供信贷类金融服务，提升资金跨期配置效率。更是供给侧结构性改革的“补短板”，符合加强金融供给能力的要求，我国互联网消费金融的政策演变如图 7-11 所示。

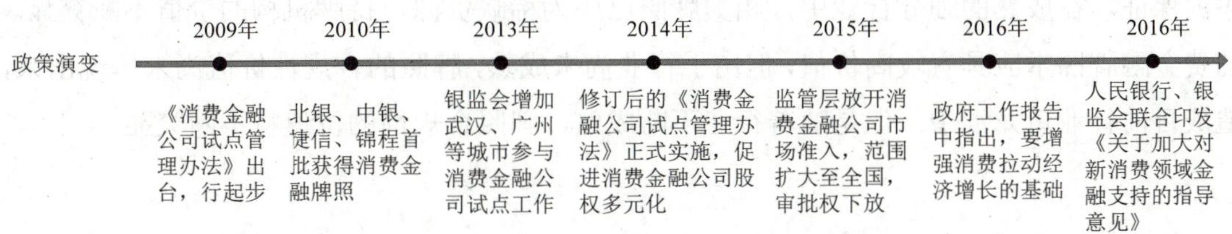

图 7-11 我国互联网消费金融的相关法律法规

二、互联网消费金融的发展现状

随着 80、90 后成长为消费市场的主流消费人群，年轻人消费观念更加多样开放，再加上居民收入的不断增加、社保体系的逐步健全、消费环境的逐渐改善，消费者开始敢消费也愿消费。社会主流的消费模式由传统的理性保守消费转变为提前消费、信用消费，互联网消费金融的发展迎来了历史性的机遇。

（一）互联网消费金融交易规模高速增长

我国互联网消费金融市场目前处于市场启动阶段，随着互联网金融行业的整体发展、居民消费观念的进一步升级，以及对互联网消费金融服务模式的逐步认可，互联网消费金融市场在未来 3 年将继续保持爆发式增长的势头。如图 7-12 所示，2014 年互联网消费金融市场交易规模达到 183.2 亿元人民币，环比增长 205.3%。预计到 2017 年，市场交易规模将突破 19 877 亿元人民币。

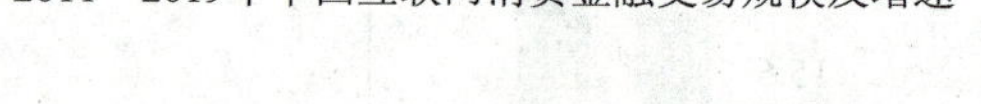

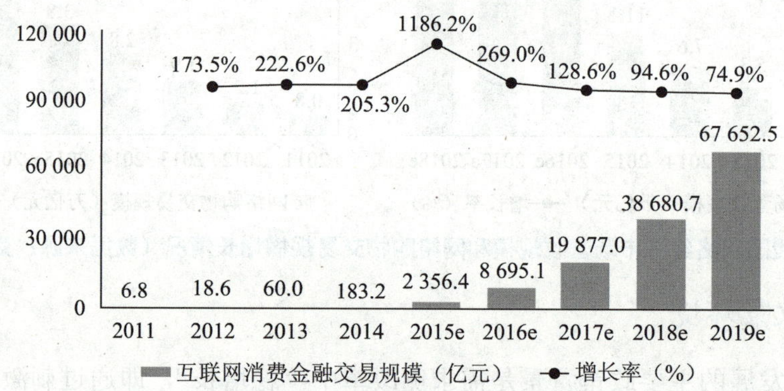

图 7-12　我国互联网消费金融交易规模及增长率（数据来源：艾瑞咨询）

（二）牌照优势尚未突显，消费金融行业百舸争流

金融牌照是允许企业或机构从事与金融有关领域的资质许可证明，是维护金融市场秩序的保证。在成熟的细分行业中，相关牌照已成为稀缺资源，持牌机构的价值不断突显。消费金融牌照本应具有较高价值，但由于行业尚未成熟，牌照的合规性价值尚未体现出来，造成目前行业鱼龙混杂。但是随着行业不断成熟，牌照合规性的价值将不断突显。

目前市场上存在300多家消费金融公司，截至2017年2月底，共有22家消费金融公司获得牌照，其中18家已正式开业，这些消费金融公司的出资人大部分为省级商业银行。此外，光大银行、河北银行、华夏银行等已宣布拟成立消费金融公司，蚂蚁金服、京东金融等脱胎于电商的金融集团也在积极申请消费金融牌照。

（三）互联网消费金融市场风险突出

目前互联网消费金融市场主要面临征信体系不健全及政策监管两方面风险。

1. 征信体系风险

虽然我国的征信体系已形成，初步呈现以央行金融信用信息基础数据库为主导、以市场化征信机构为辅的多元化格局，但个人征信业务市场刚刚起步，在商业模式、法律保障、统一数据接口、关键技术等方面，与欧美成熟的个人征信市场差距较大。所以从整体上看，我国互联网消费金融市场的信用环境尚处于落后阶段，难以有效排查用户恶意违约的情况。同时，由于相关风险会通过债权转让渠道传导至产业链下游，所以还可能由此引发互联网金融系统性风险。

2. 政策监管风险

目前互联网消费金融业务处于政策监管的空白期，职能部门在监管范围上没有清晰的界定，导致行业面临巨大的政策监管风险。政府应尽快出台针对性的监管政策并完善相关法律法规体系，保障互联网消费金融行业健康、有序地发展。

三、互联网消费金融的发展趋势

消费金融本身具有消费和金融双重属性。消费方面，我国消费环境日益丰富，互联网技术以及电商消费促进了我国居民的消费升级，我国政策也不断鼓励引导居民消费；金融方面，新兴的消费群体信贷需求十分旺盛，资本追捧消费金融市场并不断注入大量资金。在这两大因素的推动下，就目前来说，我国消费金融仍处于一个蓬勃发展的时期，而互联网消费金融正覆盖网购、校园、租房、汽车、旅游、装修、教育、医疗、农业、白领、蓝领等场景（见图7-13），呈现出强劲的发展势头。具体来说，互联网消费金融的发展趋势包括以下几个方面。

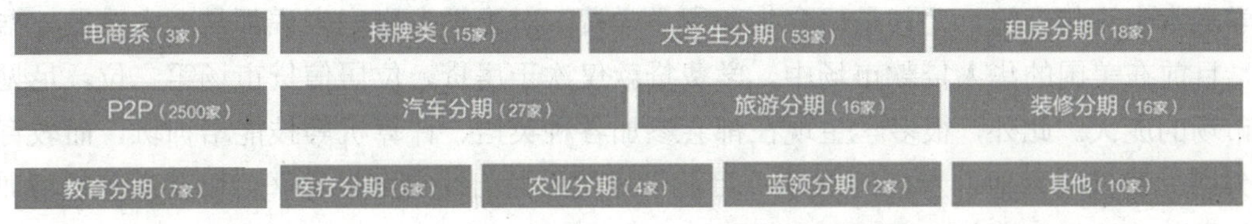

图7-13　我国互联网消费金融场景

（一）旅游消费金融成为市场新的爆发点

旅游对于很多人来说都是一件非常向往的事情，但对于一些费用昂贵的出国行来说，很多人往往会因为经费不足问题而导致出行计划成为泡影。针对这个问题，“去哪儿”“驴妈妈”“途牛”“首付游”等旅游平台，以及兴业银行、中国银行等金融机构都推出了旅游金融分期消费。

实际上，旅游消费金融正在成为旅游平台竞争的新焦点，旅游金融类产品除了比较常见的旅游分期金融服务，还包括旅游理财、旅游保险经纪等方面的产品和服务。这类产品是对在线旅游服务的一种很好的补充。通过推出旅游金融类产品，各大旅游平台不仅能创造更多的利润，还能增加用户的黏性和用户的忠诚度。

不过从目前这个旅游消费金融市场的整体情况来看，各大平台所推出的旅游消费金融时间都不是很长，要想让旅游消费金融成为一种常态，他们还需要从以下两个方面努力。第一，对于在线旅游平台推出的旅游消费金融，很多用户目前都还不十分了解，还需要一段时间的消费者市场培育过程。第二，从实际市场看，旅游的新兴消费群体多为经济能力有限的年轻学生、白领，但与此同时这部分的消费者还款能力也相对有限，旅游消费平台需要增强自身的风控能力。

（二）医疗消费金融会成为医保的一种补充

从需求角度上来说，医疗消费金融是一种刚需。社会上很多家庭由于经济原因负担不起昂贵的医疗费用，这个时候分期医疗付费就可能成为他们的“救命稻草”。但由于实际情况复杂，目前国内只有少数医院通过与银行合作，推出了分期付费的方式，还没有单独的医疗金融平台通过与各大医院达成合作，并推出医疗金融服务。

整体来看，未来如果医疗O2O平台推出医疗分期消费金融，首先要突破信任的障碍，包括患者的信任和医院的信任。此外，当前国内的医疗消费金融普及程度还很低，要让医疗消费金融顺利进行，需要医院与金融平台以及机构的共同配合。

（三）教育消费金融正在培训、留学领域兴起

从市场的角度来看，随着国内教育的不断改革，中国学生的学费越来越贵，而高校的办学成本也逐年上涨，尤其是研究生和留学学费，对于很多家庭来说都是一大难题。据统计，目前在美国的华人贷款市场中，学费贷款仅次于房贷，位居信贷市场第二位，足见这个市场的庞大。此外，很多学生现在都会参加各种英语、计算机等技能培训班，而教育培训分期付费就成为他们考虑的首选。目前学好贷、龙门社交金融等平台以及众多的培训机构都推出了针对大学生的学费分期贷款。

（四）农村消费金融即将成为下一个风口

农村金融是当前阿里、京东等巨头积极进攻的领域，随着淘宝、京东等电商平台不断渗透到农村，未来农村消费金融将会成为下一个新的风口。

其一，随着国内农民收入的不断增长，农村消费市场规模也正在逐年递增，我国农民消费的观念也正发生改变，随着电商平台的渗入，未来农民对于电商产品的金融需求会越来越大。

其二，过去农村的住房、汽车、家电、教育、旅游等信贷消费市场发展较为滞后，随着国内农村社会保障体系逐渐完善，农民对于金融消费的需求也在逐渐在增长。

其三，过去农村的金融基础建设设施较为落后，随着城乡一体化建设的不断推进，如今农村的金融机构网点覆盖率提高了，而且大型的电器商场、商贸市场，以及汽车下乡活动、农村新房建设等都在刺激农民的消费需求，这些都为农村消费金融打下了坚实的基础。

目前农分期、领鲜理财等平台都已经开始在农村消费金融领域进行布局。当然，农村消费金融发展的障碍还很多，包括农村网络的普及、农民消费理财习惯的培养、农村金融消费环境的完善等。

（五）房产消费金融一片“红海”

从目前这个消费金融的市场规模来看，房产消费金融的规模是最大的。房产消费金融平台非常多，包括好房宝、搜房宝、家分期、房融所、土巴兔等，此外过去传统的银行也一直都在深耕耘房产金融域，包括新房金融、二手房金融、装修金融、租房金融等多个方面。

房产消费金融市场规模庞大，竞争同样十分激烈。互联网房产消费金融最大的威胁就是来自传统银行的威胁，房产金融是传统银行非常大的一块利润来源，传统银行不会拱手相让。另一个威胁来自于平台自身的风控能力，房产消费金融是一笔不小的开支，同时贷款额度也会非常大。传统银行过去在对购房者的资质审核上会相当严格，如今互联网消费金融平台为了加快放款速度，对于消费者的资质审核有降低标准的趋势，这势必会造成更大的风险。

（六）汽车消费金融需要突破 4S 店这道屏障

汽车消费金融与房产消费金融有许多相似之处，众多汽车交易平台诸如汽车之家、易车网、天猫汽车等都推出了汽车消费金融，购买新车、二手车等都可以进行贷款消费。

从平台的流量入口来看，汽车之家、易车网、天猫汽车等汽车交易平台都具备庞大的流量入口，而且这类汽车交易平台都拥有一定的知名度和实力，比较容易得到消费者的认可。最为重要的是，在这平台上办理汽车贷款，手续上以及资质审核等方面要比线下平台方便快速很多。

对于互联网汽车金融平台来说，他们面对的最大竞争对手除了银行之外，还有传统的汽车厂商。从目前的汽车金融市场格局来看，由于购买汽车都是通过线下交易，大多数的消费者选择汽车消费金融的方式都是通过线下的 4S 店，而非直接通过互联网平台，如何引导消费者通过线上平台进行金融消费是互联网金融平台需要突破的难关。

第三节　消费金融案例研究之京东金融

近年来，各互联网巨头先后发力，瞄准消费金融市场。该市场在短短几年时间里，已经历由开篇入场到逐步规范和完善，并不断优化、扩展、求新求变的阶段。其中，京东金融最早进入该领域，也有着广泛的消费金融场景构建，本案例以京东金融作为行业范例，浅析其运作模式及消费金融行业未来的发展趋势。

一、公司概况

2016 年，京东金融集团已和由红杉资本中国基金、嘉实投资和中国太平领投的投资人完成具有约束力的增资协议签署，融资 66.5 亿人民币。此轮融资对子集团的交易后估值为 466.5 亿人民币。京东金融利用京东集团在电商、大数据以及技术等方面的优势，成立短短两年时间，已搭建了完整的生态体系、开展 5 大业务，发展成为行业领军企业，为中国的消费者、创业创新企业及传统企业提供了金融解决方案。

京东金融成立于 2013 年 10 月，是京东集团打造的“一站式”在线投融资平台，致力于打造“为用户创造更多消费和投资价值以及陪伴中小企业持续发展的金融科技服务平台”，其发展历程如图 7-14 所示。

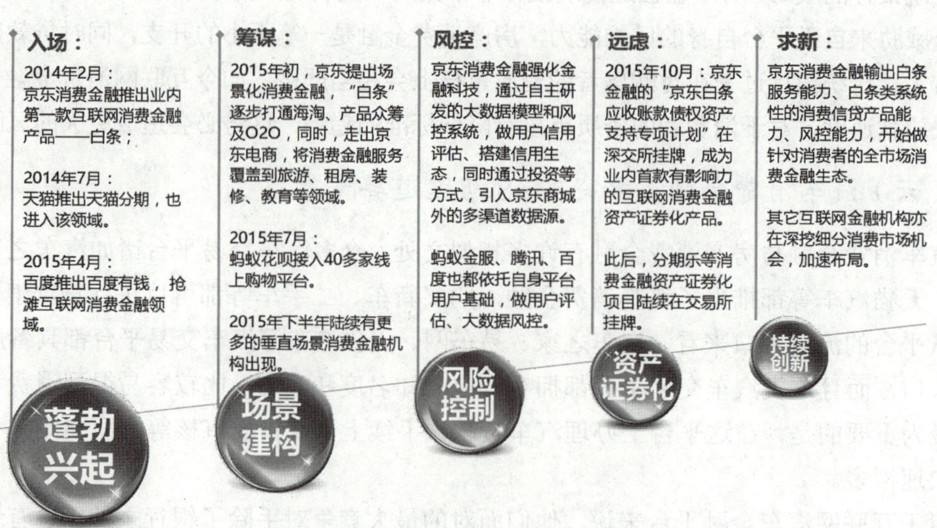

图 7-14　京东消费金融的发展历程（数据来源：艾瑞咨询）

二、业务布局

京东金融基于京东多年来积累的交易数据、物流数据和仓储数据为基础的金融科技平台之上，目前已形成了支付、供应链金融、消费金融、众筹、财富管理、保险、证券7大业务板块，如图7-15所示。目前，其消费金融业务已经拓展到京东体系外，通过输出风控和风险定价能力，为更多的线下消费场景提供产品、服务、资金融通解决方案，满足服务用户消费升级、财富增值以及企业资金管理等新生需求，助力创业创新，促进了中国实体经济发展和结构转型。

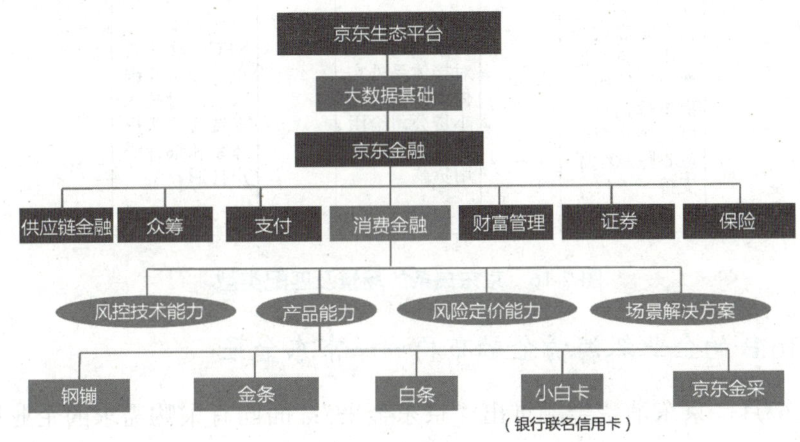

图7-15 京东金融的整体布局

三、产品现状

消费金融在京东金融的业务版图中占有重要的战略地位，也是京东金融最早启动的业务之一。目前已经拥有白条、金条、小白卡（银行联名信用卡）、钢镚四类产品。

（一）To C的个人消费金融布局——白条及白条衍生品

2014年2月，京东金融推出首款面向个人用户互联网消费金融产品——白条。消费者在京东购物时可以获得1.5万元的信用额度，享受先消费、后付款的30天免息或3～12个月的分期付款，且付款利率低于传统商业银行。2015年，“白条”全面打通京东体系内的线上消费场景，对自身电商业务的促进效果十分显著。京东公布的数据显示，在2015年“618大促”期间，京东白条日均交易额环比增长了240%，白条的订单占总订单数量的8%。其中80%白条订单进行分期，白条用户平均客单价是其他普通用户的两倍。

作为业内第一款消费金融产品，京东白条对带动了整个互联网模式的新金融行业在消费金融领域的创新，在完成了对体系内平台的对接后，京东白条开始布局体系外消费场景，为消费者提供一次性信用贷款，“走出京东”的战略大趋势已形成。京东白条的场景及匹配类型如图 7-16 所示，现在，京东白条已在旅游、安居（包括租房、装修）、教育（英语、职业、亲子等）、汽车（二手车及保养类消费），婚庆，医疗健康等领域实现全覆盖。

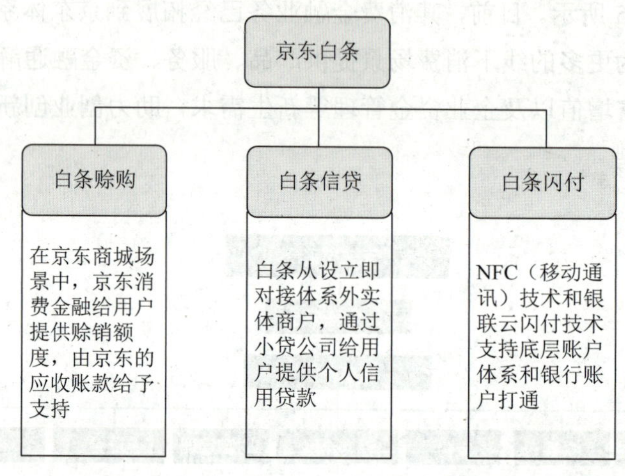

图 7-16　京东白条的场景及匹配类型

（二）To B 的企业级消费金融布局——京东金采

2015 年 6 月，京东消费金融推出“京东金采”：面向有采购需求的企业提供信用赊购、分期付款、账期管理等服务，是业内首款企业级消费金融产品，其业务模式如图 7-17 所示。

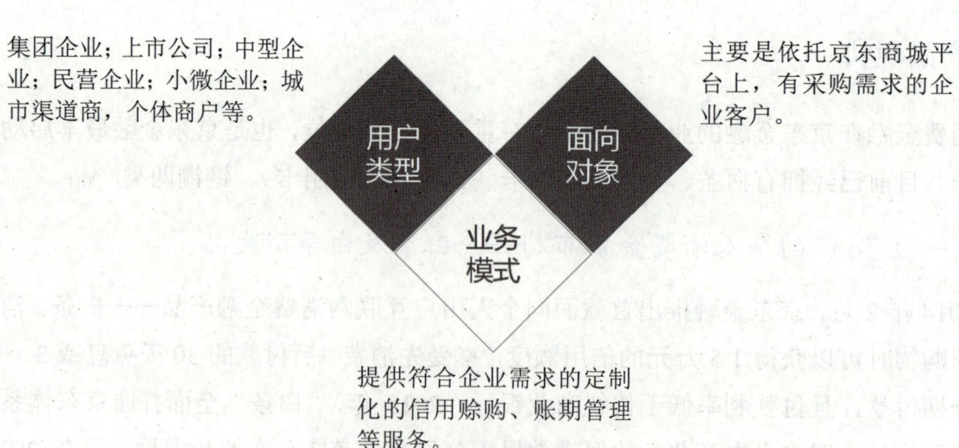

图 7-17　京东金采的业务模式

“京东金采”针对的是考虑现金周转、资金成本的企业客户，目的是解决他们在京东商城采买所需用品时短期资金需求。“京东金采”根据企业或法人代表资质，最高可授予

100 万信用支付额度，并会在京东商城定期推出金采专场优惠价格商品。同时其也为客户提供定制化的账期服务，在最长 21 天免息期和最低 0.6%/月的分期还款服务费的基础上，帮助企业管理账单，记录在线还款账务，精简企业采购对账环节。

（三）与市场机构的融合——小白卡和钢镚

2015 年 5 月和 8 月，京东金融与金融机构、商户充分合作，推出小白卡和钢镚两款产品。

小白卡：京东金融与多家银行合作推出联名信用卡，用户可享受银行信用卡 VIP 待遇，同时享受“线上+线下消费”的组合权益。用户只需扫描“小白卡”背面的二维码，便能进入京东金融打造的互动社区，领取不同时段、不同类型的红包，涉及衣、食、住、行、吃、喝、玩、乐等各个方面，最终实现白吃、白喝、白玩、白拿、白赚等互联网社交体验。

京东钢镚是客户在京东金融的通用积分，源自于客户的京豆兑换、银行卡积分、航空里程等多个渠道。一个钢镚可以抵一元钱，钢镚可直接用于支付京东商城网站自营产品和京东配送的订单。

（四）消费金融资产证券化，风控和大数据能力输出

2015 年 9 月，“京东白条一期应收账款债权资产支持专项计划”在深交所挂牌，成为中国资本市场首支在深交所挂牌的互联网消费金融资产证券化产品。京东消费金融资产证券化流程如图 7-18 所示。目前，京东白条 ABS 发行已成常态化，其风控能力日益受到市场的认可。此外，京东金融投资了聚合数据、ZestFinance、数库等大数据公司，进一步巩固金融科技实力，并将对外输出风控能力。2016 年 1 月 16 日，京东集团宣布旗下京东金融融资 66.5 亿元人民币，由红杉资本中国基金，嘉实投资和中国太平领投。

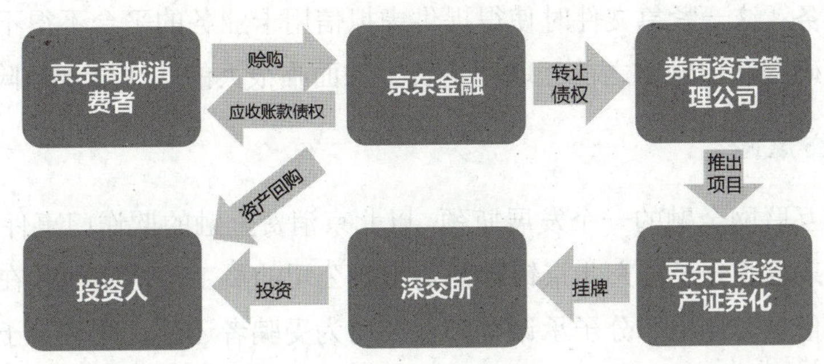

图 7-18 京东消费金融资产证券化流程

第四节 互联网消费金融的风险与监管

一、互联网消费金融的主要风险

互联网消费金融为消费者购买最终商品和服务提供金融服务，主要提供消费贷款，其面临的主要风险有信用风险、法律合规风险和声誉风险。

（一）信用风险

一般互联网消费贷款金额不高，因此对贷款者的财产要求不太严苛，也无须抵押担保。部分互联网消费金融平台会出现过度授信现象。正因为如此，互联网消费金融平台需要承担较大的信用风险。在我国个人征信体系和信息共享机制尚不完善的情况下，对贷款者缺乏有效限制，容易产生违约行为。与作为纯中介的网络借贷平台不同，互联网消费金融的资金主要来源于平台自建的小额担保公司、股东企业存款、同业拆借、资产证券化等，一旦产生借款者违约，互联网消费金融平台将会承担比较直接的损失。

（二）法律合规风险

虽然银保监会已经出台关于消费金融的管理办法，但并没有对互联网模式下的消费金融的主体资质、经营行为进行全面规范，因此互联网消费金融的创新行为有可能涉嫌违法。如电商平台向消费者提供虚拟信用卡服务，消费者如果用这些产品去偿还银行的信用卡的欠债，就有以贷还贷的嫌疑。正因为如此，2014 年 3 月 11 日央行发布紧急文件，暂停支付宝、腾讯的虚拟信用卡业务。2015 年 11 月，招商银行和交通银行信用卡相继暂停了京东白条的还款业务。这一紧急文件时使得提供虚拟信用卡业务的平台不得不临时缩小业务范围。可见在明确的法律颁布之前互联网消费金融面临很大的法律合规风险。

（三）声誉风险

声誉风险是互联网金融的一个发展瓶颈。以北京消费金融的欺诈门事件为例，据报道，2014 年 12 月，某犯罪分子冒充北京银行消费金融公司的员工，诱骗他人在北京银行消费金融平台为自己借款，该犯罪分子承诺有担保公司为受骗者还款，并将给予一万元额度的信用卡作为回报。当这些受骗者被北京消费金融公司催收时，他们才意识到自己上当了。此次恶意欺诈事件使得北京银行消费金融公司不仅遭受经济损失，而且在声誉方面还蒙受负面影响。虽然犯罪分子的违法行为和受骗者的贪婪是此次事件的直接原因，但背后也显

示出部分互联网金融公司的风控能力较弱。

二、互联网消费金融风险的监管

（一）我国互联网消费金融风险的监管

银监会（现银保监会）2009 年通过《消费金融公司试点管理办法》首次对消费金融公司的概念进行了界定。消费金融公司是指经中国银行业监督管理委员会批准、在中华人民共和国境内设立的，以不吸收公众存款和小额、分散为原则，为中国境内居民个人提供以消费为目的的贷款的非银行金融机构。2013 年银监会（现银保监会）修订的《消费金融公司试点管理办法》在原基础上完善的主要出资人条件，并对业务范围、经营规则和审慎监管要求等做出了修改和调整。

互联网消费金融的概念诞生较晚，2015 年才首次提出，因而目前与之相关的法律寥寥无几。2015 年 7 月 18 日《关于促进互联网金融健康发展的指导意见》正式对外发布，明确了互联网消费金融牌照实质是通过互联网开展部分业务的消费金融公司经营资格。《指导意见》指出，要鼓励传统的消费金融机构借助互联网技术，实现传统金融业务与服务的转型升级，支持有条件的金融机构建设消费金融，支持发展消费信贷。《指导意见》还对互联网消费金融开展业务的合法合规性作了规定。

此外，《国务院关于积极发挥新消费引领作用加快培育形成新供给新动力的指导意见》（2015）以及中国人民银行印发的《关于加大对新消费领域金融支持的指导意见》（2016）都提到了利用互联网创新消费信贷产品及其管理模式，提高信贷支持创新的灵活性和便利性。

2016 年 4 月份，教育部联合银监会（现银保监会）发布《关于加强校园不良网络借贷风险防范和教育引导工作的通知》，同年 8 月，银监会发言人对校园网贷拟采取五字方针，即“停、转、整、教、引”。2017 年 4 月，《关于开展“现金贷”业务活动清理整顿工作的通知》《关于开展“现金贷”业务活动清理整顿工作的补充说明》等相继出台，集中整顿奇高利率暴力催收等乱象。同期，银监会发布《中国银监会关于银行业风险防控工作的指导意见》。《指导意见》指出，要稳妥推进互联网金融风险治理，促进合规稳健发展。重点做好校园网贷的清理整顿。禁止向未满 18 岁的在校大学生提供网贷服务。

当前，我国的消费需求不断增长，消费拉动内需的作用日益显现，上述提及的多部法律都提出了积极鼓励互联网消费金融的发展，也对开展互联网金融消费业务需遵守的规则进行了规定，但现行法律在处罚条款方面仍存在空白，如对违规吸储或超范围发放贷款等违法现象的处罚不明确，且并未反映互联网消费金融的独特性，因此互联网消费金融的法律体系亟待完善。

（二）国外互联网消费金融风险的监管

美国的互联网消费金融以功能监管为主。美国没有专门针对消费金融公司的机构监管法规，而是围绕消费金融这一业务品种进行监督，金融公司只需遵守联邦及所在州有关业务的监管细则开展运营即可。同时，美国未对消费金融公司的业务范围、业务品种、服务对象、股东来源进行规定，金融公司可根据市场需要灵活设计消费信贷产品。英国与美国不同，在英国消费金融公司要接受金融服务局（FSA）的统一监管，行业自律监管体系也会发挥补充监管作用。国外风险监管措施对我国互联网消费金融监管的启示包括以下几个方面。

三、互联网消费金融风险监管的方向

为确保互联网消费金融健康快速发展，互联网消费金融风险监管应不断完善，可从以下方面入手。

（一）加快出台细分业态的监管细则，营造公平的市场竞争环境

即进一步完善互联网金融法律体系、明确相关业态监管细则、规范行业准入标准，将从业主体纳入统一监管，进一步营造公平有序的市场竞争环境。同时进一步调整监管思路，树立适应互联网特征的监管理念，实行包容性监管，对创新性强、普惠金融发展好的金融机构保持一定的监管容忍度，进行创新支持。此外，在分类监管的基础上，建立联合执法机制，加大对网络金融违法犯罪的打击力度。

（二）拓宽融资渠道，加大财税政策支持力度

即进一步拓宽从业机构融资渠道，细化互联网消费金融上市等融资措施，包括进一步降低初创期消费金融公司融资门槛，适当缩短资产证券化年限、考虑允许发行特种消费金融债等，鼓励金融机构同业间开展回购式质押融资等。同时进一步加大政策支持力度，推行和细化财政补贴和税收减免等政策，加大创新奖励力度，进一步发挥政策引领和助推作用。

（三）构建多元化征信体系，推进行业建立风险联防、联控机制

即进一步加强个人征信能力建设，构建以人行征信为主、市场化征信为辅的多元化征信机制，并进一步降低人行征信查询费用，加强公安、司法等政府公共信息分享，提升从业主体征信能力、降低征信成本。同时加快行业协会和反欺诈风险联盟建设，鼓励行业协会成员“黑名单”信息共享，构建联防、联控、联动的风险管理合作机制，进一步提升欺诈风险防控能力。

（四）加大网络金融违法犯罪打击力度，促进行业安全健康发展

即加大互联网消费金融网络环境的监控和整治力度，对涉及套现、诈骗的专业网站及时进行屏蔽和清除。同时公安、银监、司法等部门与网络运营商定期联合开展网络金融违法犯罪专项整治活动，参照打击信用卡犯罪的方式，加大对网络金融违法犯罪的打击力度，严格查处违法犯罪行为，并追究相应民事、行政、刑事责任，促进互联网消费金融市场安全规范运行。

关键术语

消费金融　消费信贷　消费金融公司　征信机构　催收机构

本章小结

互联网消费金融是指银行、消费金融公司或互联网企业等市场主体出资成立的非存款性借贷公司，以互联网技术和信息通信技术为工具，以满足个人或家庭对除房屋和汽车之外的其他商品和服务消费需求为目的，向其出借资金并分期偿还的信用活动。通常这一类贷款形式具有金额小、期限短、无须进行贷款等特点，自推出以来便受到了消费者的广泛欢迎。

互联网消费金融与传统消费金融最大的不同体现在资金的筹集方式上，即互联网消费金融在资金筹集上是依托线上的筹集方式，如通过电子商务平台、银行搭建线上消费平台、互联网消费金融公司或其他的创新企业等，这也构成了目前我国互联网消费金融的几种运行模式：基于电子商务交易平台的互联网消费金融；银行搭建线上消费金融平台；互联网消费金融公司；分期购物平台。

消费金融产业链包括消费者、消费金融公司、资金提供方、征信机构、金融科技公司和催收机构，其中，消费金融公司作为资金需求和提供方的连接桥梁，处于整个产业链的核心环节；征信机构和金融科技公司为消费金融公司的风控环节提供服务；催收机构为消费金融公司提供针对逾期不还的借贷人的催收服务。整个产业链中，消费场景拓展和做好风控是两个关键因素。

任务训练

一、能力训练

1. 什么是消费金融？消费金融的参与主体包含哪些？

2．什么是互联网消费金融？

3．互联网消费金融与传统消费金融相比有哪些不同？

4．互联网消费金融有哪几种模式？

5．互联网消费金融主要的风险有哪些？未来的监管重点是什么？

二、案例分析

马上消费金融股份有限公司是一家中国银保监会批准设立的持有消费金融牌照的全国性金融机构，成立于2015年，注册资本13亿元，是国内注册资本排第三的持牌消费金融公司。马上消费金融由重庆百货、中关村科金、物美控股、重庆银行、阳光保险、浙江中国小商品城共同发起设立。股东覆盖了银证保金融机构与批发零售企业，同时兼具互联网公司和传统行业。股东对马上消费金融在品牌、客户、数据、资金、渠道等方面的输出为其发展打下了坚实基础。

马上消费金融的另一个特点是采用线上和线下消费场景相结合模式。在线下，受益于其股东构成，马上消费金融拥有遍布西南地区零售网点的重庆百货，我国开发最早也是最大的批发市场之一浙江小商品城以及主要布局在华北地区的零售巨头物美。

这些零售巨头拥有丰富的消费场景、海量的会员用户，同时基本具备场景排他性。在线上，马上金融加强与去哪、唯品会等流量平台合作，将消费金融服务嵌入旅游、家装、教育和医美等多领域中，既满足平台开展消费金融业务的资金需求，也可以在获取用户的同时增加线上场景布局。

基于线上线下相结合的模式优势，马上消费金融创新运用移动计算、大数据、量化模型、机器学习、生物识别等前沿技术，运用独特的FICO规则模型与大数据模型双引擎的风险控制手段，为用户提供用消费金融服务，用户从申请贷款到贷款审批，再到贷款到账、还款全程APP端操作，不用抵押，不用担保，无须面签，最快10秒钟即可完成审批和放款，最高申请额度20万元，根据用户的信用情况确定利率，信用越好、利率越低。

根据案例，回答以下问题：

1．马上消费属于互联网消费金融的那种模式？

2．马上消费和其他的互联网金融消费模式相比，有什么优势？

3．你认为未来那种消费场景最有市场？为什么？

第八章 大数据金融与互联网征信

学习目标

通过本章学习，了解大数据金融的本质和应用；掌握大数据金融运营模式及发展趋势，掌握互联网征信的内涵和主要机构类型；理解互联网征信相较于传统征信的优势；了解互联网征信存在的风险及相应的监管措施。

案例导入

我国互联网征信发展现状：需求缺口巨大

2015 年央行曾对国内 8 家机构给出个人征信牌照预备权，这让整个行业激动了一阵子。但两年过去了，迟迟不见牌照的影子，这让行业又陷入一番不确定之中。现在个人征信市场还处于起步阶段，第一批的几家机构多数还在内测，应用场景、市场都还不成熟，且涉及个人隐私问题，加上暂无相关的法律出台，预计在第一批尚未发展到较为成熟之前，个人征信牌照应不会大规模放开。

相比之下，企业征信的进展要好一些。据统计数据显示，目前国内完成备案的企业征信机构已超过 130 家，较去年年中的 70 多家增加了近一倍。这当中，除了传统的征信机构，还包括拉卡拉、宜信等互联网生态的机构。当然，企业征信是备案制，个人征信是审核制，“备案”与“审核”不同，前者是“做了再说”，后者是通关文牒。这两种征信反映了我国互联网征信的发展进程。

庞大且高速成长的中国消费信贷市场并没有一个与之相对应的消费者征信体系，这其实为各类金融融资企业带来了巨大的隐患，也是各类非银行融资途径中的坏账高企不下的最主要原因。

目前我国的征信许可权大都存在于央行旗下的征信机构中，而政府主导的社会征信体系覆盖率远远不够，且数据源单一，此外，因其长久形成的壁垒，其数据很难与其他企业或平台共享。“数据不共享，就保证不了数据的统一，就难避免数据市场上的鱼龙混杂。我国互联网征信发展现状是需求缺口巨大，供给难以匹配，政府主导的社会征信体系覆盖率远远不够。互联网能沉淀数据，与征信有天然的契合点，互联网征信政府这端做不到的，可以由市场来做。

第一节 大数据金融

一、大数据金融的本质

大数据的概念最早由阿尔文·托勒夫于20世纪80年代提出，当时还没有进入大数据爆炸时代，他便预见，随着信息技术的进步，软件的重要性会下降，而数据的重要性会上升。麦肯锡公司在《大数据，是下一轮创新、竞争和生产力的前沿》的专题研究报告中对大数据下了定义，即大数据之大是指数据量大到超过传统数据处理工具的处理能力，是相对和动态的概念。此外，大数据又被引申为解决问题的方法，即通过收集、分析海量数据获得有价值信息，并通过实验、算法和模型，从而发现规律、收集有价值的见解和帮助形成新的商业模式。2012年，联合国发布大数据政务白皮书《大数据促发展：挑战与机遇》，IBM、EMC（易安信公司）、甲骨文、谷歌等跨国IT公司纷纷发布大数据产品，大数据成为席卷全社会方方面面的技术浪潮。

大数据的运用尚处于起步阶段，先行的企业主要是创新能力强、重视客户体验价值的互联网行业。大数据金融是互联网金融区别于传统金融最本质的因素。如图8-1所示，大数据金融即充分利用互联网形成的海量数据来挖掘用户需求、评价用户信用、管理融资风险等。大数据是互联网金融的核心资产，对这个核心资产的利用能力决定了互联网金融的可能性边界。

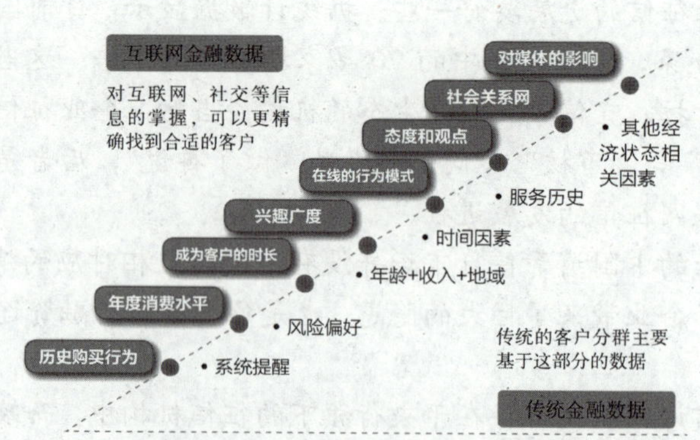

图8-1 大数据金融是传统金融数据+互联网金融数据

大数据金融的作用机制是通过云计算等智能信息工具对序列之间的联系、动态信息数据序列进行分析，大幅度提高金融风险定价的效率，降低定价成本，有效减少信息不对称，使得单个客户的信用信息、消费倾向、理财习惯分析成为可能，在此基础上衍生出很多互

联网金融的新模式。例如，银行本身是一个大数据集成商，证券公司是动态的大数据服务商，保险公司是生命周期的大数据开发商。未来会涌现出新的金融特征、新的金融服务供给和新的金融服务需求，这就是“大数据金融”。

二、大数据金融的应用

金融数据的涉及面很广，比如基金公司的销售数据、客户持有份额与交易数据、客户接触数据、客户基本信息的数据等。概括而言，可以分成以下几类：客户基本属性数据、客户产品购买数据、客户交易行为数据、客户偏好数据等。在搭建好大数据技术构架后，互联网金融公司可以根据分析需要获取不同的数据源，通过放宽数据源范围，整合第三方数据，并进行深度挖掘和分析，从而得到目标信息。例如，如果基金公司能够获得用户在网络上的浏览行为的数据，就可以判断用户最近有没有关注相关产品，或者是否关注竞争对手的产品。大数据的应用已经深入到了金融领域的方方面面，具体包括以下几个方面。

（一）大数据授信

金融授信可以说是大数据最早应用的领域之一，基于大数据对用户信用风险进行判断是一个重要的方向，尤其是在未来线下生活服务全面互联网化的趋势下，线下零售与服务的具体交易数据很可能被交易平台获得。如果某平台既知道消费者具体买了什么，也知道商家都卖了什么，就能像阿里小贷和线上信用支付一样对消费者的线下行为授信。

（二）交易风险控制

大数据具有流式处理能力，可以实现对用户的动态评估，即交易风险的判断。例如，当大数据发现同一个账户在近乎相同的时间在不同的地区进行信用卡交易的时候，交易风险就产生了，可猜测客户的信用卡可能被盗刷，也可能存在欺诈交易行为。通过大数据的这种动态评估，可以时时对用户的交易行为进行监测、管控，尽可能地降低交易风险。

（三）提现预测

目前互联网金融的一个很大的特点就是打破了原来流动性和收益率不能兼得的障碍，现在很多“宝宝”类互联网基金能够两者兼得。如果在技术层面能够实现大数据对互联网基金产品的支撑，会做得更高效。具体来说，“宝宝”类互联网基金需要满足每天用户提现的需求，这就需要储备流动性强的资金，如果储备少了，则可能出现挤兑；如果储备多了，资金就没有充分利用，无法产生更多的收益，所以可以利用大数据构建预测模型，实现对资金需求的有效预算与管理。

（四）营销监控与评估

大多数人都关注营销的最终效果，比如组织一场营销活动看最终转化了多少用户，其实很多环节会影响到用户的转化，包括哪些是关键影响环节，各环节对转化率的影响度是多少，用户接触情况，产品吸引性，消费滞后性等，这些都需要依赖大数据给出更准确的答案。

（五）流失预警

通过大数据分析可以洞察用户在整个相关产品里的使用行为，预警潜在的用户流失风险和用户去向。例如，大数据显示一些较优质的客户在最近一段时间里突然不太活跃了，这就可能出现客户流失风险，但是到底是什么原因就需要依赖大数据进行分析，客户可能比较忙、可能正在关注或已经购买了竞争对手的产品。显然，大数据可以提供更大的营销管理价值。

（六）精准营销

通过大数据，完全可以获得某个人的消费能力、喜好、习惯、社会关系等，从而可以准确地知道向他推销什么产品他会更乐意接受。

国外某公司通过分析全球 3.4 亿微博账户的留言，判断民众情绪（人们高兴时会买入股票，而焦虑时会抛售股票），以此决定公司股票的买入或卖出。该公司 2012 年第一季度获得了 7%的收益率。Equifax 公司是美国三大征信所之一，其存储的财务数据覆盖了所有美国成年人，包括全球 5 亿个消费者和 8 100 万家企业，在它的数据库中与财务有关的记录包括贷款申请、租赁、房地产、购买零售商品、纳税申报、费用缴付、报纸与杂志订阅等。看似杂乱无章的数据，经过交叉分享和索引处理，能够得出消费者的个人信用评分，从而判断客户支付意愿与支付能力，发现潜在的欺诈风险。

三、大数据金融运营模式

根据企业处于大数据金融服务中的环节及价值的差异，可将大数据金融分为平台金融和供应链金融两大模式。

平台金融模式是指平台企业通过互联网、云计算等信息化方式对其长期以来积累的大数据进行专业化的挖掘和分析，并与传统金融服务相结合进行服务模式创新，为客户提供资金融通的服务，以阿里小贷为代表。

供应链金融模式是指核心龙头企业依托自身的产业优势地位，通过其对上下游企业现金流、进销存、合同订单等信息的掌控，依托自己资金平台或者合作金融机构对上下游企业提供金融服务的模式，以京东、苏宁为代表。

（一）大数据在平台金融的运用

采用平台模式的企业平台上聚集了大大小小众多商户，企业凭借平台多年的交易数据积累，利用互联网技术，借助平台向企业或个人提供快速便捷的金融服务。

平台模式的优势在于：它建立在庞大的数据流量系统的基础之上，对申请金融服务的企业或个人情况十分熟悉，相当于拥有一个详尽的征信系统数据库，能够在很大程度上解决风险控制的问题，降低企业的坏账率；依托于企业的交易系统，具有稳定、持续的客户源。

平台模式的特点在于企业以交易数据为基础对客户的资金状况进行分析，贷款客户多为个人以及难以从银行得到贷款支持的小微企业，贷款无须抵押和担保，能够快速发放贷款，且多为短期贷款。

阿里巴巴集团是最早进行大数据金融模式实践的公司之一。“平台、数据、金融”是阿里集团未来的指导路线，目前，阿里金融对大数据的应用主要集中在支付宝、余额宝、阿里小贷这三款产品中，主要是为了发现风险、控制风险及对风险做出预期，如表 8-1 所示。

表 8-1　大数据在阿里金融中的作用

产品名称	主要风险	应用大数据的防范措施
支付宝	账户安全	支付宝大数据安全研究中心利用账户设备环境属性和账户行为产生的数据，分析账户安全与账户行为之间的风险，由“事后堵截”转为“预先识别”
余额宝	挤兑 期限错配	利用个人沉淀在支付宝中的大数据，分析某阶段人们的消费行为，从而对个人行为提前做出预期，降低挤兑风险 通过大数据可以将不同用户对流动性的不同需求整合起来，找到相应期限匹配的资产，做一对一的匹配，从而降低风险
阿里小贷	信用风险	利用基于大数据的水文模型（即按小微企业类目、级别等分别统计一个阿里系商户的相关“水文数据”库），对客户在淘宝和阿里巴巴的多年交易数据变化，利用数学方法及各种参数，判断客户未来的情况，并与同类企业数据进行对比，最终为贷款决策提供客观的分析和建议，并形成业务优化

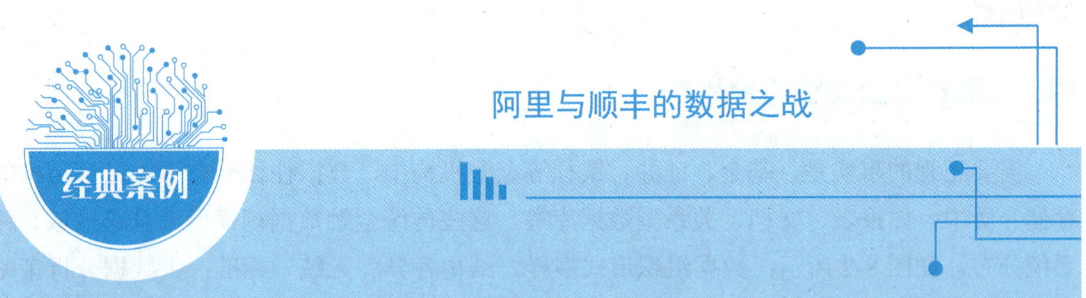

阿里与顺丰的数据之战

谁也没有料到，阿里巴巴与顺丰速运，这两家公司会突然在 2017 年儿童节这天互怼：两家公司的官方声明各执一词，阿里旗下的菜鸟网络称后者不配合其保护消费者数据安全，但后者马上反驳，称阿里意在对顺丰客户数据的占有，并暗指其本意是要让顺丰从“腾讯云”转投“阿里云”。

诸如此类的争夺在未来还将不断上演，眼下的这场纷争很可能成为一场决定未来商业走势的重要一战：阿里们希望在信息主权判断规则尚不健全的时间点上，及早收拢数据，建立数据王国。与此同时，以顺丰为代表的物流企业，也在用战略发展的眼光看待大数据主导的未来，甚至不排除这样的可能：未来的快递有可能是免费的，物流企业可以从数据衍生更大的价值与利润。到那时，数据将成为这些企业的安身立命之本。

（二）大数据在供应链金融的运用

大数据在供应链金融中的作用是为融资企业提供授信。以京东商城为例，其以未来收益的现金流作为担保，获得银行授信，为供应商提供贷款。京东商城早在 2012 年便推出供应链金融，提供包括融资和投资的服务。在融资部分，供应商根据与京东签署的销售合同、货物提供单据、应收账款及京东确认文件，在第三方保险机构投保后，获得来自于京东有合作关系的银行的贷款。2013 年京东的供应链金融平均贷款额度为 80 万～120 万元，整体的贷款规模达到了 80 亿元。未来京东金融会覆盖更多的融资和投资服务，并将产生的数据（包括消费数据、物流数据、供应商财务信息及金融状况信息）通过大数据技术进行有效的分析，从而实现对风险状况的实时监控。

京东供应链金融的优势在于缓解供应厂商资金流不足的问题。通过京东金融，供应商资金占用量平均可缩小四分之三，资金流通速度加快四倍，供应量提高了四倍。实现京东对供应商和银行的双向深度绑定。从供应商的角度来看，申请金融贷款服务需要在物流、支付上与京东深度对接，因此很难脱离京东生态。从银行角度来看，京东能为银行提供优质放款人，同时缩短放款时间。京东供应链金融的劣势在于无法做到真正的普惠金融，其照顾的只是核心企业生态链中的小微企业，生态链外的企业由于无法掌握数据信息，无法得到融资。

四、大数据金融面临的挑战

需要正视的事实是，基金、证券、银行等金融机构中，数据往往分布于大量且易构的存储介质中，如报表、文档、关系型数据库等。这些传统金融数据规模巨大且跨地域、跨系统分布，如图 8-2 所示；数据组织形式多样、结构各异、无统一标准；大数据分析策略变化频繁，使得金融行业无法有效地应对大数据带来的新问题。

金融业的大数据	
金融机构	数据规模
工商银行	企业级数据仓库存储量超过350TB，积累的数据超4.5PB
农业银行	每年产生的结构化和非结构化数据分别突破100TB和1PB，已归档的历史数据总量达到PB级
中国银行	2013年贷记IC卡发放规模在2500万张
建设银行	2013年借记卡金融IC卡的发卡规模在5000万张
银联在线支付	发卡量40亿张，每天有近600亿次交易，每秒50万次记录，存储量350TB
交通银行	每日约处理600G数据，存量数据超过70TB
招商银行	“一卡通”累计发卡量超过6400万张，信用卡发卡量超过4300万张
民生银行	总账户数达2673万个，每日交易量约为1700万笔
邮政储蓄银行	全国3万家机构、300个文件处理中心，6PB数据量
华夏银行	报表系统每天归档数据量近4000万，高峰时间超过6000万

图 8-2　银行的复杂数据规模

“存不下”和“查不快”，是金融机构利用大数据处理问题时面临的两大难题。数据每时每刻都在源源不断地产生，目前存储设备的增加远远不能满足数据增长的要求，如何提高视频的压缩效率或者提升存储设备的存储空间是解决该问题的有效途径。在数据处理上，大部分大数据都是非结构化的数据，大多数的金融企业都缺少对应的高技能数据分析人才。即使在美国，对高技能数据分析人才的需求也超出供应量的 50%～60%，到 2018 年，美国对数据分析专家的需要多达 14 万～19 万名。可以说，人才紧缺是制约大数据应用的主要影响因素之一。

需要指出的是，抛开技术层面的问题，制约大数据发展的核心在于大数据的价值本身需要体现在多个数据提供源、多个点采集后的海量数据的相关性分析才能得出结论。但是这个涉及数据源提供组织或部门的利益问题，涉及数据和个人隐私，涉及隐私和便利性之间存在的冲突，在短时间内很难真正解决。一方面，大数据需要共享、数据开放、平台利用，而目前我国一些部门和机构拥有大量数据，但受行政垄断和商业利益所限，数据开放程度较低。另一方面，消费者在享受大数据带来的好处的同时，其个人购买偏好、健康和财务情况等海量数据被收集，增加了消费者对隐私的担忧。

数据的可得性是大数据得以应用的前提，而数据的真实性同样具有关键意义。在我国现行税制背景下，部分小微企业为了规避税费或争取优惠政策而形成的财务报表无法真实反映企业的经营状况。不仅如此，投机性的财务造假在信贷市场上起到了“劣币驱除良币”的效应，将财务状况良好、诚信经营的企业逐渐挤出市场。这种无效数据的大量生产与无序流动，严重扰乱了大数据时代的正常秩序，也对数据挖掘产生了不利影响。

五、大数据金融的发展趋势

（一）电商金融化，实现信息物流和金融流的融合

电商企业在长期发展中已经积累了大量数据和信用记录，运用这些数据走电商金融化道路已经是必然趋势。目前电商金融化已完成第三方支付平台的搭建，实现了对传统银行才具有的支付和信用功能的创新替代。在 2014 年，阿里、京东、苏宁等大型电商已经开始同银行进行信贷合作。未来，电商企业在掌握商品流、信息流的情况下，将会积极实现高效率、低成本的资金流运转，完成自身生态圈的建立，最终对生态圈内的商户提供一条龙的金融服务。

（二）金融机构积极搭建数据平台，强化用户体验

电商跨界金融给传统金融造成了较大的冲击，因此，以银行为代表的金融机构借道电商，打响反击战。2012 年开始，建行、交行、工行等多家银行都开始积极部署自己的电商平台。2013 年银行在建立平台的同时开始与电商合作。2014 年，银行在进一步完善电商平台建设的同时，注重数据平台的搭建，如兴业和百度的大数据金融合作，华为给农行提供大数据平台，招商银行与敦煌网、民生银行与慧聪网、浦发银行与服务于淘宝的财务公司都开展了类似的合作。金融机构在加强对数据的管理与运用，使客户数据立体化，并利用立体数据进行差异化服务，了解客户消费相关，预测客户行为。

以平安集团为例，其亲自打造了数据挖掘公司“平安科技金融”，为平安集团所有子公司提供数据对接和数据分析服务，所有平安集团子公司的 8 000 万用户的交易数据都被汇总在平安金融科技的平台之上，由平安金融科技进行“二次开发”，把毫无规律的数字变成对金融机构而言相对有价值的信息。

（三）大数据在金融领域的应用将更为广阔

目前，大数据在金融领域的应用主要集中在运营分析和征信管理这两方面。随着大数据与金融业的进一步结合，大数据在金融领域的应用将更为广阔。例如，通过对大数据实质的“深度学习”，为金融业提供全方位、精确化和实时的决策信息支持，甚至是为金融机构经营转型、产品创新和管理升级等方面提供信息服务，都将是大数据金融未来发展的方向。

“互联网+供应链融资”助力疏通产业链

2020 年以来，农业银行认真贯彻落实党中央、国务院关于“保产业链供应链稳定”的决策部署，以“互联网+供应链融资”产品“链捷贷”为抓手，持续加大对产业链

上下游小微企业的政策倾斜和信贷支持力度，助力疏通产业链供应链“堵点”“断点”。

“链捷贷”是农业银行依托互联网大数据技术研发的线上供应链融资产品，基于核心企业信用，以应收账款、存货、订单和预付款融资等形式，为产业链上下游小微企业复工复产提供资金支持，具有“全线上、无接触、适用广、流程快”的特点。自产品上线以来，已与中建集团、TCL 集团等 230 多家供应链核心企业建立业务合作关系，累计服务超 7 000 户上下游企业，共发放贷款近 7 万笔、约 470 亿元，笔均贷款 66 万元。

“链捷贷”对接第三方供应链服务平台，推动跨行业资源整合。其顺应供应链金融服务平台化趋势，在银企系统直连模式的基础上，创新对接中企云链、简单汇等横向行业整合平台，促进供应链企业跨行业整合，提升产业链水平。目前农业银行已与中车、中铁、中建等 124 家核心企业通过中企云链平台建立合作关系，累计为企业融资 95 亿元。

根据上下游企业需求、供应链情况、核心企业系统及数据情况，农业银行还创新“保理 e 融”“票据 e 融”“应收 e 贷”“订单 e 贷”等多项“链捷贷”子产品，一企一策制定差异化的产品组合方案，涵盖应收、预付款、存货、信用等供应链融资业务的主流场景，进一步扩大上下游企业的服务范围。

此外，农业银行还利用区块链技术，创新“核心企业应付账款多级流转”模式，解决供应链末端小微企业融资难、融资贵问题。针对传统保理、票据贴现等供应链业务仅覆盖到少量一级供应商，难以将核心企业信用背书传递至上游多级供应商的问题，农业银行运用区块链等最新金融科技，研发上线“保理 e 融”和“e 账通”等“核心企业应付账款多级流转”产品，实现核心企业信用在供应链上的传导，让末端小微供应商获得低成本资金。

资料来源：中国金融网，http://jrh.financeun.com/Detail/index/aid/111109.html

第二节　互联网征信

市场经济是信用经济，随着经济的深化改革，个人征信体系的完善将是一个必然的趋势。对于互联网金融行业来说，征信体系的不完善既是机遇也是挑战。互联网具有大数据的优势，传统金融有着长期以来独有的一套完善的个人信用评估模型，两者之间进行融合才能创造出适合互联网金融行业的特有征信体系。

一、传统金融征信

（一）金融征信的概念

征信是指对企事业单位和个人的信用信息进行采集、整理、保存和加工，并为信息需求者提供信用报告、信用评分、信用评级等服务。金融征信是社会征信体系的一个重要子领域，主要用来解决信贷市场信息不对称的问题。金融征信体系包含信用信息的记录、采集和披露机制，以及征信机构、市场安排和监管体制等多个方面。金融征信的健康发展有利于金融机构控制不良资产，能够促进金融市场的健康发展。

（二）金融征信的发展

1988 年 3 月，中国人民银行批准成立了第一家信用评级公司——上海远东资信评级有限公司，标志着我国资信评级企业的诞生。1992 年，中国第一家从事企业资信调查的民营企业——北京新华信国际信息资讯有限公司成立。此后一批专业信用调查机构相继成立，逐步形成了我国征信行业的雏形。在此阶段，征信机构的调查对象多为企业，个人征信业务尚未形成。

2003 年，国务院赋予了人民银行“管理信贷征信业，推动建立社会信用体系”的管理职责，批准立了征信管理局，负责信贷征信管理工作。2004 年人民银行建立个人信用基础数据库并开始试运行，2005 年银行信贷登记咨询系统升级为全国统一的企业信用信息基础数据库。个人信用基础数据库和企业信用信息基础数据库的建立是我国征信体系最重要的里程碑，对于金融行业的风险管理与信贷决策产生了重要影响。

2012 年 12 月国务院第 228 次常务会议通过了历时 10 年的《征信业管理条例》，该条例自 2013 年 3 月开始正式实施。中国征信业步入了有法可依的发展新阶段。

二、征信机构主要类型

随着我国经济持续快速发展，金融及商业领域对信用信息的需求日益增长。社会公众的信用意识不断增强，为征信业发展提供了良好的社会环境。特别是随着近年来互联网金融的兴起，金融市场对个人征信信息的需求更加强烈。这都使国内的征信市场具有很大的发展空间。同时，政府鼓励私人企业进入征信行业，各家企业也都将目光投向征信市场，渴望在这个领域一展拳脚。在国内以中国人民银行信中心为核心的征信体系内，会有越来越多的私人企业进入到征信领域，提供各类征信产品和服务。

在个人征信领域，由于监管机构尚未开始发放征信牌照，因此我们暂且把以下这些征信服务提供商称为“准征信机构”。各家机构的优势各有千秋，服务的领域各不相同。

（一）服务型机构

服务型机构以提供信用评估、信用咨询服务为主要内容，它们可以根据金融信贷机构的具体要求，采集考察对象的信用数据，分析、评估考察对象的信用水平。服务型机构通常自身并不具备显著的数据优势，但具有专业的风险评估能力，能够收集到金融机构所需要的信息，并依托专业能力对考察客体进行风险评估。

此类征信机构在过去多为金融机构提供大中型企业风险评估服务，在互联网金融的发展过程中，它们焕发出了新的生机。互联网贷款缺乏现场管理环节，在数据不足的情况下，面临着更为严峻的欺诈风险，以及资质评估无效所产生的信用风险。服务型机构通过提供实地调查服务，按照金融机构的要求收集信息，并排查欺诈风险，最后生成风险评估报告或提供风险评级服务，为金融机构的贷款决策提供支持。

中国有着大量的个体及小微企业，因为它们缺少抵押物和规范的财务报表，金融机构很难通过获取传统资信信息对它们进行风险评估，导致小微企业贷款困难。小微企业贷款这个广阔的市场又蕴含着巨大的商机，这就给服务型征信机构和金融机构的合作带来很好的契合点。服务型征信机构通过实地调查，综合多方信息对小微企业进行较全面、准确的风险评估，为金融机构提供服务。

（二）数据型机构

数据型机构通过收集第三方的数据并进行加工、整合、转换、挖掘，为金融机构提供信用评估报告和信用评分等服务。

国内最为典型的数据型征信机构是中国人民银行征信中心。征信中心从国内各家金融机构采集客户的贷款信息、客户信息，同时还收集法院执行、电信缴费等公共信息，进行采集、整理和加工，为有权限的金融机构提供查询服务。征信中心最核心的数据是客户的贷款明细和客户信息，这些信息对于客户的风险评估有着非常重要的意义。

随着互联网大数据的应用越发广泛，有越来越多的企业加入到数据征信的行列中来。这些机构强调大数据的采集与挖掘，通常并不提供原始明细数据的查询服务，而是强调挖掘原始数据背后的特征与规律，为金融机构提供客户特征与资质评估。

还有一类企业，自身体系内就积累了大量客户数据，如电商企业。它们在征信服务领域也具有明显的数据优势，依托自身经营过程中的数据积累，以自有的交易数据、客户信息、商户信息、评价数据对客户进行评估，形成客户风险评级或风险评估报告。这类机构的数据基础丰富，多数有着向金融信贷领域跨界发展的动作或规划。而它们要想成为征信服务机构，需要考虑两方面的问题：一是客户信息的隐私保护问题；二是自营信贷业务与信用评估服务之间的冲突。

三、互联网征信的发展

互联网征信主要是通过采集个人或企业在互联网交易或使用互联网各类服务过程中留下的信息数据，并结合线下渠道采集的信息数据，利用大数据、云计算等技术进行信用评估的活动。作为传统征信的有益补充，互联网征信的发展将极大扩展征信体系的数据范畴，带来全新的服务理念和先进的信息处理方式，推动传统信用评分模式的转变，对完善我国征信体系乃至社会信用体系发挥重要作用。

互联网征信发展包括以下几个方面。

（一）个人征信对互联网征信机构开放

2015 年 1 月 5 日，央行下发《关于做好个人征信业务准备工作的通知》，要求芝麻信用、腾讯征信、前海征信、鹏元征信、中诚信征信、中智诚征信、拉卡拉信用、华道征信八家机构做好个人征信业务的准备工作，准备期为 6 个月。该《通知》的出台彻底打破了以互联网征信公司为代表的民营企业与个人征信业务之间的“玻璃门”，既表明央行对互联网征信机构及业务模式的肯定，也预示着国家将逐步放开民营企业从事个人征信业务。

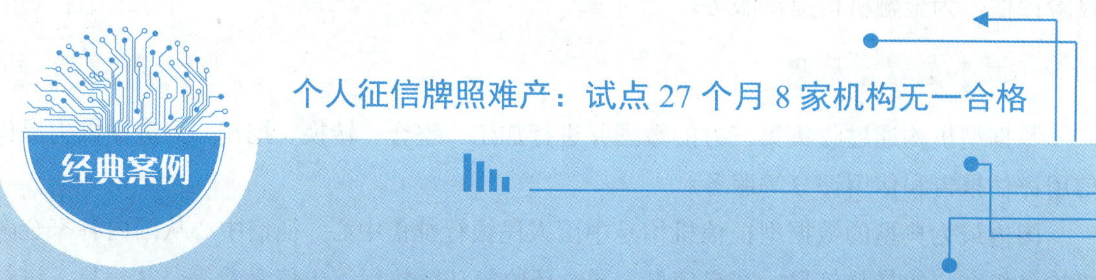

个人征信牌照难产：试点 27 个月 8 家机构无一合格

2017 年 4 月 21 日，在京召开的“个人信息保护与征信管理国际研讨会”上，中国人民银行征信管理局局长表示，目前开展个人征信业务的 8 家机构没有一家是合格的。“在达不到监管标准情况下不能把牌照发出去”。在个人征信市场准入和业务活动开展中，人民银行强调注重把握三方面的原则：一是第三方征信的独立性原则；二是征信活动中的公正性原则，征信业务活动应充分体现社会的公平正义，确保政治上的正确性；三是个人信息隐私权益保护原则。而目前几乎没有一家机构能够完全符合这三个原则。

（二）逐步搭建综合信用信息共享平台

2015 年 6 月 1 日，“信用中国”网站正式上线运行，其“信用信息共享”板块将国务院社会信用体系建设部际联席会议成员单位已有的公开信息和数据进行整合与共享。2015 年 7 月 4 日，国务院发布《关于积极推进“互联网+”行动的指导意见》，强调推进各类信用信息平台无缝对接，加强信用记录、风险预警、违法失信行为等信息资源在线披露

和共享，要求充分利用互联网积累的信用数据，对现有征信体系和评测体系进行补充和完善。同年8月19日，国务院常务会议审议通过《关于促进大数据发展行动纲要》，再次强调要推动政府信息系统和公共数据互联共享，加快整合各类信息平台。

（三）互联网征信机构不断扩大数据源

2015年6月，芝麻信用对外宣布已经和最高人民法院实现专线连接，实时更新失信被执行人（俗称“老赖”）数据。芝麻信用与法院执行数据的共享，一方面可以将法院数据引入现有的芝麻信用评价体系中，以此丰富互联网信用评估报告；另一方面可以在支付宝、淘宝、天猫及阿里小贷等领域限制或约束老赖行为，起到失信惩戒的作用。此外，芝麻信用与北京银行、腾讯征信与浦发银行分别就征信服务事宜达成合作协议，各方将在信用信息查询、产品研发、场景应用、反欺诈数据信息等领域开展合作。这种合作是双向的，一方面为互联网征信产品应用于传统金融业务做出了有益尝试，另一方面也为传统金融数据与互联网大数据的融合提供了共享途径。

（四）积极建立失信联合惩戒机制

2015年11月，由国家发改委和国家工商总局牵头，38个政府部门联合签署《失信企业协同监管和联合惩戒合作备忘录》，明确了联合惩戒的范围、对象、惩戒措施、责任部门，规定了协同监管和联合惩戒的具体实施方式和信息反馈通报机制。进一步通过联合惩戒机制，对失信当事人形成强大的震慑。在多部门的配合下，限制失信企业和个人参与招投标、乘坐高铁或飞机、报考公务员，甚至限制其在特定岗位任职等，真正让“老赖”寸步难行。

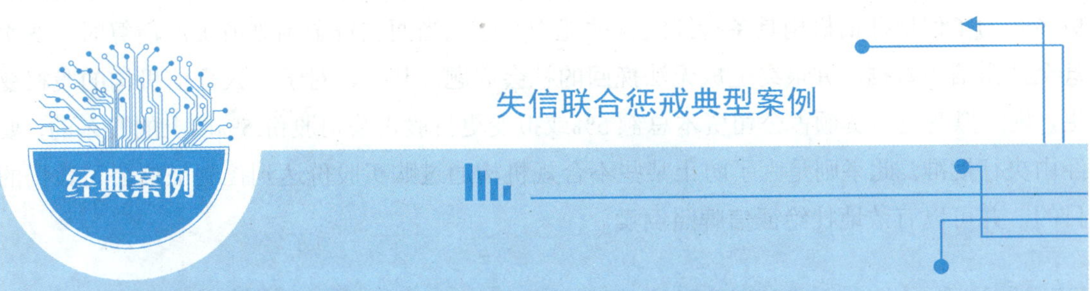

案例1：失信纳税人受联合惩戒，感到办事不方便

2016年3月，来武汉创业的皮先生懊恼地赶到洪山区国税局，向税务人员请求：“快把我从纳税信用‘黑名单’上撤下来吧！”原来，皮先生在武汉上大学期间，曾和同学合伙开了一家公司，后来因经营不善公司倒闭，但却没有及时办理注销手续。皮先生随后去了深圳发展。几年来，由于皮先生没有履行纳税申报义务，被录入纳税信用“黑名单”。2016 年初，在深圳事业有成的皮先生准备回武汉成立公司拓展市场，没想到在办理工商登记时，却被告知因他上了纳税信用“黑名单”，无法正常注册。他在武汉的合伙人得知消息后，对他的人品产生了疑虑，开始重新考虑是否再与他合作。皮先生在洪山区国税局接受处罚、办妥了所有手续后，看到自己的名字终于不在“黑名单”上，心头的一块石头这才算落了地。

案例 2：企业列入经营异常名录致开网店受限

2015 年，湖北省某纺织服装公司在准备与阿里巴巴平台合作时，因被列入经营异常名录而被拒绝合作。据湖北省工商局企业信用信息公示系统显示，该公司未填报 2013 年和 2014 年年报，被列入了经营异常名录，这样会限制很多经营活动，比如贷款、上市、开网店等。该公司提交相关材料、补报年报后，湖北省工商局予以受理审批，该公司因处理及时，最终实现了与阿里巴巴的合作。

（五）强调对互联网征信的审慎监管

2015 年 7 月，央行完成了对上述八家征信机构的首轮验收工作，随后又完成了第二轮验收工作，但截至 2017 年 9 月仍未下发首批个人征信牌照，这充分表露出央行对放开个人征信业务的谨慎态度。

2015 年 12 月初，央行低调下发针对个人征信机构、企业征信机构以及金融信用信息基础数据库运行机构的《征信机构监管指引》。该《指引》最大的亮点就是对征信机构提出保证金要求，并对征信机构的股权变更进行了严格的规定。其一，要求个人征信机构按照其注册资本总额 10%提取保证金，未来最高可上浮至 30%。从目前情况看，保证金制度更多是为了保证征信机构具备持续经营的能力，避免当面临资金困难或破产清算时，变卖甚至泄露信用数据，并最终造成无法挽回的社会问题。其二，对于个人征信机构的股权变更，规定拟变更出资额占公司资本总额 5%或拟变更持股占公司股份 5%以上的股东的，要经由央行批准。此举则是为了防止某些不合规机构通过购买股份达到控制征信公司数据的目的，并可以有效地杜绝征信牌照倒卖。

四、传统金融征信和互联网征信的比较

从表面上看，互联网征信和传统金融征信似乎只是数据的获取渠道不同，前者主要来自于互联网，后者主要来自于传统线下渠道，但是二者存在较大的差异。互联网征信的创新主要表现在信息维度多元、覆盖人群广泛、信用评估全面及应用场景丰富 4 个方面，由此带来征信成本的降低和征信效率的提高。

（一）数据范畴和内涵方面

传统金融征信的数据来自于借贷领域，并主要应用于借贷领域，而互联网征信获取的主要是信息主体在线上的行为数据，不再局限于金融机构和政府机构提供的个人基本信息、账单信息、信贷记录、逾期记录等，还包括网上的交易数据、社交数据以及信息主体使用其他互联网服务时产生的行为数据等，这些行为轨迹和细节更能反映人的性格、心理等本质信息，可以用来对信息主体的信用状况进行推断。

（二）覆盖人群方面

截至2015年底，人民银行征信系统中有征信记录的人数约为3.7亿，占我国总人口数的24.7%，远低于美国征信体系85%的覆盖率。随着网络的不断普及，互联网征信数据的范围和来源渠道日益广泛，使互联网征信可以覆盖到过去没有信用记录的人，利用他们在互联网留下的信息数据做出信用判断。

（三）信用评价思路方面

传统金融征信的思路是用昨天的信用记录来判断今天的信用，这就存在两个问题，一是昨天信用记录不好的人今天是否仍然是一个高风险者；二是对于过去没有发生过信用记录的人，如何判断其信用状况。对于第一个问题，互联网征信所获取的数据可以实时地反映个人的行为轨迹，并以此推断个人相对稳定的性格、心理状态和经济状况，进而推断其未来的履约能力。第二个问题则引出了两者的第四个差异。

（四）应用领域方面

互联网征信因为数据来源、数据内涵、模型思路的不同，其信用评价更趋于对人的一些本性的判断。互联网征信不仅在市场营销支持、反欺诈、贷后风险监测与预警、账款催收等方面具有良好的应用表现，还可以运用于借贷以外更广的场景，比如租房租车、预订酒店、签证、婚恋、求职就业、保险办理等各种生活场景。

五、互联网征信存在的主要问题

（一）信用信息和数据的共享问题

要做好个人征信业务，必须具备充分的个人信用信息或有效的个人信用数据，这些素材主要有以下几类：第一类，个人的年龄、工作、婚姻状况、财富情况等基本信息。第二类，个人与金融机构或其他部门已经发生过的信用关系情况，例如信用卡、房产抵押贷款等。第三类，个人因获得相应服务而与公共事业单位所发生的资金往来信息，例如电话费、水费和物业费等。第四类，与个人信用状况有关的行政处罚、犯罪记录和案件审理结果等司法信息。第五类，个人在日常工作和生活中，留存在工商企业或互联网企业中的经营活动或社交行为数据。要对个人的信用状况有一个更加准确、完整的评价，则需要对以上五类数据进行综合分析。对单个互联网征信机构而言，目前所掌握的自有数据多为第一类和第五类中留存在企业数据库中的信息。第二类传统金融机构的信用数据大多存续在央行征信中心或各金融机构内部。第三类和第四类则多属于政府公共信息，其中一部分通过政府信息公开途径可以免费获取，另一部分则因涉及隐私或部门利益等原因，被公共部门所垄断。因此，制约互联网征信业务发展的掣肘之一就是信用数据共享问题，政府公共部门与民营征信机构、各民营征信机构之间、征信机构与其他金融机构之间都存在着严重的部门利益和信息鸿沟，要打破这一障碍离不开政府强有力的推动。

（二）互联网征信机构的独立性问题

从基本理论和国内外实践看，征信机构不管是民营的还是官方的，都应是独立的第三方，既不能是信用信息的所有者，也不能是信用信息的潜在使用者。但就目前的八家机构看，只有鹏元、中诚信等几家以评级公司或数据公司为基础的征信机构具备一定的独立性，余下的几家都不能说是完全的第三方。芝麻信用、前海征信以及拉卡拉征信的母公司本身就是金融机构或从事金融业务，在其企业集团内部采用自有的信用数据是可行的，如再提供给其他单位难免会出现一些问题或障碍。例如，真正信用状况好的个人，可能就会被征信机构“隐藏”和“截流”在本集团内部，而信用状况“看似好的”才会被公开出去，出现“劣币驱逐良币”的现象。在征信机构非独立的情况下，信用数据信息在各征信机构之间、征信机构与其他金融机构之间也很难实现共享与交换，无形中损伤了互联网征信的准确性。在目前已经出台的部门规章和各指导意见中，均没有涉及征信机构的第三方独立性要求和具体标准，事实上这对以大数据为基础的互联网征信的健康发展埋下了隐患。

（三）互联网征信报告的准确性问题

由于互联网征信数据大多依赖零散的、碎片化的信息和一些互联网行为数据，其对每个人的信用状况水平的刻画能力常被质疑。例如，有的互联网企业可以掌握物业费缴费拖欠情况、打车软件的爽约记录以及个人朋友圈的交往情况等信息，很多人怀疑以这些数据为基础的信用评估报告是否准确，也担忧将这些信息纳入个人信用记录。确实，以上几点可以从一些角度反映当事人的诚信表现或能力，但却并不是绝对的，也没有考虑到特殊情况。因为，打车爽约或未按时缴纳物业费可能有很多原因，并不一定都是顾客的原因或主观意愿，用这些信息作为评判信用的标准的确有失偏颇。征信数据库不是一个信息筐，什么都可以往里装。因此，在选择征信数据源的时候，应该行之谨慎，从合法、合规和合理性的角度进行综合考虑。

（四）个人信用的法律保护问题

由于个人征信容易涉及民事诉讼及个人隐私等问题，各国法律对开展个人征信业务都有较为完备的法律体系和监管框架，我国于 2021 年 11 月 1 日起正式施行《中华人民共和国个人信息保护法》。其他国家也有相关的法律和规定，例如，美国有一套个人信用法律保护体系，其中以《公平信用报告法》为核心，其他法律分别从信用信息的采集和共享、信息的使用范围、平等授信和服务可得等方面进行约束。再如，新加坡主要通过《个人信息保护法》来统领个人征信业务，防止信用信息的滥用和泄漏，并在信息使用的事前和事后都有较为严格的规定。同时，新加坡《金融监管局法》明确授予金融监管局对个人征信业务的监管职能。

第三节 互联网征信的典型案例——阿里巴巴的芝麻信用评估模型

2015 年 1 月 5 日，央行发布允许 8 家机构进行个人征信业务准备工作的通知后，蚂蚁金融服务集团旗下的芝麻信用率先推出产品——芝麻信用分，分数分为五个级别：较差（350～550）、中等（550～600）、良好（600～650）、优秀（650～700）、极好（700～950）。

芝麻信用从用户信用历史、行为偏好、履约能力、身份特质、人脉关系五个维度进行打分，如图 8-3 所示。其中，信用历史是指用户过往信用账户还款记录和信用账户历史；行为偏好是指用户在购物、缴费、转账、理财等活动中的偏好及稳定性；履约能力是指评价用户享用各类信用服务并及时履约的情况；身份特质要求用户在使用相关服务过程中留下的足够丰富和可靠的个人基本信息；人脉关系这一维度意味着，芝麻信用也会考量用户的好友身份特征以及跟好友的互动程度。

芝麻信用通过运用云计算、机器学习等技术对个人信用状况进行评价，并和商户进行合作，在信用卡、消费金融、酒店、租房、租车等多个金融类和生活类场景中为用户提供信用服务，使用户享受到信用的便利。作为蚂蚁金服旗下独立的第三方信用评估及管理机构，芝麻信用通过建立独立 IT 系统、数据单独存储、组织架构上禁止交叉任职、业务经营上独立决策等，保证征信机构独立开展业务。

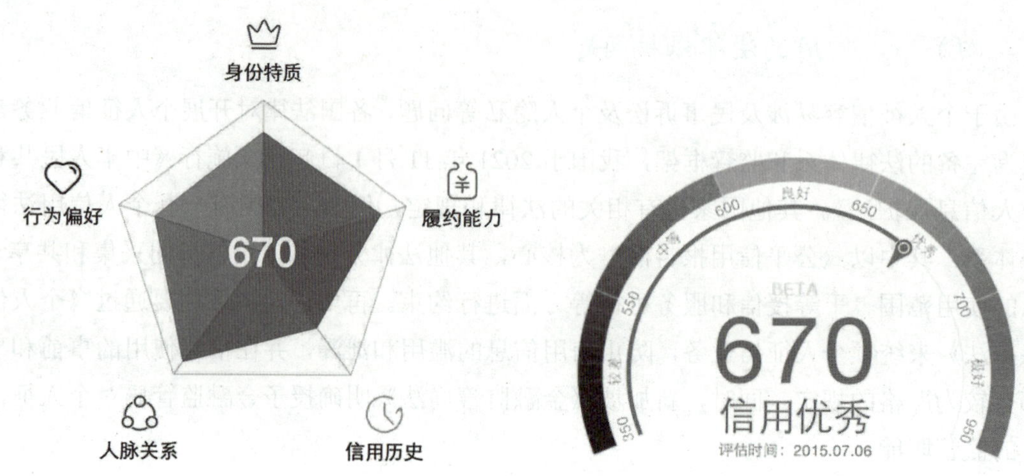

图 8-3 芝麻征信评分标准

在构建信用评分模型体系之时，芝麻信用专注经济信用预测，并利用先进的机器学习法，实现对经典信用评估模型的改良。由于传统评估模型如评分卡、逻辑回归等极为依赖强相关原始数据的可获得性，而中国大量人群缺少历史借贷及还款行为等个人金融数据，导致沿用传统模型方法论时，征信机构难以克服数据源的局限性，或难以以较低的成本进行海量数据的关联性分析。芝麻征信在充分研究和吸收传统征信评分模型算法的优势的基础上，积极尝试前沿的随机森林、神经网络等算法，挖掘出和信用表现有稳定关联的特征，从而更加高效和科学的发现大数据中蕴含的信用评估价值。目前，芝麻信用的数据科学家团队应用了一种改进的树模型 GBDT（Gradient Boosting Decision Tree），深入挖掘特征之间的关联性，衍生出具备较强信用预测能力的组合特征，并将该组合特征与原始特征一起使用逻辑回归线性算法进行训练，从而获得一个具备可解释性的准确的线性预测模型。比如，一个人在某些特定品类上的消费行为，一定程度上反映了他的稳定性和家庭责任感，这些行为本身与信用的相关性可能并不高；而如果他还经常参加各类公益活动，那么这两类特征的组合则可能与其个人信用表现出很强的正相关性，换言之弱变量之间的交叉分析有助于提高模型的信用预测能力。

从征信产品的应用来看，芝麻信用的技术和评估结果已在多种金融类和生活类场景下有所应用，旨在向合作方提供更多元的决策分析要素，而非代替机构本身进行最终决策，目前已得到了多数合作机构的肯定。在金融场景的应用中，芝麻的评估结果很早就应用在互联网信贷业务中，经过了实践的沉淀和摸索，应用效果日趋成熟。

查查你的芝麻信用分

阿里巴巴旗下的支付宝早已深入人心，芝麻信用分也变得越来越有用，花呗、借呗、免押金租单车……这些都要靠芝麻信用分。赶快打开支付宝，查查自己的芝麻信用分，看看你有哪些免费服务可以享受吧：

（1）提额福利。芝麻信用分在 600 以上的用户可以申请花呗额度，芝麻信用分越高，花呗额度也就越高。

（2）贷款福利。芝麻信用用户可以凭借芝麻分申请相应额度的个人消费贷款。

（3）办理签证福利。芝麻信用超过 700 分，可以在“阿里去啊”在线办理新加坡签证，超过 750 分就可以在线办理卢森堡的签证。

（4）租房福利。很多租房平台都会参考芝麻分，甚至还有信用地方租活动，这对很多租房一族来说，缓解了不少经济压力。

（5）租车福利。芝麻分达到 600 分，可享受“车纷享”智能租车，无须押金，还能先用车后付款。芝麻分达到 650 分用户，无须交押金或刷预授权。

（6）酒店住宿零押金福利。600 分以上的用户预订酒店可以享受“零押金”入住等服务。“小猪短租”也支持 600 分以上免押金入住服务。

关键术语

大数据　信息不对称　互联网征信　个人信用报告　FICO 信用分　芝麻信用

本章小结

大数据金融是互联网金融区别于传统金融最本质的因素。大数据金融即充分利用互联网形成的海量数据来挖掘用户需求、评价用户信用、管理融资风险等。大数据是互联网金融的核心资产，对这个核心资产的利用能力决定了互联网金融的可能性边界。

大数据金融的作用机制是通过云计算等智能信息工具对序列之间的联系、动态信息数据序列进行分析，大幅度提高金融风险定价的效率，降低定价成本，有效减少信息不对称，使得单个客户的信用信息、消费倾向、理财习惯分析成为可能，在此基础上衍生出很多互联网金融的新模式。

根据企业处于大数据金融服务中的环节及价值的差异，可将大数据金融分为平台金融和供应链金融两大模式。平台金融模式是指平台企业通过互联网、云计算等信息化方式对其长期以来积累的大数据进行专业化的挖掘和分析，并与传统金融服务相结合进行服务模式创新，为客户提供资金融通的服务，以阿里小贷为代表。供应链金融模式是指核心龙头企业依托自身的产业优势地位，通过其对上下游企业现金流、进销存、合同订单等信息的掌控，依托自己资金平台或者合作金融机构对上下游企业提供金融服务的模式，以京东、苏宁为代表。

互联网征信主要是通过采集个人或企业在互联网交易或使用互联网各类服务过程中留下的信息数据，并结合线下渠道采集的信息数据，利用大数据、云计算等技术进行信用评估的活动。

任务训练

一、能力训练

1. 什么是大数据金融？大数据在金融领域有哪些运用？
2. 什么是征信业务？我国的征信机构有哪些？
3. 互联网征信的内涵是什么？
4. 请谈谈互联网征信的重要性。
5. 互联网下的征信业务的数据来源有哪些？

二、综合训练

请扫描下列二维码，登录央行征信中心个人信用信息服务平台网站（http://www.pbccrc.org.cn/），注册并查看本人征信记录，下载本人的信用报告。

请回答以下问题：

1. 什么是信用报告，信用报告有什么用？
2. 什么是“正面信息”？什么是“负面信息”？
3. 信用报告多长时间更新一次？信用信息存多久？

第九章 互联网金融监管

学习目标

通过本章学习，了解互联网金融监管的内涵、必要性和特殊性；掌握互联网金融监管的基本原则；熟悉我国互联网金融监管的现状及存在的问题；了解欧美国家互联网金融监管的现状及经验。

案例导入

互联网金融自律惩戒办法开始实行

从野蛮生长、万人追捧到风险加速释放，中国互联网金融经历转折波动的背后既有行业的周期变化特征，更是自身定位扭曲的综合反映。各类平台负面频发反映了该行业的风险控制机制和效果不尽如人意。而违规成本过低、惩戒措施缺失无疑是导致互联网金融平台风控水平低下的主要原因。

一直以来，中国对互联网金融的引导采取了“自下而上”的方针，也就是在行业发展初期，监管机构一直持有开放、包容的支持心态，并允许其自行制定行业规范和操作制度。随着平台跑路、倒闭等诸多阴影与问题暴露，政府逐步跟进和提供监管资源。2015 年 7 月，十部委联合印发了《关于促进互联网金融健康发展的指导意见》，正式开启了互联网金融监管元年。

2016 年 7 月，《中国互联网金融协会自律惩戒管理办法》（以下简称《办法》）发布实施，这是中国互联网金融协会成立以来加强行业管理的重大举措，将引导互联网金融步入新的发展阶段，惩戒自律也将成为贯穿互联网金融治理的一条新型主线。

自律措施的及时跟进，将有助于防止一刀切式监管和过度监管，有利于维护互联网金融发展的固有成果。在惩戒自律的落地过程中，信息披露将发挥至关重要的作用。信息披露的好坏通常是判断平台经营真实性的重要依据。2016 年 5 月 19 日，上海互联网金融行业协会公布了全国首个 P2P 平台信息披露细则，并建立了《上海网络借贷平台信息披露指引》工作方案与定期工作机制。根据细则，平台的主体信息、产品信息、业务信息、财务信息和其他信息五大类共 49 项将实行月披露机制。

资料来源：新京报

第一节 互联网金融监管的理论基础

一、金融监管的内涵

金融监管是金融监督和金融管理的总称。综观世界各国，凡是实行市场经济体制的国家，无不客观地存在着政府对金融体系的管制。从词义上讲，金融监督是指金融主管当局对金融机构实施的全面性、经常性的检查和督促，并以此促进金融机构依法稳健地经营和发展。金融管理是指金融主管当局依法对金融机构及其经营活动实施的领导、组织、协调和控制等一系列的活动。

金融监管有狭义和广义之分。狭义的金融监管是指中央银行或其他金融监管当局依据国家法律规定对整个金融业（包括金融机构和金融业务）实施的监督管理。广义的金融监管在上述含义之外，还包括了金融机构的内部控制和稽核、同业自律性组织的监管、社会中介组织的监管等内容。在金融监管体系中，金融机构内部控制在整个监管体系的设计中具有基础性地位。各国的金融监管体系大部分属于广义的金融监管。

二、互联网金融监管的必要性和特殊性

（一）互联网金融监管的必要性

在 2008 年国际金融危机后，金融界和学术界普遍认为，自由放任的监管理念只适用于金融市场有效的理想情景。在市场有效的理想情景下，市场参与者是理性的，个体的逐利行为使得“看不见的手”自动实现市场均衡，均衡的市场价格全面地反映了所有信息。此时，金融监管应采取自由放任理念，让市场机制发挥作用。但互联网金融在达到这个理想情景之前，仍会存在信息不对称和交易成本等大量非有效因素，使得自由放任监管理念不适用。

第一，互联网金融中，个体行为可能非理性。比如，在 P2P 网络贷款中，投资者购买的实际是针对借款者个人的信用贷款。即使 P2P 平台能准确揭示借款者信用风险，并且投资足够分散，个人信用贷款仍属于高风险投资，投资者不一定能充分认识到投资失败对个人的影响。

第二，个体理性不意味着集体理性。比如，在以余额宝为代表的“第三方支付+货币市场基金”合作产品中，投资者购买的是货币市场基金份额。投资者可以随时赎回自己的

资金，但货币市场基金的头寸一般有较长期限，或者需要付出一定折扣才能在二级市场上卖掉。这里就存在期限错配和流动性转换问题。如果货币市场出现大幅波动，投资者为控制风险而赎回资金，从个体行为看，是完全理性的；但如果是大规模赎回，货币市场基金就会遭遇挤兑，从集体行为看，则是非理性的。

第三，市场纪律不一定能控制有害的风险承担行为。在我国，针对投资风险的各种隐性或显性担保大量存在（如隐性的存款保险、银行对柜台销售的理财产品的隐性承诺），老百姓也习惯了“刚性兑付”，风险定价机制在一定的程度上是失效的。

第四，互联网金融机构若涉及大量用户，或者达到一定的资金规模，出问题时很难通过市场出清方式解决。如果该机构还涉及支付清算等基础业务，破产还可能损害金融系统的基础设施，构成系统性风险。如支付宝和余额宝涉及人数如此之多、业务规模如此之大，已经具有一定的系统重要性。

第五，互联网金融创新可能存在重大缺陷。比如，我国 P2P 网络贷款已经出现良莠不齐局面。部分 P2P 平台中客户资金与平台资金没有有效隔离，出现了若干平台负责人卷款“跑路”事件；部分 P2P 平台营销激进，将高风险产品销售给不具有风险识别和承担能力的人群。

第六，互联网金融消费中可能存在欺诈和非理性行为，金融机构可能开发和推销风险过高的产品，消费者可能购买自己根本不了解的产品。比如，在金融产品的网络销售中，部分产品除了笼统披露预期收益率外，很少向投资者说明该收益率通过何种策略取得、有什么风险等。而部分消费者因为金融知识有限和习惯了“刚性兑付”，不一定清楚 P2P 网络贷款与存款、银行理财产品有什么不同。

因此，对互联网金融，不能因为发展不成熟就采取自由放任的监管理念，应该以监管促发展，在一定的负面清单、底线思维和监管红线下，鼓励互联网金融创新。

（二）互联网金融监管的特殊性

与传统金融一样，在互联网金融中，风险指的仍是未来遭受损失的可能性，市场风险、信用风险、流动性风险、操作风险、声誉风险和法律合规风险等概念和分析框架也都适用，从而相应监管逻辑也都适用。

但与传统金融相比，互联网金融有两个突出风险特征，在监管中要予以考虑，那就是信息科技风险和“长尾”风险。

1．信息科技风险

信息科技风险在互联网金融中非常突出。比如，计算机病毒、电脑黑客攻击、支付不安全、网络金融诈骗、金融钓鱼网站、客户资料泄露、身份被非法盗用或篡改等。

2. “长尾”风险

互联网金融因为拓展了交易可能性边界，服务了大量不被传统金融覆盖的人群（即所谓“长尾”特征），使得互联网金融具有非常不同于传统金融的风险特征。第一，互联网金融服务人群的金融知识、风险识别和承担能力相对欠缺，属于金融领域的弱势群体，容易遭受误导、欺诈等不公正待遇。第二，他们的投资额小而分散，作为个体投入精力监督互联网金融机构的成本远高于收益，所以“搭便车”问题更突出，从而针对互联网金融的市场纪律更容易失效。第三，个体非理性和集体非理性更容易出现。第四，一旦互联网金融出现风险，从涉及人数上衡量，对社会的负外部性更大。鉴于互联网金融的“长尾”风险，强制性的、以专业知识为基础的、持续的金融监管不可或缺，而对金融消费者的保护尤为重要。

三、互联网金融监管的基本原则

我国互联网金融还处于发展的观察期，要想在创新和风险之间达到合理的平衡需要处理好鼓励创新与消费者权益保护、风险防范之间的关系，需要相关部门按照“鼓励创新、防范风险、趋利避害、健康发展”的总体要求进一步探索和完善监管机制。总的来说，在互联网金融监管中应遵循以下基本原则。

（一）坚持服务实体经济

互联网金融创新应该以市场为导向，以提高金融服务的能力和效率、更好地服务实体经济为根本目的，在监管上要注重引导和纠正，不能使互联网金融发展脱离金融监管、脱离服务实体经济的本质要求。例如，互联网支付应该坚持为电子商务发展服务和为社会提供小额、快捷、便民的小微支付服务的宗旨；P2P 和众筹要发挥好平台功能，但不能超越平台功能，变相搞资金池或以互联网金融名义进行非法吸收存款、非法集资、非法从事证券保险业务等违法活动。金融监管要体现政策引导性和强制约束性相结合的原则。

（二）有利于宏观调控的实施

互联网金融监管应立足于有利于宏观金融调控。如有利于央行加强对流动性的调控、对货币信贷总量和结构的调整、对利率市场化等改革的推动等。在出台监管政策时，需要考虑互联网金融业务对货币创造的影响，例如，虚拟信用卡的发行是否会创造新的货币？余额宝把资金的 90%以上放在银行做协议存款，它与非银行金融机构在银行的存款有什么不同，对货币创造有什么影响？是否影响中国人民银行货币政策的实施效果？P2P 网络贷款的发展是否会影响信贷规模和投向等，这些都是监管部门需要考虑的。

（三）关注和防范系统性风险

互联网金融可能会通过一些渠道放大系统性金融风险，其原因包括以下几个方面：一是互联网金融的出现降低了金融业务的准入门槛，这可能导致非金融机构短时间内大量介入金融业务，降低了金融机构的特许权价值，增加了金融机构冒险经营的动机；二是互联网金融存在较大的信息科技风险，如二维码支付中可能被植入木马、网络黑客行为等，可能导致私人信息被泄露；三是互联网金融风险可能向传统金融机构的传染，引发更大的潜在风险；四是互联网金融风控制度建设依然任重道远，很多领域存在安全漏洞；五是部分互联网金融业务存在特有的流动性风险等。金融监管部门对上述风险应当给予高度的关注，以防范风险隐患。

（四）维护消费者的合法权益

强化消费者保护是金融监管的一项重要指标，也是许多国家互联网金融监管的重点。从短期看，互联网金融相关的管理办法应该致力于对消费者权益保护做出详细的制度安排，这不仅包括借款者，还包括放贷者、投资者、中介等在内的所有金融消费者权益。从长期看，应制定专门的金融消费者权益保护法律制度，并将互联网金融消费者权益保护纳入金融的监督管理之中。另外，针对互联网金融的特点，要重点加强客户信息保密、维护消费者信息安全、严厉打击侵害消费者权益的违法行为。

（五）保持监管的一致性

保持监管的一致性要求对相同的业务采用相同的监管标准，并实施相同的监管措施。互联网金融机构，如果实现了与传统金融类似的功能，就应该接受与传统金融一致的监管；不同的互联网金融机构，如果从事了相同业务，产生了相同风险，就应该受到相同监管。否则，就容易造成监管套利，既不利于市场公平竞争，也会产生风险盲区。此外，对互联网金融企业的线上、线下业务的监管也应当具有一致性。

第二节 我国互联网金融监管

一、我国互联网金融监管现状

近年来，互联网金融作为一种全新的金融模式，在我国呈现强势发展势头，正日益成为我国金融体系的重要补充。加强互联网金融的交易秩序的管理，需要在法律轨道上规范运行才能保障其健康发展。当务之急主要有三点：第一是要明确监管的主体；第二是通过立法，以制度的形式对其加以规范；第三是要发挥行业自律的作用，颁布行业内部统一的标准和规范。此外，企业也须强化内部管理机制，承担社会责任。

（一）监管主体

中国人民银行等十部门联合印发《关于促进互联网金融健康发展的指导意见》，划分了各个互联网金融形态的监管职能部门，明确了分工和要求，即按照“谁审批、谁监管，谁主管、谁监管，根据业务实质实行‘穿透式’监管”的要求，根据业务实质明确责任。如表 9-1 所示，确立了互联网支付、网络借贷、股权众筹融资、互联网基金销售、互联网保险、互联网信托和互联网消费金融等互联网金融主要业态的监管职责分工，落实了监管责任，明确了业务边界。

表 9-1　我国互联网金融的监管规定及分工

互联网金融形态	监管规定及分工
互联网支付	第三方支付机构与其他机构开展合作的，应清晰界定各方的权利义务关系，建立有效的风险隔离机制和客户权益保障机制。互联网支付业务由人民银行负责监管
网络借贷	个体网络借贷机构要明确信息中介性质，主要为借贷双方的直接借贷提供信息服务，不得提供增信服务，不得非法集资。网络借贷业务由银保监会负责监管
股权众筹融资	股权众筹融资方应为小微企业，应通过股权众筹融资中介机构向投资人如实披露企业的商业模式、经营管理、财务、资金使用等关键信息，不得误导或欺诈投资者。股权众筹融资业务由证监会负责监管
互联网基金销售	不得通过违规承诺收益方式吸引客户；不得与基金产品收益混同。第三方支付机构的客户备付金只能用于办理客户委托的支付业务，不得用于垫付基金和其他理财产品的资金赎回。互联网基金销售业务由证监会负责监管
互联网保险	保险公司通过互联网销售保险产品，不得进行不实陈述、片面或夸大宣传过往业绩、违规承诺收益或者承担损失等误导性描述。互联网保险业务由银保监会负责监管
互联网信托和互联网消费金融	审慎甄别客户身份和评估客户风险承受能力，不能将产品销售给不符合风险承受能力要求的客户。互联网信托业务、互联网消费金融业务由银保监会负责监管
互联网支付	第三方支付机构与其他机构开展合作的，应清晰界定各方的权利义务关系，建立有效的风险隔离机制和客户权益保障机制。互联网支付业务由人民银行负责监管

（二）相关法律

从 2013 年互联网金融爆发以来，各个监管单位及机构开始出台各项政策对互联网金融进行监管，内容囊括理财业务的资格准入、投资方向、风险管理、操作规范等各个方面，监管要求和规范也根据实际业务需要不断进行更新调整，如表 9-2 所示。随着互联网金融整治方案、监管细则、资金存管指引等系列法规相继出台，互联网金融合规走上快速发展的合规之路。

表 9-2 我国已经颁布实施的相关法律法规

序号	时间	文件	发布机构
1	2013 年 11 月	中共中央关于全面深化改革若干重大问题的决定	十八届三中全会
2	2014 年 1 月	关于加强影子银行监管有关问题的通知（国办 107 号文）	国务院办公厅
3	2014 年 4 月	关于加强商业银行与第三方支付机构合作业务管理的通知	银监会（现银保监会）、中国人民银行
4	2014 年 8 月	关于促进本市互联网金融产业健康发展的若干意见	上海政府
5	2014 年 12 月	互联网保险业务监管暂行办法（征求意见稿）	保监会（现银保监会）
6	2014 年 12 月	私募股权众筹融资管理办法（试行）（征求意见稿）	证监会
7	2015 年 1 月	关于做好个人征信业务准备工作的通知	中国人民银行
8	2015 年 5 月	关于 2015 年深化经济体制改革重点工作的意见	发改委
9	2015 年 7 月	关于积极推进“互联网+”行动的指导意见	国务院
10	2015 年 7 月	关于促进互联网金融健康发展的指导意见	中国人民银行等十部门
11	2015 年 7 月	非银行支付机构网络支付业务管理办法（征求意见稿）	中国人民银行
12	2015 年 8 月	最高人民法院关于审理民间借贷案件适用法律若干问题的规定	最高人民法院
13	2015 年 11 月	关于积极发挥新消费引领作用加快培育形成新供给新动力的指导意见	国务院
14	2015 年 12 月	网络借贷信息中介机构业务活动管理暂行办法（征求意见稿）	银监会（现银保监会）等

（续表）

序号	时间	文件	发布机构
15	2015 年 12 月	非银行支付机构网络支付业务管理办法	中国人民银行
16	2016 年 3 月	互联网金融信息披露规范（初稿）	中国人民银行等
17	2016 年 3 月	关于加大对新消费领域金融支持的指导意见	中国人民银行、银监会（现银保监会）
18	2016 年 4 月	互联网金融风险专项整治工作实施方案	国务院
19	2016 年 4 月	关于加强校园不良网络借贷风险防范和教育引导工作的通知	教育部办公厅、银监会（现银保监会）
20	2016 年 6 月	征信业务管理办法（草稿）	央行征信管理局
21	2016 年 7 月	互联网广告管理暂行办法	国家工商总局
22	2016 年 8 月	网络借贷信息中介机构业务活动管理暂行办法	银监会（现银保监会）
23	2016 年 10 月	关于互联网金融风险专项整治工作实施方案的通知	国务院办公厅
24	2016 年 10 月	开展互联网金融广告及以投资理财名义从事金融活动风险专项整治工作实施方案	工商总局
25	2016 年 10 月	互联网保险风险专项整治工作实施方案	保监会（现银保监会）
26	2016 年 10 月	股权众筹风险专项整治工作实施方案	证监会等
27	2016 年 10 月	P2P 网络借贷风险专项整治工作实施方案	银监会（现银保监会）
28	2016 年 10 月	非银行支付机构风险专项整治工作实施方案	中国人民银行等
29	2016 年 10 月	通过互联网开展资产管理及跨界从事金融业务风险专项整治工作实施方案	中国人民银行等
30	2016 年 10 月	关于开通互联网金融举报信息平台的公告	中国互联网金融协会
31	2017 年 2 月	网络借贷资金存管业务指引	银监会（现银保监会）

（三）行业自律

目前，互联网金融行业已经成立了一些全国性和区域性的行业自律组织，包括中国互联网金融协会、互联网金融工作委员会、中关村互联网金融行业协会、互联网金融千人会俱乐部、中国小额信贷联盟等。下面我们将重点介绍中国互联网金融协会。

2015 年 12 月 31 日，经国务院批准，中国互联网金融协会成立。协会单位会员包括银行、证券、保险、基金、期货、信托、资产管理、消费金融、征信服务以及互联网支付、投资、理财、借贷等机构，还包括一些承担金融基础设施和金融研究教育职能的机构，基本覆盖了互联网金融的主流业态和新兴业态。

中国互联网金融协会职责包括：

（1）组织、引导和督促会员贯彻国家关于互联网金融的相关政策方针，遵守相关法律、法规以及监管部门发布的规章和规范性文件，规范经营行为。

（2）制定并组织会员签订、履行行业自律公约，提倡公平竞争，维护行业利益。沟通协商、研究解决互联网金融服务市场存在的问题，建立争议、投诉处理机制和对违反协会章程、自律公约的处罚和反馈机制。

（3）协调会员之间、协会及其会员与政府有关部门之间的关系，协助主管部门落实有关政策、措施，发挥桥梁纽带作用。

（4）组织开展行业情况调查，制定行业标准、业务规范，提出本行业中、长期发展规划的咨询建议。收集、汇总、分析、定期发布行业基本数据，开展互联网金融领域综合统计监测和风险预警，并提供信息共享及咨询服务。研究互联网金融行业创新产品和创新业务。

（5）积极收集、整理、研究互联网金融服务领域的风险案例，及时向会员和社会公众提示相关风险。

（6）制定互联网金融领域业务和技术标准规范、职业道德规范和消费者保护标准，并监督实施，建立行业消费者投诉处理机制。

（7）根据行业发展需要，对从业人员进行持续教育和业务培训，提高互联网金融从业人员的素质。

（8）发挥行业整体宣传推广功能，普及互联网金融知识，倡导互联网金融普惠、创新的理念。

（9）组织会员业务交流、调解会员纠纷、检查会员业务行为。

（10）代表中国互联网金融服务组织参与国际交往，加强国际交流与合作。

二、我国互联网金融监管存在的问题

国家金融与发展实验室与社会科学文献出版社共同发布的《金融监管蓝皮书：中国金

融监管报告（2017）》指出，互联网金融整体风险尚未得到实质性缓释，互联网金融监管整体呈现被动式监管格局。我国互联网金融监管存在的问题主要包括以下几个方面：

一是互联网金融整体风险尚未得到实质性缓释。互联网金融监管最为核心的风险问题为是否具有信用中介属性、是否涉及非法吸收公众资金、是否存在投资者保护漏洞等，但是，这些问题在《网络借贷信息中介机构业务活动管理暂行办法》发布以及专项整治之后，仍然没有实质性转变，仍然是互联网金融风险应对中有待解决的问题。

二是互联网金融重点领域的风险仍较高。以 P2P 网络借贷为例，2016 年全国 P2P 网贷成交额突破 2 万亿元，仍然呈高速增长的态势。在网贷风险专项整治之后，到 2017 年 1 月底之前，网贷体系中没有出现资金大规模从网贷平台撤离的状况，同样也没有出现资金从中小网贷平台向大平台大规模转移的状况。与此同时，P2P 网络借贷监管要求的限额、银行资金托管、电信经营许可证等重要风险环节的处置进展较为缓慢，重点领域的重点风险环节应对仍然有待进一步深化。

三是互联网金融监管能力有待进一步强化。由于互联网金融业务及其相关机构的发起和设立并没有涉及金融机构的持牌准入问题，互联网金融的机构数量非常之多，监管部门人力及相关资源投入难以适应互联网快速发展的监管要求。同时，互联网机构通过多种层面的所谓创新来规避监管，使得监管有效性降低甚至出现监管空白，监管机构的相应监管能力难以匹配非持牌准金融机构的各种创新。此外，互联网金融的监管制度和机制难以匹配互联网金融各项业务快速、大规模以及多样化的发展，即使在一个很小的领域，监管当局也可能很难寻找一种具有普遍意义的监管标准。

四是互联网金融监管整体呈现被动式监管格局，互联网金融监管以及金融科技监管的长效机制有待完善。互联网金融风险专项整治整体上是一个被动式的监管框架，凸显了三个需要继续完善的监管问题。一是现有监管框架注重存量消化，缺乏增量思维；二是现有监管框架注重机构监管，缺乏功能监管思维；三是现有监管框架注重行业监管，缺乏系统思维。

三、对我国互联网金融监管的建议

我国互联网金融的监管应借鉴国际经验，首先互联网金融必须纳入监管，不留监管空白；其次，互联网金融对促进我国金融改革、提升金融体系效率有积极作用，应减少管制，放松准入，鼓励互联网金融发展；再次，应推动互联网金融与传统金融的融合与竞争，鼓励金融行业创新发展；最后，监管机构要牢牢守住不发生系统性风险的底线。

具体来说，对我国互联网金融监管的建议包括以下几个方面：

一是全面深化金融体系改革，稳步推进利率市场化，培育良好的金融制度环境。

二是将属于传统业务延伸的金融活动纳入原有监管体系，以开放的思维鼓励传统业务

的网络化、信息化。

三是对于定位模糊、监管重叠的新型业务，应从业务的性质、功能和影响上辨别其所具备的本质特征，划归对口部门监管，加紧填补 P2P、众筹、虚拟货币等新型业态的监管真空，加强对信息风险的研究和监管，注重不同监管部门间的分工协作，形成合力。

四是加快监管法规体系建设，确立新兴业务的合法地位，践行鼓励和规范并重的监管理念，引导互联网金融发展的方向。

五是推动建立行业自律机制，强化企业内部控制和信息披露，促进企业之间、企业与参与者之间的信息对称，营造市场运行氛围。

六是加快建立健全社会征信体系，形成全国联网的个人征信数据库，实现信用信息有据可循；

七是积极参与制定网络货币、第三方支付等议题的国际监管规则，使互联网金融成为我国参与全球网络治理和金融治理的新抓手。

拓展阅读

净化互联网金融生态

2021 年 4 月 29 日，央行、银保监会等金融监管部门约谈了从事金融业务的腾讯、度小满金融、京东金融、字节跳动等 13 家网络平台企业，约谈目的主要是为深入贯彻落实党的十九届五中全会、中央经济工作会议及中央财经委员会第九次会议精神，进一步加强对网络平台企业从事金融业务的监管，强化反垄断和防止资本无序扩张，推动平台经济规范健康持续发展。

应该说，央行等金融监管部门此举是对从事金融业务的互联网平台企业实施精确金融监管的重要一环，充分表明了我国金融监管部门意欲持续深化整顿与规范互联网平台企业经营行为、防范化解金融风险、为我国金融业平衡健康发展营造有利环境的坚定决心。可以说，央行等金融监管部门此举符合当前金融监管的实际需要，也一定能获得全社会的高度称赞。

我国开展金融业务的互联网平台企业确实存在不少问题，主要是存在无牌或超许可范围从事金融业务、公司治理机制不健全、监管套利、不公平竞争、损害消费者合法权益等严重违规问题，如果不进行约谈提出整改要求，中国互联网平台企业就有滑向问题更加严重的地步，最终就有可能恶化到一发不可收拾的危局。此次约谈提出了非常具有现实可针对性和可操作性的整改约谈要求，将对规范互联网平台企业从事金融业务行为、维护互联网金融秩序起到重要作用。

央行等金融监管部门的整改约谈要求内容一共有 7 条，具体如下：① 要求坚持金融活动全部纳入金融监管，金融业务必须持牌经营；② 要求支付回归本源，断开支付工具和其他金融产品的不当连接，严控非银行支付账户向对公领域扩张，提高交易透明度，纠正不正当竞争行为；③ 要求打破信息垄断，严格通过持牌征信机构依法合规开展个人征信业务；④ 要求加强对股东资质、股权结构、资本、风险隔离、关联交易等关键环节的规范管理，符合条件的企业要依法申请设立金融控股公司；⑤ 要求严格落实审慎监管要求，完善公司治理，落实投资入股银行保险机构“两参一控”要求，合规审慎开展互联网存贷款和互联网保险业务，防范网络互助业务风险；⑥ 要求规范企业发行交易资产证券化产品以及赴境外上市行为；⑦ 要求强化金融消费者保护机制，规范个人信息采集使用、营销宣传行为和格式文本合同，加强监督并规范与第三方机构的金融业务合作等。

此次约谈提出的7条具体整改约谈要求，每条都非常到位，且每条要求之间互为因果，只要按照要求整改到位，就一定能让我国互联网平台企业在开展金融业务上扬长避短，远离不规范甚至是违规经营误区，将互联网平台企业引向健康可持续发展轨道，尤其可让互联网平台企业避免发生过去经营中的老问题，以摆脱重蹈经营覆辙之危险。

资料来源：中国经济网，
http://finance.ce.cn/bank12/scroll/202105/07/t20210507_36539711.shtml

关键术语

金融监管　互联网金融监管　行为监管　审慎监管　行业自律

本章小结

金融监管有狭义和广义之分。狭义的金融监管是指中央银行或其他金融监管当局依据国家法律规定对整个金融业（包括金融机构和金融业务）实施的监督管理。广义的金融监管在上述含义之外，还包括了金融机构的内部控制和稽核、同业自律性组织的监管、社会中介组织的监管等内容。

互联网金融监管的基本原则包括坚持服务实体经济、有利于宏观调控的实施、关注和防范系统性风险、维护消费者的合法权益、保持监管的一致性。

我国互联网金融的监管应借鉴国际经验，首先互联网金融必须纳入监管，不留监管空白；其次，互联网金融对促进我国金融改革、提升金融体系效率有积极作用，应减少管制，放松准入，鼓励互联网金融发展；再次，应推动互联网金融与传统金融的融合与竞争，鼓

励金融行业创新发展；最后，监管机构要牢牢守住不发生系统性风险的底线。

拓展学习

拓展学习视频：推动互联网金融稳健发展

任务训练

一、能力训练

1. 什么是金融监管？互联网金融监管有何特点？
2. 美国、英国的互联网金融监管有哪些特征？
3. 《关于促进互联网金融健康发展的指导意见》对互联网金融发展有什么影响？
4. 谈谈互联网金融监管的必要性。
5. 你认为我国互联网金融监管中存在哪些问题。
6. 互联网金融监管的总体原则是什么？
7. 为什么在互联网金融监管中，功能监管和行为监管的理念非常重要？

二、案例分析

2016 年 3 月 25 日，由中国人民银行牵头会同银监会、（现银保监会）证监会、保监会（现银保监会）等有关部门组建的中国互联网今天协会成立大会暨第一次会员代表大会在上海召开。中国人民银行和上海市人民政府领导出席大会并为中国互联网金融协会揭牌。中国互联网金融协会旨在制定行业规则，强化互联网金融监管，同时积极促进行业自律，引导和支持互联网金融从业机构完善管理、守法经营。中国人民银行前副行长担任第一会长。协会首批单位会员共有 431 家。筹建组按照行业代表性、广泛性、正面引导性原则，对前期申请入会的机构进行资质审查，产生首批单位会员名单。在随后的会员代表大会上，全体会员单位选举产生了中国互联网金融协会第一届理事会、监事会，选举产生了 142 家理事单位，3 家监事单位。在理事单位中，银行机构 30 家，证券及相关企业 12 家，保险及相关企业6家，互联网金融企业94家，涵盖互联网金融行业各业态，具有广泛性和代表性。

1．请通过互联网建设中国互联网金融协会会员名单，综合运用本书所学知识，填写下表。

表9-3 中国互联网金融协会会员分类及监管关系

会员业态分布	会员单位名称举例	牵头监管部门
互联网支付		
P2P网络借贷		银保监会
股权众筹		
网络银行		银保监会
互联网金融信息门户	上海盈灿投资管理股份有限公司（网贷之家）	
互联网保险		保监会（现银保监会）
互联网证券		
互联网基金		证监会
互联网征信		人民银行
互联网金融研究	清华五道口	教育部
综合性互联网金融平台	浙江蚂蚁小微金融服务集团有限公司	协同监管

2．试运用所学知识，结合国内外监管条件，分析如何进一步发挥中国互联网金融协会的自律监管作用。

第十章 互联网金融的前景

学习目标

通过本章学习，了解 2016～2017 年互联网金融的发展概况；掌握以大数据、云计算、区块链、人工智能等为代表的新技术对我国互联网金融业务的影响。

案例导入

中国央行数字货币制度引关注

在我国，中国人民银行从 2014 年起就成立了专门的研究团队，并于 2015 年初进一步充实力量，对数字货币发行和业务运行框架、数字货币的关键技术、数字货币发行流通环境等进行了深入研究，已取得阶段性成果。

在 2017 年 1 月份召开的数字货币研讨会上，我国央行进一步明确了央行发行数字货币的战略目标并表示，将做好关键技术攻关，研究数字货币的多场景应用，争取早日推出央行发行的数字货币。

为何数字货币成了各国央行的宠儿？在警惕比特币投机风险的同时，各国央行也看到了新技术给现有货币体系带来的挑战。随着信息技术的发展以及移动互联网、可信可控云计算、终端安全存储、区块链等技术的演进，全球范围内支付方式发生了巨大的变化。我国央行认为，数字货币的发展正在对中央银行的货币发行和货币政策带来新的机遇和挑战。

更低的成本和更强的控制力使得各国央行难以抵抗数字货币的魅力。发行数字货币可以降低传统纸币发行、流通的高昂成本。我们日常使用的纸币不仅有着高昂的印制成本——包括特殊原材料和防伪技术，还在发行、收兑、清点、保管、回收、销毁等环节需要占用大量的人力、物力和财力。因此，世界各国都试图降低现钞在货币总量中的占比，减少现钞发行和流通。

还有一个重要原因是，纸币的转移无法像数字货币一样有迹可循，在反洗钱、反恐、反偷税漏税、反商业贿赂等方面存在隐患。因此，在我国央行看来，随着信息科技的发展和清算工具的创新，加强现钞使用的监管，减少现钞的流通，大力推进记账清算和货币数字化，已经成为世界各国货币发展的必然选择。

资料来源：节选于第一黄金网　2017-06-07

第一节 2016～2017 年互联网金融发展概况

一、互联网金融新生态逐渐形成

互联网金融如火如荼，从一个业务门类演绎成为新兴行业，形成了新的生态。生态学是分析生物与生活环境之间相互关系的学科，生态理论的核心是进化，而进化无非是依据外界环境动态的蜕变，形成从低级到高级的发展过程，实现简单到复杂的变化。

对于互联网金融而言，这一变化也很显著。从最早的电话电报进入证券业，到电子银行、移动银行亲近大众，再到互联网金融元年的到来，最后形成互联网金融这一新兴业态。

金融业能成为一种生态，是因为它具有周期性。同样，互联网金融生态的建立也要经历从萌芽、高速发展、问题频现到不断完善的过程。从 2013 年互联网金融元年伊始，到 2015 年 12 月底网贷行业平台数量首次出现负增长，再到当前的互联网金融专项整治，这是互联网金融生态由低级向高级的发展过程。在这个过程中，形成了统一的监管标准——《关于促进互联网金融健康发展的指导意见》，成立了自律协会——中国互联网金融协会。

生态的多元性和多样性，保证了生态系统的内外部资源能够更有效地被利用，从而产生持续的创新动力，维持着生态整体的稳定性。互联网金融生态唯有建立在相互依存、相互制约、共存共荣、协调发展的基础之上，才能形成一个良性循环的聚集效应。

互联网金融的出现为传统金融做了很好的补充，外延了金融生态大系统；而传统金融也为互联网金融做了很好的经验输出和合规示范，在新技术人力和物力的储备上，传统金融是有优势的。因此，对待互联网金融这一新兴业态，不要人为拔高，也不能在行业出现问题时肆意打压，而应不断认清其本质、尊重其作用，及时完善法律法规，依法进行规范。

就前期互联网金融暴露出来的很多问题而言，参与其中的企业大多沆瀣一气：第三方支付帮着网贷行业自融和跑路，网络理财又通过 P2P 网贷进行非法吸储，众筹和网贷合作逃避监管。这些行为，没有迎来行业本身的繁荣，只引来了当下的互联网金融专项整治。因此，生态内的平衡是整个生态日后存亡的前提。或许某个参与者，目前只在互联网金融中提供某一服务，不做网贷。但网贷当前的问题频现也会引起整个生态的负面效应，参与者很难做到独善其身。

二、传统的金融加快创新

（一）银行、保险、证券业

1. 传统银行注重创新互联网金融体验

互联网金融的兴起不断冲击传统银行业务，仅凭以往的存、贷、汇业务无法有力应对当下新兴金融的挑战。传统银行只有主动转型，加快技术升级和改革创新，提升客户体验，才能实现商业银行与互联网金融的融合共赢。

例如，浙商银行尝试了“增金财富池”手机互动 AR 游戏，设立了全国首家 O2O 服务体验银行；浙江网商银行构建了“自营+平台”的模式，推动芝麻信用体系建设，并将农村金融市场作为重要的战略布局；中国工商银行加快推动“融 e 贷”电商平台、“融 e 联”即时通信平台和“融 e 行”直销银行平台建设；平安银行构建了“橙 e 网”“平安口袋银行”“平安橙子”“行 e 通”等面向公司、零售、同业、投行四大客户群体的互联网门户；微众银行注重社交数据的信用化，将其作为征信的主要标准，推出“微粒贷”“活期+”“短期+”“定期+”等理财产品。

2. 互联网保险发展进入 3.0 版本

互联网保险的发展恰逢其时。不仅凭借其迅猛的发展态势成为互联网金融的一大亮点，而且潜在市场巨大。互联网保险透明度更高、中间成本更低、购买方式更便捷，靠产品优势吸引投资者主动了解并选择所需保险产品是实现未来保险业转型升级的关键所在。

2016 年上半年互联网保险市场规模发展迅猛，累计实现保费收入 14 311.1 亿元，是上年同期的 1.75 倍，与 2015 年互联网人身保险全年保费水平接近，占行业总保费比例上升至 5.2%。中小寿险公司互联网保险业务增速位居前列。随着区块链、物联网、人工智能、基因治疗等技术的不断涌现，互联网保险已经步入快车道。从创新发展的角度看，我国互联网保险经历了以渠道创新为中心的互联网保险 1.0 阶段、以产品创新为中心的互联网保险 2.0 阶段，现在正进入以商业模式创新为中心的互联网保险 3.0 阶段。

3. 互联网证券加快跨界融合发展

当前券商正以及雄厚的资金实力、完整的业务牌照以及熟练的资金运作管理加快进军互联网金融。如平安证券与海外知名投资社交平台 eToro 达成战略合作，平安证券旗下的投资者在平台实现跟单交易，eToro 提供相关技术平台和经验方面的支持。

很多券商也都在微信端实现账户开立绑定、投资顾问、资产、行情、理财产品销售等服务。与此同时，证券领域互联网社区平台、投资顾问平台等也纷纷加快与传统券商的资源整合。例如，东方财富 2016 年 3 月正式公告收购西藏同信证券后，加快推行互联网证券，其边际效益较为显著，市场份额大幅提升。

又如，百度股市通主打智能投资顾问的概念，依据网民搜索热度，来协助其预判股市投资机会。

（二）互联网基金、互联网信托、资产证券化

1. 互联网基金创新“产品+平台”运作模式

互联网基金创新力度相对有限，主要是将由网银为主进行代销的基金产品转移至综合性互联网平台或者一些垂直细分的代销牌照平台上销售。尽管这有利于优化用户体验和提升投资管理效率，但“后端基金公司投研开发产品+互联网渠道销售”的实质并没有改变。

有一些较好的互联网基金则是以“产品+平台”为核心，发挥金融企业和第三方互联网企业的联合优势，积极拓展产品应用场景，根据用户需求个性化定制和推送产品，以期突破同质化瓶颈，提升用户体验和活跃度。例如，大成中证 360“互联网+大数据”100 指数基金作为“互联网+”领域的第一支基金，不依靠基金经理主观决策，基于 360 体系的“互联网+大数据”构造的基金产品在 2016 年动荡的市场行情中取得了较好的成效，进入全市场偏股型基金前十，让业内侧目。

可以预见未来互联网基金还会进一步扩展产品体系和内容，挖掘更多的大数据行为，提升价值判断和挖掘市场机会的能力，增强跨界融合和应用多元的场景功能。

2. 互联网信托发展进入 3.0 时代

目前，信托行业受宏观经济环境整体下行、泛资产管理行业竞争加剧的影响，正处于转型突破期。互联网信托带来的业务和产品创新为信托行业的转型和发展注入了活力。

目前信托行业的互联网化探索仍处于起步阶段，自建金融平台、创新营销服务模式、优化资产配置布局、与互联网金融资产交易平台对接等都将是值得尝试的转型方向。例如，2016 年，中国平安集团 3.0 时代全面开启，平安信托也主动迎接“互联网+”和“综合金融+”的信托 3.0 时代，继续深耕零售、对公、同业、PE 四大核心业务板块。

在严控风险的前提下，打造差异竞争优势，实现资金端多元化、资产端专业化，并通过综合金融化和集团品牌、客户、渠道、资金、平台等优势全面推进业务的转型升级。值得注意的是，通过互联网进行跨界资管以及跨界金融业务也是当前互联网金融整治的重点。但这种监管不是说要去打破跨界金融的趋势，而是主要采取穿透式监管，抓住跨界金融的本质和核心功能业务，采取兜底性监管方式防范风险。

3. 资产证券化成为互联网金融的突破方向

中国经济发展正在进入存量经济时代，这为互联网金融领域的资产证券化发展创造了巨大的潜在市场和开拓空间，其在降低融资门槛缩短资金流转周期上都具有重大优势。但在资金风险、信用风险及信息披露等方面亟待提升。

目前我国资产证券化尚处于初级阶段，但市场需求日益扩大且发展态势迅猛，互联网

金融与之结合或将成为新的突破方向。例如，继互联网消费金融资产证券化（ABS，Asset-backed Securities）、互联网保理 ABS 首开先河之后，2016 年 9 月，京东金融又推出国内首个“资产证券化云平台”，其主要包括三大引擎，分别是资产证券化服务商的基础设施服务业务、资产云工厂的资本中介业务和夹层基金投资业务。这一整套全新资产证券化业务体系，旨在降低融资企业的融资门槛和融资成本，提升资产证券化中介机构的服务效率和管理效率，降低 ABS 资产违约风险。为此，京东金融率先投入 20 亿元，联合外部投资机构合作成立夹层基金，先于优先级投资者承担资产证券化业务的风险。

（三）金融垂直搜索引擎“精选+分散”模式

近年来，垂直搜索领域悄然兴起，根据客户差异化需求开展数据检索的模式受到广泛青睐。金融垂直搜索则是其重要的细分领域之一，根据用户的金融需求和自身实际条件，金融流量分发网站会在数据库中找到可以满足客户需求的金融产品（目前覆盖贷款、信用卡、理财产品等），并在搜索结果予以显示，客户再进一步选择完成交易。

当前金融垂直搜索主要有三大盈利模式：一是向金融机构推荐贷款客户，并收取推荐费用；二是帮助用户完成整个贷款流程，收取 0.5%～3%贷款额作为返佣；三是金融机构投往该网站的广告费。尽管处于资本寒冬期，但国内 P2P 领域的垂直搜索引擎“投之家”在 2016 年 8 月还是获得了 8 000 万元的 A 轮投资。该搜索引擎创立于 2014 年 9 月，依托网贷之家的 P2P 门户平台优势获得大量资产信息和投资人流量，到获得投资时为止，共撮合成交量 78 亿元，用户数超过 200 万人，为投资人共赚取 1.88 亿元的收益。

（四）区块链技术加快驱动数字货币应用

区块链技术作为支撑比特币的核心技术，具有去中心化、共识机制、高透明度、无依赖信任、不可回溯等特性，在解决金融层面的信息不对称、不确定性导致的信任问题方面做出了重大创新，将成为互联网金融服务体系的重要基础设施建设。

随着区块链技术的兴起，互联网货币也成为中国央行的重点研究领域。截至 2016 年 11 月，中国人民银行发行法定数字货币的原型方案已完成两轮修订，未来有望在票据市场等相对封闭的应用场景中先试先行。但是，区块链技术在大规模运用、一国主权信用方面仍存在诸多问题。2017 年 1 月 11 日，中国央行监管措施再次升级，多家监管单位组成联合检查组，进驻“火币网”“OKCoin 币行”“比特币中国”等交易平台，旨在深入排查比特币交易平台可能存在的各类风险。下一步，可能讨论设立第三方比特币托管平台，确保比特币交易安全。

知识窗

勒索病毒肆虐全球：赎金为啥是比特币？

“你的电脑已经被锁，文件已经全部被加密，除非你支付价值等额300美元的比特币，否则你的文件将会被永久删除。”从2017年5月12日开始，“WannaCry”网络病毒风暴席卷全球。从中国到英国、意大利、俄罗斯等诸多国家中招。至少7.5万部电脑被感染，已波及99个国家。6月28“WannaCry”刚走，其变种病毒“Petrwrap”后脚就来了，这个病毒已经由乌克兰和俄罗斯开始爆发，目前正在全球蔓延，与“WannaCry”类似，攻击时仍然使用了永恒之蓝勒索漏洞，被袭击的设备被锁定，并索要300美元比特币赎金。新一轮勒索病毒又将比特币为首的数字货币推上风口浪尖。

为什么勒索者索要的赎金是比特币呢？

第一，比特币涨幅巨大，2010年刚开始交易的时候，比特币才仅仅5美分一个(合人民币不到4毛钱)，而到现在已经突破了10 000元。而且在日本等国家，已经获得合法性承认。2017年4月1日，日本内阁签署的《支付服务修正法案》正式生效，比特币等虚拟货币支付手段合法性得到承认，在日本将有26万家商店接受比特币支付。美国证券交易委员会5月也将重审比特币ETF（交易型开放式指数基金），如果比特币ETF被美国证券交易委员会审核通过上市，比特币在全球的投资地位将迈进历史新阶段。

第二，比特币天然具有“反侦查”特性。比特币是一种“去中心化”的货币系统：它由网络节点的计算生成，谁都有可能参与制造比特币，而且可以全世界流通，可以在任意一台接入互联网的电脑上买卖，不管身处何方，任何人都可以挖掘、购买、出售或收取比特币，并且在交易过程中外人无法辨认用户身份信息。这种去中心化就意味着“反侦查”，对于执法机构来说，如果不具备相应技术能力，无法展开调查；而如果银行账户出现问题，一报案就可以马上侦查。整个系统去中心化，形成一个点对点的系统，即使政府说比特币非法，也无法把它关闭。而拥有比特币的人可以在世界范围内转账，只需要一个密钥就可以了。

第三，政府和银行无法影响比特币价值。比特币网络通过“挖矿”来生成新的比特币，所谓“挖矿”实质上是用计算机解决复杂的数学问题。所以，比特币跟中央银行是否印钞票无关，政府和银行都无法影响比特币的价值。

资料来源：凤凰读书　2017-05-17

三、新兴金融走向规范发展

（一）网络借贷行业加强规范

1. 总体融资规模仍在稳步增长

截至 2016 年底，正常线上运营的网络借贷平台约有 1 850 家，当年累计成交量达到 15 998 亿元，全行业历史累计成交量 29 650 亿元，行业累计贷款余额达 7 486.72 亿元。

2016 年互联网金融进入专项整治期，许多网贷平台先后退出市场，但整个行业的交易量仍在上涨。主要原因有三：一是有实业背景的网络借贷平台开始进入行业，例如恒大金服、苏宁金融、国美金融等，由于有实体经济的支撑，带来颇为可观的交易量；二是 2016 年延续了 2015 年资产荒的环境，互联网金融机构的资产在收益、流动性上都比较有优势，如果能够较好地解决安全性问题，互联网投资平台将是投资的上佳选择；三是受经济和金融大环境的影响，虽然市场需求依旧庞大，但投资理财的途径相对匮乏，尽管外部环境发生剧烈变化，网络借贷仍然处于业务上升期。

2. 成为互联网金融专项整治重点

对网络借贷行业而言，2016 年最重要的事情就是互联网金融专项整治。正式的专项整治从 2016 年 4 月开始，由国务院决策部署，17 个部委共同行动，并在全国范围内展开。

2016 年 10 月 13 日，国务院办公厅发布《国务院办公厅关于印发互联网金融风险专项整治工作实施方案的通知》，专项整治的业态包括网络投资理财、互联网支付、网络借贷、股权众筹融资、互联网基金销售、互联网保险、互联网信托和互联网消费金融等。其中人民银行负责整治互联网支付和互联网跨界资产管理；银监会（现银保监会）负责网络理财、网络借贷、互联网信托、互联网消费金融；证监会负责互联网股权众筹融资；保监会（现银保监会）负责互联网保险；工商总局等部委负责互联网金融企业的广告治理。

从实际情况看，对支付领域的整治，主要是从无牌从事支付业务，互联网保险互联网信托互联网股权融资等业态尚处于发展初期，规模较小，因此 2016 年专项整治的重点在于网络借贷、互联网理财等领域，特别是以金融创新为名义从事线下理财业务的公司。

知识窗

互联网金融整改期限延长

2017 年 7 月，中国人民银行等十七部门联合发布《关于进一步做好互联网金融风险专项整治清理整顿工作的通知》（以下简称《通知》），正式明确了整改期限延长至 2018 年 6 月底，对个别从业机构情况特别复杂的，整改期最长可延至 2 年。

3. 中国互联网金融协会正式成立

2016年3月25日，中国互联网金融协会在上海正式挂牌成立，并正式发布《中国互联网金融协会会员自律公约》。这是国内互联网金融领域自律工作的重要进展和里程碑事件。该协会是经中党中央国务院同意，由中国人民银行会同银监会（现银保监会）、证监会、保监会（现银保监会）等金融监管部门建立的国家级互联网金融行业自律组织。首批437名会员名单中，银行机构占84名；证券、基金、期货公司占44名；保险公司占17名；其他互联网金融新兴企业及研究服务机构占292名，其中网络借贷领域首批会员不足40家。

互联网金融协会的成立对国内互联网金融发展是一个战略性考量与定位。这不仅仅是为了应对规范发展的需求，更是为了促进金融市场体系的不断深化改革和创新，更好应对金融混业经营趋势下监管体系变革，形成有效、客观、自律、国际化的普惠金融合作体系。作为国内互联网金融领域规格最高的自律组织，该协会代表了国家层面对互联网金融这种新兴业态的认可和支持。

4. 明确网络借贷信息中介管理规则

2016年8月24日，银监会（现银保监会）会同工业和信息化部、公安部、国家互联网信息办公室联合发布了《网络借贷信息中介机构业务活动管理暂行办法》（以下简称《网络借贷办法》）。该办法对网络借贷平台、司法界、媒体等提出的问题做了解读。例如限额、电信业务许可、金融办备案、债权转让等，但也存在一定争议。

例如，网贷平台对《网络借贷办法》涉及的限额问题有疑义。根据《网络借贷办法》，同一自然人在同一网络借贷信息中介机构平台的借款余额上限不超过人民币 20 万元；同一法人或其他组织在同一网络借贷信息中介机构平台的借款余额上限不超过人民币100万元。网贷平台认为这个金额上限就比较低，不太符合现实情况。

（二）众筹行业方兴未艾

1. “领投人+跟投”模式趋于成熟

鉴于国内对众筹领域的监管相对空白，股权众筹基本上都以私募形式开展。例如京东金融的股权众筹平台“东家”的运作模式为“领投人+跟投”模式。领投人一般为风险投资、创投领域的知名人物，并且有成功投资和退出的经验。领投人首先挑选想要投资的项目，挑选后3天内可用随时弃投。如果确定投资，则以领投人身份对项目进行尽责调查，出具尽责报告或者领投理由，同时协助融资项目完善商业计划书，给出相对合理的估值、投资的详细条款和此次融资的额度，协助项目公司进行路演，然后跟投人对项目进行跟投。

京东“东家”的盈利模式为融资人按照融资项目协议上约定的金额向京东支付服务佣金；同时京东也可以将收取的服务佣金按照本轮融资后融资人公司估值，折价入股融资项目公司，即京东获得融资项目的股权。在京东“东家”的融资模式中，京东类似于一个创

投融资中介，主要作用是帮助领投人筛选投资项目，节约投资人筛选项目的时间。

2. 退出机制时持续经营的关键

类似的互联网非公开股权融资平台对于投资人要求普遍较高，合格投资人应满足年收入不低于 30 万元，或资产达到 100 万元等条件，但是很多平台实际操作时，并未遵循这一条件筛选投资人。目前，股权众筹的项目投入很大，回报周期长，在没见到收益前，投资人很难产生多次投资。在风投领域，投后管理是各个成熟机构的重要内容和能力比拼。同样，在股权众筹的融资中，投后的退出机制也是一个平台能否做大并持续经营的关键。

3. 大机构仍处于布局初期，未来有两大主流

股权众筹项目目前仍处于发展初期，大机构都处于初期布局阶段，尤其以券商和互联网巨头为主。券商布局股权众筹，源于其在新三板上的项目积累的相关经验，众筹可以视为消化部分新三板项目的渠道；互联网巨头中，奇虎 360、小米、百度、乐视、清科创投等先后在股权众筹上做了布局。

未来股权众筹的发展趋势首先是监管的落地，证监会需要制定详细的管理办法，在监管的基础上，股权众筹将会有两大主流：一是以传统金融机构为代表的平台，通过股权众筹做小型项目的融资，类似于一个五板市场；二是创投的互联网化，即创业型公司通过股权众筹平台，完成天使轮、A 轮、B 轮、C 轮的募资。

知识窗

创业者：什么是天使投资？什么是 A 轮、B 轮、C 轮融资？

在创投界内，素有“天使投资看人、A 轮投资看产品、B 轮看数据、C 轮看模式”的说法。

天使轮投资一开始可能只有一个概念什么都没开始，或者刚开始运营，还没有出来产品，或者出来了产品却没有大规模开卖。天使投资是风险投资的一种，投入资金额一般较小。天使投资人通常被戏称为是 3f，即家人、朋友和傻瓜（Family、Friend、Fool）。相比之后的融资，这个时期想要拿到融资还是相对容易的，投资人主要看的是创业团队和创业方向。2015 年 12 月，刚刚成立半年多的美国 P2P 保险公司 Lemonade 获得红杉资本 1 300 万美元的种子轮投资。有关人士称，这是红杉历史上最大的种子轮投资之一。

在 A 轮融资阶段，创业公司的产品已经基本成熟，产品上线或者服务已经正常运作一段时间，并有完整详细的商业及盈利模式。另外，创业公司在行业内拥有一定地位和口碑，但是还处于亏损的状态，有诱人的前景。A 轮的投资资金额度一般在 1 000 万人民币到 1 亿人民币。2015 年 12 月，“58 到家”宣布与阿里巴巴，平安，KKR 完成了 A 轮

融资协议的签署，58到家将以超过10亿美金的估值融资3亿美金。

度过A轮融资之后，B轮融资就相对容易了。创业公司经过一轮“烧钱”，获得了较大发展。甚至一些公司开始盈利，盈利模式趋于完善，可能需要推出新业务、拓展新领域。资金来源大多是上一轮的风险投资机构跟投、新的风投机构加入、私募股权投资机构加入。投资资金额度一般在2亿人民币以上。例如：2015年，神州专车获5.5亿美元B轮融资。

到达C轮融资的时候，创业公司又会遇到一个瓶颈。这时公司已经非常成熟了，离上市不远了。这轮除了拓展新业务，讲讲“生态”，就要开始准备上市了。资金来源主要是私募股权投资，有些之前的VC也会选择跟投，投资资金一般在10亿人民币左右。大部分公司一般在C轮融资后就会上市。

但也有公司选择融D轮，甚至更多轮的融资。这些公司之所以进行多轮融资，大部分原因是受其本身的业务影响，有的项目需要大量的“烧钱”，过早上市就不符合这类公司的发展战略。这一类公司，最为典型的例子就是“滴滴出行”了，“滴滴出行”由于依靠烧钱补贴，虽然现在已经都经历过G轮融资了，但还在继续融资。完成以上这些融资阶段，业务发展趋于稳定后，公司就可以上市了。

资料来源：青年创业网　2017-01-17

四、多层级金融服务体系逐步形成

互联网金融将助力社会形成多层级的金融服务体系。虽然在短期内互联网金融的出现不能使现有的金融结构出现颠覆性的改变，但由于互联网的理念和模式会使资金配置更加直接和自由，再加上大数法则也会降低总体违约率。即使这个过程比较漫长，也可以通过互联网技术手段，最终摆脱传统金融机构在资金融通过程中的主导地位。

作为原有金融体系的补充的互联网金融具有多样性和灵活性的特点，既能有效地将金融服务下沉至原本无法服务的广大微小的个体客户中去，又能在原本没有涉猎的领域中开展，极大地提高了我国金融体系的灵活性和服务广度。这样多层级、立体式的金融环境可以全方面地满足需求，最终达到从初具想法创业，到企业步入正轨，再到发展壮大上市，甚至股份回购退市都有相应的金融平台支持的效果。

随着互联网金融势力涉足传统金融业务领域，其发展使得传统金融业与之竞争加剧，传统金融企业面临客户流失严重、资产业务竞争加剧等风险。从互联网金融的发展历程中可以看出，互联网金融已从最初的仅提供支付转账业务向提供包括现金管理、余额理财、基金和保险代销、小微信贷等多方面的金融服务在内的一体化模式发展，同时促进了多层级金融服务体系的形成。

中国金融市场结构的转型，不仅需要互联网金融的努力，也需要传统金融机构的支持。未来更大可能的是传统金融机构和互联网金融平台在更大范围内、更深程度上进行相互融合和渗透，从而提高整体金融服务效率。

数字化技术助力金融机构创造三重增长

近年来，在金融科技浪潮席卷全球的背景下，搭建开放平台也成为巨头们普遍的选择，依托庞大的用户流量背景加持，以及各色资源的接入，各具特色的金融开放平台逐渐形成。

在 BAT 中，蚂蚁金服基于支付宝的海量用户，将支付、营销、数据能力，通过接口等形式开放给第三方合作伙伴，帮助第三方合作伙伴创建更具竞争力的应用。腾讯金融则依托微信支付广泛连接支付场景，并依托移动互联网流量入口优势，整合腾讯内部核心资源，在研发、设计、推广、营收转化、产品体验上全方位赋能合作企业。度小满金融则依托百度的搜索入口优势和 AI 能力，以人工智能、大数据、云计算作为代表的科技能力为基础搭建的金融科技开放平台。

京东金融 App 依托数字化技术，帮助金融机构重塑增长，成为金融机构的“第二增长场景”，助力金融机构创造三重增长价值。

京东金融 App 作为一个开放平台，能够为银行提供必要的运营工具，包括智能大数据平台、数字营销平台、智能投顾工具、直播工具等，助力银行构建属于自己的数字化营销和运营能力，从而实现业务的快速增长。金融机构可将在京东金融 App 上运营所积累的客户运营经验和产品匹配能力向自身数字化场景以及其他第三方场景进行复制，进行多场景的扩展，从而继续提升总用户规模，从根本上提升增长能力。

资料来源：中国金融网，http://jrh.financeun.com/Detail/index/aid/114709.html

五、金融基础设施不断完善

金融基础设施是指金融运行的硬件设施和制度安排，其建设的三要素为：法律基础设施、会计基础设施、监管基础设施。金融基础设施越发达，其承受外部冲击的能力就越强，重视金融基础设施建设对一个国家经济发展、新兴经济与转型经济的金融稳定和社会安定有着十分重要的作用。

（一）互联网金融的发展促进法律基础设施的完善

法律基础设施是金融基础设施的核心，完善的法律是金融市场正常运转的保证。运行良好的法律体系有利于促进金融市场发展和刺激投资，进而带动经济增长。

我国涉及计算机和网络领域的立法工作还相对滞后，有关互联网金融的法律法规较少，以互联网银行为例，《中华人民共和国商业银行法》，《中华人民共和国中国人民银行法》均没有针对互联网银行有关规定。和网上银行相关的《中华人民共和国电子签名法》《网上银行业务管理暂行办法》《电子银行业务管理办法》等法规缺少可以具体实施的规定，并且不能具体到新出现的组织形态及业务类型，使互联网银行在运行过程中大多游走在已有的法律法规的边缘。

互联网金融行业给国家法律调控带来了极大挑战，与信息网络在国家发展战略和规划布局中的基础性、先导性地位相比，政策支持力度和投入明显不足。法律基础设施仍不能满足市场发展的需要。随着互联网金融领域的新业务层出不穷，更加完善的法律政策和良好的法律环境续呼之欲出，直接促进了法律基础设施的完善。

（二）互联网金融的发展促进会计基础设施的完善

金融基础设施的第二个要素是会计基础设施。会计信息对于做出正确的、具有经济影响的判断和决策来说，是十分有用的。如果对公司的经营状况、个人的信用情况没有充分地信息披露，市场约束就不可能产生。建立在高质量的披露和透明度标准基础上的会计制度，能有效地为投资者提供指导信息，促进市场繁荣。因此，加强会计基础设施建设是十分有必要的。

知识窗

德国证券市场通过改革会计制度吸引投资者

从世界金融市场来看，以分散化股东为特征的经济通常要求高质量的财务信息披露，而以集中化股东为主的经济通常与较差的信息披露相联系。

一个有意义的实例是（同时对发展中国家有明显的借鉴意义）：德国证券市场针对上市公司信息披露要求过低而导致股东信心不足、新上市企业少的情况做出了反应。问题可能出在德国会计制度的传统方法上，它要求在保护贷款人利益的同时审慎报告，导致了隐藏企业真实财务状况，而这些信息恰恰是企业的潜在股东所需要的。

德国改革了会计准则，使其接近国际会计准则（IAS），并因此解决了问题。同时，在

原有的要求所有上市公司必须满足的上市标准的基础上，德国股票市场决定从中分隔出一个高标准子市场（NeuerMarket）——德国的“新市场”。“新市场”对其中的企业提出比通常德国企业要求更严格的会计准则，主要是对他们提出了更高的信息披露要求。在“新市场”上市的企业必须按季度根据 IAS 提交报表。没有法律或政府的规定要求他们这样做，而在这个市场上市的公司自愿接受这些标准，因为他们想吸引投资者，而这些投资者要求提供高质量的信息。该市场成立于 1996 年，此举措在提高投资者对新股发行的信心方面发挥了积极作用。这一点，对发展中国家有着借鉴意义。随着互联网金融的发展，再加上发展过程中所暴露的问题，越来越多的企业发现，信息的不对称、信用信息披露的不完善是阻碍企业扩大业务规模的最主要的阻力。在此背景下，互联网金融为征信行业的发展孕育了广阔的市场。对于完善征信系统，加强信息披露力度，进一步降低由信息不对称所带来的风险，进而健全会计基础设施有积极的作用。

互联网金融带动征信业的发展，具体体现在以下两个方面：

一是征信服务、产品的需求快速增加。在互联网金融时代，针对用户的精细化营销、个性化服务和批量化处理将成为主要的业务模式，这就需要准确掌握服务对象的信用状况，风险偏好和消费习惯。同时，云计算、搜索和数据挖掘等技术的进步，将直接推动传统征信服务升级和催生新的征信产品。

二是征信机构构成将更加多样化。目前我国主要有公共征信机构——中国人民银行征信中心及其他七十余家社会征信机构。在互联网金融时代，互联网企业和金融机构也将进军征信业，建立新型的征信机构：一种是电商企业组建的征信机构，以阿里巴巴为代表，其依托支付宝等第三方支付平台，开展网络联保贷款、小额贷款和余额宝等业务；另一种是金融机构成立的征信机构，如中国平安成立的专门挖掘金融数据的征信机构，以征集 P2P 借款信息、银行信贷记录以及车险违章等信用信息。

（三）互联网金融的发展促进监管基础设施的完善

金融基础设施的另一个重要因素是监管制度，旨在提高金融市场信息效率。保护消费者权益免受欺诈和渎职的侵害，保持系统稳定。构筑高效的监管制度，有利于最大限度地发挥监管基础设施的作用。

由于互联网金融业务的合法性难以界定。导致部分互联网金融产品游走于合法与非法之间的灰色区域，互联网支付平台就有沦为不法分子帮凶的可能。例如，与传统金融业务相比，包括二维码支付、虚拟信用卡在内的创新业务，涉及不少新的流程和新的技术，这些金融创新无法受到既有的监管，存在一定的风险隐患。互联网金融的发展直接促进新的监管政策、措施的出台，从长远来看有利于加快完善整个监管基础设施的速度。

第二节 互联网金融的创新发展

政策红利让互联网金融一度被誉为野蛮生长的行业，而历经 10 年的发展，随着中国互联网金融协会的成立，规范和安全成为行业发展的主旋律，同时也意味着原本宽松的政策环境有收紧的趋势。2016 年后，互联网金融业明显感受到了行业寒冬，互联网金融概念走下神坛，取而代之的金融科技开始以星火燎原之势迅猛发展，整体行业已经进入金融科技的全新发展阶段。

金融科技以数据和技术为核心驱动力，正在改变金融行业的生态格局，影响人们生活的方方面面。2016 年 3 月国际金融稳定理事会首次发布了关于金融科技的专题报告。对金融科技进行初步定义，即金融科技是指技术进步所带来的金融创新，它能创造新的业务模式、应用、流程或产品，对金融市场、金融机构或金融服务的提供方式造成重大影响和变革。但本质上讲，金融科技仍然要遵从金融的一般规律。近年来，各国政府不断加大对科技创新的重视程度和支持力度，投资机构也青睐于投资科技企业。科技创新的步伐不断加快，并逐步与金融业务深度融合，以大数据、云计算、人工智能和区块链等为代表的新技术已逐渐成为驱动金融发展的新动力。

首个金融科技指数出台

2017 年 6 月，深圳市福田区投资推广署与深圳证券信息有限公司联合开发了香蜜湖金融科技指数。这一金融科技指数界定产业覆盖分布式技术（包括区块链、云计算）、互联技术（电子及网络支付）、金融安全以及互联网金融（网络借贷等）等领域，于 2017 年 6 月 9 日在深交所上市。除了深圳，香港在金融科技方面的发展也很显著，2017 年 6 月 14 日，深圳市互联网金融协会、THE FINLAB PTE LTD 和香港互联网专业协会正式签署三方合作备忘录，并宣布“深圳 - 新加坡 - 香港金融科技联盟”正式成立，该联盟的成立将帮助三地建立有效沟通机制，充分发挥三地区域优势，共同推动三方在金融科技领域的交流与合作。。

资料来源：北京晨报　2017-06-22

一、大数据

大数据在金融领域的应用场景正在逐步拓展，在全球范围内，大数据已经在金融行业的风险控制、运营管理、利润创造和监管等领域得到全面应用，对整个金融领域产生了重大影响。在国内，金融机构对大数据的应用还处在起步阶段，数据整合和部门协调等仍是阻碍金融机构将数据转为价值的瓶颈。

（一）大数据对金融领域的影响

1. 降低风险损失

风控是金融行业稳健发展的基石，借助大数据技术对金融行业积淀的海量数据进行分析，能够有效降低信用评估、产品研发、机构运营和决策制定等环节的金融风险，大幅降低金融行业的风险损失。

2. 提供运营效率

运营效率是金融行业发展的内生动力。传统运营模式下，信息不对称、市场调研成本高昂等因素导致金融机构的运营效率低下，无法做出实时有效的运营决策。面对瞬息万变的金融市场环境，金融机构的运营效率亟待提高。大数据具备数据面广泛、处理速度快的特点，能够高效快速提炼海量数据中蕴含的有效信息，提升金融机构的运营效率。

3. 提高营业利润

营业利润是金融机构发展的源泉。营业利润的提升一方面依赖于成本控制，另一方面依赖于产品销售。金融机构借助大数据，能够获得全面细致的用户画像，由此获知真实有效的用户偏好、未来购买意向以及购买动机，在此基础上进行产品个性化推荐和实时营销。产品销售精准度以及用户忠诚度的提高，将扩大金融机构的产品销售量，带动营业利润的增长。

4. 提供监管便利

金融监管是金融行业健康运行的保障。金融行业随着技术进步发生重大衍变，传统的金融监管模式难以对互联网保险、互联网信贷等新兴业态进行有效监管。将金融监管与大数据结合，有助于实现金融监管的及时性和有效性。

（二）大数据在金融领域的发展趋势

随着大数据平台安全可信性和软件通用性的提高，大数据共享交换标准的建立以及大数据挖掘和分析能力的增强，大数据在金融领域的重要性，将会进一步凸显。

1. 金融大数据共享程度进一步提高

想要大数据在金融领域产生更大的商业价值，数据孤岛问题是横亘在金融机构面前而又必须跨越的一道坎。数据孤岛问题之所以存在，一方面是因为当前缺乏大数据共享交换的统一标准，大数据基础设施不完善，存在数据泄露、数据丢失风险；另一方面是因为部分数据涉密涉及商业机密，即便应用数据脱敏技术处理敏感信息能够大幅提高数据安全性，但各个金融机构出于审慎考虑，还是选择将涉及商业机密的数据留存于机构内部。

根据各项关于促进大数据产业快速发展的公文，可以预见金融大数据的行业共享程度必将得到大幅提高。数据流通与交易方面，发改委发布的《国家发展改革委办公厅关于请组织申报大数据领域创新能力建设专项的通知》（以下简称《专项通知》）中明确提出要建设大数据流通与交易技术创新平台，用以支撑开展政企数据资源共享交换、公共数据开放流通、云上公共大数据分析与处理、跨系统公共大数据共享交换标准以及大数据资源与服务确权估值建模等技术研发和工程化。

数据安全方面，《专项通知》中指出，要建设大数据协同安全技术创新平台，以支撑开展数据源可信验证、大流量数据安全传输、非关系型数据库存储安全、数据汇聚隐私保护、非结构数据动态脱敏。数据防泄漏、软件系统漏洞分析、大数据系统风险分析评估和安全监测等技术的研发和工程化，由此可见，随着大数据基础设施日趋完善，大数据共享关键技术的不断攻克，金融领域的数据孤岛问题将逐渐被解决，金融大数据共享程度提高是大势所趋。

2. 大数据助力金融产业转型升级

随着金融大数据共享程度的提高，金融机构可以更加充分地了解用户需求，这不仅有助于实现金融服务的场景化，还有助于更深层次的产品开发，推动金融产业的转型升级。

一方面大数据作为金融行业服务创新的驱动力，将进一步推动金融行业拓宽产品的销售场景。从用户需求出发，运用大数据将若干场景联结，在此基础上形成某个场景下的闭环，从而更加全面精准地挖掘用户痛点，真正实现精准化、个性化营销。

另一方面，大数据作为金融行业产品创新的驱动力，将进一步拓展各金融业态的触角。当前，国家大力支持建设大数据分析技术创新平台，随之而来的是大数据挖掘以及智能知识获取算法等技术的研发和工程化，金融机构能够更深入地洞察用户的潜在需求，实现更精准的产品定价和更深度地产品开发，进一步拓展业务范围，推动金融产业转型升级。

3. 大数据将重塑金融领域监管方式

当前金融业还处于相对初级的阶段，由于受制于资源有限、成本因素和信息不对称，金融监管具有一定的滞后性，监管部门很难采取及时的监管措施。发改委发布的《专项通知》中明确提出建设社会安全风险感知与防控大数据应用创新平台，支撑开展社会安全防控大数据信息感知探测、多源异构信息融合理解、海量多维信息关联分析、社会安全风险预测预警等技术的研发和工程化。

由此可以预见，随着大数据安全标准的落地、社会安全风险敏感与防控大数据应用平台的建成，金融领域的监管方式将发生变化，基于大数据的信息化监管将成为金融监管的主要方式，这是技术驱动下金融监管现代化的必然趋势。金融监管机构能够在合法合规的

前提下，借助先进的信息化技术构建新型的信息化金融监管方式，实现对金融市场和企业动态大数据的实时智能监测，金融监管机构能够更为及时、精确地打击违法犯罪行为，更好地维护金融行业，使其持续健康发展。

二、云计算

在全球信息化大潮的驱动下，云计算正在成为新的经济引擎，受到学术界、产业界及政府机构的高度重视。云计算是作为推动信息技术能力实现按需供给的技术手段，与金融领域进行深度结合，有助于促进信息技术和金融数据资源的充分利用，是互联网时代下金融行业可持续发展的必然选择。

（一）云计算对金融领域的影响

1. 降低风险损失

传统金融机构需要构建并维护机构内部的 IT 资源，在这种 IT 资源配置模式下，金融机构主要面临两大风险损失：一方面，当金融市场波动引起突发性的用户需求暴增时，传统金融机构内部 IT 资源可能会配置不足，将无法响应所有用户的请求，甚至导致系统崩溃。这种情况不仅会降低金融机构的交易量，使金融机构蒙受损失，还会影响用户体验度。另一方面，当内部 IT 资源出现系统故障时，金融机构可能会永久性地丢失部分重要数据。这不仅严重影响金融机构的正常运营，还会使金融机构的公信力下降。

云计算能够帮助金融机构规避上述两大风险损失。一方面，云计算使金融机构 IT 资源具备更高的可扩展性，使金融机构能够随时随地、动态地获取所有 IT 资源，可以根据实际需求的波动自动或手动调整云平台上的 IT 资源。

云计算具有提供可灵活扩展 IT 资源的天然特性，当出现不可抑制的、爆发式的用户需求增长时，金融机构将有足够的 IT 资源应对突发情况。由此避免使用需求达到阈值时可能出现的损失。另一方面，云计算也使金融机构 IT 资源的可用性和可靠性大幅提升，通过在多个不同物理位置布置 IT 资源，使得云平台上面的 IT 资源具备可恢复性。当某个 IT 资源出现系统故障时，相应任务即刻转移到其他平台上处理，从而显著降低金融机构的风险损失。

2. 提高运营效率

传统金融机构获取信息化能力的主要方式是，向外部供应商购买大规模计算基础设施及人力服务，内部技术团队在此基础上开展集成运维和二次开发等工作，由此形成机构自身的信息化能力，从而支撑金融机构开展各项服务业务。云计算极大地简化了金融机构的 IT 运营管理：云计算服务提供商将信息资源打包，直接为金融机构提供现成可用的解决方案，相较于金融机构内部技术团队提出的解决方案，缩短了对信息资源进行开发管理的时间。

3. 降低运营成本

传统金融机构不仅需要购买大量 IT 基础设施，雇用专业技术人员维持内部 IT 环境的正常运转，还要为此安排行政和财务人员追踪相关许可证。IT 部门的巨额花销对金融机构来说是个相当沉重的负担，金融机构必须在业务性能和 IT 成本之间做出抉择。

云计算的应用能够极大地降低金融机构的运营成本，一方面出于规模效应和专业分工，云计算提供者能以更低廉的价格向金融机构提供服务。安排专业人员对基础设施进行集体维护。金融机构无须再耗费大量财力、人力在机构内部配置维护大量计算基础设施；另一方面，金融机构根据实际需要使用云上的 IT 资源，并按实际使用流量进行付费，由此规避过度配置和配置不足的问题，提高金融机构 IT 资源的使用效率，降低运营成本。

（二）云计算在金融领域的发展趋势

1. 金融云计算安全保障体系不断完善

云平台的数据是否安全是影响金融机构是否接入云平台的核心因素。数据安全主要可以分成两个方面：一是保证数据的完整性，云平台需要保证数据不会丢失；二是对数据隐私的保护，云平台上的数据不会被非法访问。相比于传统的数据保存方式，云计算平台的虚拟化、多租户和动态性会加剧金融机构的数据安全问题。

随着云计算和移动互联网的普及，越来越多的数据将在云端储存，越来越多的金融业务将在云端开展。用户数据丢失或者泄露是云计算企业面临的巨大威胁。

从行业层面来看，云计算安全将会成为云计算服务商之间进行竞争的主要领域，云计算服务商会不断加大对云安全产品的投入，提高产品的可用性、智能性、安全性、防范黑客的攻击。

从政府层面来看，政府会出台云计算安全相关的法律法规，以法律的形式明确云服务提供商与用户之间的责任与义务，减少由于云计算服务提供商管理不当或者用户操作不当带来的数据安全问题。

2. 金融信息系统迁移至云平台

金融信息系统迁移至云平台是金融业发展的必然趋势。金融信息系统迁移至云平台不仅能够借助云平台弹性计算的能力，节省服务器等硬件资源的一次性投入成本和 IT 运维人员的投入费用，还能方便地整合和利用互联网上的各种云服务资源。金融机构还可以将高成本、非核心的外围系统或者同质化的基础金融服务，借助互联网实现业务外包，使自己专注于核心金融业务的持续创新以及运营管理。

3. 云计算将会提升中小型金融机构的竞争力

与中小型金融机构相比，大型金融机构在市场上往往具有更强的竞争优势。随着云计算

的发展，中小型金融机构能够低成本的在云计算平台上获取和大型金融机构同等先进的基础设施服务。此外，中小型金融机构也可以借助云计算平台将自身不太擅长的业务外包给其他专业的公司，或者是接入应用程序编程接口（API），利用云计算平台上的资源提高相关业务处理效率。随着云计算平台提供的服务不断优化，大型金融机构的规模优势将逐渐消失，中小型金融机构的竞争力将向上升，金融机构之间的竞争将主要集中在核心业务领域。

三、区块链

区块链技术的安全性、可追溯性、不可篡改性、透明性、隐私性以及智能合约实现的协议自动执行，可以有效地解决信用创造问题、提高信息披露透明度、实现更好的隐私保护。区块链技术不仅能提高整个金融系统的安全性，还能进一步减轻政府的监管负担。

区块链深化了“金融脱媒”趋势，降低了交易成本，为构造令人信任的交易组织形式建立了适宜的基础设施框架。它是分布式的，实现了点对点、多中心的组织结构；它是数学化的，实现了无中介、低摩擦的自治管理；它是一体化的，实现了风险管理、收益分享、权责分担的全流程业务模式；它是智能化的，实现了价值转移、可编程的智能金融。

（一）区块链对金融领域的影响

1. 提高信息透明度

互联网金融经营主体在市场信息的披露上存在不足，有的甚至进行虚假披露。区块链系统分布式账本解决了信息披露的透明度问题，实现信息“自披露”。每一次交易的变动在账本上都是可追溯且不可篡改的，各方都对该记录的完整性和可靠性在共识机制下达成一致。如果一个节点认为自身持有一定的价值，那么网络中的其他节点业应该认同这条消息，整个系统实现信息自动同步。例如，股权众筹融资可以借助区块链实现跟踪募集资金的使用进度和支出明细，进行可视化的投后管理，切实保护好投资人的权益。

2. 实现隐私保护

随着金融业务互联网化的深入，用户身份识别和安全认证显得尤为重要。由于国内互联网金融交易平台的准入门槛较低，对用户信息的安全防范不足，很容易导致用户信息泄露，隐私安全面临挑战。区块链技术通过密钥控制和权限管理，保证了交易过程和信息记录的隐私性。基于节点的授权机制，将私密性和匿名性植入到用户控制的隐私权限设计中，只有授权节点才有相应权限查阅和修改有关数据信息，完善用户个人信息保护制度，保证个人信息、财产状况、信用状况等一些私人且机密的信息不被泄露。

3. 提高系统安全

互联网金融建立在高度发达的计算机网络基础上，但由于现阶段互联网金融系统自身存在着应用技术不完善、安全系统架构不牢固、技术安全水平较低等问题，容易遭受黑客恶意攻击，造成业务交易数据被篡改、丢失、甚至出现宕机，增加了风险控制难度和成本，甚至影响业务的正常开展。

目前防止系统宕机主要通过多处备份或者在异地建立灾备系统的方式来降低遭到攻击的可能性，而区块链技术的高容错性自动解决了系统的安全问题。区块链在分散的网络节点上运行，分布在区块链内的数据信息可以从成百上千的节点中访问，任何特定节点的故障都不会危及整个区块链的业务处理能力，这样分布式账本从技术上更好地解决了系统的安全性问题。

4. 提供监管便利

目前，我国互联网金融监管的方法和手段落后于金融创新的发展，加之新兴互联网金融业态数据透明度不高，数据质量参差不齐、采集标准不健全等原因，监管机构检查的程序化、规范化程度较低，缺少行之有效的风险防范措施和手段。在我国一行三会的金融监管体系中，新的业务类型，例如直销银行呈现“混业性”特点，其经营涉及央行、证监会、网络安全管理局等多个部门，如果没有良好的区块链信息共享机制，这一行业的整体安全难以得到保障。

区块链技术为监管部门提供了新的工具，每一个区块记录都包含有完整的时间戳。由于采用通用共享的数据库，所有的数据都按照一个共同版本的要求进行记录和加密，监管部门通过授权节点进行实时观察、跟踪交易数据，并进行跨部门的协作管理，为政策的及时调整和制定提供依据。

5. 创造“无须信任的信任”

区块链最大的颠覆性在于信用的创造机制。区块链技术基于数学（非对称加密算法）原理进行了信用创造机制的重构：在系统中，参与者之间不需要了解对方的基本信息，也不需要借助第三方机构的担保，直接进行可信任的价值交换。区块链自身的技术特点保证了系统对价值交换的活动记录、传输、存储的结果都是可信的。此外，嵌于分布账本上的智能合约可以把许多复杂的金融合约条款（多以外部事件为触发点）写入计算机程序，在条件触发时自动执行，解决履约时的逆向选择和道德风险问题。

6. 提升交易效率

传统金融机构在交易过程中会涉及多个中介环节。以股权交易为例，股权交易过程涉及托管机构、第三方支付平台、公证人、银行等，中间存在大量人工处理纸质材料信息，不仅容易出错，而且效率低下。此外，各个机构依赖于本身的 IT 系统和工作流程，往往需要多方进行数据的反复沟通、核对和发送等，交易成本较高。

区块链的共识机制使得部分金融领域的交易可以在短时间内完成，大大提升了金融交易的效率。通过工作量证明机制或者其他共识机制验证交易之后，新的区块就可以被写入分布式账本，所有节点的账本将同时更新，交易确认和清算结算几乎同时完成，所有节点

依然共享完全一致的账本。银行业可以充分利用区块链技术对当前中心化银行系统进行改进，使之成为改造银行后台、优化基础框架的工具，从而增强自身竞争力，为金融服务体系的现代化提供动力。

（二）区块链在金融领域的发展趋势

1. 联盟链是共同选择

在金融领域，为了更好地保护数据隐私和安全，区块链较多采取联盟链的形式，对特定的机构和个体开放，通过节点权限控制，避免操作风险。对各家金融机构来说，通过联盟链可以提高业务的互操作性，降低对账时间和成本，更好地发挥区块链技术优势和规模效应，进而扩大影响力，帮助其扩大行业话语权。

2. 支付领域和贸易领域是突破口

大型金融机构积极致力于区块链技术解决目前协调成本高、操作周期长的业务问题。例如，一直以高昂的手续费和漫长的转账周期为痛点的跨境支付业务和以往过于依赖手工、纸笔流程来进行业务流转的贸易金融。通过运用分布式账本技术，在授权用户信息共享的基础上，实现更低费用和更快速度的业务操作，从而减少了用户风险与损失，提高了业务效率，节省了业务成本。

3. 科技类公司与金融机构合作推动区块链技术向金融领域渗透

传统金融机构由于组织架构、风险控制以及激励考核体系的路径依赖，对新的技术采取的是相对谨慎的态度，技术类公司由于深谙科技发展逻辑并拥有技术优势，更多地承担了促进科技向金融渗透与融合的任务。采取“由点及面”式的扩散发展促进科技与金融更加丰富和立体的融合。

在这一过程中，伴随着资本的涌入和催化，区块链科技公司也完成了最初的市场布道、应用场景探索和用户培养任务。随着金融科技监管探索的逐步到位，以及区块链在金融领域应用场景的确定和拓展，区块链科技类公司在参与金融业务时，必须通过与持牌机构合作以更好地推进区块链技术向金融领域渗透。

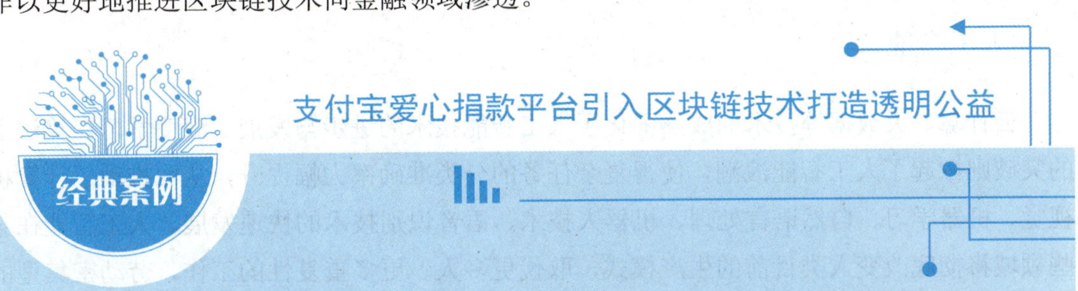

支付宝爱心捐款平台引入区块链技术打造透明公益

在中国，很多人想做慈善，但不少慈善组织的公开度、透明度却始终难与如此庞大体量的信赖与依托相匹敌，早些年的“郭美美事件”更是让一批人对慈善望而却步。

对于捐献者而言，最关心的事莫过于自己的捐款究竟有没有送到受助人手中。但就现状而言，慈善公益事业涉及环节众多，中间信息公开化程度低，很多人无法清晰掌握自己的善款去向，因此对当下的慈善公益组织很难建立真正的信任。而区块链技术加持的公益项目则解决了善款公示“最后一公里”的问题：区块链公益项目中，善款从捐出到进入受益人账户，整个流程的资金信息将被区块链如实记录并公开，包括管理费在内。

最近，蚂蚁金服的支付宝爱心捐赠平台上出现了这样一个实验性慈善募集项目：当捐献者为 10 名贫困听障儿童捐出资金后，他能在“爱心传递记录”中，看到自己的善款变成一个打包的包裹。从捐款人开始，经过每个“邮寄”节点都会被盖上“邮戳”，每个“邮戳”可以供捐献者公开查询，包括银行和物流信息，用户第一次能够目送自己的捐款如何从支付宝平台划拨到项目执行方账号，最终进入受助人指定账户。与此前的互联网公益公开流程相比，这种有赖于区块链技术的公益项目更加透明，它细化了善款流动的每个环节，同时，这套体系留下的信息也将永久有效。

资料来源：新浪公益　2016-12-21

4. 越来越多的央行对发行法定数字货币持肯定态度

央行发行法定数字货币的主要目的是替代实物现金，降低传统纸币发行、流通的成本，提升经济交易活动的便利性和透明度。当前全球主要经济体的央行，例如英国央行、美联储等，纷纷关注并投入到法定数字货币的研究实践中。乌克兰国家银行委员会从官方角度已经批准数字货币作为无现金经济的发展路线图，计划通过发行法定数字货币作为无现金支付工具，并创建一种银行卡支付副产品，该计划将在 2017 年第四季度之前实施。

中国人民银行的研究团队自 2014 年起开始持续关注法定数字货币的相关研究，已经发布了法定数字货币总体框架、技术标准、法律问题、发行业务等多维度研究报告，原型系统正在研发、推进中。

四、人工智能

云计算、大数据等技术的成熟催化了人工智能技术的进步与发展。深度学习在算法上的突破则掀起了人工智能浪潮，使得复杂任务的分类准确率大幅提升，从而推动了计算机视觉、机器学习、自然语言处理、机器人技术、语音识别技术的快速发展。人工智能在某些领域将彻底改变人类目前的生产模式，取代更多人、更多重复性的工作，劳动密集型的工作将完全由机器人来完成，人力将投向更具价值的事情。

（一）人工智能对金融领域的影响

一位知名投资人这样评价人工智能：“人工智能最好的应用领域之一是金融领域，因为金融领域是唯一纯数字领域。”对于金融领域来讲，人工智能主要有以下几方面的影响。

1．提高营运效率

人工智能能够替代金融机构业务操作中的重复劳动和冗余服务，以智能化的方式提升服务的质量和效率。以虚拟客户服务为例，传统的客户服务以电话呼叫为主，通过设置人工坐席或自动语音应答满足用户业务咨询、信息查询、交易处理和业务推广等需求。传统的客户服务建设成本高，客服人员流动性大，专业知识难以积累，导致客户服务效率低下。基于人工智能的虚拟服务，相比于传统的人工服务拥有更为丰富的知识库和更为高效的处理速度，能够根据用户提供的情况，快速给出解决方案。此外，虚拟服务能够同时服务多个用户，成倍提高服务效率。

人工智能在数据信息处理方面具有天然优势，不仅能够高效处理大量级数据，而且能够将非结构化数据有效地转为结构化数据进行分析。此外，人工智能还具有自然语言处理能力。能够从语义层面上对数据信息进行分析，而不仅仅是停留在符号处理上，能够帮助金融从业人员从数以亿计的新闻中筛选出具有较强的相关性的新闻，还可以帮助从业人员从中提炼有价值的信息，提高从业人员的信息搜索效率。

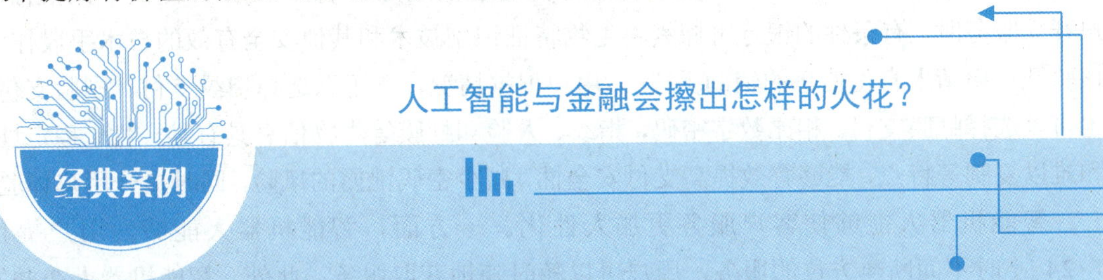

人工智能与金融会擦出怎样的火花？

阿里巴巴旗下的蚂蚁金服下设一个特殊的科学家团队，专门从事机器学习与深度学习等人工智能领域的前沿研究，并在蚂蚁金服的业务场景下进行一系列的创新和应用，包括互联网小贷、保险、征信、智能投顾、客户服务等多个领域。

根据蚂蚁金服公布数据，在网商银行的花呗与微贷业务上，使用机器学习把虚假交易率降低了近10倍，为支付宝的证件审核系统开发的基于深度学习的OCR系统，使证件校核时间从1天缩小到1秒，同时提升了30%的通过率。

以智能客服为例，2015年“双11”期间，蚂蚁金服95%的远程客户服务已经由大数据智能机器人完成，同时实现了100%的自动语音识别。当用户通过支付宝客户端进入“我的客服”后，人工智能开始发挥作用，“我的客服”会自动“猜”出用户可能会有疑问的几个点供选择，这里一部分是所有用户常见的问题，更精准的是基于用户使用的服务、时长、行为等变量抽取出的个性化疑问点；在交流中，则通过深度学习和语义分析等方式给出自动回答。问题识别模型的点击准确率在过去的时间里大幅提升，在花呗等业务上，机器人问答准确率从67%提升到超过80%。

资料来源：新华社 2016-03-18

2. 降低风险损失

人工智能不仅能够降低交易双方存在的信息不对称性，有效降低道德风险，还能对市场进行预测，为金融机构提供风险预警功能，让金融机构能够提前采取预防措施。

金融机构很难查证用户提供的私人信息是否真实，交易双方信息不对称，容易发生逆向选择，产生道德风险。人工智能能够从用户提供和搜索到的大量信息中，提取出有用部分，对该部分进行分析并反馈给金融机构，从而降低金融机构和用户之间的信息不对称性。此外，人工智能基于机器学习技术构建金融知识图谱，基于大数据的风控需要对不同来源的数据进行整合，检测发现数据当中的不一致性，分析企业的上下游、合作、竞争对手、子母公司、投资、对标等关系，主动发现并识别风险。

3. 提升用户体验

人工智能能够改善金融领域的支付方式和服务模式，为用户提供更优质的体验。

模式识别技术能够使支付方式更加多样化和个性化。2015年年末，央行发布了《中国人民银行关于改进个人银行账户服务加强账户管理的通知》，明确提出“提供个人银行账户开立服务时，有条件的银行可探索将生物特征识别技术和其他安全有效的技术手段作为核验开户申请人身份信息的辅助手段”。用户根据情况，既可以选择指纹支付、刷脸支付，也可以选择虹膜支付。相比数字密码，指纹、人脸和虹膜等生物信息具有唯一性、稳定性、和难以复制等特点，能够有效提高支付安全性，减少密码泄露的风险，同时提升用户体验。

智能机器人能够使客户服务更加人性化。一方面，智能机器人能够为用户提供7×24 小时不间断全方位的服务，用户可以随时随地获取服务。此外，智能机器人在并发接待量上的优势有助于降低占线率给用户带来的不便，减少用户的等待时间；另一方面，将来智能机器人在提供服务时，还能够对客户的声波和表情进行分析，感知用户情绪，根据用户情绪判断服务紧急程度，从而为用户提供最合适的服务。

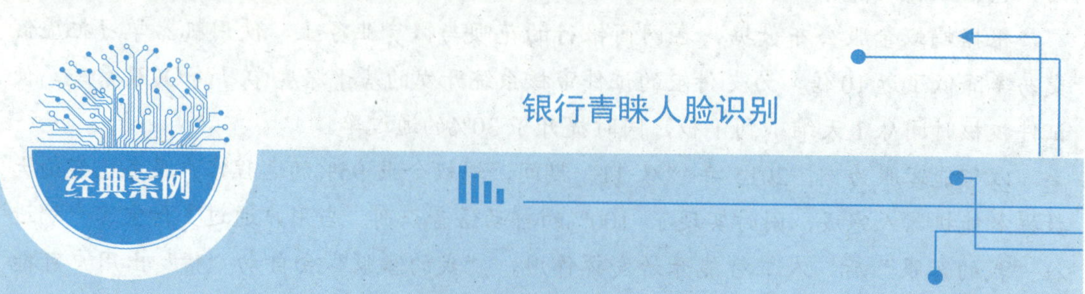

银行青睐人脸识别

“人脸识别”自助终端是当前银行应用最为普遍的方向（见图 10-1），交通银行的自助发卡机、民生银行的 VTM（远程视频柜员机）、农业银行的超级柜台等都是将人

脸识别系统引入到自助设备中，利用人脸识别技术将现场采集的照片与已存照片、身份证照片进行比对并提供人脸相似值，工作人员即可根据相似值的高低判断是否直接通过或进行人工审核。

图 10-1 “人脸识别”自助终端

目前，用户可以在自助终端上实现自助开卡、业务变更、密码重置等个人业务，全流程电子化不仅节约时间和成本，也更加环保。不仅如此，银行工作人员也可以通过人脸识别自助终端实现一对多服务，通过客户自助办理+现场审核授权，原本只能服务一个客户的工作人员可以同时服务 6～8 人。

资料来源：搜狐科技　2016-05-15

4．拓宽销售渠道

金融产品现有的销售渠道缺乏智能化，在销售过程中需要消耗大量的人力资源。以保险销售为例，传统的保险销售渠道主要是通过保险公司和保险代理人销售，随着互联网金融的普及，保险公司官网直销也成为保险销售的重要渠道。但无论哪一种销售方式，由于智能化程度较低，销售时都需要保险销售人员提供服务，耗费公司人力资源，增加公司人力成本。

将人工智能应用到保险保险销售中，可以用智能机器人代替保险销售人员进行销售，拓宽保险销售的渠道。智能机器人通过智能算法对保险人的整体情况和保险需求进行分析，根据分析结果为用户推荐最为合适的保险产品。

5．提高普惠程度

人工智能有利于金融长尾市场的开拓，为以往无法享受金融服务的用户提供金融服务，提高金融服务的普惠程度。以财富管理为例，在财富管理领域中有一个“十万美元”的困境，是指拥有十万美元的用户很难从传统金融机构得到所需的财富管理服务。对于传统金融机构来说，为拥有十万美元的用户提供财富管理服务获取的收益和耗费的成本不匹配。智能投顾的出现，能够有效解决“十万美元”的困境，提高财富管理的覆盖面。

智能投顾基于用户填写的问卷在线为用户提供专业的资产配置建议。在用户建立好资产配置组合之后，智能投顾还会实时对该组合进行追踪。由于整个流程主要由智能机器完成，智能投顾公司耗费的成本较低，所以对用户设立的准入门槛也较低，有的甚至不设立准入门槛，低净值用户也能像高净值用户一样获得智能投顾服务。

（二）人工智能在金融领域的发展趋势

1. 人工智能在金融领域的应用程度将会提高

现阶段，人工智能在金融领域的应用程度较低。一方面人工智能与金融业务的结合模式还处于初期探索阶段，还有诸多结合模式尚未被挖掘；另一方面，人工智能的运行成本较高。以 AlphaGO 程序为例，AlphaGO 程序运行时需要 1 920 个 CPU 和 280 个 GPU，下一场围棋仅电池消耗就高达 3 000 美元，中小型金融机构难以维持人工智能高昂的运行成本。

随着人工智能和云计算技术的不断成熟，基于云计算的人工智能将会成为人工智能的下一个服务形态。金融机构对于人工智能技术的需求以及人工智能需要大规模技术资源投入的特点共同决定集中供应、按需收费的云计算模式将是人工智能提供服务最好的模式。

云计算服务商在平台上提供人工智能服务，对于平台本身来说，能够通过开源收集的数据不断完善深度学习模型；对于大型金融机构来说，不仅能够免去人工智能技术的研发成本，还能够更加低廉地使用人工智能技术；对于中小型金融机构来说，人工智能技术可获得性的增加和使用成本的降低，为其接入人工智能技术提供了可能性。基于云计算的人工智能通过降低人工智能的成本，将会提高人工智能在金融领域的应用程度。

2. 人工智能有助于提高金融机构的服务质量

一方面，人工智能与传统金融从业人员之间存在竞争，服务质量不如人工智能的从业人员将会被市场淘汰，从而提升行业的整体水平；另一方面，人工智能能够作为金融机构的辅助工具，帮助金融机构从业人员为用户提供增值服务。

3. 人工智能将会影响金融产品的定价模式

现阶段金融市场上的金融产品对于不同用户一般采取统一定价，或者按照用户分类情况对不同类别的用户制定不同的价格。以健康险为例，健康险一般按照年龄阶段和性别进行分类，对不同类别的用户收取不同的保险费用。健康险定价存在的弊端在于定价时只考虑了用户的年龄阶段和性别两个因素，而未能全面分析每个用户的具体情况，忽略了用户的吸烟情况、饮食习惯、以及运动频率等重要因素。

人工智能的应用，有助于实现金融产品的个性化定价。同样以健康险为例，人工智能通过对保险公司拥有的大量个人信息和保险数据进行学习，可以从中得出保险定价的规律。当用户购买保险时人工智能就可以通过分析用户穿戴设备上传的运动频率以及医院就

医等信息，更加全面地分析每个用户的健康状况。并以此作为依据，结合保险定价的规律为用户设计最符合用户需求的保险方案，实现保险方案的个性化定价。

关键术语

金融科技　大数据　云计算　区块链　电子货币　人工智能

本章小结

2016～2017 年我国互联网金融经历了传统的金融加快创新、新兴金融走向规范发展、多层级金融服务体系逐步形成、金融基础设施不断完善的发展历程。

在全球范围内，大数据已经在金融行业的风险控制、运营管理、利润创造和监管等领域得到全面应用，在降低风险损失、提供运营效率、提高营业利润、提供监管便利等方面对整个金融领域产生了重大影响。

云计算是作为推动信息技术能力实现按需供给的技术手段，与金融领域进行深度结合，有助于促进信息技术和金融数据资源的充分利用，是互联网时代下金融行业可持续发展的必然选择。云计算对金融领域的影响：降低风险损失、提高运营效率、降低运营成本。

区块链技术的安全性、可追溯性、不可篡改性、透明性、隐私性以及智能合约实现的协议自动执行，可以有效地解决信用创造问题、提高信息披露透明度、实现更好的隐私保护，不仅能提高整个金融系统的安全性，还能进一步减轻政府的监管负担。区块链对金融领域的影响：提高信息透明度、实现隐私保护、提高系统安全、提供监管便利、创造“无须信任的信任”、提升交易效率。

在大数据技术日益成熟的基础上，随着大规模低成本并行计算的实现和深度学习算法的出现，人工智能进入加速发展阶段，开始渗透到生活的各个领域。人工智能对金融领域的影响：提高营运效率、降低风险损失、提升用户体验、拓宽销售渠道、提高普惠程度。

拓展学习

拓展学习视频：数字黄金——比特币

任务训练

一、能力训练

1．什么是金融科技？你认为金融科技会对未来金融行业产生什么样的影响。

2．谈谈大数据在金融领域的运用。

3．为什么说区块链技术是互联网金融的终极模式，可以完美地解决交互双方未建立信任关系？

4．你认为人工智能在哪些金融领域会有比较大的发展。

5．区块链可以定义为一种基于密码学技术生成的分布式共享数据库，或者理解为互联网上基于共识机制建立起来的集体维护的公开大账簿。请通过互联网检索区块链技术的以下特点，完成表 10-1 的填写。

表 10-1　区块链的技术的特点

特点	你的理解
去中心化	
共识信任机制	
信息不可篡改	
开放性	
匿名性	
跨平台	

二、案例分析

2017 年 6 月 13 日，比特币价格首次突破 3 000 美元，然而就在两天后，比特币大跌 14.5%，至 2 526.4 美元，创下 2015 年 1 月以来最大跌幅。周三，德国央行行长在发表讲话时警告数字货币的风险，他认为危机时刻货币持有人想将银行存款转化为数字货币的行动，有可能引发银行挤兑。因此，央行应该努力使现有支付系统更有效率，这样将会令大多数公民对数字货币兴致索然。然而，俄罗斯、新加坡等国对数字货币持积极态度。俄罗斯领导人普京上周会见了以太坊创始人，并对太坊与俄罗斯本土公司合作在当地部署区块链技术的计划表示出极大的支持。此外，新加坡金融管理局（MAS）也宣布，基于以太坊区块链的货币发行项目取得初步成功，即将展开第二阶段工作。

请回答：

1．比特币有什么特点？

2．请介绍比特币从诞生到目前的价格走势，并分析为什么其价格会有如此之大的波动？

3．各国政府对比特币的认可程度如何？民众对比特币的认可程度如何？

4．你认为未来数字货币会成为各国的官方货币吗，为什么？

参考文献

[1] 艾瑞咨询. 2016年中国互联网金融发展报告 [R]. 上海：艾瑞咨询集团，2016.

[2] 艾瑞咨询. 2015中国互联网金融发展格局研究报告 [R]. 上海：艾瑞咨询集团，2015.

[3] 艾瑞咨询. 2016中国互联网消费金融市场研究报告 [R]. 上海：艾瑞咨询集团，2016.

[4] BR互联网金融研究院. 互联网金融报告（2017）[M]. 北京：中国经济出版社，2017.

[5] 巴曙松，朱海明. 网络支付业的风险评估及监管 [J]. 中国金融，2013，(20)：51-53.

[6] 巴曙松，杨彪. 第三方支付国际监管研究及借鉴 [J]. 财政研究，2012（4）.

[7] 曹凤岐. 互联网金融对传统金融的挑战 [J]. 金融论坛，2015（1）.

[8] 曹国岭，陈晓华. 互联网金融风险控制 [M]. 北京：人民邮电出版社，2016.

[9] 曹磊，钱海利. 互联网+普惠金融：新金融时代 [M]. 北京：机械工业出版社，2016.

[10] 陈利强. 金融大数据－战略规划与实践指南 [M]. 北京：电子工业出版社，2015.

[11] 陈勇. 中国互联网金融研究报告 [M]. 北京：中国经济出版社，2015.

[12] 第一财经金融研究中心. 中国P2P借贷服务行业白皮书 [M]. 北京：中国经济出版社，2013.

[13] 冯科，宋敏. 互联网金融理论与实务 [M]. 北京：清华大学出版社，2016.

[14] 黄佑军. 互联网金融模式探究及案例分析 [M]. 广州：暨南大学出版社，2016.

[15] 黄震. 互联网金融在农业现代化中大有可为 [N]. 中国农村科技，2015（4）.

[16] 黄震. 互联网金融助推金融普惠化 [N]. 金融世界，2015（2）.

[17] 黄震. 西方国家怎样管理互联网金融 [N]. 求知，2014（9）.

[18] 胡世良. 互联网金融模式与创新 [M]. 北京：人民邮电出版社，2015.

[19] 克里斯·安德森. 长尾理论 [M]. 北京：中信出版社，2012.

[20] 李博，董亮. 互联网金融的模式与发展 [J]. 中国金融，2013，(10)：19-21.

[21] 李德伟. 互联网金融理论与实践 [M]. 北京：中国标准出版社，2014.

[22] 李东荣. 互联网金融蓝皮书 中国互联网金融发展报告（2016）[M]. 北京：社会科学文献出版社，2016.

[23] 李耀东，李钧. 互联网金融：框架与实践 [M]. 北京：电子工业出版社，2014.

[24] 廖理. 全球互联网金融商业模式：格局与发展 [M]. 北京：机械工业出版社，2017.

[25] 刘斐. 互联网金融模式与监管 [M]. 北京：中国经济出版社，2016.

[26] 刘进一. 互联网金融：模式与新格局 [M]. 北京：法律出版社，2016.

[27] 刘伟毅. 互联网金融：大数据时代的金融革命 [M]. 北京：中国经济出版社，2014.

[28] 罗明维，司晓，周世平. 互联网金融蓝皮书 [M]. 北京：电子工业出版社，2015.

[29] 罗明雄，唐颖，刘勇. 互联网金融 [M]. 北京：中国财政经济出版社，2013.

[30] 彭晖. 网络金融理论与实务 [M]. 西安：西安交通大学出版社，2014.

[31] 清科研究中心. 2015 年中国互联网金融行业投资研究报告 [R]. 清科集团，2015.

[32] 芮晓武，刘烈宏. 中国互联网金融发展报告 [M]. 北京：社会科学文献出版社，2014.

[33] 帅青红，李忠俊，陈彩霞. 互联网金融 [M]. 大连：东北财经大学出版社，2016.

[34] 郭福春. 互联网金融概论 [M]. 北京：中国金融出版社，2015.

[35] 郭勤贵. 互联网金融原理与实务 [M]. 北京：机械工业出版社，2017.

[36] 清华大学五道口金融学院. 全球互联网金融商业模式报告 [R]. 第二届世界互联网大会. 2016.

[37] 中国保险行业协会. 互联网保险行业发展报告 [M]. 北京：中国财政经济出版社，2014.

[38] 吴晓求. 互联网金融：成长的逻辑 [J]. 财贸经济，2015，36（2）：5-15.

[39] 王阿娜. 众筹融资运营模式及风险分析 [J]. 财经理论研究，2014（3）：99-103.

[40] 王达. 美国互联网金融的发展及中美互联网金融的比较——基于网络经济学视角的研究与思考 [J]. 国际金融研究，2014（12）：47-57.

[41] 谢平，邹传伟. 互联网金融模式研究，[J]. 金融研究，2012（12）.

[42] 谢平，邹传伟，刘海二. 互联网金融手册 [M]. 北京：中国人民大学出版社，2014.

[43] 谢平等. 互联网金融监管的必要性与核心原则 [J]. 国际金融研究，2014（8）：3-9.

[44] 杨涛. 互联网金融理论与实践 [M]. 北京：经济管理出版社，2015.

[45] 姚文平. 互联网金融：即将到来的新金融时代 [M]. 北京：中信出版社，2014.

[46] 易观智库：2015：中国互联网金融市场专题研究.

[47] 易观智库. 中国网络借贷市场年度综合报告 [R]. 北京：易观集团，2016.

[48] 易观智库. 中国第三方支付行业专题分析 [R]. 北京：易观集团，2017.

[49] 易观智库. 中国移动金融市场专题分析 [R]. 北京：易观集团，2017.

[50] 易观智库. 中国互联网消费金融市场专题研究报告 [R]. 北京：易观集团，2015.

[51] 零壹财经. 互联网金融+ [M]. 北京：电子工业出社，2014.

[52] 零壹财经. 中国 P2P 借贷服务行业白皮书 [M]. 北京：中国经济出版社，2014.

[53] 零壹财经. 众筹服务行业白皮书 [M]. 北京：中国经济出版社，2014：6-108.

[54] 张劲松. 网络金融 [M]. 北京：机械工业出版社，2010.

[55] 张劲松. 互联网金融经营管理之道 [M]. 北京：机械工业出版社，2014.

[56] 张雨露. 英国借贷型众筹监管规则综述 [J]. 互联网金融与法律，2014.

[57] 张劲松. 网络金融 [M]. 北京：机械工业出版社，2010.

[58] 周雷. 互联网金融理论与应用［M］. 北京：人民邮电出版社，2016.

[59] 许伟，王明明，李倩. 互联网金融概论［M］. 北京：中国人民大学出版社，2016.

[60] 中国保险行业协会. 2016 中国互联网保险行业发展报告［R］. 北京：中国保险行业协会. 2016.

[61] 网贷之家，盈灿咨询. 中国网络借贷行业年报［R］. 上海：上海盈讯科技股份有限公司. 2016.